Reseñas anticipadas

Todos conocemos la historia de los Borgia y las atrocidades protagonizadas por familias de esa estirpe. Sin embargo, nos han enseñado a pensar que tales espantos ocurrieron ya siglos atrás. Sentí alivio, pues, no exento de mórbida curiosidad, al leer Asesinatos Impunes —ya que se presenta cual obra ficticia—. Léanlo con mucha atención, pero les advierto: ¡no es para tímidos ni mojigatos!

Guido Mina di Sospiro
Autor de *El Libro Prohibido* y otras obras

Para los fanáticos de intrigas políticas, he aquí subibajas de montaña rusa. El relato tejido por Emilio Bernal Labrada sobre la corrupción material y moral, la ilimitada lujuria y los asesinatos políticos complotados en hermético secreto por los más disímiles aliados revela un aspecto del «proceso democrático» que es rechazado con temor y aborrecimiento por muchos de los «enterados» e ignorado por el público en general; sin embargo, lo que aquí se revela, si bien disfrazado de vigoroso relato ficticio, deviene en velocísima prosa de la más alta calidad.

Manuel Santayana
Profesor, escritor, crítico y traductor

Este trastornante relato pone al descubierto los enigmáticos asesinatos, muertes sospechosas e insaciable lujuria de famosas personalidades del mundo político, farandulero y mafioso estadinense —con la complicidad de un conocido tirano del Caribe— que, en el último cincuentenario, han hecho titulares periodísticos. En esta asombrosa novela en clave que cuenta la verdad con chispa y sin pelos en la lengua, el autor detalla cómo se entretejen insospechada y poliangularmente estos personajes, al igual que interactúan en los ámbitos de la política internacional, el espionaje y la guerra —tanto abierta como secreta—.

Edward Keen
Escritor

ASESINATOS IMPUNES
Y CRÍMENES DE COSTRA
EN LA VIDA PÚBLICA DE ESTADOS UNIDOS

Emilio Bernal Labrada

PRIMERA EDICIÓN
agosto del 2013

ASESINATOS IMPUNES

Y CRÍMENES DE COSTRA

EN LA VIDA PÚBLICA DE ESTADOS UNIDOS

ISBN 978-1491256794

Conste mi agradecimiento a Guido, Emmanuele y Carlos por su invalorable guía y sostén a través de todo este proceso, que dio inicio con la versión en lengua inglesa y culmina con esta.

ÍNDICE

PRÓLOGO

Son ínfimas, aun en óptimo caso, las probabilidades de que una editorial establecida haga suyo este libro. No me sorprende que todas se hayan mantenido a buena distancia de semejante posibilidad. Aunque este relato corresponde al género ficticio, se basa muy claramente en personalidades y acontecimientos de la vida real, en su mayoría históricos pero nunca antes examinados con tanta franqueza y amplitud de enfoque. Por consiguiente es en demasía incendiario para resultar aceptable en un medio social «civilizado», sobre todo si se simpatiza con ciertas tendencias políticas o con grupos o familias cuyo renombre público ha gestado la creación de mitos indestructibles. Como me dijo un colega escritor, «el mito pesa muchísimo más que la verdad».

No obstante, me he empeñado en pincelar objetivamente la maleficencia de individuos pertenecientes a todos los partidos y afiliaciones políticas, incluso personalidades de la vida pública que en su día dieron poca o ninguna muestra de preferencias partidarias; todo ello evitando la tentación de ser con ellos demasiado severo, o muy poco.

También he acusado ante el **Tribunal de la Opinión Pública** a un **Proscripto Internacional** —vista su proximidad geográfica y pretenso desafecto a Estados Unidos— que, inconforme con haber llevado a su propia tierra a la sima de la destrucción, ha extendido su alcance al territorio norteamericano para dar muerte a su presidente y a conciudadanos suyos, cometer fechorías, robos y delitos de sangre en connivencia con el mundo criminal y con los enemigos ultramarinos de este «ogro capitalista», y socavar a su sociedad con el narcotráfico y la subversión —todo ello para resquebrajar los cimientos de su archienemigo: la Democracia—.

Al tratar de hipótesis, siempre he intentado beneficiar con la duda a los involucrados en la maldad. Aunque es claro que eso, la duda, es la presunta razón de que, decenio tras otro, los innumerables delitos relatados en este libro se hayan dejado de investigar y castigar. En la gran mayoría de los casos ya nunca lo serán, dado que los culpables están más allá del alcance de las leyes terrenales.

Creer o descreer lo expuesto es prerrogativa del lector. Me he limitado simplemente a dar los resultados de mi investigación, obtenida directa o indirectamente de figuras cuya identidad no voy a revelar, así como de centenares de libros, documentos y materiales audiovisuales (un muestrario está a disposición de quienes lo soliciten). Al comparar distintas versiones de un mismo hecho procedentes de diversas fuentes, he podido confirmar algunas, desechar otras y llegar a conclusiones lógicas que, fundadas en el sentido común, encierran mayor probabilidad de representar la verdad de lo sucedido, por increíble que parezca.

Con paciencia y tiempo suficientes, cualquiera pudiera repetir este proceso. Cabe, sin embargo, una advertencia: el autor ha invertido más de cuarenta años en acumular todo este material, investigarlo, celebrar entrevistas con gran diversidad de fuentes confidenciales, escrutar filmes y documentales y leer o consultar centenares de miles de páginas.

El próximo paso ha consistido en procesar y absorber este abigarrado conjunto, condensarlo todo a razonables dimensiones, hacer lo mejor posible por sistematizar un poco ese desorden informativo, redactar lo más amenamente posible el manuscrito —al principio mecanográficamente y luego por computación— ordenarlo todo de manera más o menos coherente y revisar el texto cuidadosamente antes de presentárselo al público.

Abrigo la esperanza de que ofrezca esclarecimiento para quienes ignoren tales hechos y confirmación a los que siempre hayan tenido sus dudas o sospechado que la verdad estaba enterrada bajo un cúmulo de engaños.

EBL

Capítulo I
VISITA INESPERADA

Agosto de 1962. Al caer la tarde y amainar el calor, Hollywood disfrutaba del alivio. En su modesta casa en las afueras, Marie Moore se preocupaba por su última rencilla con MGM, ocasionada por su costumbre de ausentarse del estudio o llegar siempre tarde a los rodajes. La película que estaba filmando —su última, pensaban los directivos de la MGM— tenía un titulo adecuado a la situación: *Something's Got to Give* [«A Punto de Reventar»].

Disfrutando de sus prerrogativas de co-presidente, Roland abordó el avión presidencial, Air Force One, y aterrizó en Los Ángeles casi sin publicidad, en un viaje que según se dijo era para «ocuparse de asuntos rutinarios del Departamento de Justicia». Cuando timbró el teléfono, Marie se esperanzó en que la llamaba el estudio cinematográfico.

—Adivina quién—, dijo Roland Kilmory, un tanto juguetón.

—Oh… —, le contestó con ese susurro característico y sensual, pausando apenas una fracción de segundo para asegurarse de no confundirlo con otro de sus tantos amantes de vaivén. Pero no había duda, su voz era muy distinta a la de su hermano… o a la de cualquier otro hombre.

—¡Roland! ¿Estás aquí en Los Ángeles?

—¿Cómo adivinaste? —Seguía juguetón, aunque no era su estilo. A veces se esforzaba en simular lo que no le salía: ser simpático.

—Bueno, no sé. Me lo imaginé…, pero no tenía idea de que ibas a llegarte por acá. —Tuvo ganas de preguntarle por qué últimamente la evitaba, no le recibía sus llamadas y hasta había cambiado el número de su teléfono particular en el Departamento de Justicia, pero lo juzgó inoportuno.

—¿Qué estás haciendo? La pregunta de Roland insinuaba —bien lo sabía ella— que esperaba una invitación para irla a ver.

—Bueno…, de momento casi nada. —Tuvo la pasajera ocurrencia de oponer alguna dificultad, pero no tenía suficiente fuerza de carácter. De todos modos, razonó, al tratar con él era mejor siempre abrirle las puertas. Se inclinaba por el principio de la instantánea disponibilidad —al menos con los Kilmory—; aunque fuese ilógico, así se creía más deseable, si bien no dejaba de pensar en ponerse un poco más difícil. A veces tenía la noción de ser en extremo fácil, sobre todo tratándose de quienes apodaba los «hermanos Karamazov». Gustaba de hacer alusiones literarias para fortalecer sus pretensiones de conocerse al dedillo los grandes escritores. Le encantaba considerarse una actriz seria y no, como incesantemente la retrataba la prensa, una simple rubia despampanante de cuerpo pero cabecivacía.

—Bueno, estoy aquí de paso, pero… —pausó, casi seguro de lo que le contestaría—. Ya sabes, los apremios del gobierno, los engranajes de la justicia—. Marie se sorprendió de que bromeara dándose un airecito burlón de falsa importancia. Aunque a Roland no le salía fácil la ligereza verbal, en aquellas circunstancias le pareció que venía al caso, aparte de que le calmaba los nervios.

—Bueno —vaciló ella con pícara risita—, ¿pero tienes un ratito para…?

—¿Pasar por ahí? —le interrumpió—. Tal vez —agregó coquetón—. ¿Quién sabe cuándo tenga otra oportunidad, no?

¡Qué bueno que le había intervenido la línea telefónica!, reflexionó, aunque esta conversación podría acaso quedar eternamente grabada y de alguna manera llegar a manos de quien no debiera. Pero era improbable considerando todos los resguardos; en cambio, tal vez otros fisgones también la estuvieran grabando. Por ejemplo Hooper, el perenne Jefe del FBI, con sus argucias para averiguarlo todo y archivar lo más mínimo sobre quien pudiera causarle, algún día, la menor inconveniencia.

—Bueno, sería muy agradable, mi amor—, le susurró pensando ya en una de esas deliciosas sesiones con él a teléfono descolgado para evitar interrupciones. Habían pasado un par de meses desde la última vez y a ella le encantaba la sensación de importancia —más que su desempeño, a veces mecánico, menos imaginativo y enérgico de lo que ella esperaba para su categoría de diosa sexual—. Así y todo, Marie consideraba que, gracias a ella, su técnica había mejorado un par de puntos.

—Perfecto. Llegaré a eso de la una o las dos —contestó, sabiendo que sería un par de horas más tarde—. ¡No te vayas a poner sino lo de siempre, el «No. 5»! —agregó, aludiendo a su famoso perfume Chanel y riéndose de una de sus pocas incursiones en el buen humor.

—Claro, ¡chévereee!— le contestó alegremente.

Acaso la puesta de sol, marco romántico a su sesión sexual, les inspiró las ocurrencias que se susurraban en la pasión del momento. La sensualidad de Marie le despertaba las emociones más intensas que jamás había experimentado. Nada que ver con esposas, ni la suya ni la de Justin, y mejor que la mayoría de las mujeres con quien había compartido vida íntima. Todo ello había sido gracias a la insistencia del «Presi» —así habían apodado a Justin en la familia—. El criterio sexual de Roland seguía siendo mucho menos amplio, no obstante «la maliciosa influencia de mi hermano mayor», según solía decir. Aunque la Iglesia Católica lo censurara, pensaba, ¿de qué manera mejoraría un hombre su técnica si no practicaba con diversas mujeres? Después de todo, ¿acaso la confesión no absolvía periódicamente de todo pecado anterior? Aún no había llegado a considerarlo desde el punto de vista femenino, ya que eso sí iba un poco más allá de sus horizontes intelectuales, los cuales no eran tan amplios como hubiera querido imaginarse.

No le habían dedicado al placer más de unos diez minutos —aunque parecía haber durado más, como suele suceder— cuando le dio vuelta a Marie y sacó un supositorio del bolsillo de su pantalón, que colgaba cerca. Con mucha habilidad, le hizo un jueguito erótico por el ano con sus dedos, insertándole primero uno, luego dos y el pulgar. Por último, le insertó el supositorio por el recto lo más hondo que pudo.

—Eh, diablito irlandés, ¿qué locuras inventas? —Coquetona, movió su trasero al mismo ritmo que él, creyendo que la estimulaba con un nuevo juguetito anal.

—Ah, pues apenas un anticipo de lo bueno —le contestó con picardía—. Y lo vas a disfrutar un montón—, agregó con una risita diabólica con que se sorprendió a sí mismo y que casi reprimió.

Sus sesiones con Marie eran siempre de maravilla. Le encantaba el sexo, sobre todo de este tipo —y más que todo con él—, pensó. Tenía ella el don de gran desinhibición y le daba por gritar, decir vulgaridades y hacer cualquier cosa que se le ocurriera al entrar de lleno en inspiración del momento.

Sintió en su pene las deliciosas contracciones de su bien adiestrado esfínter y se dejó llevar al goce de un intenso clímax.

—Mi amor, ¿qué pasó? —preguntó ella. No había esperado a que llegara ella primero al orgasmo como solía hacerlo.

—Ah, preciosa, lo siento; no pude aguantarme—, mintió sin poner mucho empeño de convencimiento—. ¿Quieres que...?

—Claro, pero vamos a descansar un poquito—. Marie pareció darse cuenta de que no estaba gozando tanto como de costumbre —y de repente sintió un principio de mareo. ¿Necesitaría, pensó, reponerse brevemente para reiniciar la sesión?

—Bueno, a mí también me vendría bien—. Calculó que el «descansito» se iba a prolongar.

No habían pasado ni dos minutos cuando ya dormía profundamente. Sin tiempo que perder, en un minuto más ya estaba casi vestido.

Encontró su diario —tal como lo esperaba, en su lugar, engavetado en su mesita de noche— y lo echó al fondo de su maletín, que casi había vaciado como preparativo. Vio el álbum fotográfico en su coqueta, le echó una ojeada confirmatoria y, sin tiempo para seleccionar las imágenes incriminadoras, lo metió de una vez en el maletín. No había tiempo para nada más, reflexionó al instante. Como de costumbre, confiaba en que su equipo de «limpieza» se ocuparía de lo demás tan pronto les avisara que se personaran en la casa para hacer lo necesario. Pero antes, debía esperar a que la noticia fuera del dominio público.

Tenía que salir de ahí disparado. Pero no sin antes cubrir su retirada con la señora Manderly, el ama de llaves, quien conocía bien la fuerte dependencia de Marie en anfetaminas para alistarse a trabajar y, de noche, en pastillas para dormir. Así que no sería nada sorprendente si accidentalmente, o por error, hubiera ingerido una sobredosis.

Roland le había dicho que los dejara tranquilos hasta bien entrada la noche, así que la señora se había apartado, sin señales de darse cuenta —¿fingiendo, haciendo el papel?— de que nada anormal sucedía.

Después de un rato —dos a tres horas serían suficientes— nada podría hacerse. Estaría más allá de todo empeño de la medicina por salvarla.

Al menos, eso era lo que había podido, con su casi nulo conocimiento de la medicina, captar mediante una apresurada lectura del tema. No se había arriesgado a consultar a su médico particular, ni aun a amigos suyos agentes de la CIA, sobre tan delicado tema.

Reflexionó que era un hecho en flagrante contradicción con lo que normalmente sería —y efectivamente lo fue— una fabulosa sesión sexual, de lo más sacrosanta si no fuera por su inherente pecaminosidad, por lo cual pediría absolución sin entrar en detalles. Trataría de borrarlo de su pensamiento a veces excesivamente religioso. ¿Pero qué otro remedio hubiera habido?

—Duerme profundamente —le susurró a la señora Manderly entreabriendo la puerta del dormitorio—. Mejor sería darle una oportunidad de descansar. Le hace falta para esa película que está rodando. —Le molestó en ese momento que, a fuerza del estrés, no recordara el título del filme.

—Sí señor —le dijo el ama de llaves con todo respeto evitando su mirada, temerosa de que atisbara su sospecha de que algo extraño sucedía. Nunca antes le había dicho él nada por el estilo. Decidió seguir sus deseos al pie de la letra, pensando que ni por un momento se iba a meter en líos con el jefe de la justicia del país.

Dicho eso, Roland salió y se sentó al timón del auto que había pedido prestado a uno de sus asistentes. Nunca conducía vehículos oficiales en tales ocasiones ya que llamaban la atención: precisamente lo que quería evitar. Se dirigió entonces a donde lo esperaba su helicóptero, a pocas millas de distancia.

—¡Qué pena! —pensó—. Si se hubiera quedado tranquila y hubiera dejado de tratar de contactarlo al Departamento de Justicia... Pero no, era demasiado emotiva, impulsiva, y sus sentimientos la atormentaban. La fabulosa estrella, bellísima pero fundamentalmente ingenua, no se daba cuenta de que jugaba con fuego.

Y lo peor era que no captaba el peligro en que caía cuando le daba un ataque de ira y confiaba a sus más íntimos que estaba a punto de celebrar una conferencia de prensa y difundir la personalísima y explosiva noticia de sus relaciones con los hermanos Kilmory. Roland sabía que, entre esas amistades, una había llegado a decirle que sería una «magnífica idea para darles duro a esos sinvergüenzas». Ella iba a demostrarles que no la podían tomar a la ligera. Roland había alardeado una vez de su poder: «tan poderoso», le dijo, «que puedo "deshacerme" de cualquiera que se me atraviese en el camino».

En su ingenuidad, nunca se le ocurrió que tal cosa pudiera alguna vez aplicársele a una famosa estrella cinematográfica como ella.

Ninguno de los demás Kilmory había hecho, en persona, nada parecido, pensó Roland. Pero todo lo que se hace por primera vez es difícil. ¿Era más fácil tirar a alguien por la ventana de un sexto piso, como había hecho en un acceso de cólera con un afronorteamericano abusador sexual de un menor de edad? Tenía que reconocer que sí. El caso presente era distinto por ser premeditado y a sangre fría. ¿Cómo podían hacerlo esos mafiosos como cosa de diario?, se preguntó. Bueno, concluyó a regañadientes, tal vez se acostumbraran y luego llegaran a disfrutarlo, si tal cosa era posible. O, al menos, así lo afirmaban ellos.

¿Qué importaba?, se dijo, tratando de echar a un lado esas consideraciones intrusas. ¿Y qué más iba a hacer? No había otra manera segura de solventarlo con una personalidad inestable como la de Marie. Además, no había tiempo que perder y nadie más a quien podía confiársele la tarea sin riesgo de que se supiera.

¿Quién diablos iba a sospechar al más alto funcionario de justicia del país? Además, el Presi le había dado sus instrucciones y tenía que llevarlas a cabo, cumplirlas. Más aun, era su deber. La tradición kilmoriana era de nunca cuestionar a la autoridad. ¿Era análogo aquello al propio código de la Mafia? Tal vez de cierta manera.

En todo caso, calculó, lo había hecho finamente. Nada sucio ni sangriento. La fortísima dosis de nembutal e hidrato de cloral, absorbida a la corriente sanguínea por la delgada membrana intestinal, tendría su efecto sin dejar la menor huella de quién la había introducido, o cómo. Tomó entonces la firme decisión de olvidar por completo el episodio.

Horas más tarde, pasada la medianoche, el ama de llaves tuvo la sensación de que tenía que hacer *algo*, cualesquiera que fueran las consecuencias. Su patrona no había seguido su acostumbrada rutina de acostarse y poner los teléfonos «a dormir» donde no los oyera. Intentó abrir la puerta de su dormitorio pero cuando, cosa curiosa, la halló cerrada con llave salió afuera y miró por la ventana. Marie había dejado su lamparita de noche encendida, lo que le permitía ver su cuerpo. Estaba extrañamente tiesa, tendida en la cama desnuda y al descubierto, sin sábanas, de espaldas y con las piernas abiertas. No solía dormir así, de modo que resultaba anormal, como si fuera un montaje.

Aparte de otros factores, el instinto del ama de llaves, por ser de la confianza de Marie, valía más que su temor. Seguía pensando en cómo actuar sin meterse en líos cuando oyó que se detenía un vehículo a la entrada de la casa.

Un par de hombres se apearon con sigilo, entraron en la casa, abrieron sin hacer ruido la puerta del dormitorio de Marie y trajinaron sordamente, como buscando algo. Salieron destellos por la rendija inferior de su puerta y, a veces, a través de la ventana. El
temor venció la curiosidad de la sirvienta y la hizo permanecer en su habitación sin dar señales de su presencia. No olvidaba la llamada anónima recibida horas antes: —Más le vale no meterse en lo que no le importa, señora —le dijo una firme voz masculina—. No vaya a hacer nada que pudiera perjudicarle—. ¿Acaso habrían entrado a robarse algo?, pensó.

Un cuarto de hora más tarde, al oírlos salir, atisbó por entre las cortinas y vio a los dos, cargando sendos bultos, alejarse en un sedán oscuro. Luego de aguardar unos minutos para asegurarse de que los intrusos ya no la amenazaran, se hizo de ánimo y levantó el teléfono. *Algo* tenía que hacer, repitióse.

Tal vez notificar al Dr. Grayson, el psiquiatra e íntimo amigo de Marie y, según sabia, otro de sus muchos amantes. Era nada menos por recomendación de él que Marie la había contratado para ser su ama de llaves. Además, Grayson era el paño de lágrimas de Marie cada vez que algo la incomodaba, por insignificante que fuera.

—Doctor, creo que Marie corre peligro. Por favor venga en seguida. —Se cuidó de hacerle caso a la advertencia anónima y no decir nada de la misteriosa visita de la pareja de hombres.

—¿Ha entrado en su dormitorio para ver si está bien? —Trató de controlarse para no transmitirle demasiada inquietud.

—No he podido, pues tiene el cerrojo puesto. Pude entrever por la ventana que estaba tendida en la cama, inmóvil. Ni creo que guardó los teléfonos. No, no sé qué pasa.

—Bueno, quédese pendiente y no haga nada hasta que yo llegue—. Vivía apenas a un par de millas de distancia.

Llegó en cuestión de minutos, y al verla por la ventana la rompió y penetró en su habitación. Momentos más tarde abrió la puerta.

—Posiblemente esté muerta —dijo.

—¿Qué? !No puede ser! —Espantada, el ama de llaves no pudo dejar de fijarse en que el Dr. Grayson no estaba ni muy sorprendido ni tampoco emocionado. ¿Y qué era eso de «posiblemente»? ¿Acaso un medico, nada menos, no distinguía un cuerpo muerto de uno vivo?

—¿No se puede hacer nada? —Le imploró ella, confundida por una tormenta de pensamientos contradictorios. Tuvo sus intuiciones pero optó por rechazar lo impensable.

—No hagamos ninguna locura—. El Dr. Grayson le clavó una mirada fija, siniestra. —Vamos a ver lo que puedo hacer —dijo con extraña calma en medio de una escena que parecía irreal.

—¿Quiere que llame una ambulancia? —le preguntó, sin saber si el psiquiatra trataba de tranquilizarla... o de ganar tiempo.

—No. Déjeme acabar de examinarla—. Volvió a entrar en su habitación y cerró la puerta.

Pasaron unos cuarenta y tantos minutos cuando salió con aire indeciso y volvió a entrar sólo para salir de nuevo. Transcurrieron más minutos mientras el médico manipulaba una jeringuilla; luego volvió a entrar como decidido a ponerle una inyección antes de hacer cualquier otra cosa. (La demora en notificar un «accidente» se repetiría unos siete años más tarde cuando el más joven de los hermanos Kilmory esperó diez horas para dar cuenta de otro en que una joven pudiera haber sido salvada de asfixiarse en un automóvil accidentado que afirmó haber estado conduciendo.)

—No me luce bien. —El doctor Grayson se pronunció en tono objetivo cuando por fin salió, levantó el teléfono y marcó un número—. Marie Moore —dijo— necesita rescatistas de urgencia—. Dio entonces la dirección, despacio y en voz clara—. Por favor, dense prisa — agregó—. No respira pero aún pudiera haber tiempo para salvarla—. No sonaba nada esperanzado. Para entonces ya eran casi las dos de la madrugada.

*	*	*	*	*	*	*

Para la mañana siguiente, la noticia le había dado la vuelta al mundo... De un teléfono seguro, Roland llamó al jefe de su equipo de «limpieza».

—Supongo que habrá oído la noticia de lo que le pasó a Marie— murmuró sin emoción. Luego, tras la esperada respuesta, siguió diciendo: —¡Increíble!— Tras breve pausa, prosiguió—: Tienen que limpiarlo todo al instante, antes de que se forme el gran lío. No puede haber el más *mínimo* indicio, como entenderá usted, eh, en vista de las circunstancias.

Su tono de voz subrayó el mensaje. El equipo, un grupo kilmoriano élite y supersecreto, estaba listo para actuar, habiendo recibido veinticuatro horas antes la llamada de un ayudante del presidente avisándoles que se avecinaba una tarea importante.

Más tarde, Roland llamó al jefe de la policía de Los Ángeles y le dio sus instrucciones, indicándole que «si ocurría algún acontecimiento en un día o dos», el expediente del caso debía guardarse en una caja de caudales, de donde desaparecería oportunamente.

—Por cierto —dijo— no hay absolutamente ninguna necesidad de involucrar a ninguna otra agencia de la ley, ni siquiera al Servicio Secreto. Todo lo contrario. Asegúrense de actuar ustedes solos.

Conociendo lo taimado y resbaloso que era Hooper, Roland quería asegurarse de que el Jefe del FBI y su agencia no tuvieran nada que ver. De todos modos el FBI sabría seguirle el rastro al caso, pero era mucho mejor mantenerlo oficialmente a distancia. Hooper era astuto y peligroso en la lucha burocrática y ellos habían dejado de presionarlo para que se jubilara: guardaba muchos secretos sobre el «Presi» y, de paso, sobre toda la familia. Por su parte, Hooper no olvidaba el intento kilmoriano por sacarlo del camino, cosa que él había paralizado amenazando con toda claridad con el chantaje.

El hermano joven, Jeff Kilmory, seguía preguntándose cuán involucrado habría estado Roland en el caso de Marie. Bien consciente de que sus hermanos no lo compartían todo con él, conocía de todos modos del triangular amorío —al fin y al cabo habían alardeado un poco al respecto—. Pero la verdad era un secreto bien guardado entre Roland y su hermano el presidente.
Nadie más entre el clan sabía exactamente qué había ocurrido, aunque fácil había sido deducirlo. Últimamente los hermanos se habían quejado de «esa cabrona estrella de cine». ¿Quién más iba a ser?

«¡Seguro que la puta se lo merecía!» era lo que ahora tenían a flor de pensamiento.

* * * * * *

El primer agente de la ley que llegó a la casa de Marie fue un tal sargento Higgins, de la estación policial más próxima. De primera intención observó que todo parecía haber sido «arreglado». Su cuerpo desvestido, tan impresionante en vida y sobre todo en el famoso desnudo de Playboy, se veía tieso y pálido con el efecto del *rígor mortis* que ya desde hacía horas se había apoderado de él; además, tenía las piernas perfectamente rectas. Como toda sobredosis de barbitúricos ingerida oralmente provoca contorsiones y vómitos hasta dejar a la víctima inconsciente y ella no mostraba ninguna señal por el estilo, eso apuntaba a una dosis letal mediante inyección o... ¿a la inserción de una cápsula por el ano? El sargento Higgins insistía en que era un asesinato pero el Jefe de la Policía de los Angeles, Patten, lo desautorizó, y luego lo suspendió y lo despidió.

Patten por ningún motivo iba a arriesgarse y echar a perder su propia situación, sobre todo luego de que Roland le dijera personalmente que lo tenía en primer lugar para ser el próximo jefe del FBI tan pronto como pudieran librarse de Hooper, el actual director. No vaciló Patten en afianzar su candidatura, apoderándose de inmediato del registro telefónico con las llamadas locales y de larga distancia hechas por Marie en julio y agosto. Desde entonces, nadie ha vuelto a ver esa documentación.

Nunca se llevó a cabo ninguna investigación forense ni se convocó a un gran jurado para que averiguara lo sucedido. El examen médico, hecho por un tal doctor Naguri, se las arregló para llegar a la conclusión de antemano determinada: «posible suicidio».

Como los testigos nunca tuvieron que dar testimonio bajo juramento, cambiaron sus versiones y se contradijeron hasta más no poder a sí mismos y entre unos y otros hasta que al fin armaron una versión limpiecita y colectivamente acordada, consecuente con la oficial. O sea que, según la orden recibida del más alto nivel, todas las pruebas se orientarían única y exclusivamente a la conclusión de que se trató de un suicidio.

Así las cosas, para la policía de Los Ángeles el caso recién abierto quedaba cerrado de inmediato. Acto seguido, el expediente desapareció misteriosamente.

Muerta y enterrada Marie, ya nunca más perturbaría a nadie, salvo en la imaginación de quienes vieran su sexualidad en películas o leyeran de su vida y milagros. Quedaría para siempre como la explosiva treintiañera.

* * * * * * *

Justin y Roland, siempre al borde de complicaciones por sus incontables aventuras de faldas, esperaban haber dado un buen ejemplo. Circularía clandestinamente el rumor de lo que había hecho Marie para ocasionar su «suicidio». Poco diferenciado de un «golpe» mafioso, serviría de advertencia para quienes pudieran descarrilarse, ahorrándoles a los Kilmory el trabajo de habérselas con más y más complicaciones, como el chantaje o reportajes de prensa que pudieran hacerles objeto de sospecha. Habría consecuencias para quienes se atrevieran a pasarse de raya, aunque la prensa en sí no les daba mayor preocupación. Si bien el público en general nada sabía, el clan kilmoriano tenía un control férreo sobre los medios de información. El patriarca Jonathan les había enseñado cómo controlar ese proceso tan vital y delicado.

* * * * * *

—¿Qué tal te fue, Rolly? —el presidente interpeló a Roland al entrar en «la sala segura» de la Casa Blanca. En privado, le gustaba llamarlo por su apodo.

—Creo que bastante bien. La prensa muy decente —. Ya de por sí hombre de pocas palabras, se mostró tan parco como si de momento le preocupara que el sistema de grabación lo estuviera captando todo. Y eso que ni siquiera estaban en la Oficina Oval, donde todo por lo regular quedaba registrado.

—Así es como debe ser, aunque algunos se preguntan si pudiera haber sido cosa accidental, en contraste con algo que ella se hiciera a sí misma—. Justin, en tono tranquilamente informativo, evitó decir «suicidio».

—Siempre habrá especulaciones. Pero, ¡qué diablos!, en medio de todo aquello me limité a insertarle la cápsula —aclaró el sitio preciso con un gesto y la maliciosa sonrisita que de vez en cuando se permitía—. La pobre nunca supo qué fue lo que le pasó —agregó con leve ironía y un dejo de lo que pensó era correcto arrepentimiento. Se echó para atrás con la mano derecha un mechón de pelo suelto, gesto que usaba como si fuera signo ortográfico, por lo general un punto, para marcar su hablar.

—Lo hiciste con mucho tino, Rolly. Nada de rastros... Ah, asegúrate de que la autopsia salga bien. No nos convienen cabos sueltos que nos pongan en aprietos... —El presidente dejó la frase colgando y luego le dio una palmada en el hombro para terminar la conversación. —Una pena —añadió cuando Roland se alejaba encogiéndose de hombros—, pero bien hecho. Para nosotros —dijo, subrayando generosamente el plural— no había alternativa. De vez en cuando estimaba que Roland se merecía una palmadita en el hombro, como si le pusiera el cuño de hermano mayor, bien consciente de cómo dársela con juicio le recompensara sus esfuerzos por ser buen muchacho.

Capítulo II
SECRETOS DE FAMILIA

Brillaba el sol en cielo despejado aquel día hacia fines del verano a medianía del decenio de 1970. Se reunía el clan para celebrar el cumpleaños de Jonathan Kilmory. Pero todos sabían que era casi *pro forma*, sabiendo que «el Patriarca», como todos le llamaban, iba perdiendo su integridad mental tras haber sufrido un derrame el año anterior.

La matriarca, Roseanne, luego de dar sus acostumbradas y precisas instrucciones a toda la servidumbre, saludó a las hijas, nietos, parientes políticos y diversos familiares según iban llegando, en grupitos, al recinto familiar a orillas del mar en Nueva Inglaterra. Junto al Patriarca estaba su último hijo aún vivo, el único que, haciendo el papel de ir en serio en pos de la presidencia de los Estados Unidos, se había echado cuidadosamente a un lado.

—Mira, hijo, eh, eh..., tú sabes lo que... tienes que hacer. No soy yo quien te, eh, deba advertir de que guardes bien nuestros secretos. El de, um... las elecciones de 1959... la de Justin. El de, este, Marie. El de tu hermana Rebecca. Y, eh... el más importante de todos, el de Rantachidick.

—¡Ya lo sé, Papá, lo sé! —Jeff Kilmory se molestó, si bien se dio cuenta de que su anciano padre ya no estaba en sus cabales. Traía a colación temas que durante decenios había evitado escrupulosamente, tal como lo hacía el clan de los Kilmory en general.
Nadie se acordaba de la última vez que alguien había aludido en lo más mínimo a tales temas.

De ninguna manera hubiera soñado siquiera, sin haberse vuelto loco, hacer ni la más remota alusión a nada de eso. Era como si los Kilmory nunca hubieran tenido que ver con nada semejante.

—Bueno, ¿no te parece importante?

—Sí, Papá, pero tranquilo, no viene al caso volver sobre eso. —Jeff intentaba calmarlo—. ¡Acuérdate que estamos celebrando tu cumpleaños! —Jeff, por su parte, siempre había procurado olvidar esas cosas y hacerse la idea de que nunca habían sucedido, sobre todo el caso que le tocó a él personalmente. Su padre lo había mencionado de últimas: Rantachidick.

Durante años había evitado el tema como si fuera la peor pestilencia; es más, odiaba todo lo que pudiera recordárselo. Los sentimientos que le provocaban eran agudos, incómodos; trataba de evitar incluso que le pasara por la mente la voz *culpa*. Seguía sintiendo la satisfacción —aún, tras tantos años, ni con un viso de preocupación siquiera— de haberlo encubierto todo casi a la perfección. El resultado había sido, hasta donde él supiera, que la verdad nunca había sido ni insinuada— al menos en letra impresa. Claro, durante años habían corrido rumores *sottovoce*, pero eso era de esperarse. Pese al poder de la maquinaria kilmoriana sobre los medios de información —poder normativamente encubierto por los propios medios, así como por la industria editorial—, nadie podía controlar ni la especulación ni lo que los Kilmory gustaban de llamar «chismes irresponsables».

Sin embargo, se daban cuenta de que la situación sería bien distinta si tales conjeturas aparecieran en blanco y negro. En tal caso, Jeff estaba bien consciente de que se produciría un escándalo desenfrenado. Era seguro que aparecería una y otra vez en los medios de información así como en los mensajes interpersonales de correl, texto y demás. Ello le afectaría directamente y acaso con resultados nefastos. No era inconcebible que también le costara su valiosísimo escaño en el Senado de los Estados Unidos, siendo que sus repetidas candidaturas eran —como solía decirse de los postulados por el Partido Demócrata en el Sur— «equivalentes al triunfo en la elección general».

Allá por la época más juvenil de Jonathan Kilmory se deleitaba en la seguridad de que el escaño de Jeff era cosa «de cajón», o en la jerga vernácula del bajo mundo, «un manoplazo». Conocía mejor el argot de la Mafia de lo que le hubiera gustado reconocer.

Consideraba Jeff que se había protegido bien de toda investigación adicional del episodio de Rantachidick. Solamente tres personas, al máximo, sabían la verdad de los ocurrido. Se sentía satisfecho —casi orgulloso— de su alocución televisiva al país: su presentación fue muy convincente, pareciendo asumir un aire de culpa por lo que había parecido la muerte accidental de Molly Jeanne.

La inmensa mayoría de los televidentes, le había asegurado su personal, aceptaron su explicación sin reparos. De alguna manera, declaró, se había salvado de milagro y entonces, atolondrado y sufriendo de una lesión en el cuello, había hecho intentos casi heroicos por salvarla de morir ahogada en su automóvil, volcado ruedas arriba en las oscuras aguas del canal que mediaba entre la islita y la tierra firme de Nueva Inglaterra.

De su intermitente pero prolongada relación con la muchacha no había surgido ninguna prueba contundente. Se había cuidado de dar instrucciones a todo su personal de nunca revelar ningún detalle de su vida particular —ni lo más mínimo— so pena de ser despedido. Peor aún, les había amenazado de hacer todos los esfuerzos posibles para asegurarse de que nadie más les diera empleo. En tales condiciones, se sentía bastante satisfecho de que fuera improbable que nadie atara cabos acerca de la verdadera relación entre ellos dos y de cómo precisamente se había producido su muerte. Abrigaba la esperanza de que todo eso permaneciera por siempre secreto.

En cuanto a los propios episodios turbios de su padre, de los cuales había tenido noticia cuando era jovencito, observó con cierta curiosidad que el viejo tenía la tendencia de comentarlos más libremente según avanzaba el tiempo, en tanto que permanecía más discreto acerca de lo relativo a sus hijos. Ello tal vez obedecía, pensó Jeff tranquilizándose, a su seguridad de que ya no correría peligro en esta etapa de su vida, mientras que a sus hijos —o al menos a Jeff, el único sobreviviente masculino— aún podría tocarle responsabilidad si pasaran al dominio público ciertos aspectos de mucha sensibilidad.

Hizo memoria acerca de lo que, a través de los años, había llegado a saber acerca de algunos de los secretos de su padre...

Capítulo III
DECISIONES

Las raíces del caso de Marie eran filosóficas. Es decir, basadas en los principios que habían guiado a Jonathan para hacerse de las empresas cinematográficas MKO y Parquet Motion Pictures a la vez que habían provocado la muerte de los que se habían atravesado en el camino, entre ellas Edna Klinger. Más adelante ello tuvo su secuela con la muchacha que murió en ese curioso accidente en Rantachidick. Cualquier observador hubiera concluido que, tomado en conjunto, se trataba de un círculo vicioso común y corriente.

En retrospectiva quedó en claro que en estos casos los hermanos Kilmory no hicieron sino lo que tenían que hacer, conforme a las reglas establecidas por el Patriarca. Los Kilmory estaban todos convencidos, individual y colectivamente, de que era necesario tomar ciertas medidas cuando no había alternativa segura para resolver un problema. Eso sí, las medidas tenían que justificarse conforme a los requisitos y convalidarse con los resultados.

Sin embargo, los hermanos conformaban un muro firme, inventándose pretextos y coartadas y defendiéndose fieramente los unos a los otros. Era la manera de actuar de los Kilmory. Jeff, el hermano menor, prefería suponer, al acordarse del caso de Marie —a fin de suavizar cualquier sentido de culpa familiar, por leve que fuera—, que Roland tal vez actuara solamente en función de apoyo, sin ensuciarse las manos. Si no, ¿qué alternativa tenían sus hermanos?

Marie había amenazado con dar al conocimiento público toda la historia de su relación romántico-sexual con Roland y Justin, las cuales habían evolucionado en secuencia o acaso, hasta cierto punto, simultáneamente. No era que los dos necesariamente hubieran «jugado» con ella al mismo tiempo, aunque ello era práctica normal en las frecuentes bacanales que organizaban los Kilmory en la Casa Blanca, con natación al desnudo en la piscina y otras diversiones sexuales. Pero parte de la diversión era la formula de dos (o más) contra uno, cosa frecuente entre los hermanos cada vez que podían conseguirlo. Así que era muy posible que hubiera ocurrido un trío con Marie.

Ella también había participado en tríos, cuartetos y demás con Spanitra y sus amigos —el conocido «Brat Pack»— al que por momentos se incorporaba el poderoso capo Sal Campana. Los escenarios habían sido los grandes hoteles The Sands y Wilbur Clark's Desert Inn en Las Vegas o, más a menudo, el discreto Cal-Neva Lodge, montado sobre la frontera entre California y Nevada. Condueños de este eran Campana, por medio de un testaferro, y nada menos que el mismísimo Jonathan Kilmory. Las fotos sacadas por Spanitra han sido sin duda destruidas por su viuda o sus herederos, privando así al mundo de evidencia importante, si bien salaz.

No debió de haber sido muy difícil organizar esas retozonas diversiones considerando las inclinaciones de Marie, su libérrimo criterio sexual y la inherente y ponderosa atracción de hacerlo con dos alfas del sexo masculino a la vez. Ello acaso excitaba a Marie más que nada, una vez que su fundamental promiscuidad contrapesara sus remilgos sobre cómo lo verían los demás si algún día se supiera. Y los hermanos, ¿qué duda cabría?, se divertían con el recreo tanto como ella, pícaramente, reconocía que lo disfrutaba.

En la relación con Marie, los hermanos Kilmory también habían prestado mucha atención al aspecto de la seguridad nacional. Le había tocado a ella enterarse de información supersecreta sobre Cuba y otros aspectos de política exterior y había cometido la tontería de insinuar que, más allá de revelar sus amoríos con los Kilmory, también podrían ver la luz del día algunos de esos secretos. Claramente, no tenía idea del minado terreno que atravesaba.

En todo caso, su relación con Justin empezó a tornarse seria cuando él comenzó a verla con mayor frecuencia, cada vez que podía arreglárselas para intercalarla en sus viajes o, si no, lograr que anónimamente viajara ella a Washington. Al fin y al cabo, siempre se las arreglaba para ver a sus amantes en la propia Casa Blanca. Entre las que venían a verle figuraban Judy Campbell Exner y Marlee Penshaw Meter, exesposa de un agente de la CIA con quien Justin tenía una relación ya en firme que había florecido —a diferencia de sus otros amoríos—, en algo más que puro sexo. El aspecto intelectual de la relación se salía de la norma y le era atractivo.

La mayoría de las amantes presidenciales no eran célebres ni tampoco bien conocidas, así que no planteaban ningún grave problema de secretos. Algunas eran sencillamente ingenuas jóvenes que trabajaban de pasantes en la Casa Blanca. Una de estas fue Gigi Harlan, seducida por el presidente en su segundo día de trabajo cuando, tras una zambullida en la piscina de la mansión, le dio una gira personal por sus habitaciones privadas; cuando llegaron al dormitorio de la señora Kilmory, empujó a Gigi sobre la cama y, valiéndose a igual medida de los poderes del cargo, persuasión, coacción y fuerza de voluntad, le tomó su virginidad. Según lo contó ella más adelante, su estado de ánimo no era como para resistirse al empeño de una personalidad de tal categoría. En el caso de Gigi siguieron su relación romántica por unos dieciocho meses, aun cuando era exclusivamente sexual. Tanto, que llegó hasta a inducirla a brindarle servicios sexuales, de índole oral, a por lo menos un ayudante personal que por casualidad estaba alrededor de la piscina en esos momentos.

—Gary no parece muy contento —observó el presidente—. Mira a ver si puedes hacer algo para que se sienta mejor. —En breve, el ayudante se sonreía entre los mostachos como gato que se comió el canario.

Poco después, el presidente sugirió que repitiera sus funciones con su hermano Jeff, pero al llegar a ese punto Gigi se puso firme.

Un poco mayor y más lista, a Marie no le apetecía la categoría de juguete sexual y nada más. Sí tenía algo extra: muchos chismes de Hollywood que participarle a Justin, y que le encantaban.

Para ir a Washington por lo general se disfrazaba a fin de burlar el cerco mediático. (Entre sus recuerdos más preciados: la vez que ella y Roland, en una de sus aventuras íntimas, se disfrazaron solo la cara para ir a una playa nudista en California y así compartieron un buen rato sin que nadie supiera.) A espaldas del público, Marie entraba con sigilo en la Blair House, edificio para invitados especiales frente a la Casa Blanca, de donde luego se trasladaba a esta por el túnel secreto que conecta los dos edificios. Este útil pasadizo le permite al presidente (y en ocasiones a alguno de sus íntimos, como el «co-presidente» Roland) reunirse con personajes, amigas o contactos confidenciales de toda clase sin que nadie lo supiera. El paso subterráneo, oculto a ojos intrusos, fue durante mucho tiempo un secreto mejor guardado que el refugio antiaéreo de la mansión presidencial, pues era la vía más perfecta de contrabando humano. El túnel sigue siendo, al día de hoy, poco publicitado.

Entre otras muñequitas de Justin, y posiblemente también de sus hermanos, figuran una serie de estrellas de Hollywood y la televisión —vivas aún al salir este libro—, como la bella y encantadora Genna Dickson, quien jamás ha querido hablar del tema. Eso significa que todo ello es verdad. Otra chica que ha sido muy franca, contando que anduvo para arriba y para abajo con el Brat Pack, y que pudiera haber formado parte del establo de yegüitas faranduleras del presidente era Shelly McLeary. Entre sus antecedentes figura una etapa de mucha actividad en el Partido Demócrata. Pero no todo era política. De entonces acá ha contado de sus «sexcapatorias» durante esa época, afirmando que se había acostado hasta con tres de sus compañeros de trabajo en un solo día («desayuno, almuerzo y comida —todo el mundo lo hacía—», dijo).

A mayor abundamiento, explicó que durante años ella y su esposo tenían un matrimonio abierto. (¡Menos mal!)

En el caso de Marie, el presidente Kilmory por fin decidió que la cosa pasaba de castaño oscuro. En charlas telefónicas intervenidas había dicho a sus amistades que estaba «enamorada del presidente» y, posteriormente, de su hermano el secretario de justicia. Se hacía ilusiones de que Justin se divorciaría de su mujer a fin de casarse con ella. ¿O sería que *él* le había insinuado esa posibilidad? De haberse hecho público, el pueblo norteamericano no hubiera tolerado semejante escándalo.

Justin Kilmory se dio cuenta cabal de que si empezaban siquiera rumores de tal comportamiento, su gobierno se le hubiera desmoronado como un castillo de naipes. Huelga decir que por aquel entonces cualquier amorío extramatrimonial era suficiente para destruir la carrera política del más deslumbrante politico.

Hoy día las cosas han cambiado. Pero en aquel momento Justin se inclinaba a pensar que tal enredo le hubiera privado al país de uno —o muchos, o acaso la mayoría— de sus altos funcionarios públicos. Y en esta instancia no se trataba solamente de que estuviera en grave peligro su equipo de gobierno, sino toda su dinastía familiar.

Pero, ¿qué tal si su hermano Roland hablara personalmente con ella?, pensó. Era tan delicado el asunto que tal vez tuvieran que recurrir a ello para no correr ningún riesgo. Ello significaría que tal vez Roland acabara por reanudar su relación con Marie. Pero bueno, ¿y qué? Roland seguía diciendo que le encantaría darle otro «toquecito» algún día. Ya había disfrutado de sus encantos en un par de ocasiones. Además, semejante jugada pudiera tener el deseado efecto de lograr una distracción. Al fin y al cabo, siempre habían seguido la costumbre de compartir sus enamoradas, e incluso sus esposas.

—Roland, tengo que decirte algo— le planteó Justin al pasearse por el Jardín de Rosas de la mansión presidencial. Había allí cero riesgo de que se grabara algo, aunque fuera accidentalmente, por los propios sistemas presidenciales, y menos aún por intrusos. —Marie se está poniendo muy inestable y peligrosa, muy latosa. Está haciendo llamadas, amenazando con chantaje y demás. Lo peor es que ha hablado de celebrar una conferencia de prensa y desembuchar todo lo que ha pasado entre nosotros tres. Lo dijo y lo tenemos grabado.

—¿Qué?—. Fue todo lo que Roland, boquiabierto, pudo decir.

—Me lo dijo tu cuñado, «Crawfoot». —A Justin le gustaba, corrompiendo a veces la ortografía de su apellido, el sarcasmo de calificar de «*tu* cuñado», en lugar de *nuestro*, a Jeter Crawford, el actor que se incorporado a la familia casándose con la hermana de los Kilmory.

—¡Coño, Justin! ¡Qué clase de puta! —Roland pasó por alto la observación sobre Jeter Crawford.

—Me parece,— siguió diciendo antes de que Roland pudiera intercalar palabra, —que tú debías ir allá y meterle un poco de cordura en la cabeza, y mientras tanto le metes también algo más a ver si se le despejan las telarañas—, agregó con sonrisa picarona.

—¡Mierda! —La palabra vulgar, rara vez usada por Roland, tenía más impacto cuando la soltaba—. ¿De veras piensas que debo hacer eso? ¿Hablas en serio?— La perspectiva tenía sin duda su ángulo positivo, pero sus puntos negativos le parecían alarmantes.

—Hablo *muy* en serio... porque *ella* parece no estar jugando. Se está volviendo loca. Imagínate, amenazando con dar a conocer públicamente que nosotros hemos pasado con ella unos ratitos de solaz esparcimiento —siguió diciendo, pícaramente entretejiéndose los dedos de las manos—, por no hablar de los secretos de seguridad nacional que le hemos confiado al oído, de mis relaciones con otras mujeres, incluso, aunque no lo creas, con las europeas. —Justin arqueó las cejas—.

En pocas palabras, Rolly, está perdiendo sus cabales. Además, sospecho que tiene pruebas: grabaciones que de alguna manera ha hecho de nuestras... eh, diversiones con ella. Según parece, se ha conseguido a alguien del mundo del espionaje para que pusiera micrófonos y cámaras en varios lugares de su casa. Lo sabemos gracias a nuestras intervenciones telefónicas. Conociendo al viejo Hooper, el FBI también debe tener este material, así que lo va a usar para seguir chantajeándonos. —Justin hablaba como si fuera algo de cajón, sin nada de particular—. También está la cuestión de su diario personal con fotos y otras cosas que sabemos tiene guardadas. Con todo eso, no podemos darnos el lujo de correr ningún riesgo —terminó diciendo con el entrecejo fruncido y sombría expresión.

—¡Coño!

—Así que ya ves, pudiera ser necesario... sabes... *ocuparnos de ella*... es decir, si no entiende de razones. Y aunque así lo hiciera, ¿cómo sabemos si no se va a desquiciar y partirnos los cojones?

Justin gesticuló con el brazo derecho en tanto que su hermano, en movimiento reflejo, se echó el mechón de pelo de la frente. Cerrados los labios, puso cara de preocupación.

—Tengo que reconocer que la cabrona coge de lo mejor, —siguió diciendo Justin, sin suprimir una sonrisita provocada por el recuerdo— pero ya me cansé de la vieja. Si no se puede controlar... —dejó la frase trunca—. Ya lo hemos hecho en otras ocasiones y podemos volverlo a hacer... —Se encogió de hombros—. ¿Entiendes? —Hizo un gesto inconfundible con la mano que no hubiera registrado ningún sistema de grabación ni amistoso ni enemigo. Entonces abrió las palmas como diciendo «¿qué más podemos hacer?»

—Muy bien, lo voy a pensar, —contestó Roland.

—No lo pienses, Roland, ¡hazlo! —Justin se valió de su dedo índice como instrumento de puntuación. Era sin duda una orden—. Consulta a Jeter si es que necesitas algún consejo —agregó suavizando un poco el tono—. Él está muy cerca de ella y sabe cómo tratarla, encontrarle los mejores ángulos, qué está pensando en cualquier momento dado. Cuando la cosa va en serio, como ahora, podemos contar con él. —Hizo una pausa, cambiando una mirada de inteligencia con su hermano—. Al fin y al cabo, él acaba de darnos la voz de alerta.

—Bueno, bien hecho de su parte. ¿Crees que estaría dispuesto a encargarse del asunto si fuera necesario? Pudiera tener más acceso... —Roland trató de eludir la parte difícil destacando la logística.

—Ni lo sueñes. Es un tipo debilucho y remilgado. Cuando la cosa se pone dura, no podemos confiarle nada por el estilo. Creo que tenemos que resolverlo nosotros mismos; no hay alternativa. Ya sabes que no podemos correr riesgos. Tal vez podrías comunicarte con él a ver qué te dice antes de...

Roland captó la onda y asintió con la cabeza. Murmuró entonces algo de volver a su escritorio en el Departamento de Justicia y, con la mirada baja, salió de la Oficina Oval. Los puestazos, y la impunidad, tenían su precio, concluyó.

Lo único bueno de este lío —trató de pensar en lo positivo— era que al menos podría acostarse con ella un par de veces más antes de que se acabara la fiesta. Después —pasara lo que pasara; aún aspiraba a una mínima posibilidad de cancelar su misión— dependería en gran medida de la actitud de ella. Si le tocaba lo peor, al fin y al cabo no sería sino por la culpa de ella misma. En tal caso, pensó, ¡que se joda!

* * * * * *

En el 2010 aparecieron unos apuntes de Marie entre los papeles que había guardado Len Stromberg, su instructor de actuación, muerto muchos años antes. Las notas garabateadas en la propia letra de la actriz se reducen a unas cuantas frases sueltas:

siento miedo de Jeter
pudiera hacerme daño, envenenarme, etc.
por qué – extraña mirada en sus
ojos – extraño comportamiento

Aparte de algunas insinuaciones, a nadie le ha parecido de interés indagar más en el asunto. Pero no hace falta ser un neurocirujano para conectar los puntos y concluir que el «extraño» comportamiento de Jeter Crawford pudiera haber obedecido a urdir un plan para «neutralizar» a Marie. Conociendo su personalidad pudiera deducirse que lo más probable es que no siguiera adelante con el plan por una razón: poco acostumbrado a semejante encargo, sencillamente le faltaban agallas.

Capítulo IV
DESHONRA BORRADA

—Ven, Rebecca, te vamos a cuidar de lo mejor. —Fueron las últimas palabras que la más joven de la prole kilmoriana antes de que la sometieran a la operación... Las enfermeras parecían inofensivas y no tenía razones para sospechar que su padre quisiera darle algo más que su más amoroso cuidado y preocupación, si bien en general era rígido y autoritario.

No perdieron tiempo en llevarla al quirófano y anestesiarla. Contaba unos 25 años ese día a fines del decenio de 1940. Cuando terminaron, más de dos horas después, la bien equilibrada, alegre y sociable joven se había convertido en un virtual robot, incapaz de reconocer a sus amigos o parientes ni relacionarse con ellos como lo había hecho toda su vida hasta entonces. Su estado mental se redujo al de una niña de dos a tres años.

—Lo siento, señor Kilmory, su reacción a la lobotomía hasta ahora no es muy alentadora. Tendremos —el plural diluía la responsabilidad— que darle algún tiempo. —El cirujano mentía, sospechando que había sido un terrible fracaso y temiendo lo peor.

—¿Ah? ¿Pero no decía usted que...? — Jonathan Kilmory procuró verse más preocupado de lo que estaba. Ya había decidido que, si sucedía lo peor, la podían enviar a algún lejano lugar donde nadie la viera, en efecto suprimiendo un mal ejemplo, un manchón a la alta norma que fijaban los Kilmory en todos y cada uno de sus campos de actividad. Disipó con la mano el humo del cigarrillo Camel que fumaba el cirujano, le dio un último chupón al suyo y lo extinguió en un cenicero con un simbólico aunque inadvertido gesto final.

—Claro, aún es muy pronto para llegar a conclusiones en firme, señor Kilmory. —Hábilmente, el médico evitó comprometerse.

Aunque la joven era alegre y de buen humor, Rebecca siempre había sido de lenta mentalidad, o acaso para decirlo con mayor franqueza, algo retardada. Nunca había podido mantenerse al paso de sus hiperexitosos hermanos y hermanas en el plano intelectual y ni siquiera en el físico. Aun así, pese a su minusvalidez parecía adaptarse relativamente bien y siempre había participado en las actividades de familia —principalmente a insistencia de su madre y pese a que su padre se inclinaba a excluirla— e incluso había sido presentada en cortes al rey Jorge VI cuando el cabeza de familia había hecho una gran impresión entre la prensa británica como el poco convencional embajador estadounidense al Reino Unido. Al presidente Roosevelt no se le ocurrió peor puntapié a los ingleses que enviarles de embajador norteamericano a un irlandés.

Pero como Rebecca para él representaba una deshonra y un fracaso —cosa que no podía tolerar en su círculo familiar— decidió que tenía que tomar medidas. Sin nada decirle a su esposa ni tampoco a ningún familiar, se propuso someterla a una lobotomía. La cirugía nueva, justo por ser experimental y peligrosa, había dado pocos resultados positivos y verificables. Se había ensayado con chimpancés, a los que había hecho más dóciles y tranquilos; era un resultado prometedor para quienes se interesaban primordialmente en controlar el comportamiento sin preocuparse por los efectos secundarios. Ignoráronse —y en algunos casos recibíanse con beneplácito— las señales de que una actitud pasiva reemplazaba el mantener relaciones interactivas y el gozo de vivir a plenitud. Las intenciones eran buenas, aun cuando la cura pudiera resultar peor que la «enfermedad».

Entre los seres humanos el procedimiento estaba lejos de haber demostrado su valor; si bien había logrado resultados aceptables en ciertos casos, producía efectos secundarios bastante malos y no había manera de garantizar el resultado. La intervención era primitiva incluso para los estándares de los años '30 y '40. Se insertaba por agujerillos en las sienes un «leucotomio de precisión» (venía a ser un estilete poco agudo) para cortar los nervios al sistema límbico, o sea el centro emocional del cerebro. Nada tenía de particular, pues, que ello calmara a los pacientes violentos y que los dotados de exagerada sexualidad perdieran todo su libido, o al menos la mayor parte. No sorprende que el tratamiento se recomendara y usara para «curar» a millares de homosexuales. Pero el paciente no solo sufría menoscabo emocional sino también pérdida de la memoria y el habla. Uno de los proponentes se jactaba de que los sometidos a la operación habían «cambiado de personalidad». Efectivamente, se habían transformado en zombis.

Para Jonathan Kilmory, sin embargo, el concepto tenía el aliciente de que permitiría controlar mejor a Rebecca y tal vez hacer más aceptable su comportamiento social. Si por el contrario no diera resultado podría sacársele completamente del cuadro familiar. No era tan importante que el resultado fuera uno u otro, pensó. Si mejoraba la actitud y personalidad de Rebecca, pues muy bien. Y si no, al menos ya no empañaría la imagen y los excepcionales méritos de la familia.

La chica se ponía rebelde, le daban rabietas y le gustaba salir sola de noche. Como sus numerosos hermanos y hermanas, era voluntariosa. ¿Qué pasaría, pensaba, si caía en estado de gestación? Ante esa perspectiva, desde el ángulo práctico, solo había una salida.

Con su limitado conocimiento de la historia, guardaba un recuerdo borroso de un emperador romano que no había vacilado en desterrar a la remota Cerdeña a una hija ninfómana. Para problemas extremos, se justificaban soluciones extremas. Así que si la lobotomía lograba modificar su personalidad, controlar y «normalizar» su comportamiento, problema resuelto. Y si no, si se ponía peor, podría colocarla en un lejano asilo para dementes donde nadie la viera y quedara olvidada. Ya no habría más noticia de ella, ni contacto. Una vez más, problema resuelto.

El doctor Thomas Tucker, el cirujano encargado, no se mostró seguro de que la lobotomía estuviera indicada en el caso de Rebecca. Pero no había duda de que Jonathan Kilmory estaba decidido a hacérsela de una u otra manera. Así que, qué iban a hacer él y su equipo, ¿negarse? Ni pensarlo. No solo era Kilmory persistente, sino rico, voluntarioso, persuasivo, sumamente poderoso y algo más que un poco peligroso cuando se le atravesaban. Al final, el Dr. Tucker echó a un lado sus dudas con la expectativa de que el éxito era siempre una posibilidad. Adicionalmente, Kilmory pagaría cuantiosos honorarios muy por encima de los normales. (Jonathan tenía fe en los incentivos como estímulo al desempeño o para conseguir lo que quería.) Y se había protegido con la aclaración de que, como en todo procedimiento de medicina, no había resultados garantizados.

Tal como lo había temido, la cosa salió mal. Tras la cirugía, la muchacha era prácticamente un desastre, no reaccionaba y al parecer andaba por otro mundo. Habían sido inútiles casi una semana de intensos esfuerzos por que volviera a su personalidad de antes.

—¿Se trata de un comportamiento postoperatorio típico? —preguntó Kilmory al Dr. Taylor, mostrando curiosidad objetiva sin que faltara un toque de preocupación. En el fondo, la intervención era su secreto personal; ni su esposa ni ningún familiar sabían de sus planes de someter a Rebecca a la operación. Sí tenía la satisfacción de saberse jefe imperial de la familia y de tener absoluta confianza en convencer a los demás y en justificarse en cualesquiera circunstancias. Sin eso, sin su firme dinamismo y empeño por salir adelante, nunca hubiera alcanzado el grandioso éxito y enorme poder de que disfrutaba, y que también compartía con toda su familia.

—Mucho depende del paciente, señor. En el caso de su hija, dentro de pocos días o acaso semanas puede confiar en que mejore. Aún es joven y algunos pacientes necesitan más tiempo para recuperarse y mostrar los resultados positivos que son de esperar. —El Dr. Taylor intentó ponerle buena cara a la situación.

—Envíe la cuenta a mi contador, —dijo Kilmory a modo de punto final, sin preguntar su importe. Ya no quería hablar más de Rebecca—. Pero que sea razonable —agregó, como era su costumbre, para evitar que los avariciosos se aprovecharan indebidamente de su riqueza. Hizo entonces una señal a las dos enfermeras particulares que había traído consigo.

—Ven Rebecca, nos vamos a la casa— dijo. La chica, cual zombi, tenía la mirada en la distancia mientras las obedientes enfermeras, una a cada lado, la conducían hacia la puerta.

La realidad era que iba a un lugar muy alejado del complejo residencial de los Kilmory, un asilo para pacientes con dolencias mentales que no podían valerse por sí solos. Como no era capaz de encargarse de los quehaceres cotidianos más sencillos, necesitaría atención a tiempo completo. Jonathan sintió un poco de lástima, pero ciertamente no quería a uno de los suyos, en tales condiciones, en los alrededores de la casa familiar. Tal cosa no sería sino una vergüenza. Si mejoraba, como pronosticaban con optimismo los médicos, se lo comunicarían y podría entonces pensar en cambiarla de lugar, si fuera procedente. De lo contrario la mantendría a buen recaudo, donde no la vieran ni pensaran en ella. Si algún Kilmory deseara visitarla, tendría que hacer un viaje bastante largo.

Rebecca permanecería la pariente que brillaba por su ausencia; jamás se le volvería a ver ni aun mencionar, al menos en presencia de Jonathan Kilmory. Consideró que para ella sería como una cadena perpetua, a menos que, por improbable que fuese, se recuperara lo suficiente para aparecer en público como parte del clan superexitoso de los Kilmory.

El plan de Jonathan Kilmory, en síntesis, no era sino de pura ganancia. Así, de todas maneras había salido ganando y en la posición anhelada: con buena ventaja.

Capítulo V
LA TRAMPA

—¡Auxilio, que me persigue la bestia! ¡No permitan que se me acerque! —Con un vestido escotado que mostraba el delicioso arranque de su femenil belleza de diecisiete años, Edna Klinger salió corriendo y gritando de un closet de útiles de limpieza en el teatro Carthages de Los Ángeles.

—¡Está tratando de incriminarme! —fue todo lo que acertó a decir el turbado propietario, Ari Carthages.

Al personarse un policía que pasaba por ahí de casualidad, la chica insistió en acusar a Carthages de abuso sexual. Señalándose los senos, dijo que la había «besuqueado y mordido locamente». El agente de la ley detuvo a Carthages en el acto, acusándolo de violación. El tímido inmigrante griego apenas hablaba suficiente ingles para darse a entender y era incapaz de defenderse de las fuerzas que se habían confabulado en su contra.

Según lo recordaba Jeff Kilmory, este episodio se consideraba uno de los grandes triunfos de su padre en Hollywood. Aunque databa de los «Locos Años Veinte», como se dio en llamar al bullicioso decenio de 1920. No había nacido aún, pero sus familiares le contaron. No podía menos que admirar los extraordinarios dotes de su padre, pese a su fama de tramposo. Entre las grandes jugadas del Patriarca durante su época dorada de Hollywood, este golpe era leyenda. Le había enseñado al clan, con su ejemplo, cómo podían conseguir lo que deseaban cuando les viniera en gana, actuando con osadía y sin escrúpulos. Manipulando así la ley, Jonathan había logrado un extraordinario éxito comercial y se había apoderado de la empresa cinematográfica MKO Pictures.

El primer paso para dar el golpe fue adquirir la cadena de cines Carthages en Los Angeles. Aunque el dueño se mostraba renuente a vender, Kilmory confiaba en que Ari Carthages no sabría hacerle frente. En 1929 Jonathan era un personaje importante en la industria del cine y no era fácil ganarle una partida. Le dio a conocer a Carthages, muy claramente, la posición e influencia de que disfrutaba. Aunque Carthages se puso firme, la estrategia de Kilmory era de jugar al duro. De repente Carthages descubrió que ya no le facilitaban películas de categoría a su cadena. Pero solo era el primer paso.

Mediante sus agentes, Jonathan Kilmory había conocido a la joven y atractiva Edna Klinger, una chica de la localidad esperanzada en hacerse estrella de cine. Viendo que era fácilmente manipulable, le hizo promesas y le ofreció tentadoras recompensas que ella en seguida aceptó. Le tocaba cumplir una misión muy sencilla: prepararle una trampa a Ari Carthages. Kilmory se haría cargo de todo lo demás.

Al enjuiciársele por violación, Carthages rompió a llorar al oír el testimonio de Edna. En inglés chapurreado, apenas dio en repetir su defensa: «Yo no hice eso». En un momento dado Carthages explicó que la chica le insistía en que comprara una obra de teatro escrita por su agente. Cuando él la rechazó, dijo, Edna reaccionó acosándolo en el teatro, rompiéndole la camisa y agarrándole por las piernas.

Algunos se preguntarían si ella estaba haciendo el papel de víctima. Sin embargo, el jurado no pensó nada de eso. Convencido misteriosamente de que todo aquello era de veras, se le veía dispuesto a declarar a Carthages culpable. Si los jurados se encantaron con la muchacha o si fueron objeto de otro tipo de recompensa —a estas alturas, a tres cuartos de siglo de los hechos y de cualquier tipo de verificación— apenas cabe hacer especulaciones. No obstante, el sentido común nos permite concluir que la justicia se fue por mal camino o que sencillamente la subvirtieron. Si Carthages era tan imprudente como para intentar su seducción, arriesgándose a que lo inculparan de acoso sexual a una menor, equivalente por ley a violación, ¿lo haría en un teatro de su propiedad?

La fiscalía no tuvo reparos en ello, y el abogado de Carthages, si no fue cómplice de sus enemigos fue al menos sumamente incompetente en su manejo del caso. De ahí que las probabilidades de que absolvieran a Carthages, si hubo alguna, fueran mínimas. El jurado dio su veredicto sin demora, sentenciándolo por el equivalente de cadena perpetua para alguien de su edad. Al jurado le pareció tan solo un castigo justo para un abusador sexual de menores.

Ari Carthages procedió a despedir a su abogado y se consiguió uno nuevo: Gerald Kiesler, famoso en Hollywood. Este no perdió tiempo en pedir un nuevo juicio con base en el error de no haberse admitido testimonio acerca de la moralidad de la joven Klinger. El tribunal había decidido que, como la chica era menor, carecía de capacidad para consentir a relaciones sexuales y por lo tanto su moralidad no era pertinente al caso.

Pero Kiesler demostró, entre otras cosas, que la Klinger vivía en el mismo apartamento que su novio ruso, Boris. De modo que, aunque fuera menor, era evidente que tenía experiencia sexual.

Si bien Carthages salió absuelto esta vez gracias a la estrategia de Kiesler y su demostración de que carecía de credibilidad el relato de Klinger según el cual los sucesos habían ocurrido en el clóset de útiles de limpieza, su negocio había sufrido en razón de la consiguiente notoriedad.

Meses después de la «oferta final» de $8 millones que le hizo Kilmory, Carthages se tuvo que transar por menos de la mitad: $3.5 millones.

Dos años más tarde, la joven Klinger dijo que estaba arrepentida y quería decir la verdad. Consultó a su abogado y a otras personas, y empezaron a circular rumores de que iba a destapar totalmente el caso de la violación y nombrar a quienes habían urdido la trama. ¿Lograría con ello la fama que buscaba y que Kilmory le había prometido sin conseguírsela? Tal vez. Si no, al menos se desquitaría... y ganaría notoriedad.

Poco después, apareció muerta. Al examinar su cuerpo, hallaron síntomas inequívocos de envenenamiento con cianuro, con su característico enrojecimiento de la piel.

Se supo que había enfermado crítica y repentinamente y que, en su lecho de muerte, la chica confesó a su madre y a una amiga suya que, efectivamente, había acusado falsamente a Carthages. Por la peripecia, se supo luego que Jonathan había prometido pagarle $10,000, que ella compartiría con su agente y con su novio Boris, los cuales se desempeñaban como sus asesores. Jonathan se aseguró de la colaboración de Edna al prometerle el estrellato cinematográfico gracias a la publicidad del escándalo y el subsiguiente juicio. Le garantizó que su rostro aparecería en los periódicos a través del país, haciéndola famosa y convirtiéndola en una rentable celebridad. No obstante, aparte de la notoriedad del caso, Edna siguió en el anonimato y nunca recibió el dinero, el cual se repartieron su novio y su agente.

¿Sería posible que Jonathan Kilmory tuviera que ver con lo que le paralizó para siempre el habla a Edna Klinger? Aunque Jeff prefería no pensar en ello, no hay ninguna duda de que su padre tenía el motivo y los recursos necesarios para planear el crimen. Es curioso que, hasta donde sepamos, ni se pidió ni se le hizo autopsia. Si Jonathan hubiera sido el responsable de todo ello, es seguro que no fue la primera vez —ni sería la última— en que había puesto de cabeza los procesos mercantiles, judiciales y políticos. Se trataba de una lección que los jóvenes Kilmory aprendieron bien: podían hacer y deshacer a su antojo si aplicaban su ingenio y recursos como era debido.

¿Sería la primera vez que los Kilmory habían eliminado a una mujer —o a un hombre o a lo que fuera— que se les interpusiera en el camino? La habilidad y eficiencia del proceso, por no hablar de un resultado más que dicente, parecería indicar la presencia de astucia y fuerza de voluntad más que suficientes para lograr algo por el estilo y luego encubrir toda pista incriminadora.

Aunque Jeff no se inclinaba para nada a pensar en los aspectos negativos, intentó echarlos a un lado concluyendo que a veces había que hacer esas cosas. Prefería analizar las manipulaciones empresariales de que se valió el Patriarca para ganarse el control de MKO y de Parquet —otra importante empresa cinematográfica—. Tales tácticas eran un mal necesario. Se había tratado de otro caso clásico en que el jefe del clan de los Kilmory había aplicado su conocimiento de cómo manipular las acciones y las transacciones bursátiles con la más íntima información, para depredar a las empresas. Si tenía que engañar a los accionistas y aprovecharse de los socios con promesas falsas pero atractivas, se trataba de un hecho lamentable pero necesario. Al fin y al cabo, lo había hecho no solamente para beneficiarse a sí mismo, sino a una serie de ejecutivos de alto nivel que habían colaborado con él para salirse con la suya.

* * * * * * *

¿Había tenido la muerte de Edna algo que ver con Jonathan y sus conexiones mafiosas? Es muy posible, puesto que su relación con la Mafia se remontaba al menos a la época de la Prohibición, cuando el contrabando de licores había multiplicado su fortuna de manera exponencial. Él les hacía favores y ellos, a su vez, se los devolvían. Lo cierto es que trabajaban juntos como uña y carne —gracias a lo cual Justin Kilmory debió su elección a la presidencia en 1959—. Decenios después del fin de la Prohibición los Kilmory y la Mafia seguían colaborando tan estrechamente como siempre.

Capítulo VI
CONTRABANDISTA, EMBAJADOR, APACIGUADOR

El contrabando durante la Prohibición, y posteriormente, fue para Jonathan Kilmory un lucrativo negocio. No solo había ganado millones trabajando criminal y estrechamente con la Mafia durante la época dorada del contrabando alcohólico, sino que también había acumulado grandes cantidades de juisqui en almacenes, esperando la ya prevista cancelación de la Prohibición a fin de ser el primero en satisfacer la demanda a punto de explotar.

Gracias a sus continuas gestiones para hacerse de influencia, Jonathan había establecido una firme amistad con Elliott Roosevelt, hijo del presidente, quien cabildeaba asiduamente a su padre a fin de obtener favores y privilegios para Jonathan. Este a su vez se ocupaba de remitirle negocios y clientes a Edward, quien había establecido una agencia de seguros, entre otros negocios. Con estos incentivos financieros y diversos medios de persuasión —en realidad eran sobornos disimulados— logró que Elliott le ayudara a conseguir su nombramiento de embajador a Gran Bretaña. Además, Jonathan le prometió una participación en las utilidades a Elliott a cambio de gestiones para que le hicieran concesionario de una importante marca de juisqui.

Aprovechando su estatus diplomático en Inglaterra y sus conocimientos de la bolsa de valores de Nueva York, Jonathan se embolsilló jugosas ganancias con la manipulación bursátil y otras operaciones turbias. Su extraordinaria capacidad para defraudar a inversionistas que salieron esquilmados —aun desde el otro lado del Atlántico— le permitió seguir multiplicando su enorme fortuna (miles de millones en dólares del siglo XXI). De ahí que, en opinión del presidente Roosevelt, fuera el mejor candidato para encabezar la Comisión de Valores y Bolsa (anglosiglas: SEC), cuya tarea consistiría en barrer con la corrupción y especulación ilícitas en Wall Street. ¿Quién mejor para hacer limpieza y echar por la borda a los granujas que uno de su misma clase, un sinvergüenza que tuviera amplia experiencia en aprovechar toda suerte de rendijas en el sistema regulatorio?

Aunque sería comprensible pensar que la labor de Jonathan Kilmory en la SEC debió haber sido, a todas luces, un desastre sin redención posible —como poner al zorro a cuidar el gallinero—, no fue así. Es más, el consenso es que Kilmory cumplió una tarea de limpieza muy digna de crédito. De lo que surgen interrogantes: ¿cuál era el motivo o incentivo de Kilmory: planes electorales a futuro? En todo caso, Roosevelt quedó muy complacido.

No obstante, ya pronto Jonathan Kilmory se iba metiendo en líos como embajador a Gran Bretaña. Los británicos afrontaban la expansión y agresividad germanas bajo la dirección del canciller Hitler y esperaban que EE.UU. les diera ayuda y ulteriormente se aliara con ellos en la guerra que se avecinaba. Pero Jonathan simpatizaba con el dictador alemán y abogaba por apaciguarlo. Tenía una importantísima razón: consideraba que a la larga la guerra contra Alemania pondría en peligro a sus hijos. Además, oponerse a los nazis era negativo para sus operaciones comerciales; y para colmo no creía que EE.UU. derrotaría su maquinaria de guerra. Incluso hizo planes para viajar a Alemania a fin de hacer un trato con el *Fuehrer* —tal vez aplacarlo con un incentivo económico— pero Roosevelt le hizo descartar el proyecto. ¿Abrigaba Roosevelt, por alguna razón, la esperanza de unirse a Inglaterra en la prevista confrontación contra Alemania? En retrospectiva, ese bien pudiera haber sido su plan.

Mientras todo ello sucedía, Kilmory no tenía el menor inconveniente en apoyar al Primer Ministro Chamberlain. No era tan contradictoria tal postura, ya que se sentía muy cómodo con el plan de apaciguar a Alemania. En una breve reunión le había dicho a Chamberlain: «Estados Unidos está en contra de la guerra, y siendo Gran Bretaña su aliado natural en caso de hostilidades, nuestro país quisiera evitar complicaciones».

Chamberlain le contestó que «hay que hacerles concesiones concretas a Alemania y a Italia», agregando que estaba «preparado a hacerlas a fin de evitar la guerra». A base de este intercambio, Jonathan concluyó que Chamberlain era «un personaje muy recio y capaz de dominar fácilmente una situación»; en resumen, un hombre «realista y práctico».

No obstante, envió un cable al Departamento de Estado diciendo que Gran Bretaña estaba en situación muy difícil y se había «jugado prácticamente todos los ases que tenía».

A nivel personal, Kilmory y su numerosa familia pasaron a ser favoritos de la prensa británica, que cubría todos sus movimientos. Sus nueve hijos, objeto de extensos reportajes escritos y fotográficos, eran tema de noticias sin fin, en particular al ser presentados en cortes ante los Reyes de Inglaterra. Sus amplias sonrisas y desenvueltas personalidades se veían por doquier. Entre las hijas honradas con semejante presentación figuró Rebecca, que pareció perfectamente normal en aquel momento. Como ya se indicó (Capítulo IV), Kilmory sometió a la joven a una secreta y dañina lobotomía y luego, hecha un guiñapo, la expulsó del círculo familiar.

No obstante, cuando llegó la ocasión de la tradicional presentación a los monarcas de un grupo de jovencitas debutantes, Jonathan Kilmory la rechazó fundándose en que el proceso de selección era «antidemocrático». La verdad era que no quería que la prensa le restara atención a sus hijas en la sociedad londinense.

Jonathan se quejó enfáticamente de tener que ponerse los tradicionales pantalones a la rodilla para presentarle al rey sus credenciales, por lo que pidió que le permitieran usar pantalones largos. Si bien los embajadores siempre habían hecho caso omiso del antiguo requisito, Kilmory lo enarboló como gran punto de discordia a fin de llamar la atención.

Terminada la ceremonia, concedió una entrevista al *Daily Telegraph* en que se atrevió a repetir algunas de las observaciones del soberano. Como según el protocolo no se permitía citar al rey, ello causó cierto revuelo —tal como lo había esperado Jonathan—. Su plan era estar siempre en las noticias. Como se le consideraba la mano derecha del presidente Roosevelt e importante figura política por derecho propio que podía sacar de apuros a Gran Bretaña en diversos aspectos, la prensa le revistió de interés. Él mismo contribuyó a este ambiente agasajando a los cronistas con grandes cenas, acompañadas por champaña y la proyección de películas para diversión de los comensales. Muy pronto era personaje popular, apodado el «Enviado de Nueve Hijos».

Roosevelt no estaba muy contento con las payasadas de su embajador, cuya postura aislacionista y contraria a la guerra no se compadecía muy bien con la suya. Ya planeaba el presidente incorporar a los EE.UU. a la lucha en pro de Gran Bretaña al surgir la oportunidad, que parecía acercarse mientras Hitler se tornaba más agresivo cada día. El conflicto ya estaba claramente en el horizonte. ¿Contaba Roosevelt con el antiguo principio de que en tiempo de guerra el presidente se reelige casi automáticamente?

Pese a todo, el jefe del ejecutivo le seguía la corriente a Jonathan y toleraba su comportamiento, sobre todo considerando que era más seguro mantenerlo a raya en el extranjero. Si hubiera retornado a EE.UU., Kilmory podría haber rivalizado con él por la candidatura presidencial de su partido. Aun cuando el embajador afirmaba que no tenía aspiraciones presidenciales, Roosevelt sabía que lo cierto era precisamente lo contrario. Era uno de los hombres más ricos del país y muy activo en el «servicio público», como gustaba de llamar a la política.

En un momento Jonathan estuvo próximo a ser nombrado a un cargo que codiciaba: Secretario del Tesoro. Tal vez lo hubiera conseguido si Roosevelt no le hubiera sido fiel a Henry Morgenthau, el titular, a quien le unía una entrañable amistad. Así que prefirió dejar a Kilmory fuera del país y alejado de la política, aunque parecía que su amigo se valía del nombramiento recibido del primer magistrado —para disgusto de este— como catapulta para lanzar su campaña electoral y quitarle la presidencia.

Kilmory también tenía la molesta costumbre de dar pretextos para volver al país a cada rato. En uno de sus numerosos viajes —que justificaba con razones de salud, «requisitos de consulta», etc.— Jonathan hizo una alocución radial apoyando la candidatura de Roosevelt para un tercer período presidencial. Luego resultó que el sorpresivo acontecimiento había sido parte de un toma y daca en que el presidente respaldó a su hijo Jonathan, Jr., para gobernador de su estado natal.

Como Jonathan acostumbraba comprar todo lo que se le antojaba y por consiguiente pensaba que todo y todos estaban a la venta, recordemos que en un momento propuso sobornar a Hitler a fin de contener su ímpetu. Aparte del rechazo y conmoción que provocó, la idea se consideró totalmente absurda e inútil —a Hitler no le interesaba el dinero sino el poder—. El plan contribuyó en gran medida a reducir más aun el prestigio de Jonathan, ya en terreno muy resbaloso.

En 1938 Kilmory conoció a Charles Lindbergh, el aviador cuyo pionero vuelo transatlántico de 1927 lo hizo célebre y líder de un poderoso movimiento pro paz («Keep America Out of War»). Como coincidían en ser contrarios a enredarse en el belicismo europeo, los dos se llevaban de lo mejor. Lindbergh pronto pasó a ser uno de los principales asesores de Jonathan. No tardó Roosevelt en enterarse de la relación entre los dos, sobre todo después de que Lindbergh visitó a Alemania por invitación de Hitler y regresó colmándola de elogios y proclamando que la *Luftwaffe* era la fuerza aérea más potente del mundo. Cuando se dijo que Lindbergh había hecho declaraciones contra la libertad de prensa y la democracia, Roosevelt dijo que consideraba a Lindbergh un nazi.

Peor aun, Kilmory hizo una serie de declaraciones antisemitas y parecía considerar que la maléfica campaña hitleriana contra los judíos carecía de importancia o que acaso se justificaba. A Roosevelt le disgustó.

Pronto, Kilmory llegó a la conclusión de que ya no le convenía seguir siendo embajador a Gran Bretaña. El gobierno estaba disgustado con su desempeño, su propio personal de embajada estaba en su contra y ahora los británicos se estaban molestando con su insistencia en apaciguar a Hitler. En resumen, estimó que ya era hora de regresar a su país y buscar otra manera de promover sus ambiciones y las de su familia.

Roosevelt estaba listo para despedirlo, aunque seguía con la intención de hacerlo con tacto, para no romper relaciones con él. Por consiguiente, invitó a Kilmory a una reunión privada en su casa de Hyde Park. Esperaba que el magnate renunciara sin que él se lo pidiera, y así lo hizo. Pero le pidió que le diera plazo para escoger un sucesor.

Sin embargo, debe haber habido un fortísimo disgusto, puesto que Roosevelt se enojó y lo despachó a cajas destempladas. Cuando su esposa Eleanor le recordó que la invitación a Jonathan era para pasar el fin de semana, Roosevelt le respondió no quería volver ver a «ese hijo de puta» por el resto de su vida. Echando a un lado las protestas de su señora, le ordenó llevar a Jonathan a una gira por los alrededores y luego librarse de él de una u otra manera.

Kilmory no le hizo caso a la humillación que pretendió darle el jefe del ejecutivo y decidió más firmemente que nunca aferrarse a los resortes del poder. Se propuso impulsar a la presidencia a su hijo Jonathan, Jr. Eso no solo le haría sumamente feliz y aun más rico, sino que se desquitaría con Roosevelt, quien estimaba le había negado la oportunidad por razones personales y por su prurito de ser presidente vitalicio.

Más adelante Jonathan se sintió destruido cuando su vástago mayor, Jonathan, Jr., murió en la Segunda Guerra Mundial. Pero se repuso y decidió concentrar sus esfuerzos en el próximo, Justin. No escatimó gastos para promoverlo y ordenó a sus ayudantes que escribieran libros que firmaría Justin a fin de reclamar el bagaje intelectual para aspirar a la primera magistratura. Uno de ellos se llamó *When England Slept* [Cuando Inglaterra Dormía], título tomado con astucia de *While England Slept* [Mientras Inglaterra Dormía], por Winston Churchill. Sintiéndose satisfecho de los elogios de la prensa por tan importante obra, Justin se negó a reconocer el origen del título. Los reseñadores de libros en EE.UU. —¿sobornados, amenazados?— se cuidaron de no mencionar el de Churchill.

El próximo libro de Justin se tituló *Profiles in Bravery* [Perfiles de Valor], producto de la investigación y pluma de su principal redactor de discursos, así como de otros asistentes suyos y de su padre. El Patriarca inmediatamente se puso a trabajar en lo que era indudablemente una de sus mejores especialidades: la manipulación de la prensa. Maniobró, sobornó, cortejó y encantó a personajes mediáticos claves a fin de darle publicidad, mientras ordenaba comprar miles de ejemplares a fin de que fuera un exitazo. Así, logró que se le atribuyera el prestigioso Premio Pulitzer. Huelga decir que para ello hizo una fuerte campaña de relaciones públicas y distribuyó cuantiosas sumas entre personalidades influyentes.

En una conversación con su amigo el Cardenal Stillman, Jonathan dijo una vez que acababa de «comprar un caballo por $85,000» y que por «$85,000 más había puesto a Justin en la cubierta de la revista *Time*», la cual publicó un artículo de fondo sumamente favorable sobre el joven, ya para entonces senador. Había procurado ya la candidatura vicepresidencial en la previa elección primaria, si bien en contra del consejo de su padre, que con acierto pronosticó la derrota del presidenciable en los comicios generales. Ahora, impulsados por el artículo de portada de *Time* —aunque la actuación de Justin como senador no había sido notable— comenzaron en serio los preparativos para su candidatura. La publicidad estaba dando resultado, pues Jonathan se aseguró de que fuera siempre favorable, sin sombra de aspectos negativos, inquisitivos o aun dudosos que pudieran contrarrestar lo demás o siquiera dar una perspectiva equilibrada.

Jonathan había dicho una vez, en un desliz durante una entrevista sumamente franca con una revista nacional, que sus planes consistían en que Justin fuera presidente, Roland secretario de justicia y Jeff senador. El paso más importante, claramente, era colocar a Justin en la presidencia, cosa que marchaba estupendamente.

Muy lejos de limitarse a manipular la carrera política de Justin, Jonathan también intervenía en su vida amorosa cada vez que temía posibles efectos negativos en sus expectativas de llevarlo hasta la cumbre. A principios de los años '50 Justin había contraído matrimonio, en un capricho de último momento, con una mujer totalmente inadecuada e indeseable en el plano social. Tan pronto el Patriarca se enteró, lo obligó sin vacilaciones a anular el matrimonio; luego se aseguró de que se borrara de los registros públicos pidiéndoles a sus amigos de la Mafia que hicieran desaparecer todo rastro. No sin antes echarle un fuerte regaño a Justin. ¿Cómo se le ocurrió?

Otro caso fue la relación de Justin con una belleza danesa, Ima Varda, que era simpatizante conocida de Adolfo Hitler; como el líder nazi, ella odiaba a los judíos y tal vez era, además, espía de Alemania. Fue la primera de una lista de mujeres que le dieron a Justin malas calificaciones como amante. Cuando Jonathan supo de la relación contactó a su amigo, el Secretario de la Marina de Guerra James Forrestal, y le pidió que trasladara a Justin. Fue así como el joven abandonó su puesto administrativo en Washington, arreglado por su padre, por algo más aventurero en el Pacífico del Sur. Según algunas versiones consiguió ese traslado por haber insistido incansablemente con su padre a fin de escaparse de ese lugar tan tranquilo y experimentar un poco de «acción». Por el lado positivo con la mirada puesta en el futuro, evitó que surgieran situaciones delicadas y promovió su carrera naval. Su hoja de servicios también se veía mucho mejor.

Si no hubiera sido por esa intervención de Jonathan, cuya amistad con el Secretario Forrestal lo trasladó al Pacífico, Justin nunca hubiera sido el famoso «héroe» del torpedero PT-129. Este acontecimiento aparentemente positivo fue, de paso, otro caso en que el Patriarca hizo la genial maniobra de tornar lo negativo en positivo con la consiguiente publicidad favorable para su hijo.

Pero primero veamos algunos antecedentes. Tan mala era la salud de Justin que no pasaba el examen físico para alistarse en las fuerzas armadas. Hay que reconocerle, no obstante, su insistencia en cumplir con su deber, puesto que al fin consiguió que su padre hiciera gestiones para permitirle alistarse en la Marina de Guerra.

Logró que a base de un examen físico muy superficial y con muy pocos reparos, le aceptaran y le designaran subteniente. Entonces Justin logró inscribirse en un programa de adiestramiento para torpederos y, dado que el Patriarca no quería que se acercara a los tiros, aplicó su influencia para que lo destinaran a una base en Panamá.

Sin embargo, el siempre aventurero Justin logró un traslado a las Islas Salomón, donde un escuadrón de torpederos afrontaba posibles hostilidades de la Armada Imperial del Japón. Lleno de osadía, el flacucho joven pronto ganó fama de atrevido; tanto que cuando echó carreras con otro torpedero y le ganó, le pusieron el nombrete de «Cocazo Kilmory» por haber chocado contra un muelle al final de la competición. Pero los daños fueron menores y al hijo del embajador no le tocaron ni con el pétalo de una rosa.

En todo caso, el episodio del PT-129 y su encuentro con un destructor japonés fue otra historia escondida durante años en las tinieblas del misterio. Eso sí, diversos relatos han dado una falsa impresión de lo ocurrido, destacando todos sus aspectos positivos y ninguno de los negativos. En su mayoría, los informes publicados indican que la embarcación de Kilmory andaba patrullando por sí sola una noche y le tocó un poco de mala suerte.

En realidad, participaba en una misión como parte de un grupo de quince torpederos enviados a interceptar cuatro destructores japoneses que reabastecían a tropas niponas en unas islas. El plan era acechar las naves en la oscuridad para luego atacarlas en emboscada y hundirlas. El jefe de la misión había cometido el error de ordenar silencio radial, con lo cual hizo imposible que los torpederos se comunicaran entre sí en el curso de maniobras tan apretadas y vitales. Mal aconsejado y pensando en reducir el ruido, Kilmory mandó apagar dos de sus motores, con lo cual imposibilitó la maniobra necesaria para esquivar al destructor Yamaguri cuando inesperadamente tomó un rumbo que interceptaría al torpedero. En otra infracción del reglamento, Kilmory había dado permiso de dormir a dos tripulantes.

Según lo relatado en libros, películas y escritos calificados de «históricos», el PT-129 navegaba normalmente de noche cuando dio la casualidad de que un destructor japonés «chocó con él y lo partió en dos». Se trataba de una exageración de la prensa, redactada a instancias del padre de Justin, pues el destructor apenas le había dado un golpe lateral por la proa. No obstante, el impacto fue suficiente para lanza por la borda a varios tripulantes, de los cuales dos desaparecieron y se dieron por muertos. También rompió el tanque de combustible del torpedero, ocasionando un fuego breve pero intenso. Sin embargo, Justin y los restantes tripulantes lograron de alguna manera permanecer a bordo o encaramarse de nuevo a la embarcación para luego rescatar a otros sobrevivientes. Cuando un hombre que había sufrido quemaduras gritó pidiendo ayuda, Justin fue nadando a rescatarlo y luego lo subió a bordo. Resultó ser Michael Martin, un técnico. Con ayuda de sus hombres, Justin rescató a un par de tripulantes más.

A poco de esto los náufragos, ya todos reunidos, se percataron de que el casco estaba dañado y haciendo agua, por lo que intentaron llegar hasta una isla a unos seis kilómetros de distancia. Justin tuvo que nadar agarrando el chaleco salvavidas del ingeniero con los dientes, ya que este no sabía nadar y ni siquiera sostenerse a flote. Así le salvo la vida. Dígase de paso que en ello se basó la medalla que le otorgaron a Justin luego de que la Armada rechazara el empeño del padre por conseguirle una importante condecoración, que podría haber sido, conforme a sus aspiraciones, hasta la Medalla de Honor del Congreso.

Para que todo pareciera más heroico se omitió un detalle crucial al dar la descripción de cómo los hombres —entre ellos Kilmory, quien había arrastrado a su ingeniero a lugar seguro—, habían podido nadar tan lejos y llegar a la isla: todos y cada uno llevaban chaleco salvavidas. Si no, lo más probable es que no se hubieran salvado.

Pero la supervivencia de los tripulantes debió haber sido de lo más sencilla, usando la balsa salvavidas que todo torpedero lleva a bordo. Solo que antes de emprender la misión —y otra vez infringiendo las regulaciones navales— el capitán Kilmory desechó la balsa para instalar un improvisado cañón de 37 mm que no dispararon siquiera una vez. Este detalle también pasó inadvertido en todas las noticias publicadas en aquel momento. Los hombres tuvieron mucha suerte de haberse salvado sin contar con ese vital equipo.

En todo caso, en cuanto a la misión, el choque con el destructor eliminó el factor sorpresa y el escuadrón de torpederos se retiró. Más tarde explicaron que el subsiguiente fuego y la falta de información a causa de la orden de silencio radial hicieron pensar al escuadrón que el PT-129 había zozobrado con todos a bordo. (El abandonar una de las naves del escuadrón en tales circunstancias era una grave infracción de la marinería y sobre todo del jefe de la misión, quien por cierto se había quedado en la base, lejos de la refriega.)

Al sospechar que la isla pudiera estar en poder de los japoneses, Justin dijo que entonces se había echado a nadar con una linterna para ser visto por los buques que por ahí pasaran. Otra grave infracción del reglamento naval, que requiere del comandante permanecer siempre junto a sus hombres en caso de peligro. Agotado en el empeño, Kilmory se dio por vencido. Como se iban quedando sin el agua y la masa de coco con que se sostenían, el grupo tropezó con unos nativos que les ofrecieron ayuda. Supuestamente, entonces Kilmory talló un mensaje en una cascara de coco (la que luego Kilmory exhibía con orgullo en el escritorio presidencial) que dieron a uno de los nativos para que la llevara a un puesto avanzado de los aliados. Otro detalle dramático pero dudoso: no había necesidad de enviar el mensaje tallado en el coco puesto que el mensajero también llevaba un papelito que anotaba una explicación más clara de la situación. Si bien la clave del episodio resultó ser un vigía australiano al que el mensajero había notificado de los náufragos norteamericanos, y que pronto se ocupó de organizar el rescate, le atribuyeron a Kilmory el haber salvado a la tripulación. Escrito en términos de gloria por Joel Hershey, amigo de la familia Kilmory, el relato apareció en la prestigiosa revista *The New Yorker* en 1944. Con el título «Sobrevivientes», contenía una buena dosis de creatividad para que diera la impresión de una hazaña heroica incomparable.

Al comunicársele la desaparición de su hijo, Jonathan se aferró a la esperanza y nada dijo a su esposa o familia. Por último al recibir la Buena nueva de que Justin estaba a salvo, aprovechó la oportunidad para publicitar el incidente, haciendo de él un verdadero héroe y promoviendo así su carrera política, siguiendo así sus planes desde siempre.

Como ya se ha indicado, Jonathan esperaba conseguirle a Justin la Medalla de Honor del Congreso o al menos la Cruz Naval, pero por fin se conformó con la Medalla Naval. Jonathan tuvo que aceptarla pero se ocupó de sacarle máximo provecho.

Aunque la Marina se preguntaba cómo el torpedero de Justin podría haber sido embestido y hundido por un buque japonés de buen tamaño —fue el único torpedero que sufrió semejante suerte en todas las guerras norteamericanas juntas—, el asunto nunca se esclareció como era debido. La investigación naval reglamentaria fue un mero encubrimiento. Claro que hubo muchas influencias en juego y la tripulación esquivó las preguntas diciendo que Justin había demostrado liderazgo y valor, y que los había salvado de una caótica situación.

Los analistas posteriormente llegaron a otra conclusión: ¿qué iban a decir los tripulantes? Basta un poco de sentido común para ver que una embarcación tan ágil y maniobrable como un torpedero debió haber sido capaz de esquivar un lento destructor. Pero Kilmory no pudo apartarse del rumbo que llevaba el destructor dado que dos motores del torpedero estaban apagados y dos tripulantes iban dormidos. Teniendo todo esto en cuenta, Justin no debió haber recibido una medalla sino haber sido sometido a consejo de guerra por infracciones del reglamento naval e incumplimiento de su deber, lo que dio por resultado la pérdida de una embarcación y parte de su tripulación.

Fue un golpe de suerte el hecho de que el destructor decidiera seguir su camino en vez de darse vuelta para asegurarse de que el torpedero había zozobrado y rematar o capturar a los sobrevivientes. Algunos han conjeturado que esto obedeció tal vez a que se sintió amenazado por otros torpederos norteamericanos. Decenios más tarde, sin embargo, se descubrió que el capitán japonés había mentido: comunicó que no detuvo su buque pensando que, a consecuencia de los cañonazos que le disparó, el torpedero había zozobrado.

La consiguiente investigación naval se llevó a cabo a puertas cerradas y pasó por alto todo lo que fuera negativo para Justin Kilmory. Sus conclusiones se resumieron en un informe parcializado que redactó Bernard Whittles, amigo de larga data de los Kilmory. Es curioso que tan pronto llegó a la Casa Blanca, el capitán del PT-129 nombró a Whittles al Tribunal Supremo del país. ¿Acaso tenía un conocimiento tan profundo de la jurisprudencia? No sabemos. Es muy posible que Kilmory se sintiera agradecido o lo considerara una merecida recompensa por un buen desempeño de funciones. Pero en el plano práctico, habría que considerar la improbabilidad de que el agraciado con un nombramiento al Tribunal Supremo le saque trapos sucios a su benefactor.

No perdió tiempo Jonathan Kilmory en darle publicidad a la «hazaña» de su hijo. Además del citado artículo en The New Yorker por un gran periodista como Hershey, lo hizo reimprimir en el *Reader's Digest,* lo que dio a Justin prestigio en todo el país. Poco después, sin molestarse en pedir permiso, distribuyó unas 175,000 reproducciones del artículo del *Digest* para apoyar la primera campaña de Justin por un escaño de representante al Congreso. Mientras tanto, aparecieron diversas noticias destacando la heroica proeza en diarios de gran importancia nacional y, luego, un retrato de Kilmory en la ceremonia de entrega de la medalla. Uno de los periódicos dijo que el condecorador, en realidad un capitán desconocido, era el ultrafamoso Almirante C. W. Nimitz.

Ulteriormente el escritor Richard Doberman escribió el libro *PT-129,* que fue éxito de librería y luego película cinematográfica; fue el propio Kilmory quien seleccionó a un conocido actor de Hollywood para que desempeñara el papel suyo. En el desfile inaugural, tras su toma de posesión, se paseó por toda la avenida Pennsylvania una réplica del PT-129.

* * * * * * *

Un par de meses después del incidente con el PT-129, en septiembre de 1944, murió Jonathan Kilmory, Jr., el hijo mayor del Patriarca. Iba en un bombardero lleno de explosivos que iba a estrellarse contra un objetivo en territorio enemigo, en tanto que él y su copiloto iban a lanzarse en paracaídas. Les habían advertido de un defectuoso detonador remoto, pero Jonathan, muy atrevido y temerario, insistió en seguir adelante con la misión. Los dos murieron cuando el avión hizo explosión antes siquiera de salir del espacio aéreo británico. La investigación posterior determinó que se debió, efectivamente, a defecto del detonador.   La noticia fue devastadora para el Patriarca. Sin embargo, hizo de tripas corazón y reunió a la familia para darles la noticia.

—Los Kilmory no lloran —dijo—, y no se ponen con lamentaciones. Jonathan, Jr. no hubiera querido que nos pusiéramos así ni nada por el estilo. Hubiera deseado que saliéramos a dar un paseo en velero, así que «adelante y andando».

No obstante, por lo que a él le tocaba, se encerró en su habitación. El golpe había sido terriblemente doloroso, así como muy dañino a sus aspiraciones personales y de familia. Su hijo mayor era su principal esperanza para dar a los Kilmory poder en todo el país, y ahora, en cambio, debía guardar luto. Haría un esfuerzo para ponerse pronto a trabajar para hacer de Justin el nuevo portaestandarte de los Kilmory.

* * * * * * *

Cuando Justin volvió del Pacífico Jonathan se las arregló para que lo aclamaran como héroe de la guerra. Sus amigos Harry Lace y su esposa Clara Boots Lace, quien había sido amante ocasional de

Jonathan, publicaron elogiosos artículos a los Kilmory, sobre todo a Justin, en las revistas *Time* y *Life*.

Cuando Justin se postuló para representante al Congreso, Jonathan se aseguró de que ganara la elección pagándole al titular del cargo para que se retirara de la campaña y, por si no fuera suficiente, consiguió que un candidato con igual nombre italiano al del contrario de Justin aspirara al mismo escaño para así confundir y dividir al voto étnico. El truco le garantizó la victoria a Justin, quien ya estaba bien encaminado.

Para asegurarse de fondos suficientes que financiaran las campañas políticas de Justin, y luego las de los demás hijos, Jonathan se puso a buscar inversiones sumamente productivas. A fines del los años '40 halló una enorme empresa mercantil en Chicago. El negocio, que también poseía bienes inmuebles de gran valor, lo iba a comprar un amigo suyo, quien le contó de su plan. Gran error. Sin perder un minuto, Jonathan se le adelantó al amigo, que perdió el negocio y no le perdonó la traición durante el resto de la vida. Jonathan no solo compró la compañía, sino que ideó un astuto plan de financiamiento que le garantizó cuantiosas utilidades desde el principio. El comercio se convirtió muy pronto en el puntal de la riqueza de la familia, permitiéndole a Justin establecer fondos vitalicios para cada miembro, y todos comenzaron a recibir pensiones calculadas según sus respectivas necesidades, circunstancias y perspectivas financieras.

Jonathan Kilmory también estuvo a punto de comprar un importante diario, entre los cuales figuraban *The Washington Post, The Boston Dispatch* y *The New York Sun.* Pero prefería inversiones que le protegieran bien contra impuestos. Le molestaba mucho que el gobierno le quitara periódicamente una porción de su enorme caudal, y no estaba convencido de que los diarios fueran su mejor amparo.

Pero no dejaba de hallar maneras ingeniosas de conseguir fuertes deducciones impositivas, como sus donativos a la Iglesia Católica. Por ejemplo, hacía un cheque por un millón de dólares y se lo entregaba a cierto cardenal que era amigo suyo (le había ayudado a hacerse obispo y de ahí en adelante lo respaldó en su ascenso); el cardenal entonces le daba un recibo por haber contribuido ese millón y le entregaba $950,000 en efectivo. Como era imposible rastrear esa operación, Jonathan disponía de esa suma no imponible para el financiamiento ilícito de campañas y otras operaciones ilegales o corruptas.

Capítulo VII
LA SEÑAL

—Patrón, ¿ha fijado fecha para la reunión?— El subjefe Giovanni Bonanno se dirigía al capo Claudio Mariello. —¿O les decimos que estamos pensándolo y nada más?

Giovanni era muy cauteloso y respetuoso con Mariello, sabiendo que toda pregunta debía formularse siempre de modo que no le recordara al capo uno de los odiosos interrogatorios a que lo sometía Roland Kilmory en la Comisión McClanahan de la Cámara de Representantes. Era tema irritante para los capos de la Mafia o «Cosa Nostra», como le gustaba llamarla a H. Everette Hooper, director del FBI, aunque normalmente la mencionaba solo en privado pues durante decenios negaba públicamente su existencia, pretexto con que pretendía dejar tranquilos a sus buenos socios y amigos.

Mariello estaba empeñado en organizar una reunión con Campana y los demás capos, pero en persona, pues las líneas telefónicas siempre estaban sujetas a intervención. Quería convencerlos de que apoyaran al candidato del Partido Republicano, Roger Dixon, en los comicios de 1959. A Mariello le sobraban razones para odiar y desconfiar del clan de los Kilmory. Además, le parecía tarea fácil: consideraba que Dixon ganaría de todas maneras, si bien por estrecho margen... es decir, a menos que la Mafia se decidiera por Kilmory.

Mientras, en la Cámara de Representantes, la Comisión McClanahan seguía adelante, pero de manera muy curiosa. A Sal «Luni» (de «Lunático», por sus arranques violentos) Campana le habían entregado por fin la orden judicial de comparecer al haber dado con él en Las Vegas luego de seis meses de increíblemente inútiles esfuerzos por localizarlo —¿es que habían tratado de evitarle?—. No sería nada improbable, ya que mientras la mano derecha del gobierno trataba de lograr algo, la zurda intentaba característicamente lo contrario. En algunos sectores había motivos para sospechar que algo andaba mal, ya que la ubicación de Campana en cualquier momento era de sobra conocida en los círculos mafiosos así como en los de la ley, e incluso en ciertas esferas del público en general. Así que si de veras lo hubieran querido, fácilmente podrían haber dado con Campana y entregarle la orden.

Pero Campana no daba señal alguna de preocupación: su testimonio, siempre que se veía obligado a darlo, era de cajón y consistía mayormente en recitar la quinta enmienda a la Constitución —que le impide al ciudadano autoincriminarse—, casi como un monje repitiendo sus oraciones. Además, ya avizoraba una «póliza de seguro» para evitar que lo hostigaran demasiado en el futuro. Calculó que Jonathan Kilmory, su antiguo amigo y colaborador en la delincuencia, querría conseguir el apoyo de la Mafia para que su hijo Justin ganara las primarias y luego la campaña presidencial contra Roger Dixon.

En primer lugar tendrían que comprar prácticamente todos los votos en Virginia Occidental, donde un nordestino rico y católico era tan popular como un gato en una fiesta de ratones. Pero los Kilmory tenían un fondo secreto suficiente para comprar algo más que los votos en ese pequeño y paupérrimo estado. Ese fondo especial se alimentaba mayormente de dinero mafioso, entre el cual había una fuerte suma que retiraron los capos de las pensiones sindicales que controlaban, en especial la del Sindicato de Camioneros (*Teamsters Union*). Se decía por ahí —¿con ligera exageración?— que llegaron trayendo maletas llenas de efectivo suficiente para comprar el estado entero y todo cuanto en él hubiera.

A Chuck, el hermanito menor de Campana, le gustaba darse importancia reuniéndose con Sal y hablando de negocios. Esta vez quería compartir algunas de sus ideas con él, ahora que estaban disfrutando de cerveza helada en el hotel The Sands; con el Riviera y Wilbur Clark's Desert Inn, era uno de sus sitios favoritos en Las Vegas. Ya habían pedido su almuerzo preferido.

—¿No crees que tal vez debamos respaldar a Dixon en lugar de…? Según he oído tiene mejor historia de colaborar con nosotros. —El jovencito de veintidós años se veía muy confiado y prefería su apodo norteamericano, «Chuck», al nombre con que lo habían bautizado sus padres italianos, «Carlo».

—Bueno, tal vez. No lo hemos descartado del todo. Además, acuérdate que siempre jugamos a dos cartas, para más seguridad. Imagínate que le vamos a dar a Dixon nada menos que un millón, o más.

—Sí, Luni, pero tú sabes que, por alguna razón, ese tipo Kilmory me inquieta.

—¿Ah, sí? ¿Por qué? —El hermanazo le repuso tajante, pero sentía curiosidad.

—No sé. No te lo puedo explicar. Es apenas una impresión que tengo. Tal vez no esté tan bien informado sobre él —agregó con modestia, sin atreverse a decirle que para él Kilmory podría ser una caja de sorpresas. Momentáneamente se le ocurrió pensar si, una vez en funciones, podría confiarse en que efectivamente cumpliera con lo pactado y si sería capaz de no hacerlo.

—Bueno, yo lo conozco personalmente. Lo traté en Las Vegas. Es un mujeriego como nosotros, loco por las faldas. —Chuck prestó especial atención al acercársele Luni como si fuera a revelarle algo muy privilegiado—. Aquí entre tú y yo, nos ha asegurado que va a tratarnos como socios. Algunos de los capos están inclinándose por él, calculando que lo vamos a tener en el bolsillo. Comoquiera que sea, ya sabes que nuestro candidato siempre tiene el gane asegurado —y entonces ya es nuestro—. Siempre ha sido así: Roosevelt, Truman, todos. Absolutamente todos se plegaron. Le arreglamos la votación a Harry Truman para dar la gran sorpresa cuando todos suponían que Dewey ganaría de calle, facilito, según lo anunciaban todas las encuestas. Campana exageraba un poco los pronósticos sobre el margen de victoria de Dewey. —Mira, Truman era mucho mejor que
el tío Dewey, que nos persiguió como el diablo cuando era fiscal de Nueva York. Podíamos contar con Harry porque subió con la maquinaria política de Pendergast en Missouri, con quien teníamos buenas relaciones desde hacía mucho tiempo. Nosotros le garantizamos la victoria a Truman y cumplimos con él. —Sal empinó la botella y saborió su mexicana Dos XX, su cerveza favorita.

Esta vez, cuando le arreglemos el pastel a Justin, nos va a deber una barbaridad. Chico, yo no quiero ser presidente —solo me interesa tenerlo en el bolsillo—. Controlar al presidente es mucho más útil que serlo, por no hablar de que es mucho más rentable.

—Está bien, tío. Pero me pregunto: ¿crees que Kilmory es más de fiar que Dixon?

—Hijo, en este negocio no nos fiamos de nadie, pero al que haga un trato con nosotros más le vale cumplir. Nadie nos traiciona y se sale con la suya. —El Lunático no había hecho su decisión en firme, pero consideraba que eran mínimas las probabilidades de que el viejo Jonathan y su hijo Justin no cumplieran el trato hecho.

—Claro, ni bobos que fueran. —Chuck puntualizó su acuerdo.

—No sé si sabrás que una vez le salve la vida al viejo Jonathan. Castellaro le puso un contrato —se pasó el dedo gordo por la garganta— por cuenta de un trato de bienes raíces en que Jonathan se echó atrás, así que el viejo me vino a ver personalmente y me rogó de rodillas que hiciera algo por salvarlo. Entonces hablé con Francesco para que le retirara la sentencia.

Campana no esperaba precisamente que se limitara a agradecerle la gestión, pues Jonathan le dio una recompensa en efectivo, pero sí le había hecho un enorme favor a la vez que le había demostrado el poder que tenía.

—¡Es una deuda que tiene conmigo! ¿Quién más lo hubiera hecho? Creo que si ahora le damos una mano, si la Cosa Nostra apoya a su hijo en la elección, ¡se acabó! Una vez que esté en el poder, su gente tendrá que dejarnos tranquilos. Ahí se nos arregla un gran problema, *¿capisce?*

—Claro, tío. —Chuck asintió con la cabeza para confirmar sus palabras. Idolatraba a su hermano y, si bien le costaba trabajo seguir su camino, admiraba su éxito, su poder, su asombrosa capacidad de tomarle la medida a cualquiera instantáneamente, captar sus puntos débiles, aprovecharlos y tomar decisiones acertadas. Pero lo veleidoso era un factor especial que tenía siempre en ascuas a sus subalternos y hasta a sus familiares, que se preguntaban lo que estaba pensando y qué haría. De pronto se enfurecía y atacaba de palabra sin la menor provocación, en tanto que un segundo más tarde se sonreía y daba lujosos regales con el menor pretexto. Así, reinaba la incertidumbre entre quienes lo rodeaban. No había duda de que el Lunático le tenía un cariño fraternal a su hermano menor, aunque pronto se dio cuenta de que Chuck no tragaba el aspecto violento de los mafiosos y mostraba preferencia por la carrera de negocios legítimos. Cifraba sus esperanzas en que más adelante su tío le pondría un negocio propio.

—Muchacho, si hacemos el trato con los Kilmory eso va a ser del carajo para ambas partes. —Echó una bocanada de humo de su puro habanero.

Este tipo de trato, que los Kilmory gustaban de llamar por el eufemístico latinajo de *quid pro quo,* era algo que ya habían hecho antes, aunque en escala más pequeña. Entonces, pensó Campana, ¿por qué no lo harían cuando estaba en juego la presidencia?

—Sí, el trato con Kilmory lo veo bien —siguió diciendo—. A veces, Dixon se ha puesto difícil. Es puritano y cree, o dice creer, en toda esa mierda de la moral. Una vez que llegue a la cumbre, a lo mejor se olvida de quién lo puso ahí; algunos politicastros son así, ¿sabes?; el poder se les sube a la cabeza. En cambio, hemos trabajado mano a mano con el viejo Jonathan desde hace muchos años y he visto cómo cumple y controla a esos revoltosos hijos suyos.

En el fondo de su conciencia, Campana pensaba que Justin Kilmory jamás se echaría atrás con la Mafia si ellos le daban la victoria electoral. Concluyó que eso no llegaría a suceder. El simple sentido común dictaminaría lo contrario.

Para el joven Chuck, el problema número uno seguía siendo el cumplimiento. Seguía diciéndose que tal vez no entendía todas las tonalidades, pero si Kilmory optaba por la traición, ¿cómo iba la Mafia a hacerle cumplir una vez que estuviera en el cargo, considerando que tendría todo el poder y el control?

—¿Así que tú no ves dificultades?

—No, no me espero nada de eso, Chuck. —Campana entrecerró los ojos mirando a través del denso y aromático humo de su fina vitola habanera, un «Romeo y Julieta» de los que gustaba fumar, importándole un bledo que pronto estuvieran prohibidos en el país. Se sacudió una cenicilla de su traje italiano hecho a la medida mientras miraba alrededor del restaurante y, reconociendo una cara, hizo un saludo ritual con la cabeza. —De todos modos vamos a consultar al *consigliere* y a Mariello, aunque ya sé de qué lado se va a poner el gordo. —Campana le guiñó el ojo a su hermano y levantó su tarro alemán lleno de cerveza. —Claro que Spanitra, en cambio, va a apoyar a todo meter a Kilmory; imagínate que ha estado haciéndole mucha compañía últimamente. Se está haciendo toda clase de ilusiones.

—Okei, Luni —le contestó Chuck, achicando el apodo de «Lunático» que pocos se atrevían a usar—, pero qué tal su hermanísimo Roland?— Chuck echó una bocanada de humo del habano suyo, con el cual hacía gestos de cuando en cuando, imitando el lenguaje corpóreo de su hermano para ponerle puntuación a sus comentarios. —Ya sabemos cómo ese patato hijo 'e puta le gusta dárselas de cabrón. ¿Cómo coño nos vamos a asegurar que se va a dejar de esa mierda y dejarnos tranquilos?

Más maduro de lo que era de esperar para ser tan joven, Chuck no vacilaba en dar su opinión: le parecía que era más seguro apostar por Dixon. Pero no dejaba de admirar a su hermano y siempre lo trataba con deferencia. Hizo un gesto como para decir «qué se yo», levantó su cerveza y sorbió un trago.

—Mira, muchacho —el Lunático sonrió con malicia— con la clase de material que tengo sobre los Kilmory, videos con mujeres de todo tipo, entre ellas dos rubias y una mulata al mismo tiempo, tenemos lo suficiente para hundirle la carrera a una docena de políticos, no digo yo los Kilmory. Nunca jamás podrán darse el lujo de traicionarnos. En cambio, sobre Dixon no tenemos nada de eso; el imbécil es tan recto que da lástima.

—Eh, ¿pero acaso Dixon no nos ha hecho ya un par de favores?

—Sí, en efecto. Fíjate que Dixon sacó a mi agente en Texas, el tal Rosen, del lío de dar testimonio ante el Congreso allá por el año 1947. El cabrón dijo, ¿sabes qué?, que Rosen trabajaba para él. Pero ya tú sabes que los Kilmory y todos los demás politiCastros han entrado en el juego con nosotros. Todos son iguales. —Campana le echó una mirada significativa—. Y cuando están en deuda con nosotros y no juegan limpio... Bueno, ya habrás oído de lo que le pasó al gobernador Long, de Luisiana, cuando se puso demasiado comelón y avaricioso. Nos conseguimos un loquito que lo clavara y resuelto el problema. Nadie supo nada. Lo mismo pasó no hace mucho con Cermak, un comemierda irlandés que era alcalde de Chicago.

—Luni, tú tienes toda clase de trucos para controlarlos a todos, ¿eh? —Como nunca había oído hablar de esos golpes de la Mafia, Chuck estaba aun más impresionado de lo que demostraba.

Pero no te preocupes, muchacho, lo vamos a arreglar bien. Mira, ahora que ya está en firme que nuestro socio Jameson va de vice, todo está listo. A los dos tipos de arriba los tenemos en el bolsillo. Con Dixon está ese tío Loft de segundo en la boleta y no podemos contar con que ese ricachón superconservador nos deje tranquilos. En cambio, la maquinaria de Jameson en Texas nos garantiza que allá ganará el partido Demócrata; él se ocupará de eso. Qué cojones, los votos que nosotros no cambiemos él se los va a robar con los ojos cerrados, aunque ni siquiera esté seguro de que los va a necesitar. Igualito que en nuestro propio terreno de Chicago. Jameson tiene la máquina suya bien aceitada. Imagínate que así fue como él mismo ganó su primera elección... claro, con mucha ayuda nuestra. — Campana se dio el lujo de una exageración final para cerrar su discursillo con broche de oro. Nadie se iba a enterar, después de tanto tiempo, que la Mafia tuvo poco que ver con arreglar esos comicios: los secuaces de Jameson se ocuparon de la mayoría de las trampas.

—Coño, Lunático, espero que tengas razón. Pero me sigue preocupando. Perdona que te fastidie, ¿pero qué van a hacer con Roland? Seguro que va a salirse de esa jodía Comisión McClanahan si el hermano gana, pero en ese caso va a ser un personaje en el Nuevo gobierno. ¿Y entonces qué?

—Es un punto interesante, hijo —Campana hizo una mueca—, pero no creo que ese culicaga'o» nos vaya a dar lata. Si le regalamos la elección a su hermano mayor, no tendrá más remedio que controlarlo.

—Espero que sí.

—Mira, si nosotros le cumplimos, más le vale a él cumplir, o si no... —Campana le respondió acentuando el *o si no,* palabras que aterrorizaban a los enemigos de la pandilla. —Seguro que nos lo quitará de encima sacándolo de esa maldita comisión y poniéndolo a trabajar en su campaña. Así lo va a mantener bien ocupado.

—Sí, es seguro que por un rato no nos va a molestar. Pero al terminar la elección ese mariconcito podría meterse en cualquier parte. Claro, te hablo únicamente de mi humilde opinión... —Chuck dejó campo para que su hermano mayor pusiera fin al diálogo.

—Como te decía, pudieras tener razón. Vamos a seguirlo estudiando. —Campana le puso punto final, aspirando el sabroso humo de su habano y soltando una densa bocanada. —Vámonos pa'l carajo —terminó—, queriendo decir «me voy».

Al ir saliendo Campana tomó nota de haberse asegurado de que el hampa tuviera más que suficientes trapos sucios sobre Justin Kilmory. Había dado con un tesoro por medio de su amigo Hank Spanitra, quien le había presentado a Justin una serie de beldades, estrellas de Hollywood tales como Annie Dickerson y la explosiva Marie Moore, joven de cuerpo sensacional y libertinas costumbres sexuales encaminada al estrellato, por no hablar de chicas menos conocidas.

Campana no había perdido tiempo en enviar detectives a sembrar micrófonos dondequiera que Justin tuviera sus encuentros sexuales, y se había asegurado de guardar copias de las grabaciones en lugar seguro. Ello se había vuelto más fácil desde que Campana había adquirido un interés mayoritario en el Cal-Neva Lodge, uno de los lugares favoritos de los Kilmory y del «Brat Pack» de Spanitra. Se trataba de un hotel en Reno, que por estar sobre la frontera entre Nevada y California —de ahí el nombre Cal-Neva— la Mafia había llenado de ocultos micrófonos y cámaras para fines de chantaje. Las habitaciones estaban del lado californiano y los casinos de juego en Nevada.

Hank Spanitra era uno de los puntos Fuertes de Campana en Hollywood. Campana ejercía mucho control sobre la meca del cine a través de su representante Jake Rosetti. Al Lunático le encantaba hablar de él diciendo: «Ese Jake es una seda; tiene a los magnates y las estrellas totalmente domesticados como si fueran sus mascotas».

Cuando hubiera que hacer una trastada limpiecita tras bambalinas nadie como él para ocuparse del encargo. Tenía buena educación, era bien parecido y se desenvolvía como un ejecutivo de alta categoría. Su tarjeta personal, aparte de su nombre y teléfono, se daba tono con una sola palabra: «Estratega». No decía qué tipo de estrategia era, pero no hacía falta: todos se lo imaginaban.

En cambio, Hank Spanitra podía ocuparse de ciertas situaciones públicas de mucho perfil y alto nivel. Pocos sabían a ciencia cierta de sus contactos mafiosos, si bien le respetaban justo por la sospecha de tenerlos. Era capaz, por ejemplo, de encabezar y protagonizar funciones para recaudar fondos y conseguir estrellas que vinieran a apoyar la campaña de Justin, entre otras cosas. Además, como sabemos, le conseguía mujeres a Justin, a su cuñado Jeter Crawford, y a su hermano menor, el «beato» Roland. Con Jeff, el menor de los hermanos aún vivos, Roland participaba corrientemente en los chapuzones desnudistas que celebraban con las secretarias en la piscina de la Casa Blanca, así como en las orgías y todo lo demás.

Spanitra estaba convencido de que Justin Kilmory era el mejor candidato a presidente para los fines de la Mafia. Es más, había sido el primero en comenzar a promover a Kilmory con Campana. En lo social, Spanitra esperaba que con Kilmory de presidente le vinieran frecuentes invitaciones a la Casa Blanca y a sus eventos oficiales. Estaría «en la cumbre» en una medida que jamás hubiera soñado en sus días de pobretón en Hoboken, Nueva Jersey.

Desde la perspectiva de los pandilleros, Spanitra no podía dejar de pensar en lo fantástico que sería conseguir que su peor enemigo los dejara tranquilos. «Como ganarse una mina de oro», decía. Estaba segurísimo, pues, de que el pacto Campana-Kilmory sería un magnífico logro para sus socios, para la Mafia… y por lo tanto para sí mismo.

Spanitra era leal a sus socios de la Mafia y nunca olvidaba que sus conexiones con ellos lo habían puesto desde un principio en el camino a la fama y la fortuna como cantante. Luego, a mediados del decenio de 1950, lo rescataron de la decadencia cuando «palanquearon» al estudio que rodaba la película *De Aquí a la Eternidad (From Here to Eternity)* para conseguirle un papel importante. Con eso volvió a la actualidad y, de paso, se llevó un Óscar. Por cierto que también ese premio pudo haber obedecido a cierta «persuasión» de parte de la Mafia entre la élite hollywoodense.

Si Kilmory ganaba la elección, Spanitra ya se veía disfrutando de un altísimo lugar en la escala social. Y no le vendría mal que el presidente de los Estados Unidos estuviera endeudado con él por ciertos favores. Además de disfrutar del revuelo social de la Casa Blanca, le divertiría acompañar al presidente en sus andanzas por todos lados. Ya veía venir las invitaciones —cuando Jennifer, la esposa de Kilmory estuviera ausente— a esos chapuzones con actrices y secretarias en la piscina de la Casa Blanca para luego llevárselas a pasar la noche en el llamado dormitorio de Lincoln. Luego, sus ilusiones lo llevaban a pensar en recibir al presidente en su suntuosa mansión de Palm Springs.

Apenas el año anterior, 1959, Justin había aprovechado con todo gusto la oportunidad de compartir con el Brat Pack en Las Vegas, donde le trataron como un rey y nunca le pasaron la más mínima cuenta por los hoteles, restaurantes, diversiones... ni por mujeres, de las cuales algunas eran «profesionales» y cobraban honorarios. Cabe observar, de paso, que era difícil que Justin pagara cuentas, ya que nunca llevaba encima ni efectivo ni tarjetas crediticias. (Luego, Barry Clangton emularía a Kilmory, que era su ídolo, y lo excedería con creces en este aspecto «financiero», así como en acostarse con el sexo opuesto y contraer enfermedades venéreas.)

Ya estuviera presente o no Campana, este le había advertido a Spanitra que de ninguna manera permitiera que Justin gastara dinero —así, quedaría aún más endeudado con ellos—. Encima de todo, Campana* había contribuido, para un solo jolgorio de fin de semana en Las Vegas, la suma de $15,000. Para él no era nada puesto que había contribuido millones a la campaña presidencial de Justin, pero le indicó a Spanitra que no dejara de comunicarle a Justin lo de los «quince» para que se lo acreditaran como era debido.

Los aportes de Spanitra no eran solo en efectivo, sino en especie. No solo agasajó a Justin Kilmory sino que le conectó con hermosas y bien conocidas artistas de cine y muchas aspirantes al estrellato, entre ellas las mejores y más bellas chicas que andaban con Campana y otros de los grandes capos. Una de estas chicas, a instrucciones específicas de Campana, fue la despampanante divorciada Jessica Cameron (luego se puso un segundo apellido, Exeter, de su siguiente y último esposo). Jessica posteriormente pasó a ser una de las chicas fijas del Lunático, aunque él la compartía con toda intención. «Hay que repartir la mielecita», decía Campana, y no hablaba únicamente de dinero.

Eso sí, imponía ciertas restricciones a ciertas enamoradas que eran favoritas. Tal vez la principal en esa categoría era una de las tres famosas hermanas cantantes apellidadas Mackenzie. Tuvo una seria relación con una de ellas, Pamela, que duró varios años.

En el caso de Jessica, Campana se las arregló para que nada interfiriera con la relación entre ella y Justin. Se ganaba su confianza respetando esa relación sin insistir en amores íntimos con ella —actitud bastante rara para él—. Dio resultado, ya que poco a poco ella comenzó a depositar más confianza en él según se cansaba de Justin, que convenencieramente parecía aprovecharse de ella cada vez que se le antojaba y podía intercalarla en su calendario de actividades. ¿Quién sabría con cuántas otras podría estar deslizándose en cualquier momento que le diera la gana?, pensó. La táctica de Campana tenía motivos bien ponderados: no solamente le interesaba ella como amante en perspectiva, sino que la conexión entre ella y Justin le permitiría recoger mucha información confidencial y privilegiada.

El resultado fue que no sólo sirvió ella como una especie de agente-espía durante el mandato de Kilmory, sino también fungió de correo, llevando importantes mensajes, documentos y, en dos o tres ocasiones, maletines con efectivo por valor de unos $250,000 por vez. La propia Jessica confirmó estos detalles en su testimonio ante una comisión congresual cuando se estaba muriendo de cáncer. Todo indica que estas sumas provinieron directamente de una caja de caudales en la Casa Blanca y fueron a parar al bolsillo de Campana en calidad de remuneración por servicios prestados: uno de ellos fue la alteración del número de votos para darle a Justin la victoria en Illinois y así la presidencia, o bien para reembolsar a la Mafia las fuertes sumas gastadas para conseguirle a Kilmory el triunfo en la primaria de Virginia Occidental.

Era una época en que, excepción hecha de Cuba —un doloroso revés— todo le iba de lo mejor a Campana y a sus innumerables negocios y tratos en todo el país y en el mundo entero. Para entonces sus actividades habían cruzado los océanos y la Mafia, gracias mayormente a sus esfuerzos, recibía un porcentaje de los juegos de azar, la prostitución, los narcóticos y otros negocios ilícitos en Filipinas, República Dominicana y diversos otros lugares del Caribe, América Central y del Sur, y Europa.

Las Vegas era prácticamente una mina de oro, aportando millones de dólares «sifoneados» de lo recaudado en los casinos y otras operaciones, tanto legales como ilegales. Por no hablar de operaciones semilegales. Campana contaba con guardaespaldas, matones y choferes, guardaba millones en efectivo en distintos lugares, en uno de los cuales Chuck había visto habitaciones enteras repletas de efectivo hasta el cielorraso. Según cálculos, en el zénit de su poder Campana había acumulado una fortuna de más de mil millones de dólares. Gran parte de esto se encontraba en ultramar —aunque usaba testaferros para que aparecieran como dueños de sus bienes raíces, compañías y cuentas bancarias. Pero claro, siempre hacía sus transacciones en puro efectivo, no siendo fanático de los cheques —rastreables en fin— para saldar sus transacciones.

Ya para entonces a Campana lo consideraban el *capo di tutti capi*, y nada se podía hacer sin permiso suyo. Sintiéndose como jefe supremo y disfrutando del estatus, se desplazaba por Estados Unidos, Hispanoamérica, Europa y otros lugares, siguiendo sus caprichos del momento. No había nada que no pudiera hacer. Ya no retenía el poder supremo sólo por dinero: disfrutaba más que nada de la jerarquía, la adulación, el respeto, las mujeres y los oropeles del puesto. Al entrar en contacto con él todos temblaban y se despetroncaban por complacerlo y asegurarse de que no hubiera el más mínimo indicio de que estaba insatisfecho por lo que fuera. Bastaba el saber que con apenas alzar una ceja podía hacer desaparecer a alguien para inspirarle pánico cardíaco a cualquiera que pudiera entrar en contacto con él. Eso le encantaba.

Pero Campana no tenía la menor idea en aquel entonces de que Justin Kilmory se preparaba para darle la puñalada por la espalda que a todos sorprendería: su hermano Roland sería nada menos que el secretario de justicia y encargado de caerle encima a la Mafia con todas las municiones que tuviera (le daba la vuelta a los procedimientos presuntamente ilegales). Lo que resultaba más enigmático de todo era que el propio Campana sería el punto mafioso clave que simultáneamente se encargaría del trabajo sucio de la CIA: para empezar, asesinar a Costra. Era el tipo de arreglo que, de saberse, le habría ocasionado un enorme lío a todo el equipo gobernante de los Kilmory, o a cualquier partido en el poder.

Lo que es más, todo esto se precipitaría más pronto de lo que nadie hubiera sospechado. Y podría poner en peligro la ya en ciernes segunda invasión de Cuba, proceso en que Campana se desempeñaba como jefe del golpe para eliminar a Costra.

* * * * * * *

El Patriarca Jonathan pensó que su pacto con la Mafia era invalorable y sin costo alguno —y tenía razón en lo que tenía que ver con los Kilmory—. Sin embargo, le preocupaba mucho, en el fondo,

fondo, que más tarde sus hijos no llegaran efectivamente a «aflojar» su comportamiento hacia la Mafia. Calculó que semejante regla sería difícil de implementar, sobre todo para Roland, quien tendría que tragarse su orgullo y odio visceral a los mafiosos. El Patriarca tendría que convencer, en particular a Roland pero también a Justin, del grave peligro —no obstante todo el poder gubernamental—, que acarrearía incumplir el trato hecho.

En la Mafia, algunos no estaban de acuerdo con Campana. A Carlos Marcello, cacique de Nueva Orleans, no lo convencían mucho los Kilmory. Tampoco a Ricky Hofstra, jefazo sindical. Pese al intento de Jonathan por aplacar los ánimos, los choques que tuvo Roland con los capos cuando trabajaba en la Comisión McClanahan investigando las operaciones mafiosas en la Cámara de Representantes, seguían siendo fuente de irritación e ingratos recuerdos para ambas partes. Había mala sangre, particularmente entre Roland y Hofstra.

Jonathan sacó en conclusión que tenía que ir al nivel tope y hablar personalmente con su viejo amigo Sal Campana. A lo largo de varios decenios de historia Campana se había reunido con Jonathan y luego con su hijo Justin y con otros del clan kilmoriano. Le pintaría un cuadro fabuloso, diciéndole a Campana que sería muy favorable para sus negocios y, mejor aún, para el bienestar de todos los capos. Para conseguirle a su hijo la presidencia a la que tanto había aspirado para sí, significaría una reivindicación y bien valdría la pena, costara lo que costara. Una vez instalado en el poder, Justin sería el rey y Roland el heredero al trono. Era una dinastía en ciernes y la Mafia el instrumento para asegurarla si lograba persuadirlos.

Conseguiría el respaldo de Hank Spanitra, a quien conocía desde mucho tiempo atrás y que tenía amistad con Campana, así como con Justin. Sediento de poder y estatus social, Spanitra era tan ambicioso y mujeriego como Justin y como el propio Jonathan en sus años más jóvenes. Estaba consciente de que Spanitra tenía estrecha relación con los capos supremos; en un momento dado estaba tan cerca de Campana que los dos intercambiaron anillos de zafiro para el dedo meñique. Jonathan sabía, también, que la Mafia había aplicado su poder para rescatar a la carrera de Spanitra de una mala etapa. Si pudiera convencerle de la importancia de lograr que el capo supremo se pusiera de su lado, su proyecto tendría muy buenas perspectivas.

Pero consideró que mejor sería negociar directamente con Campana y luego, si fuera necesario, pedirle a Spanitra que intercediera. A Jonathan le molestaba pedir ayuda si se estimaba capaz de cerrar el negocio por su propia cuenta. Así colmaría sus aspiraciones: conseguir que se lo acreditaran todo a él. Además, su prestigio personal seguiría subiendo. Procedió a llamar a un pandillero clave cuya línea telefónica consideraba segura e indicarle que concertara con Campana una importantísima reunión secreta: serían ellos dos solos, más un teniente de Sal y un ayudante de Jonathan.

Dos semanas más tarde, Jonathan y su auxiliar se trasladaron a Chicago. Se reunieron en el restaurante Bella Napoli, lugar seguro propiedad de mafiosos donde podrían hablar sin que nadie los escuchara, ni menos grabara la conversación. Se saludaron con toda cordialidad como amigos de larga data que eran, habiéndose ayudado mutuamente a acumular pequeñas fortunas con el jugoso contrabando licorero surgido al amparo de la Ley contra el Alcohol. Bromearon tranquilos sobre los viejos tiempos, cuidándose de evitar cualesquiera referencias que pudieran ser remotamente delicadas. En fin de cuentas su plan era hacer un trato que pudiera afectar la vida de cada uno de ellos y de sus respectivas familias por varias generaciones más. Huelga decir que en el caso de la Mafia la palabra *familia* iba más allá de los lazos sanguíneos, aunque en algunos casos se podía interpretar en sentido recto tanto como figurado.

En el curso de una pantagruélica cena con botellas del mejor vino añejo, Jonathan le planteó su proyecto para otorgarle a Justin la candidatura del partido y luego derrotar a Dixon, el fuerte aspirante republicano. El plan era muy sencillo: si la Mafia les hacía juego y le facilitaba a su hijo la presidencia, ellos le harían juego a la Mafia y la dejarían tranquila. Exigiría poder y gruesas sumas de dinero a las que los Kilmory no querrían verse conectados —préstamos que se liquidarían oportunamente—, pero a la larga sería un negocio redondo para ambas partes. Jonathan dio seguridades de que, cualquiera que fuera el resultado, a la Mafia se le reembolsaría con creces toda la «inversión» efectuada. Pero ambos sabían que había poquísimas posibilidades de que la inversión no diera resultado.

Campana escuchó con paciencia, asintiendo con la cabeza o haciendo breves observaciones de vez en cuando. Su teniente, Paul «*The Waiter*» [El Camarero] Riccardi escuchaba atentamente, pero callado. Por fin le tocó a Campana intervenir.

—Suena muy bien, Jonathan, pero algunos de los nuestros se preguntan si tú puedes controlar a tus hijos. —Sal recordaba lo que había dicho su hermano menor Chuck, y pareció mostrarse tan escéptico como indicaba su pregunta. Había demasiado en juego como para que no lo hiciera.

—Voy a hablarte del corazón, Sal. Yo no crié a mis hijos para que fueran mal agradecidos. Un trato es un trato. Ustedes harán algo por nosotros y nosotros les corresponderemos. Yo les he enseñado eso a mis hijos, y ellos saben cumplir. —Mintió con la mayor honradez que pudo—. Una vez que ustedes hayan hecho su parte, ellos y yo, es decir, nosotros, cumpliremos con nuestra palabra. —Al menos esa era su intención, se dijo sonriendo por dentro.

La mirada de Campana se perdió momentáneamente en la distancia. Sus subalternos, sentados a una mesa cercana para efectos de vigilancia, estaban ligerísimamente intranquilos. A esa hora, menguaba la actividad en el restaurante. Miró de nuevo a Jonathan con gesto concluyente.

—Bueno, lo voy a consultar con mi gente, aunque te digo que dos o tres de ellos no están muy entusiasmados. Sabes por qué, ¿no? Tu hijo Roland nos ha estado persiguiendo, jodiéndonos con toda la mierda esa de las comisiones del congreso. ¿Cómo coño vamos a estar seguros de que va a dejar esa mierda? Mis muchachos van a querer algún tipo de garantía.

Al oírlo, el subjefe Riccardi asintió con la cabeza y una mueca de reconcomio. Había estado observando con escepticismo, intercalando a ratos alguna palabra precisa pero mayormente escuchando. Un camarero pasó de largo por si acaso alguien le hacía la más leve señal pero sin interrumpir con el latoso cliché de «¿todo bien?» o si no «¿siguen ocupados con su plato?»

—Coño, yo te entiendo, Sal, pero por favor diles que yo me ocuparé de que mis muchachos no coman basura —iba a decir «mierda», pero no quiso ponerse tan vulgar como Campana—, de que cumplan a la letra. Nada de jodederas, la cosa va en serio. Yo te lo garantizo —terminó diciendo enfáticamente—. Lo único que nos hace falta es apoyo en la primaria de West Virginia y luego, si hiciera falta, el voto presidencial en Illinois. A lo mejor un golpecito en Texas, pero Jameson se encargará de su propio terreno. Coño, con la experiencia y los recursos a nivel local de ustedes, estoy seguro de que no habrá problema.

Jonathan relampagueó esa encantadora sonrisa con que gustaba de poner fin a sus presentaciones. Era tan seductora, o más, que su sonrisa de saludo —aunque a veces, si no ponía cuidado, se tornaba de zorro vil.

—Muy bien, Jonathan. Como te decía, voy a consultarlo y te aviso, —concluyó Campana con mucha neutralidad al darle un apretón a la mano que le extendía su amigo. El resultado quedaba pendiente.

Kilmory salió del restaurante confiado en que todo estaba en orden —casi—. Calculaba que Sal se pondría de su parte. El año 1959 prometía ser grandioso. Justin, senador de su estado, estaba en excelente posición para llevarse la candidatura presidencial de su partido. La primaria de Virginia Occidental sería crucial, pero si la pandilla entraba en acción, su plata y potencia le arrebataría el triunfo a su esperanzado rival, Herbert Humpter.

Si Campana se decidía a darle su apoyo todo estaría «cocinado». La Mafia, habiendo dado el primer paso, no dejaría de ocuparse de asegurar el resultado de la elección nacional. Campana, el capo máximo, sabría convencer a sus colegas. Le bastaría persuadirlos de que todo saldría de lo mejor, que favorecería sus operaciones y, sobre todo, que a todos les quitaría el peso del gobierno de encima.

Era el momento, calculó Jonathan, de contactar a Hank Spanitra y animarle a respaldar el trato con Campana. Como ya disfrutaba de amistad con Justin, sería la clave para alentar al jefazo a montarse en el tren. Cuando Jonathan le telefoneó para sondearlo, Spanitra se mostró muy amable.

—No hace falta que usted se moleste en venir a ninguna parte a verme, señor Kilmory, —dijo respetuoso—. Seré yo quien irá a verle. Creo que sé lo que usted está pensando y me parece que, como usted verá, llevamos el mismo rumbo.

—¡Fantástico, Hank! Será un gusto recibirte cuando tú lo desees. Disculpa, pero vamos a tutearnos, ¿no? Claro que, como tú entenderás, tenemos poco tiempo para actuar. —Iba a decir «mientras más pronto mejor», pero se aguantó, seguro de que Spanitra estaba consciente de la urgencia—. Un par de copas de buena champaña mientras hablamos en confianza, y luego una cena en la intimidad de la familia. Me alegro que pongas de tu parte con nuestros planes para Justin, y desde ya te lo agradecemos todos los Kilmory.

Con Spanitra a bordo, Jonathan confiaba en que Campana se convencería plenamente de que sería un negocio redondo para el equipo mafioso. Consideraba a Spanitra la clave para acabar de poner a Campana de su lado y que los dos estaban prácticamente soltando la baba pensando en los beneficios que les aportaría la presidencia de Kilmory.

Spanitra se apareció por vía aérea en menos de una semana y habló con Jonathan en amistosa reunión con champaña, caviar de beluga y langosta de Maine a la *thermidor*. Inmediatamente después volvió a tomar un vuelo, no sin antes asegurarle de que pondría su mejor empeño en instar a Campana a convencer a los demás capos de que apoyaran a Kilmory. Jonathan se permitió un suspiro de alivio: a su juicio, todo estaba listo.

Para Spanitra ello significaba, más que simple dinero, un enorme paso adelante en prestigio y jerarquía social. No perdió tiempo en reunirse con Campana, le exhortó de todo corazón y habló de todo lo que estimó útil y necesario para que se pusiera de su parte. Resultó que no le hacía falta insistir tanto. Campana ya estaba casi totalmente convencido de que la Cosa Nostra debía respaldar a Kilmory: era a los otros capos a quienes había que convencer.

Con todo, Spanitra le había dado ánimo. Campana tomó un vuelo a reunirse con Sandy Traficant, que estaba «en la cerca», y con Carlos Marcello, que abrigaba para los Kilmory una íntima desconfianza, por no hablar de un visceral y purísimo odio. Ante un Traficant teóricamente neutral, el diálogo cara a cara favoreció al jefazo. Aun siendo temerario, no se atrevió Marcello a llevarle la contraria al autoritario *capo di tutti capi*.

—Bueno, Sal, adelante pues. —Marcello cedió. —Pero ojalá que no vaya a salir mal. Si así fuera —le iba a decir «acuérdate que yo te lo advertí», pero se conformó con —bueno, tendremos que hacerle frente.

Jonathan casi cayó en un paroxismo de éxtasis cuando recibió al mensajero de Campana con la noticia; era muy peligroso comunicarla de otra manera. En síntesis, el bajo mundo se comprometía a poner todo el peso de su palanca y poder del lado kilmoriano. El resultado de las elecciones quedaba virtualmente garantizado por el trato: Justin recibiría la preciada primera magistratura en bandeja de plata.

Jonathan se sentía, más que satisfecho, emocionado, completísimo en sus aspiraciones. Al fin y al cabo, Spanitra había resultado ser el factor catalítico. Pese a todas las dificultades, Jonathan experimentaba la felicidad de haberle asegurado a Justin llegar a ser el próximo presidente de los Estados Unidos. También era una objetiva lección para sus hijos respecto al ejercicio de la voluntad a sus máximas posibilidades. Tal como siempre lo había sostenido, la sabia aplicación del dinero y la influencia podían conseguirlo todo.

Más aun, también les había proporcionado lecciones prácticas, tanto directas como indirectas, de cómo lograr todo lo que se desea en la vida: poder, dinero y sexo. Este último punto lo había subrayado abiertamente a través de sus múltiples amoríos con mujeres de todo tipo: secretarias, estrellas de cine y demás, ya fuesen o no empleadas suyas. Una vez más recorrió sus gratos recuerdos de habérselas arreglado para viajar a Inglaterra en un lujoso transatlántico acompañado de Rosanne, su mujer, y de su amante Glenda Swansky, la famosa estrella cinematográfica cuya carrera, gracias a él, había sido meteórica.

Había impartido a sus hijos valiosísimas demostraciones de cómo comportarse como una seda cuando era aconsejable, así como ser totalmente despiadado cuando lo exigieran las circunstancias, llegando a la eliminación física si falta hiciera.

Ahora todas esas lecciones iban a dar fruto con el premio más grande de todos.

Capítulo VIII
MAÑA Y MARAÑA

Como la elección de 1959 prometía ser reñida, los Kilmory no iban a correr ningún riesgo. Necesitaban ir al seguro, lo que significaba aplicar el tradicional procedimiento de amañar los resultados.

Ya lo había sintetizado Stalin cuando dijo: «Lo que cuenta no es el número de votos, sino quién los cuenta». Si fueran desfavorables a Justin, los resultados que llegaran serían cambiados o alterados a su favor. Entrarían en juego amenazas y sobornos en caso de presentarse objeciones u obstáculos. Contrariar la voluntad de la Mafia era peligroso—y sigue siéndolo—, como sabemos por su maña de «la oferta no rechazable». Los estados claves serían Illinois y Texas, con su fuerte número de votos electorales.

La votación en Chicago, con sólida mayoría para el Partido Demócrata, favorecería a Kilmory. Pero, ¿qué tal el resto de Illinois? En la noche electoral, cosa extraña, no llegaban los totales de Chicago. Nadie sabía las cifras, aunque sí se sabía una cosa: tendrían que ser suficientes para sobrepasar la ventaja de Dixon en el resto del estado a fin de poner a Illinois en la columna Demócrata. Y era claro que no alcanzaban... es decir, hasta que entró en juego la mano de la Mafia. Conforme a los resultados «oficiales» y definitivos, un cambio de menos de 5,000 votos le hubiera entregado el estado a Dixon, quien ganó más del 90% de los condados. Pero el «arreglo» para sobrepasar el margen de Dixon llegó a sumar decenas de miles de votos. Por consiguiente, de no haber sido amañada, la votación pro Kilmory se hubiera quedado muy corta para ganar Illinois.

El cuadro en Texas era muy semejante. Las grandes urbes eran bastiones del Partido Demócrata, en tanto que los distritos rurales eran fuertemente del Republicano. Pero la maquinaria política de LBJ —con un poco de ayuda de la Mafia en diversos lugares— intervenía cuando era necesario a fin de cambiar las cifras lo suficiente para darle a Kilmory un pequeño pero vital margen. El dúo Kilmory-Jameson se llevó el estado por una fracción del 1% del total de votos. (¡!). Prevaleció el mismo patrón que en Illinois: la votación de las grandes ciudades no se supo hasta que se conociera la de zonas rurales, para poderlas sobrepasar «ajustando» lo que hiciera falta.

Cuando Kilmory llamó a Paley, el alcalde de Chicago, para preguntarle cómo andaban las cosas, este le contestó: «Señor Kilmory, con un poco de suerte y la ayuda de algunos buenos amigos, usted se va a ganar Illinois». El presidente en ciernes le dio las más expresivas gracias.

Para la mañana siguiente, Kilmory parecía victorioso como el próximo jefe del ejecutivo de Estados Unidos. Pero el resultado era problemático pues había un fuerte olor a fraude electoral y parecía probable que Dixon lo impugnara. Eso significaría un complicado, muy delicado y peligroso segundo escrutinio. Los partidarios de Dixon estaban claramente conscientes de la manipulación de los resultados, ejemplificado ello por la sorpresiva victoria kilmoriana de último minuto, cuando llegaron los asombrosos «resultados» de Chicago, suficientes para sobrepasar la ventaja de Dixon. Si el grupo de Dixon, con buenas razones, insistía en que se verificara la votación, el fraudulento escrutinio efectuado conjuntamente por la Mafia y las fuerzas de Paley pudiera resultar difícil de encubrir. Habría que tomar medidas.

Primero, la maquinaria política de Paley alertó a su gente para que se opusieran a todo intento de reescrutinio. Pero la gestión más importante consistió en el contacto directo a Dixon de parte de un agente del poderoso imperio de la Mafia. Le hicieron personalmente una amenaza levemente velada: peligraba no solo su vida sino la de su esposa e hijas. Podrían sufrir un «accidente». En pocas horas, Dixon dio media vuelta y anunció —con cara radiante de alivio— que no impugnaría la votación. Consideró que aún era joven y podría aspirar de nuevo, así que ¿para qué se iba a arriesgar en una prolongada lucha de voluntades, maniobras e influencias que tal vez perdería y que podría acarrear una tragedia familiar? Al controlar la situación las fuerzas de su contrario, el recuento de votos pudiera ser tan fraudulento como el primero.

Otra vez se imponía la Mafia, poniendo en firme la victoria política de Kilmory. El clan puso empeño en no jactarse mucho; estaban en puro éxtasis pero era mejor hacer ver que desde siempre habían esperado ganar limpiamente. Eran dueños de la presidencia y del gobierno. La toma de posesión sería espectacular, con festejos como nunca jamás.

Spanitra organizó la totalidad del Brat Pack, del cual era «Director General», para colaborar con las celebraciones sin cobrar un centavo. Es decir, todos con excepción de Jammy Spavis, Jr., la estrella negra que de ninguna manera hubiera podido trabajar a no ser de mesero. Por el contrario, tenía que ser muy discreto y hacerse poco visible. A contrapelo de sus propios deseos, el propio Spanitra lo había convencido de que aplazara su matrimonio interracial a la despampanante actriz sueca Mae Brill, cosa de no inquietar a los Kilmory y partidarios. El racismo de la época tenía sus reglas.

La presión para este detalle vino de los propios Kilmory. Era mucho pedirle a Spanitra hacer ese favor a los Kilmory, ya que no solo era desde hacía mucho uno de los mejores amigos de Jammy, sino que también era ultraenemigo de la discriminación racial entonces vigente. Sin embargo, Spanitra y su grupo no dejaron de burlarse del color de Jammy, en público y en privado, cosa que Jammy aceptaba con extraordinaria paciencia y buen humor como contrapartida para seguir siendo miembro fijo del Brat Pack. De lo contrario el Director General pudiera incomodarse y, aparte del aspecto social, Jammy pudiera experimentar la pérdida de sus fuentes de trabajo. De paso, los mafiosos le habían maltratado físicamente y en un momento dado, más racistas que nadie, lo amenazaron con cegarle el único ojo vidente que le quedaba (había quedado tuerto en un accidente vehicular).

Una vez concluidos los festejos inaugurales, Justin empezó a formar su gabinete. Jonathan se mantuvo bien al margen, consciente de lo que algún periodista rebelde osara decir sobre su pasado. Pero tras bastidores le dio instrucciones a Justin. Aun antes de haber prestado el juramento presidencial, le dio precisas órdenes a Justin de nombrar de inmediato a su hermano Roland —que nunca en su vida había ejercido la abogacía— al cargo supremo en el Departamento de Justicia.

Se esperaba que Roland, muy trabajador y reglamentario en sus cosas, se desempeñara estupendamente como secretario de justicia para luego pasar a ser vicepresidente. La idea era descartar oportunamente a Jameson investigándolo y procesándolo. Una vez que Justin hubiera concluido su segundo mandato, Roland iba a consolidar la dinastía kilmoriana.

Justin cumplió con los deseos del Patriarca a pocos días de entrar en funciones al proponer —«designar» sería más preciso considerando como voló como brisa veraniega— a su hermano para secretario de justicia. Los diarios no pudieron menos que observar el nepotismo, pero no le dieron mayor importancia considerando que el presidente Kilmory de veras necesitaba, en el Departamento de Justicia, a «alguien digno de su más absoluta confianza». A nadie se le ocurrió decir que eso le hacía falta en todos los demás puestos de su gabinete.

Posteriormente se aprobaron leyes que impidieron nombramientos nepotistas, igual que se le prohibió al presidente más de una reelección luego de que Roosevelt se hiciera de cuatro mandatos sucesivos.

A Justin le celebraron su astucia y osadía cuando durante una conferencia de prensa manifestó en son de burla la razón del nombramiento: «Quiero darle a mi hermano menor un poquito de experiencia jurídica». Los periodistas se rieron del chiste pero, cosa curiosa —y muy satisfactoria para los Kilmory— no hicieron ni una sola pregunta de seguimiento. El grupo de periodistas que asistían a la rueda de prensa, claramente partidarios suyos, se retiraron tranquilamente, con aire festivo y casi aplaudiendo. Luego, Justin le dijo con orgullo a su hermano: «Oye, muchacho, ¿cuántos presidentes podrían cerrar con un cohetazo de ese calibre?

Roland no solamente se había incorporado al gabinete, sino que era la mano de derecha de Justin. Vendría a ser el resuelve-entuertos de su hermano, su imparable protector, confidente y guardaespaldas. También era su hombre de confianza, que se ocuparía de hacer pagos bajo la mesa, neutralizar amenazas de buscapleitos y sobornar a quien fuera para controlar problemas. Sobre todo en el caso de mujeres que, luego de una relación con Justin, pudieran ser tan atrevidas —o imbéciles— como para amenazar con un escándalo (como en breve quedaría demostrado con el caso de Marie Moore).

En todo caso, los festejos inaugurales trajeron al nuevo equipo a Washington en una marea exuberante. Pero entre la Mafia la fiesta no iba a durar mucho. Al fin y al cabo habían sido los que, tras bastidores, se habían encargado del histórico y estrechísimo margen de la victoriana kilmoriana. Y no les complacía el rumbo que tomaban las cosas.

Una vez instalado en el Departamento de Justicia, Roland no perdió tiempo en hacerle caso omiso al consejo de su padre: apuntó sus armas directa y públicamente a la Mafia. Declaró que como jefe de justicia uno de sus principales objetivos sería «hacerle la guerra a la criminalidad organizada».

Aunque aún no se trataba de hechos sino de palabras, el olor a traición era clarísimo. Tal vez, esperaban los mafiosos, el equipo de gobierno kilmoriano andaría en busca de pececitos y dejarían tranquilos a los «pejes gordos». Pero de palabras muy pronto pasaron a hechos. Sal Campana, arquitecto del trato con Kilmory, empezaba a sentir los dardos de crítica de los otros capos, aunque hablaran en voz baja. El propio Campana estaba furibundo y preocupado por las consecuencias. Lo mismo le pasaba a Hank Spanitra, cuyas gestiones con Campana para colocar a la Mafia en el campamento kilmoriano serían recompensadas bien pronto por un intenso frío frente de parte de los Kilmory.

Y eso no era todo lo que le esperaba a Spanitra: empezaba a sentir ondas amenazantes procedentes de los capos. Por haber estado tan cerca de los Kilmory, le tocaba la mayor parte de la culpa; podía haberle ocurrido un «accidente» si hubieran prevalecido los deseos de algunos de la pandilla. Pero Campana arriesgó su pellejo por Spanitra: le había cobrado afecto y lo defendía como una víctima más de la traición kilmoriana. Razonaba que, al igual que le había sucedido a él mismo, los Kilmory habían engañado miserablemente a Spanitra. Los demás los capos, a regañadientes, aceptaron el dictado del jefe supremo... pero tomaron nota para un arreglo futuro. La candela se le había acercado más a Spanitra de lo que nadie hubiera sospechado.

Capítulo IX
EL OBJETIVO APUNTA SU ARMA

Habían pasado algunos meses de la toma de posesión, año 1961. Claudio Mariello estaba encandilado de furia.

—¡Ese hijo 'e la gran puta! —dijo prácticamente a gritos cual perro rabioso, al divisar la Antigua Guatemala por la ventanilla de la avioneta en que lo habían despachado, esposado, desde Nueva Orleans. Ya sin esposas, extraño en tierra desconocida, gesticulaba mientras lanzaba una descarga de imprecaciones con el gusto itálico que le era natural, aunque no fuera en su idioma natal. ¡Cómo se atrevía Roland Kilmory a deportarlo a Guatemala como si fuera un saco de papas!

—Esto le va a dolé' a ese cabrón. ¡El colmo del descaro! ¿Cómo era posible que el capo del Departamento de Justicia, violara las leyes del país y le negara el debido proceso jurídico a un ciudadano de Estados Unidos? —Por un instante iba a decir *ciudadano* a secas, ya que su ciudadanía era dudosa, ¿pero para qué decir la verdad si podía mentir? No era su costumbre. Y lo había dicho en alta voz, sin importarle que los agentes federales le oyeran en la pequeña aeronave a motor de hélice. ¿Qué más le iban a hacer a estas alturas?

Descendió la escalerilla para caer en manos de las autoridades guatemaltecas que ya estaban esperándolo, presuntamente para garantizar que no fuera a escabullirse a ningún lugar no autorizado. Nada sabían sus secuaces en Estados Unidos, ni en la propia Guatemala, de que llegaba el capo, así que por el momento se quedaba sin la compañía de nadie conocido; de hecho, tendría que arreglárselas por su cuenta.

Lo llevaron a un lujoso hotel, asignándole agentes que lo vigilaran desde una habitación contigua. No podía ir a ninguna parte sin irritarse al ver que, sin ningún disimulo, lo siguieran de cerca. Era casi peor, pensó el jefazo de Nueva Orleans, que estar encarcelado. Y tenía recuerdos ingratos de estar tras las rejas, aunque por breve lapso fuera.

Semana tras semana, Mariello veía transcurrir el tiempo como en cámara lenta en la pintoresca excapital, bien llamada «Antigua». Tenía dinero de sobra pero estaba fuera de su ambiente habitual. Carecía de subalternos y no había ni órdenes que dar ni oropeles de que disfrutar.

Para empezar, no sabía nada de español. Se mantenía en contacto con su gente en Estados Unidos, pero como las líneas estarían todas intervenidas, no podía hablar sin tapujos. Eso nunca se podría comparar con estar en su terreno.

No le molestaba estar alejado de su mujer, pero era intolerable no contar con sus amantes. No le agradaban las chicas profesionales, así que tendría que empezar a organizar su harén desde cero. El tiempo andaba a paso de caracol, así que se concentró en hacer los arreglos para volver de contrabando a Nueva Orleans. Si de él dependía, no pensaba quedarse por ahí ni un minuto más.

En tanto que su organización se preparaba para enviarle el efectivo para sobornar a los funcionarios guatemaltecos en medida suficiente para hacerse de la vista gorda ante sus planes, Mariello empezó a conspirar para cobrárselas a Roland. Juró que jamás le volvería a pasar nada por el estilo. Se regodeaba saboreando su ya próxima venganza personal contra los Kilmory.

Pero había en el ambiente algo mucho más importante que el insulto personal de que había sido objeto. Decidió también que era hora de que la Mafia se vengara de la traición kilmoriana. El clan había hecho un trato con la Cosa Nostra, la Mafia, el Hampa, toda esa confabulación del bajo mundo. Pero, a contrapelo del consejo y juicio de Mariello, Campana había asegurado la elección de Kilmory adulterando los resultados de la votación en el Condado de Cook (Chicago), lo suficiente para sobrepasar el margen de Dixon en el resto de Illinois. El fraude en Texas también bastó, gracias a la Mafia y a la eficiente maquinaria política de Jameson. Su prematura corrupción le había dado mucha escuela en el robo de boletas y relleno de urnas con votos falsos, por lo que fácilmente puso a su estado, con su enorme peso numérico, en la columna de Kilmory, entregándole a él la presidencia y a sí la vicepresidencia.

El trato con la Cosa Nostra era tan transparente que bien podría haberse documentado en blanco y negro: nosotros les damos la elección y ustedes nos dejan tranquilos. Pero no estaba saliendo tal como estaba previsto, sino al revés.

—Así que le regalamos la presidencia al sinvergüenza ese y miren —Claudio Mariello se dirigía a Nick, uno de sus secuaces—, nada menos que una puñalá' por la espalda. Tan pronto entró de justiciero, a ese mariconcito mocoso se le ha ocurrí'o que somos un tiro al blanco.

Según lo veía, Roland estaba listo para salir a la calle con un grupo armado y caerles a tiros. Aunque hablara en sentido figurado, pensaba que a Roland le encantaría hacerlo de veras si pudiera haberse salido con la suya.

Mariello y el resto de la Mafia sabían que no hubiera sido la primera vez que los Kilmory, muy al estilo de la propia pandilla, había eliminado a quienes se le atravesaban en el camino, si bien el público en su gran mayoría ignoraba totalmente tales rumores sobre quienes, en términos mafiosos, eran «un montón de cabrones e hijos de puta ebrios de poder». Al fin y al cabo, Mariello sabía que los Kilmory, y en particular Roland, estaban involucrados en un caso reciente: el «suicidio» de Marie Moore. Además, recordó rabioso, cuando Roland Kilmory apenas se había instalado como secretario de justicia, declaró prácticamente a la letra que «nos iba a perseguir por todo el país, aniquilar nuestros «negocios», investigarnos, procesarnos y meternos tras las rejas por años de años».

Peor aún, corrían rumores por todo el hampa que Roland le tenía inquina personal a Mariello y estaba cobrándoselas por no haber apoyado a su hermano Justin para la candidatura presidencial durante la asamblea del Partido Demócrata; era cierto, pues Mariello había favorecido a Jameson. Más aun, Roland ni siquiera le agradeció a Mariello sus fuertes donativos a la campaña de Kilmory. En resumen, lejos de cumplir con el pacto, parecía que los Kilmory estaban tratando de liquidar sistemáticamente a la pandilla para ya no tener que deberle nada. Eso no se podía quedar así.

A fin de llevar a cabo su complot contra Justin Kilmory, Mariello calculó que debía conseguir el apoyo de Ricky Hofstra, jefe del poderoso *Teamsters Union* [Sindicato de Camioneros]. Le constaba que Hofstra era un tipo «cojonudo», pero al ser impulsivo y descuidado, tenía la tendencia a meter la pata.

En una de esas se puso fatal cuando metió las dos de un golpe y lo sentenciaron a prisión por delitos de corrupción durante un gobierno posterior. Por suerte para él, sobornaron o le hicieron presión al presidente Dixon para que lo indultara a condición de que no participara en más actividad sindical. Pero apenas quedó en libertad intentó reasumir el control de los Camioneros. Pequeño problema: ya sus amigos de la Mafia no lo favorecían; les iba muy bien con su reemplazo y sus durísimas tácticas no caían bien. Pero no quiso escuchar y siguió adelante como si nada. El colmo fue que dio a conocer que si no conseguía lo que buscaba iba a escribir un libro contando todo lo que sabía, lo que metería a todo el mundo en grandes líos.

Así que la Mafia, siempre vigilante, decidió neutralizarlo a él y, de paso, castigar a su familia. Si no apareciera su cuerpo, los herederos tendrían que esperar diez años para cobrar su seguro de vida. Según rumores, su cuerpo lo «depositaron» en un nuevo estadio que se edificaba en el Medio Oeste, rodeado por espeso concreto. Pero lo más probable es que, tras hacerlo polvo, lo disolvieron con químicos; no se sabe si luego su polvo pasó a formar parte de una mezcla de concreto. El caso es que no querían que apareciera ni un pelo suyo.

Mariello no podía olvidar la no muy lejana ocasión en que Hofstra, Campana y otros capos de alta jerarquía fueron interrogados por Roland Kilmory, por entonces funcionario de la Comisión McClanahan del Senado, encargada de investigar la corrupción laboral. En audiencias televisadas la comisión examinó la estrecha relación entre organizaciones delictivas y el Sindicato de Camioneros, interrogando insistentemente a los testigos. Con poquísimas excepciones, recibieron la respuesta ya consagrada: «Me niego a contestar a base de mi derecho de no incriminarme conforme a la quinta enmienda a la Constitución.»

Aunque frustrados, los inquisidores seguían adelante con la esperanza de que alguien soltara algún detalle. Al interrogar a Hofstra, Roland le había lanzado puyas, poniendo en duda su masculinidad. Propenso a hacerse el burlón, también le lanzó una a Sal Campana, diciéndole que sus respuestas eran características «del disimulo de un afeminado cualquiera». Casi gruñendo de ira, Campana le lanzó miradas como puñales. Los dos «socios» de la Mafia le guardaron rencor a Roland por el resto de la vida, considerando que habían sido objeto de un gratuito insulto personal.

Capítulo X
DESASTRE

Para la Mafia, Cuba era lo único que había salido mal. Costra se había tomado el poder absoluto, robándole a la pandilla todo lo que con tanto trabajo le había expoliado a la población de la Isla. ¡Qué falta de respeto! Y ni ellos ni el gobierno de EE.UU. habían podido hacer nada para debilitarle, mucho menos librarse de él. En fin de cuentas se tropezaron con su némesis: un verdadero maestro de la criminalidad organizada, pero en escala internacional.

Era inconmovible, muchísimo peor que Batista. Y tenía una maquinaria propagandística mucho más eficaz, forjándose una imagen casi incontrovertible de serio y verdadero reformador. Aun más, se había vuelto casi inderrocable al ser, para todos los efectos prácticos, un dictador fascista posando como de extrema izquierda, con lo que se ganó el apoyo solidario del movimiento comunista mundial. ¡Era una fórmula triunfal como ninguna! Sin duda un golpe genial en que revoloteaba fantasmagórica, casi imperceptiblemente, un concepto semejante pero con una ligera diferencia: era un genio, sí, pero del mal, flotante en el nebuloso ambiente fomentado por todo impostor populista del mundo (sobre todo entre los intelectuales franceses de mediados del siglo XX, que Dios tenga en su gloria).

La Mafia no se daba cuenta de que Costra era en realidad una versión cubana de lo que eran ellos: un criminal despiadado y profesional que estaba dispuesto a todo para lograr sus propósitos. Puso a trabajar a pelotones de fusilamiento para liquidar arbitrariamente a miles de sus enemigos. Lo peor era que lo estaba haciendo con «legalidad» al combinar la fuerza bruta con la demagogia tradicional; convertíase así en un forajido con poder político: o sea, una combinación de gran poder explosivo.

—No me queda más remedio que reconocérselo: a ese hijo 'e puta no hay quien lo compre. Es el cabrón más vivo que he visto en toda la vida —decía Campana sin vislumbrar que, para Costra, acorralar todo el poder político y económico de un país no tan chico significaba que no iba en pos de dinero, sino de metas más ambiciosas. En medio de todo, Campana tenía la suerte de no haber hecho en Cuba inversiones en gran escala como Manny Lendsky y Sandy Traficant.

—¡Qué metida de pata de Lendsky, eso de apostárselo todo a la islita esa de mierda! —le dijo Campana a su hermanito, Chuck.

—Una burrada para un tipo tan listo como él —respondió. Lendsky había invertido unos $14 millones (equivalente a $40 millones en el 2013), casi todo lo que había acumulado en su criminal vida, en el Hotel Riviera, junto al mar en el Vedado, elegante sector a unos minutos del centro de La Habana. Y luego lo perdió todo cuando el bandido barbudo se lo expropió «en nombre del pueblo cubano». Con instintos políticos muy afilados y perfilados, Costra hacía el papel de un Salvador, empeñado en recobrar las propiedades «perdidas» y el orgullo «mancillado» del país mientras manipulaba a las masas para que apoyaran sus cacareados «beneficios sociales». A los que cuestionaran los planes o intenciones del «benefactor» los animaba a abandonar el país: y haciéndolo así le hicieron el juego a Costra. Parecía cosa del Viejo Oeste: al no poder acabar con todos sus enemigos, uno los amenaza con «consecuencias» si no se desaparecen antes de la puesta de sol.

El enigma era cómo Costra, con un grupo guerrillero de unos centenares de hombres desorganizados, pobremente equipados y adiestrados, se había apoderado de un país con un ejército de 40,000 efectivos. La respuesta: tenía impulso psicológico y el apoyo de los Estados Unidos, en tanto que Batista lo había perdido.

Una vez que los norteamericanos le cortaron su respaldo, Batista consideró que todo estaba perdido y se escabulló con su familia y todo lo que podía reunir en la urgencia del momento. Estados Unidos tenía la expectativa —o, más precisamente, la esperanza— de que Costra, según él mismo lo proclamaba, sería el gran reformador democrático.

Si bien los Estados Unidos, tras varios decenios de amistad con Batista perdieron la fe en él, la Mafia no siguió el ejemplo. Con su típico sistema de jugar al seguro, le apostaron a los dos bandos en pugna: a Batista y también a los rebeldes de Costra. Así, cualquiera que fuera el resultado, el hampa estaría en terreno firme. Lo malo fue que cuando Costra se hizo del poder no tenía intención de compartirlo con nadie, ni abierta ni encubiertamente, ni oficial ni extraoficialmente. No tardaron en darse cuenta de que no se dejaba intimidar por nadie. Una de sus primeras medidas fue lo que muchos cubanos llamaron «el show» de hacer una gran limpieza, mientras los intelectuales hispanoamericanos, entre ellos uno apellidado Lleras, celebraban que Costra hubiera «limpiado los establos de Augías». Cerró los casinos, encarceló o deportó a los jefazos de juegos de azar, entre ellos los capos mafiosos y sus agentes, y presuntamente reformó a las prostitutas transformándolas en choferes de ómnibus. Huelga decir que provocaron tantos choques que el sistema de transporte no tardó en convertirse en un desastre. Obviamente, esa no era precisamente la especialidad de las chicas.

Pero Costra, como bien lo saben los cubanos de la Isla y del exterior, no se conformaba con un milloncejo por aquí y otro por allá, ni aun con billones. Si así hubiera sido a todo el mundo le hubiera ido de lo mejor, incluso al pueblo en general. Pero no. El infidel pillorro lo que buscaba, increíblemente, era algo mucho más grande: una especie de imperio, que empezaría por el Caribe para luego ampliarse a América Central y del Sur. Avaricioso de poder mucho más allá de la Perla del Caribe, ambicionaba ser una figura en el escenario mundial, una fuerza sísmica a nivel planetario aunque despegara de un país del tamaño de Pensilvania cuya población en aquel momento era de apenas seis millones.

Costra había leído con gran interés las obras del líder falangista español José Antonio Primo de Rivera, que formuló para la Península una versión del fascismo puesto en práctica por Mussolini y Hitler, a quienes admiraba por su destreza en alcanzar el poder y luego ampliar sus respectivos territorios así como su ámbito de influencia en el exterior. Claro que él, Fingenio Costra, no iba a repetir el error de Hitler al invadir abiertamente a países vecinos, ni chicos ni grandes.

Costra también tenía afinidad con dictadores contemporáneos como Francisco Franco, pese a que este era anticomunista. Estaba convencidísimo de que Cuba era uno de muchos países a los cuales les iría mejor con un autócrata absoluto que pudiera despreocuparse de las inútiles rencillas y palabrerías políticas que entorpecían los proyectos a gran escala. ¡Qué pérdida de tiempo! Para él, el viraje al comunismo ofrecía la firme ventaja política de garantizar su permanencia indefinida en el poder, pesárale a quien le pesare.

Claro que no le interesaba en lo más mínimo darles beneficios concretos al país ni a sus habitantes. Todo lo contrario. Era el sistema idóneo para que todo el mundo fuera igual —es decir, igual de pobre— y destruir la economía y la estructura social, con base en su teoría de que la pobreza haría mucho más fácil el controlar a la población con mano de hierro. Cuando hay que pasarse el tiempo luchando por las necesidades más elementales —alimentos, ropa y techo— nadie tiene vocación ni tiempo para oponerse a las fuerzas de las que precisamente dependen para conseguir sus raciones cotidianas. Efectivamente, tal como lo había previsto Costra en su plan maestro, prácticamente todos los alimentos empezaron a escasear y se sometieron al racionamiento oficial. Incluso el producto cubano por excelencia: el azúcar. Medio siglo más tarde aún persiste el racionamiento, si bien se ha vuelto insignificante en contraste con lo que se consigue «por la zurda», es decir en el mercado negro.

Conforme a sus íntimos principios, Costra consideraba el empobrecimiento poblacional como un eficaz instrumento de poder. La culpa del desastre económico recaería en Estados Unidos; según su bien ponderado plan maestro a largo plazo, provocó al gobierno estadinense para que le aplicara un embargo económico, que él en seguida denominó «bloqueo». No en balde se jactó en diversas ocasiones —entre sus secuaces— de que «sabía guiar a las multitudes mejor que [el jefe propagandístico nazi] Goebbels». Así, empobrecía y aislaba a Cuba de muchas maneras, pero sobre todo en lo económico y social. Estaban cayendo redonditos en su trampa.

Por cierto, cada vez que ha habido un amago de negociación para ponerle fin al embargo, Costra se ha ocupado de derribarlo a tiro limpio. Lo hizo físicamente una vez contra avionetas civiles que volaban sobre aguas internacionales en el estrecho de la Florida, matando impunemente a tres ciudadanos norteamericanos cuyo único delito era rescatar a balseros cubanos que salían huyendo de su régimen. ¿La respuesta de EE.UU.? Palabras, cero hechos. Era la época del presidente Clangton y él no quería líos con Costra, quien lo tenía amenazado. Así quedó demostrado en el indignante caso de «Elián», en que complació extrajudicialmente al terrorista internacional para evitarse líos personales.

¿A quién culparía del desastre cubano si el «bloqueo» se levantara?

La existencia de un «poderoso enemigo norteño» le dio un pretexto para darle duro a la poca oposición que aún le hacía frente, y pronto desaparecieron los derechos humanos y libertades fundamentales. El sistema hitleriano de control era óptimo, a juicio de Costra, en términos de pura eficacia. No perdió tiempo en recurrir al uso de la policía secreta más una red de «chivatos» (informantes) en cada cuadra urbana, que denominó «CDR», Comités de Defensa de la Revolución. Además, estableció la conscripción universal para hombres de 17 a 35 años de edad, frecuentes ejercicios militares a nivel de barrio, apoyo a las guerrillas y operaciones bélicas efectuadas en el exterior con tropas cubanas: por ejemplo en Nicaragua (década de 1980), Grenada (1983) y Angola (de 1975 a los años '90). Por otra parte la despiadada represión interna provocó terror entre la población isleña.

Tras la Segunda Guerra Mundial, el único vestigio de fascismo era la España franquista, de evidente debilidad en el plano internacional. El comunismo era, pues, el mejor aliado potencial de Costra, sin cuyo firme apoyo hubiera estado en peligro de ser derrocado por Estados Unidos, ya fuera abierta o encubiertamente.
En circunstancias normales los norteamericanos apenas tolerarían un régimen hostil de tal cariz a solo 90 millas de su territorio y a fácil tiro de misiles balísticos de sus grandes ciudades.

Era extraño que el gobierno fascista de Franco, enemigo a ultranza del comunismo tras haber derrotado a las fuerzas republicanas españolas que contaban con el respaldo rojo, se aliara con el régimen de Costra. Pero en fin de cuentas tanto Franco como Costra eran gallegos, siendo que Fingenio era hijo de un gallego de pura cepa que había emigrado a principios del siglo XX para hacer su fortuna en Cuba.

La acumuló mayormente según sus propios métodos de granuja: luego de haber luchado del lado de España *contra* la independencia de Cuba, movía de noche las cercas de su finca para adueñarse de terreno ajeno. Aplicando exclusivamente las características genéticas parecía haber muy poca duda de que Fingenio tenía que ser hijo suyo. Sin embargo, Repterio era muy distinto, lo que se explica porque era solamente medio hermano de Fingenio, nacido de la relación de su padre con una sirvienta.

Una vez en el poder, Costra calculó que la clave de su supervivencia sería hacer de la Unión Soviética su principal aliado, ya que en medio de la Guerra Fría a la U.R.S.S. le vendría de lo mejor una estratégica base militar y de espionaje a noventa millas de EE.UU. Tendría enorme peso la astuta manipulación de la política internacional, combinada con las guerrillas, el terrorismo y el narcotráfico.

Bien consciente estaba Costra de lo que habían logrado los soviéticos a escala mundial mediante la fuerza armada, la subversión, las amenazas, la implacable voluntad, la aplicación de una sólida red de inteligencia, el astuto empleo de lazos «culturales» y «diplomáticos», las maniobras políticas y el movimiento estratégico de su poder militar en el escenario mundial.

Si bien el partido comunista cubano (en la época stalinista se hizo llamar Partido Socialista Popular) le era contrario hasta que se apoderó de la Isla, Costra se aproximó a su dirigencia, la incorporó a su movimiento y procuró compartir el poder con ellos.
Luego hizo gestiones con el régimen soviético, invitó a sus líderes a visitar a Cuba, les propuso formar una útil cofradía y, por último, se declaró un convencido y vitalicio marxista-leninista. Los soviéticos, encantados con el inesperado regalo, le dieron respaldo incondicional y ulteriormente vaciaron enormes sumas en Cuba. Claramente, Costa nunca tuvo intención de pagar y no lo hizo ni por error.

Pese a su sistema económico singularmente ineficaz, los soviéticos se habían apoderado de toda la Europa del Este, debilitaron al Occidente apoyando sin condiciones a los partidos comunistas que influían en la gobernación y política extranjera de los países, le echaron garras al África y al Oriente Medio, establecieron un estado títere en Corea del Norte que invadió y casi tomó la del Sur a mediados del siglo XX, se mantuvieron aliados al crudelísimo régimen de Mao en China, respaldaron la campaña de los Vietmin contra Francia en Indochina y ahora se movían firmemente al Hemisferio Occidental con la toma costrense de Cuba.

Sirva de nota al pie observar que los empeños de Justin Kilmory en política exterior, a manos de Dennis Dusk, un Secretario de Estado singularmente ineficaz, habían sido manejados en gran medida por el propio presidente y su hermano Roland.

Poco le importaba a Costra quién se ocupara de dirigir la política exterior norteamericana, fijándose únicamente en los resultados. Pendiente de que, para la meta primordial de retener el poder, lo importante era proyectar la inestabilidad a países vecinos de modo que el empeño para combatirle se diluyera por atender a peligros colaterales, dio inicio, una vez consolidada su posición, a campañas guerrilleras en América Central y del Sur.

En la propia Cuba, su programa de control político pronto se revelaría absoluto, omnímodo. Si hubiera sido cuestión de mera economía, de desfalcos o redistribución de fondos, Costra hubiera proseguido el plan tradicional y la corruptela de siempre. Se implantarían algunas reformas aquí y allá para guardar las apariencias, pero fundamentalmente hubiera subsistido el mismo sistema con borrón y cuenta nueva. Estaba seguro de que en tal caso su régimen hubiera durado poco tiempo antes de ser depuesto por un golpe de estado o suplantado en el improbable caso de elecciones honradas y democráticas.

Pero Costra no se iba a conformar con detentar el poder, sino el más *absoluto* de todos, no solamente para el resto de su vida, sino para la de los herederos a su dinástico trono. La alianza con Estados Unidos hubiera significado presión constante para celebrar elecciones libres, respetar los derechos humanos, la libertad de prensa y el imperio de la ley. En cambio, la alianza con la Unión Soviética equivalía a respaldo pleno e incondicional sin nada cuestionar, más todo tipo de asistencia militar y de otra índole para llevar a cabo su propio plan de expansión internacional —y el de ellos—.

Una sencilla anécdota comprueba la genial habilidad de Costra para engañar y convencer al más listo. Cuando fue a Cuba una delegación de la Comisión Garrett para ver lo que podía averiguar acerca de Rosswell, su aparente simpatía por la revolución costrista y sus planes para matar a Kilmory, Costra les conto una sarta completísima de mentiras, diciendo que nunca habían oído hablar de Rosswell. Por último, luego de hacer gala Costra de una concluyente sesión de oratoria altisonante, hipócrita y ridículamente falsa en que declaró que de haber sabido algo «Cuba hubiera tenido el deber moral de informarlo a Estados Unidos», el senador norteamericano Dodder, embobecido, se le acerco y le dijo: «Señor presidente: me ha impresionado profundamente lo que ha dicho. Su lógica es convincente».

En su informe a la Comisión Garrett prevaleció el criterio de Dodder y se llegó a la conclusión de que «el gobierno de Costra no estuvo involucrado en el asesinato».

* * * * * *

Campana ya daba por seguro —sin tener que ser experto en estrategia global— de que Cuba estaba perdida para el futuro previsible. ¡Qué pena!, pensó, porque era una mina de oro de ganancias libres de impuestos, procedentes del juego, la prostitución y los narcóticos. Como cuestión práctica, decidió olvidarse de la Isla. Pero su co-conspirador, ese otro poderoso organismo secreto, le iba a pedir auxilio. Era la CIA, que había tomado la determinación de eliminar a Costra de una manera u otra. Tenía instrucciones directas del propio presidente Kilmory para eliminarle físicamente. Era muy seria la amenaza que planteaba la Isla como nuevo y abierto satélite soviético: o sea, una poderosa base terrestre, aérea y marítima que muy pronto sería capaz de lanzar armas nucleares y se encontraba a pocos minutos de territorio estadounidense. Kilmory decidió correr el albur y no dejarse amedrentar más por las amenazas de Costra de revelar sus trapos sucios. En todo caso se encargaría de desacreditar todo cuanto Costra le sacara calificándolo de falso, adulterado o tramposo. No permitiría que su política exterior estuviera sujeta a los caprichos de un mequetrefe dictador como él. Aunque Costra fuera tan audaz como peligroso, su gobierno no podía dejarse intimidar, cualesquiera que fueran las consecuencias.

La osadía costrista quedaba en evidencia por su historia personal, reveladora de egomaníaco, temerario, arriesgado y supremamente ambicioso. Pero la inteligencia de EE.UU. no lo había investigado como era debido e ignoraba estas características tan significativas. Sin embargo, algunos cubanos estaban bien conscientes y muy preocupados por sus inclinaciones.

A mediados de los años '50 se escucharon en la Cámara de Representantes, en La Habana, gravísimas advertencias sobre Costra. Batista, que como dictador era una seda comparado con lo que sería el infidel de Costra, estaba proyectando indultarlo y soltarlo a la calle de la Prisión Modelo en Isla de Pinos, donde cumplía sentencia por su sangriento ataque terrorista contra el Cuartel Moncada, en la provincia de Oriente. Aquello fue un asalto cruel y asesino en que Fingenio y Repterio Costra fueron cabecillas pero, jugando al seguro, se quedaron en la retaguardia y escaparon ilesos, dejando una sangrienta estela de muertos y heridos. A Costra lo denunciaron importantes políticos cubanos como violento psicópata y narcisista que, si se instalara en el poder, *se aliaría con los soviéticos y arruinaría a Cuba bajo un régimen de terror, opresión y pobreza que duraría decenios enteros*. El visionario y escalofriante pronóstico resultaría leve en comparación con la realidad. Pero en aquel momento nadie le prestó mucha atención; se consideró una exageración apocalíptica, y las advertencias cayeron en oídos sordos.

De común y corriente podía calificarse la dictadura batistiana. El país prosperaba con un nivel de libertades apenas distinto del que hubo en regímenes anteriores, incluso los notablemente democráticos. Pese a todos sus defectos, Batista era un hombre de conducta civil y conciencia cívica, que se empeñaba en demostrar que era bonachón y podía llevarse bien hasta con los peores granujas. Así que perdonó a Costra, que había sido sentenciado a una leve condena de cinco años pero cumplido menos de dos. Cuando lo dejaron en libertad Fingenio salió a encontrarse con aduladoras entrevistas de la gran revista *Bohemia* y de la prensa en general, y listo para implementar sus planes de derrocar a Batista con el apoyo y el dinero de políticos desplazados, incluso el expresidente Carlos Prío Socarrás. No pasó mucho tiempo antes de que la CIA también empezara a apoyar las actividades guerrilleras de Costra en la Sierra Maestra. Herbert Matthews, periodista del *New York Times,* lo hizo famoso entrevistándolo y poniéndolo en primera plana como reformista prometedor que llevaría de nuevo a Cuba a la democracia y el respeto a los derechos humanos.

No tardó EE.UU. en notificar a Batista que ya no seguirían apoyándolo —ello equivalía a respaldar a la incógnita de los rebeldes, que aparentaban ser bien intencionados—. Batista se rajó de pronto, escapándose inesperadamente en avión. Hasta el mismo Costra se sorprendió y se tomó una semana en llegar a La Habana y asumir el poder, aunque la mesa estaba servida esperando que llegara el invitado de honor. Era un maestro de la precaución y del complot, siempre en guardia ante enemigos reales y posibles.

Había estado poco tiempo en el poder cuando empezó a mostrarse tal cual era, por lo que tanto la CIA como sus opositores criollos empezaron a hacerle atentados, que siempre fracasaron. Costra era listísimo, lo que le llaman en Cuba un «camaján». Nunca dormía en el mismo lugar, se desplazaba imprevisiblemente y rara vez se aparecía ni donde ni cuando se le esperaba.

El equipo de Kilmory no tardó en hacer preparativos para una invasión, reuniendo a buen número de exiliados cubanos que recibieron adiestramiento militar en Guatemala y otros lugares, incluso Estados Unidos, para librarse de este peligro para Norteamérica y posiblemente para el Hemisferio en general. La unidad invasora, que se llamó la Brigada 2506, contaba 1,500 efectivos, de los cuales algunos eran en realidad norteamericanos de ascendencia cubana (o viceversa). Estaban listos, dispuestos y deseosos de derrocar a Costra con la fuerza de las armas y restablecer la libertad en Cuba.

Hubo respaldo internacional de la Organización de Estados Americanos, cuyos miembros aprobaron una resolución para aislar a Cuba, expulsando a su régimen de la institución regional y exhortando a los países a romper relaciones diplomáticas con Costra. En su ignorancia, le estaban haciendo el juego a pedir de boca.

Por último, en abril de 1961, justo luego de haber Kilmory tomado posesión de la presidencia, se dio la orden de invadir. La transición a otro partido no debió haber afectado el resultado —pero así fue—. Se hizo un cambio radical en el lugar de la invasión, seleccionándose una zona pantanosa y desatinada: la Bahía de Cochinos. En terreno de ese tipo la Brigada no podía superar las dificultades inherentes a descargar equipo y abastecimientos. Uno de los buques no pudo llegar a tierra y tuvo que quedarse alejado con su preciosa carga lo suficiente para que uno de los *jets* de adiestramiento que poseía Costra lo bombardeara y lo hiciera naufragar; con él se hundió toda la operación. Es más, iba a haber un desembarco en la región oriental de la isla a fin de abrir una guerra de dos frentes que obligara a las fuerzas de Costra a dividirse en dos. Pero lo cancelaron. La invasión iba a recibir apoyo aéreo de los portaviones norteamericanos cercanos a la costa sur de Cuba, pero también lo cancelaron, por órdenes del presidente Kilmory.

La debacle dio por resultado que Costra se fortaleciera en el poder, aumentando su prestigio nacional e internacional. Había desafiado y derrotado a su poderoso vecino norteño, el país más potente del mundo. David había vencido a Goliat: se trataba de un fabuloso golpe militar y propagandístico.

Para impresionar a la opinión pública Kilmory se declaró personalmente responsable del desastre; ciertamente fue un excelente gesto. Pero tanto en privado como públicamente le echó la culpa a la CIA y se le soltó la lengua lo suficiente para amenazar con «destrozarla en mil pedazos» por «su fracaso» —ello debido precisamente a los errores por él cometidos—, al no ejecutar la invasión como correspondía.

La dirigencia de la CIA, desde el director Alton Dunsell hasta abajo, se enfureció. Kilmory había provocado el desastre a causa de sus propias decisiones y a pesar de lo que le había aconsejado la Agencia. Además de cambiar los sitios de desembarco, había suspendido los últimos bombardeos que hubieran destruido los dos o tres cazas de adiestramiento con que contaba Costra.

Bastaron esas aeronaves para hundir el buque de abastecimiento de la Brigada en la Bahía de Cochinos. Peor aún, Kilmory había protegido a los aviones de Costra cuando al empezar la invasión le sustrajo a las fuerzas invasoras la cobertura aérea que hubiera sido esencial para asegurar la victoria.

Fue así como los rudimentarios aviones a reacción de Costra le dieron superioridad aérea sin oposición sobre la zona de desembarco. La orden dada a los aviones norteamericanos era únicamente de «sobrevolar el área de combate». Era peor que nada, pues revelaba que los éxitos iniciales de la Brigada ya no podrían sostenerse.

La CIA sospechaba, a raíz del descalabro, que Kilmory en realidad *quiso* que fracasara la invasión. La agencia, así como el Pentágono, hubiera seguido otro plan, pero no tuvieron alternativa sino acatar las desconcertantes e inexplicables órdenes de la Casa Blanca. ¿Con qué objeto se había desplazado la poderosa fuerza naval cerca de la Isla si para nada iban a usarla?

¿Era posible que Kilmory actuara con base en la teoría de que, en lo político, sería menos negativo dejar que la invasión siguiera adelante y fracasara que suspenderla y verse acusado de blandengue ante el comunismo? Se había planeado asesinar a Costra justo antes o simultáneamente con la invasión. Sin embargo, dado que ello había resultado imposible, el apoyo de EE.UU. se hacía aun más esencial de lo previsto.

Hay constancia de que lo que hizo Kilmory fue precisamente lo contrario: no solo canceló bombardeos, sino que al abstenerse de dar a la Brigada el amparo aéreo, revirtió el osado pero esencial plan de vencer a toda costa lanzando al combate las fuerzas que esperaban sus órdenes a bordo de la flota. Era este el plan de triunfo que contaba con el apoyo de los Jefes Militares Conjuntos. Pero Kilmory no tenía en mente nada semejante y dejó que la invasión siguiera adelante hacia el desastre. ¿Por qué estuvo dispuesto a aceptar la derrota? Obviamente debió haber sabido que sin apoyo decisivo fracasaría e inevitablemente fortalecería a Costra. Algunos han postulado que si bien la decisión hubiera sido difícil en esa encrucijada, la cancelación —¿aplazamiento?— de una operación condenada al fracaso hubiera parecido lo único inteligente y humano que pudiera haberse hecho.

Es difícil de imaginar lo que pudiera haber estado pensando el presidente cuando tomó tales decisiones, si bien sería justo decir que, al llegar a cierto punto, la operación llevaba demasiado impulso y hubiera sido tarde para suspenderla. ¿Pensó Kilmory acaso que si se perdiera esta oportunidad tardaría mucho en surgir otra? ¿Mejor aprovechar una floja oportunidad de éxito que ninguna? Todo esto se puede calificar únicamente de «enigmático».

Mirando este cuadro con honradez, no sería muy aventurado decir que algo sospechoso ocurrió. Si bien no hay pruebas concretas o en todo caso se han destruido totalmente, habría que decir que toda otra explicación se queda corta de dilucidar un revés tan extraño y desastroso. Viene al caso la frase de Shakespeare: «algo hay podrido en Dinamarca».

Huelga decir que se puso muchísimo y minucioso empeño por borrar todo indicio de maleficencia o error por parte de los Kilmory. Los documentos en la Biblioteca Kilmory han sido todos cuidadosamente revisados, borrándose toda la información que pudiera incriminarlos respecto a ese episodio, y de paso a todos los demás.

Las consecuencias de la derrota en la Bahía de Cochinos, para quienes deseen examinarlas, constan en los anales históricos. De ahí en adelante Costra no perdió tiempo en cubrir a la América Latina de guerrillas, subversión e inquietud social. Cuba se transformó en un conducto firme e inexpugnable para el contrabando de narcóticos a EE.UU., así como una base no solo para la proyección de fuerza e influencia, sino para llevar a cabo una amplia gama de actividades transnacionales de criminalidad y desestabilización que han afectado la paz y el bienestar del pueblo norteamericano, el Hemisferio y otras partes del mundo. Es apenas un detalle hacer constar que Costra lanzó la era del secuestro de aeronaves, lo cual exigió amplias y carísimas medidas protectoras, todas ellas implantadas a desgano por EE.UU. Es decir, hasta tanto se produjo el ataque a las Torres Gemelas en Nueva York, que reveló la increíble fragilidad de las defensas norteamericanas.

Capítulo XI
FILTRACIONES

> Si *descartamos lo imposible, lo*
> *que quede, por improbable que*
> *parezca, tiene que corresponder*
> *a lo de veras acontecido.*
> —Sherlock Holmes «La
> Aventura de Beryl Coronet», por
> Arthur Conan Doyle

A Costra no le tomó por sorpresa la invasión de la Bahía de Cochinos. El jefe de contrainteligencia de la CIA, Jay J. Ambleton, no tardó en captar que debió haber una filtración al más alto nivel, la cual era preciso investigar. Era claro: los cubanos y rusos parecían haber sabido precisamente en qué consistían los planes contra Costra y justamente dónde, cómo y cuándo se iban a implementar.

A fin de seguirle el rastro a la filtración, Ambleton preparó un informe con una clave supersecreta y lo distribuyó al presidente y al nivel jerárquico superior de la Casa Blanca, así como a personajes claves en el Senado y la Cámara de Representantes. Se asignó a cada documento una clave distinta con objeto de identificar la fuente de la filtración.

En pocos días tuvo la respuesta. Para sorpresa suya, la filtración procedía directamente del presidente Justin Kilmory. Hasta donde se ha podido determinar, su motivo sigue sumido en el misterio. ¿Habría tenido algo que ver con algún tenebroso plan político personal? ¿Hubo otras razones más oscuras? Debe haber habido documentos o tal vez notas escritas a mano sobre el tema, pero en todo caso hace muchísimo tiempo que se destruyeron.

Una razón posible —totalmente inverificable ya que depende exclusivamente del razonamiento— seguramente va a estremecer al lector. Pero, si queremos afrontar las cosas tal como son, con total honradez, parecería corresponder a las circunstancias. Conociendo lo diabólicos e implacables que son Costra y los comunistas rusos, bien podría explicar lo sucedido. Si Kilmory le hubiera dado todo su respaldo a la invasión, pisando el acelerador hasta el fondo, Costra y los rusos pudieran haber amenazado con hacer del dominio público pruebas visibles de las «sexperiencias» individuales y grupales de Kilmory.

Totalmente aparte de los jaleos en la piscina bajo techo de la Casa Blanca, una de esas «sexperiencias» tuvo lugar *en la propia Cuba*. A principios de los años cincuenta, en visita privada a la Isla, Kilmory se reunió con el capo mafioso Sandy Traficant, cacique de Tampa, que tenía casinos y otros negocios en La Habana. Cenaron en el lujoso Hotel Comodoro, junto al mar, en el que Traficant tenía participación. La conversación dio lugar a que Traficant le organizara al entonces senador Kilmory una orgía privada con tres chicas, al menos una de ellas una hermosa mulata.

Visto en retrospectiva desde el siglo XXI, el hecho puede parecer totalmente frívolo y carente de importancia. Luego de las juergas del presidente Clangton en la Oficina Oval, la mayoría hoy tiende a pensar «bueno, ¿y qué?». Sin embargo, en la puritana Norteamérica del siglo XX, semejantes hechos hubieran sido escandalosos más allá de toda redención. De haber trascendido al público durante la presidencia de Kilmory, su administración se hubiera desmoronado como un castillo de naipes.

Kilmory hubiera ponderado esta posibilidad —y la de que semejante revelación hubiera, al menos temporalmente, distraído y paralizado la acción de EE.UU. ante la amenaza cubano-soviética—.
La alternativa de conjurar tal cosa y darle a su gobierno la oportunidad de cerrar filas, significaría que podrían eliminar a Costra más adelante. Es decir que la invasión tenía que fracasar a fin de que su gobierno sobreviviera.

Acaso contribuyera también que los soviéticos amenazaran con apoderarse del Berlín Occidental, lo que acaso habría desencadenado una guerra —tal vez nuclear— que a EE.UU. le hubiera costado muy cara contra las poderosísimas fuerzas del Pacto de Varsovia, encabezado por la U.R.S.S.

Sin embargo, hay un pero respecto a esta teoría. Si los soviéticos hubieran hecho esa amenaza, ¿acaso no le hubiera sido posible a Kilmory aplazar la invasión «secreta» (que todos conocían, especialmente Costra, y para la que estaban preparados) y luego explicar que había sido necesario postergarla «por razones de estrategia global»?

Hay pocos indicios de una debilidad de carácter de parte de Kilmory, ya que se mostraba recio y dinámico cuando era necesario, en tanto que su hermano Roland era aun más arrojado y con frecuencia se comportaba a la altura de su reputación de implacable.

No obstante, los dos parecían haber retrocedido al unísono en la invasión de Bahía de Cochinos así como en la Crisis de los Misiles en 1962, que se proclamó como «victoria» de EE.UU. cuando, en realidad, la U.R.S.S. logró su objetivo de consolidar a Cuba como base soviética inamovible.

Aquí cabe una nota al margen: la «carta apocalíptica» enviada a Krustivich por Costra, exhortándolo a un ataque nuclear sorpresivo contra Estados Unidos. Aunque esto vino a trascender decenios más tarde y hasta que el propio Costra lo reconoció se veía improbable e indigno de crédito, los analistas lo han considerado insensato y sumamente peligroso. Nada de eso: Costra lo calculó muy cuidadosamente, sabiendo que los soviéticos lo rechazarían, para así enaltecer su fama de alocado y temerario. Eso lograría, tal como sucedió, que EE.UU. se mantuviera a respetuosa distancia en función de todo ataque directo a Cuba.

El resultado, en la práctica, fue de obligar a EE.UU. a renunciar, al menos temporalmente, a todo esfuerzo por invadir a la Isla o intentar de otras maneras el derrocamiento del régimen. Lo de «temporalmente» se dice a conciencia ya que los Kilmory, como se demostrará más adelante, estaban preparando una más potente y decisiva invasión de Cuba justo cuando asesinaron al presidente. Pese al acuerdo, ello resultaba legítimo puesto que Kilmory había prometido no llevar a cabo ninguna acción ofensiva contra la Isla a condición de efectuar inspecciones *in situ* para verificar que habían desaparecido de Cuba todos los proyectiles soviéticos. Este punto nunca se cumplió.

Tal como era de esperar, tan pronto se produjo el fracaso de la invasión, Kilmory puso a la CIA en el papel de chivo expiatorio. La Agencia, conocida como la «Compañía» entre «los de adentro» —según se ha dicho porque su acrónimo corresponde a la abreviatura *cía.*—, estaba prácticamente indefensa ante la Casa Blanca. Se supo que el Comandante en Jefe no solo había cancelado el esencial apoyo aéreo sino que había efectuado cambios desatinados y desastrosos en los puntos de desembarco, incluso la cancelación sin más miramientos de uno para la provincia de Oriente. ¿Cómo explicar esto sin concluir que el objetivo era el fracaso?

A cajas destempladas despidieron a Alton Dunsell, director de la CIA, aun cuando la Agencia se había visto obligada a seguir las instrucciones presidenciales y en realidad fue víctima de las decisiones de la Casa Blanca —o de la falta de ellas— que le cortaron las alas a la invasión. Pero la cosa se pondría peor. El haberse malogrado la operación trajo en rápida sucesión la presencia de proyectiles balísticos en Cuba, precipitando la confrontación de la Crisis de los Misiles.

Sobrevendría un sinfín de líos, con subversión y guerrillas por toda Latinoamérica. En retrospectiva, la evidencia parece llevar a la conclusión de que los Kilmory habían optado por dar a Cuba por perdida, al menos de momento. En un principio el plan de invasión se había concebido minuciosamente para asegurar su éxito, de una u otra manera. En caso de que la Brigada se hubiera visto incapaz de seguir adelante contra las fuerzas de Costra, actuaría provisionalmente como gobierno cubano libre y pediría ayuda internacional. Entonces EE.UU. respondería de inmediato enviando la Infantería de Marina junto con pleno apoyo aéreo, desde la escuadra ya colocada al sur de la Isla. Las fuerzas de Costra, menos numerosas y mal equipadas, hubieran sido derrotadas muy pronto. Pero en seguida se puso en evidencia que Kilmory había descartado esa opción, insistiendo en la falsedad —pese a todas las pruebas en contrario— de que «EE.UU. no podía aparecer como si estuviera involucrado».

El mundo entero, sin embargo, sabía que toda la operación era obra del gobierno de EE.UU. y se llevaba adelante únicamente gracias a su respaldo pleno y presuntamente incondicional. Fuentes fidedignas indican que Adler Samuelson, el embajador norteamericano ante Naciones Unidas, prefería simular una postura no intervencionista. Pero es improbable, sin siquiera analizar el asunto a fondo, que un hombre práctico y aparentemente enérgico como Kilmory creyera en esa clase de pamplinas. Lo cual hace pensar en la posibilidad de algún motivo oculto, como la amenaza de chantaje: se trata de un planteamiento legítimo que hasta ahora nadie ha osado siquiera insinuar. ¿Por qué no? ¿Acaso no es un lugar común en los asuntos humanos y, especialmente en los internacionales?

Aun cuando tuviera alguna validez lo de guardar apariencias no intervencionistas, los acontecimientos lo contradijeron. Cierto plazo después de la Bahía de Cochinos y la Crisis de los Misiles, la CIA recibió del más alto nivel una orden de llevar a efecto el plan de asesinar a Costra. Los Kilmory habían decidido arremeter contra él a como diera lugar, cualesquiera que fueran las consecuencias a puntos débiles como Berlín o incluso, tal vez, a su propia seguridad personal. Para entonces Cuba les parecía importantísima y digna del riesgo. También mostraron valentía: su vida estaba ahora en peligro. El propio Costra lo había advertido así en clarísimas palabras, habiendo dicho en un discurso que como los líderes de Estados Unidos lo tenían en su mira, debían saber que ellos tampoco estarían a salvo.

Pero los Kilmory estaban resueltos. La presencia en la vecina isla de una base soviética, ahora tal vez dotada de armas nucleares pese al aparente retiro de los proyectiles, era una amenaza demasiado peligrosa como para aceptarla tan tranquilos.

A breves meses de la Crisis, se tomó en secreto la decisión de ir adelante con una segunda invasión que se coordinaría, otra vez, con la eliminación física de Costra. Se pondría máximo empeño en ello y se aprovecharía la relación especial entre la CIA y la Mafia para borrarlo del mapa. Como se sabe, la Agencia confiaba en la Mafia para gran parte de sus trabajos «sucios» y por diversas razones incumplibles: por motivos políticos debido al riesgo de filtraciones al público, por la necesidad de negar plausiblemente su papel o sencillamente por no estar la CIA tan preparada para cumplir tal misión como sus contrapartes del bajo mundo, más despiadados y con menos impedimentos.

La «Compañía» comenzó entonces a hacer sus gestiones para despachar al autócrata isleño. Algunos de sus proyectos, según informes no muy dignos de crédito, eran, más que increíbles, totalmente risibles. Por ejemplo, no puede tomarse muy en serio el cuento que hasta hoy día se sigue oyendo de que iban a usar químicos para depilarle la barba. Si hubieran podido aplicarle algún químico a Costra, ¿por qué no usar uno mortífero en lugar de algo que solo le causara trastornos foliculares?

La intersección con la Mafia hizo a la CIA vulnerable a la vastísima red de inteligencia costrista, que estaba aliada a la KGB rusa y a las agencias de inteligencia de Irán, Libia (durante la dictadura de Gadafi) y otros organismos de espionaje antioccidentales dispersos por el mundo. El alcance de sus larguísimos e implacables tentáculos sigue siendo, hasta hoy, sumamente subestimado. Algunos expertos en esta materia siguen calificando al sistema de inteligencia de Costra como segundo únicamente a la CIA y al Mossad israelí.

Es muy posible que los altos dirigentes de la «Compañía» ni siquiera supieran la medida en que estaban infiltrados por la Mafia —ni aun de la propia conexión CIA-Mafia— debido a la extremada compartimentación o a que en su actuación «por la libre» los agentes guardaran silencio.

En resumen, se gestaba una siniestra y secreta relación entre Costra y los hampones que, en la práctica, convertía a la Mafia en una agencia doble, volviendo las armas de la CIA en dirección contraria a la que presuntamente iban dirigidas: en lugar de apuntarle a Costra, el puñal se dirigía hacia el propio Kilmory.

Capítulo XII
EL FACTOR HOOPER

*Instrucciones para operaciones
supersecretas e ilícitas:
«NO ARCHIVAR»*

H. Everette Hooper, quien había sido jefe del FBI (Buró Federal de Investigaciones) prácticamente desde su creación, no simpatizaba con los Kilmory. Es más, era amigo solidario de la Mafia —si bien nadie en Washington tenía motivo para sospecharlo—. Por la deferencia que normalmente se concede a una personalidad de su prestigio, a nadie se le ocurría siquiera pensar en tan «absurda» posibilidad. También era íntimo amigo y vecino del Vicepresidente Jameson, con quien conspiraba en reuniones de patio para neutralizar o eliminar a mutuos enemigos.

Tal como algunos de sus predecesores, Justin Kilmory tenía vivos deseos de despedir a Hooper, o al menos a sacarlo suavemente de su puesto. Al director del FBI no le preocupaba mucho ya que en sus archivos tenía trapos sucios de sobra sobre el clan de los Kilmory como para que ellos tuvieran la osadía de atravesársele. Aun así, los Kilmory le incomodaban. ¿Quiénes se creían que eran esos miserables jovenzuelos irlandeses? ¿Pensaban estos advenedizos a Washington que podían pisotear al Buró y a todos los estamentos tradicionales de la capital? Hooper estaba acostumbrado a hacer todo lo que le diera la gana, quienquiera que estuviera gobernando. Al fin y al cabo había dirigido al FBI más años de los que tenía en este mundo Roland, ese «niño mocoso».

En cuanto a la Mafia, Hooper insistía en decir a cada oportunidad: «no existe». El capo mafioso de Nueva Orleans, Claudio Mariello, siempre se reía cada vez que Hooper lo decía y pensaba que si Hooper encabezara el Departamento de Justicia, «otro gallo cantaría». La inexistencia del imperio mafioso era una afirmación manifiestamente absurda que, con diáfana claridad, formaba parte del «entendimiento» privado que tenía con Hooper. Para los que conocían el secreto, demostraba que se lo habían echado al bolsillo. La Mafia no revelaría lo de su oculta homosexualidad —en un hermético clóset—, pues prácticamente vivía con su auxiliar Clutch Towson, a quien había nombrado su subdirector. Por su parte el FBI dejaría a la Mafia tranquila. Pero le sabían más. Habían descubierto su más tenebroso y mejor guardado secreto personal. ¿Cómo era que hasta fines del decenio de 1960 Hooper vetaba a todos los solicitantes de raza negra —y a mujeres de cualquier raza— que aspiraran a puestos en su agencia?

¿Pudiera haber sido por alguna razón aparte de la conocida tendencia humana que mueve a los que tienen algo que ocultar a colocarse en primera fila de combate contra quienes pudieran revelar su secreto, siquiera por mostrar semejanzas en una pasiva comparación lado a lado? ¿No era más seguro excluir a aquellos cuya presencia pudiera conducir a alguna observación de esa naturaleza? ¿Sería, acaso, que el recio racismo de Hooper, según fuentes fidedignas, se fundaba en que su etnia no era «pura»?

¿Se había introducido por algún resquicio una gota de sangre de color en su bien oculto árbol genealógico? En tal caso, la Mafia estaba enterada. Al observar con cuidado las fotografías de Hooper surgen algunos sospechosos rasgos africanos: para empezar, tiene la nariz chata y de base amplia, y el pelo rizado.

En caso de que los desincentivos no fueren suficientes, la Mafia había hecho arreglos para darle algunos alicientes al hombre que afirmaba la inexistencia de su organización delictiva. Los hampones se ocupaban de recompensarle bien sus invalorables
servicios, ya fuera directa o indirectamente. Para empezar Hooper y su novio fijo no dejaban de recibir invitaciones todos los años para pasarse un mes en un sitio de vacaciones en La Jolla, California, o en otros lugares bien solitarios, donde se codeaban con los capos sin la más mínima preocupación.

Pero también se le hacían pagos en efectivo. Siendo Hooper fanático de los hipódromos, los «soldados» de Sal campana y Francesco Castellaro le comunicaban el caballo que ganaría en las carreras «arregladas». Siempre cuidadoso, Hooper iba a la ventanilla de dos dólares y le apostaba a un caballo cualquiera mientras uno de sus secuaces iba a la de gruesas sumas y abría un maletín con miles de dólares para apostarle al seguro ganador. Y nadie se enteraba. Ni siquiera el IRS (Servicio de Impuestos a la Renta) parecía interesarle hacerle la auditoría de sus declaraciones tributarias a ver si había ganancias de apuestas u otros ingresos o prestaciones no declaradas.

Pero no era todo. A nadie se le ocurrió tampoco cuestionar el lujoso estilo de vida de Hooper en la casa que compartía con su amante, el subdirector del FBI. Por otra parte, disfrutaba de toda clase de beneficios y proyectos hogareños costeados por los contribuyentes al fisco. Se rumoraba *sottovoce* que, a expensas del gobierno, como casi todo lo demás en su casa, Hooper había instalado en su baño un asiento de inodoro con calefacción concebido en los laboratorios del FBI. Pero como era perfeccionista al enésimo grado, no quedó satisfecho con la precisa colocación y ordenó a los técnicos del Buró que regresaran y ajustaran la altura del asiento por un cuarto de pulgada (no se sabe si lo quería más alto o bajo).

Otra extravagancia de Hooper: le dio órdenes a su chofer de siempre dejar el motor andando cada vez que lo llevaba a alguna parte, por mucho que se demorara. En una ocasión su permanencia en el lugar —¿sería una cita a espaldas de su novio fijo?— duró tantas horas que el vehículo al fin se quedó sin gasolina. Cuando Hooper salió, rojo de ira, regañó despiadadamente a su chofer. Casi lo despide pero al final se contuvo. En fin de cuentas se trataba del único agente especial de raza negra con que contaba el FBI. Hooper lo había ascendido del escalafón que le correspondía para poder afirmar que no todos los agentes especiales del Buró eran blancos.

Tanta era su obsesión por controlar los mínimos detalles del FBI, que revisaba toda solicitud de licencia por más de una semana a fin de aprobarla personalmente. Si por algún motivo estaba inconforme con el desempeño o conducta del solicitante, se la denegaba. Algunos agentes perdían licencia anual devengada cuando Hooper desaprobaba repetidas veces la petición.

De paso, gastaba sumas astronómicas que cargaba a gastos de representación para el FBI. Claro, nadie jamás cuestionó un solo centavo. Por si poco fuera, tenía fondos secretos de los que retiraba dinero a su antojo sin que nunca tuviera que rendir cuentas. Y ni se hable de todo lo que recibía de gratis en distintos lugares en virtud de su puesto.

Tenía la costumbre de almorzar todos los días en el fabuloso Hotel Mayflower de Washington, donde siempre le tenían reservada una mesa especial para él y los amigos o celebridades que quisiera invitar; con frecuencia era actrices famosas para dar la impresión de que le interesaban las mujeres. Debe haber almorzado allí unas diez mil veces sin que nunca le pasaran la cuenta ni por medio centavo.

Pero todo esto no eran sino menudencias en comparación con otros desafueros, como su hostigamiento de Marlin Lester Ring. El FBI no solo le colocó micrófonos ilegales por dondequiera, incluso en su casa, sus oficinas y habitaciones de hotel, sino en lugares donde pudiera hacer escala para visitas ocasionales de carácter informal. A Hoover le obcecaba conseguir toda la información que pudiera contra Ring, a cualquier precio. Creía que el pujante líder negro era, si no comunista hecho y derecho, agente subversivo e influido por las izquierdas que procuraba desestabilizar el orden político y social del país; en resumen un malévolo e inmoral oportunista a quien había que ponerle límites y, si fuera posible, ponerle en su lugar. El hecho de que estuviera movilizando las masas de color para que se rebelaran contra la discriminación y pusieran un pie en el estribo de lo que era la sociedad norteamericana respetable era cosa que le disgustaba sobremanera y que había que cortar a cada paso.

Racista consumado, Hooper hizo objeción cuando el presidente Kilmory, que era fundamentalmente contrario a la segregación, seleccionó para el Servicio Secreto al primer agente de raza negra en su equipo seguritario personal.

—Señor presidente —le dijo—, ¿se da cuenta usted de que está poniendo su vida en manos de un negro?

El secretario de justicia Roland le había dicho en los primeros años de los '60 que enviara agentes a investigar los hechos racistas en Alabama y Mississippi. Hooper se demoró cuanto pudo y actuó a regañadientes. Ulteriormente no tuvo más remedio que infiltrar a agentes del Buró en la violenta sociedad racista Ku Klux Klan, táctica muy eficaz que prácticamente la destruyó desde adentro. Pero ello sucedió al menos diez o veinte años más tarde de lo que debió haber sido.

Alimentado por su fanático racismo, el odio que le tenía Hooper a Ring aumentaba al paso que este se destacaba en la lucha por la igualdad. Cada vez más convencido de que había que detenerle en su rumbo ascendente y de que, al pararlo tal vez lograra destruir el movimiento de los derechos civiles, ulteriormente decidió que era justo y necesario sacarlo físicamente de circulación.

Para Hooper, punto clave de la conspiración que asesinó al presidente Kilmory, este empeño no era tan difícil ni peligroso; con toda su experiencia y recursos, sería mucho más fácil de organizar, poner en práctica y luego encubrir. De primera intención pensó que la misión pudiera encargarse a sicarios profesionales vinculados a la Mafia. Pero más tarde concibió un complot mucho más perfecto a base de francotiradores del Servicio de Inteligencia del Ejército, que contaba con un equipo élite preparado para eliminar a individuos problemáticos, y en algunos casos a grupos. Aunque las pruebas de este vil crimen han sido encubiertas por múltiples capas de tinieblas, así como por la eliminación de quienes se atravesaran en el camino, se puede afirmar con seguridad que no fue el procesado y condenado, Jeffrey Burl Maye. Este fue únicamente el chivo expiatorio y según la mantra oficial, «actuó solo y sin asistencia de nadie más». No es coincidencia que esas palabras guarden una sospechosa semejanza con las usadas respecto al supuesto asesino de Justin Kilmory, Harrison Rosswell —y posteriormente respecto a Shapan Shapan, inculpado y condenado por el asesinato de Roland Kilmory—. Corresponde al *modus operandi* del cerebro de todos y cada uno de estos crímenes.

Al menos un autor ha examinado minuciosamente el caso en los años transcurridos desde el asesinato en Memphis, siguiendo pistas y analizando todos los detalles en un volumen de quinientas páginas: *Orders to Kill* [Orden de Matar]. Cabría de paso observar que prácticamente nada negativo sobre Hooper apareció en la película biográfica «H. Everette», filmada en Hollywood por Clyde Westwood en el 2011, la cual misteriosamente depuró la vida del «buro-crático» director como si sus productores hubiesen pertenecido a un culto religioso dedicado exclusivamente a consagrar y sacramentar cada lugar donde Hooper había puesto las plantas de sus purísimos pies.

Lo cierto es que H. Everette Hooper había cultivado una estrecha relación de trabajo con el Servicio de Inteligencia del Ejército (SIE) desde mediados del decenio de 1920. Su amante y subdirector Clutch Towson había trabajado para el SIE antes de incorporarse al Buró y desde entonces se había mantenido en contacto con sus más altos oficiales. Poco a poco, Hooper y Towson formularon un plan según el cual el SIE coordinó sus esfuerzos para eliminar a Ring con el FBI, la CIA, la Mafia y la plana mayor de la Policía de Memphis. Hooper era el cerebro, en tanto que el SIE, con el auxilio de las otras agencias y la Mafia, se ocupó de la logística de la misión.

Además del motivo, Hooper contaba con los contactos, medios y recursos para encubrir eficazmente el crimen. Eran bien conocidos su discriminación a la raza negra y su odio visceral a Ring, a quien tildaba de comunista y de tener estrechas relaciones con otros de parecido punto de vista. A tal punto había colocado micrófonos en habitaciones hoteleras y lugares por él frecuentados que Ring optó por celebrar sus reuniones en vestíbulos de hotel, donde era más difícil captar el sonido. Para Hooper, Ring estaba inquietando al país y poniendo en peligro su estabilidad con sus manifestaciones y esfuerzos por abolir la discriminación, en tanto que el propio director era creyente a pies juntillas en el atrincherado sistema racista.

A Hooper también le airaba que Ring fuera mujeriego, lo que calificaba de hipocresía, inclinación inmoral y censurable, si es que no fuera francamente ilegal. En resumen, tenía móviles más que suficientes para neutralizar a Ring. Es muy probable que lo hubiera hecho mucho antes si no hubiera sido por Roland Kilmory, la espina clavada en su costado; tuvo que esperar a que, al abandonar su puesto de secretario de justicia, ya no pudiera causarle trastornos.

Luego de que Roland saliera del Departamento de Justicia surgieron varias oportunidades para matar a Ring pero intervinieron diversas complicaciones y hubo que pasarlas por alto hasta que vino la de Memphis, que se preparó minuciosamente para no dejar nada al azar.

Cuando a Maye lo detuvieron en Londres y lo extraditaron a Estados Unidos, se le preparó bien el terreno para que, pese a ser inocente, lo coaccionaran a confesar. También se da por seguro que muchos que contaban con información importante sobre el asesinato y la inocencia de Maye —él mismo entre ellos — fueron objeto de amenazas o presiones para que alteraran su testimonio o sencillamente guardaran silencio. No hubiera sido sino dañino al plan que los testigos se contradijeran y así echaran a perder el hermético caso que ya tenían montado, muy semejante al seguido respecto a Rosswell y, posteriormente a Shapan. Como a Maye lo «convencieron» de que se sometiera a la fraudulenta incriminación, no parecía aconsejable repetir la inmediata ejecución que se le aplicó a Rosswell.

La muerte a destiempo de Jeffrey Maye se debió a un acelerado cáncer, sin duda inducido por el conocido método de someter su celda a intensa radiación en momentos en que, con la ayuda de la familia de Ring, se iba a reabrir el caso. ¡Qué casualidad! Ello resultó ser la clave para «enterrar la verdad»: no era el asesino sino otro «chivo» al estilo de Rosswell.

Hooper ya había estado en su trono durante más de cuatro décadas cuando, habiendo cumplido la edad obligatoria de jubilarse, 75 años, el presidente Dixon intentó lo que inútilmente habían pretendido ya seis presidentes. El veterano burócrata sabía demasiado y encima estaba bien atrincherado, aparte de que era recio, desenvuelto y resbaloso. Hooper se resistía cual fiera arrinconada y Dixon, pese a que no le podían chantajear con alegatos sexuales por la rectitud moral que le ha faltado a tantos, sí tenía sus puntos flacos. Así que, teniendo Hoover trapos sucios de sobra contra él, Dixon tiró la toalla; no sería posible librarse tranquilamente del jefazo. Al parecer no había más remedio que seguir un camino más proactivo.

Reunió a su equipo de *Plumbers* [Plomeros], así llamado porque se encargaba de «tapar filtraciones» así como de otras tareas turbias. La unidad era una argucia secreta del poder ejecutivo, empleada, tal como otros presidentes de antes, para escamotear las funciones del FBI o la CIA.

—Muchachos, —dijo Dixon—. Esto no puede seguir así indefinidamente... Hagan lo que haga falta, pero asegúrense de que sea antiséptico.

Poco tiempo más tarde, el ama de llaves de Hooper se dio cuenta de que su patrón no se había dado su normal ducha matutina. Como había una tranquilidad sospechosa en el primer piso, telefoneó pidiendo ayuda. Cuando llegaron, descubrieron que Hooper estaba muerto. Encerrado en su dormitorio privado, vestía pantalones de pijama, aunque nunca le pasaba cerrojo a la puerta y normalmente dormía desnudo.

Su médico se sorprendió porque le constaba que el director del FBI gozaba de buena salud. No había nada fuera de lo normal. Pero como sí sufría de hipertensión cardiovascular pensó que valía más —alguien le dio algún «consejo»?— atribuir su deceso a causas naturales. Carente de parientes cercanos, lo enterraron rápidamente sin que nadie pidiera la autopsia.

¿Es posible que le hubieran hecho el socorrido truco de intercambiarle las pastillas? Cuando la víctima se toma una pastilla igualita a las de dormir, pasa al sueño eterno. Pero es más probable que, según fuentes dignas de crédito, le envenenaron la pasta dentífrica. Se determinó más adelante que unos desconocidos recién le habían hecho un par de allanamientos en que nada robaron ni aparentaron perturbar. ¿Habían los «Plomeros» cumplido su misión? Si así fue, pusieron las tuberías en orden.

La FBI no recibió instrucciones de investigar lo que, en retrospectiva, fue la muerte sospechosa de un personaje cuyo nombre simbolizaba la esencia y alma de su existencia durante la mayor parte del siglo XX. Si algo sospechoso ocurrió, se hicieron minuciosas gestiones para encubrirlo. Lástima que este misterioso hecho, hasta ahora ignorado, no ocurriera antes de que Hooper conspirara con el cabecilla criminal que se valió del propio FBI, además de la Mafia y agentes de la CIA, para asesinar al presidente Kilmory, y luego a Marlin Lester Ring.

Habría que resumir diciendo la verdad sin tapujos: Hooper era intolerante, hipócrita sin límites, buscaglorias en escala vergonzosa, chantajista tan profesional como jamás se ha visto, pretencioso en el vestir —de paso, travesti ocasional en circunstancias rigurosamente privadas— y, para colmo, homosexual tapiado en el fondo del clóset y adicto a perfumes baratos.

Como todo esto era indudablemente digno de un monumento a su ampulosa medida, hoy se levanta en la avenida Pensilvania un impresionante edificio, el del FBI, que lleva orgullosamente en su arquitrabe la inscripción: «Edificio H. Everette Hooper».

Capítulo XIII
FECHORÍAS DE COSTRA

Si Hooper el cacique del imperio de la ley era todo falso: autor de asesinatos, delitos y hechos criminales en EE.UU., todo ello amparado y encubierto por el poder, se quedaba de mínima estatura contra la talla de Fingenio Costra, que actuaba (¿actúa?) impunemente en el ámbito internacional, por no hablar de lo que hacía dentro de sus fronteras. Y sobre todo en territorio estadounidense.

Vamos a hacer una relación de apenas algunas de sus fechorías más notorias, todas ellas prácticamente ignoradas por la prensa. No nos referimos solo a la prensa oficial de su régimen, donde hay un solo diario de cuatro páginas, el *Granma,* el cual cotorrea únicamente las consignas y propaganda oficiales; también hablamos de los medios internacionales, continuamente preocupados por, digamos, el régimen racista sudafricano que desapareció hace decenios, mientras se despreocupa desde hace medio siglo por todo un pueblo multirracial que día a día sufre despóticas y discriminatorias injurias y violaciones de los más elementales derechos humanos.

Pero no se preocupen . . . ¡aquí no ha pasado nada!

Secuestros aéreos

Uno de los primeros desmanes cometidos por el régimen costrista fue un nuevo género de delito internacional: el secuestro aéreo organizado y sistematizado. Se trató de un lucrativo, espectacular (en sentido ególatra) y terrorista sistema destinado a mantener en jaque a su poderoso enemigo norteño, lo cual ulteriormente desembocó en terribles atentados como el de las Torres Gemelas el 11 de septiembre del 2001.

Innumerables vuelos partían de ciudades situadas en el sur de EE.UU. (pero es curioso: no desde México ni Hispanoamérica en general) para ser desviados a punta de pistola a La Habana, de donde había que rescatar a aeronaves y pasajeros pagando «compensaciones y gastos» bajo la mesa. ¿A dónde iban a parar esos fondos secretos? ¡Adivinen!

Al fin, el gobierno estadinense le tuvo que hacer a Costra «concesiones» para detener la hemorragia aeronáutica. (¿Qué serían? ¡Seguro tuvieron que prometerle que no seguiríamos interfiriendo con la aviación civil de Costralandia!)

Pero no se preocupen . . . ¡aquí no ha pasado nada!

Movimientos subversivos

Poco después vino el apoyo de Costra a las Panteras Negras (*Black Panthers*) y al Ejército de Liberación Negra (*Black Liberation Army*), organismos criminales y terroristas que hicieron estragos entre la población de EE.UU. durante los años '60 y siguientes. Los panteras iban a su antojo a Cuba, donde recibían apoyo, adiestramiento y fuertes sumas de dinero. Las autoridades norteamericanas ni se daban por enteradas; se hicieron de la vista gorda y no tomaron medidas ni represalias contra el régimen isleño.

Lo que trae a colación el número de peligrosos criminales que se han escapado a la justicia estadinense refugiándose en Cuba: tan asombroso hecho es prácticamente un secreto de estado. El gobierno de EE.UU. ni lo menciona, y desanima todo intento de la prensa por investigar estos casos, entre ellos algunos muy notorios. Algunos de los prófugos llevan treinta, cuarenta y cincuenta años viviendo tranquilamente en la Isla como si nada. Por cierto que el régimen no se limita a recibirlos como «hermanos de lucha» sino que les favorecen con atenciones y prestaciones de todo tipo, lo cual les pone muy por encima del nativo común y corriente que habita en ese «paraíso de los trabajadores».

Pero no se preocupen . . . ¡aquí no ha pasado nada!

Fugitivos y tejemanejes financieros

Viene al caso recordar a Robert Vesco, ladrón de cuello y corbata que allá hacia fines de los años '70 robó a inversionistas unos $350 millones (equivalentes a varios millardos en dólares del 2013) y evadió a la justicia refugiándose ulteriormente en la suntuosa capa élite del «santuario» de los proscriptos. Al llegar allí en 1981 el «indiscutible rey de los financieros fugitivos» —según lo calificó una fuente prestigiosa—, fue atendido a cuerpo de rey (pagándolo sin duda con una cuantiosa cuota de entrada y millones en «honorarios»). Nada, vivió como tal, rodeado de lujos y servidumbre durante un quinquenio sin nunca responder por sus desafueros. Es decir, hasta que por fin el monarca anticriollo decidió que, ¿para que conformarse con una porción de la fortuna de un huésped cuando podía quitársela toda?

Así las cosas, un buen día el ricachón desapareció de su mansión y extensos predios y fue a dar a la cárcel, de donde no hubo más noticias de él. Pero podemos estar seguros de que allí le dieron la personal «atención» necesaria para infligirle una buena dosis de sufrimiento antes de sucumbir a una de esas misteriosas dolencias con que sus carcelarios le ponen fin a la agonía del condenado... Pero pensando sobre todo en aliviarle la carga al sufrido estado, que incurre gastos para mantenerlo preso.

Nos consta que en 1989 Costra lo acusó de narcotráfico —o más bien, a decir verdad, de hacerle competencia al régimen en ese su monopólico «negocio»—, cargo por el cual recibió su inapelable sentencia equivalente a cadena perpetua. Efectivamente, murió de cáncer pulmonar poco tiempo más tarde. Poca duda cabe de que, siguiendo su acostumbrado plan, su cancerbero le ahorró más gastos al estado inundando su celda de rayos X hasta inducir la dolencia. En fin, otro caso más de daños y perjuicios al enemigo norteño por parte de quienes nunca comparecieron ante la justicia de su país, gracias al refugio ofrecido por el rey de los forajidos internacionales.

Pero no se preocupen . . . ¡aquí no ha pasado nada!

Asalto armado

En 1981 se produjo el sensacional caso del *Brink's Robbery* (no se confunda con uno parecido, en 1950), en que asaltaron un vehículo blindado de la compañía Brink's y lo desvalijaron de $1.6 millones. En esta operación participaron exafiliados al organismo delictivo y subversivo *Weather Underground,* entidad relacionada con el movimiento comunista estadounidense *May 19.* Para cumplir su misión, los asaltantes habían recibido adiestramiento y apoyo logístico en casa de su «patrón». Algunos de los autores de este hecho, en que mataron a dos policías y a un guardia de Brink's —a otro le cercenaron un brazo a tiros—, se escaparon con buena parte del botín para vivir tranquilamente en Costralandia.

Pero no se preocupen . . . ¡aquí no ha pasado nada!

Elián González

En 1999 se produjo el insólito caso del niño Elián González, llegado de Cuba con seis años de edad en un barquito con su madre, quien murió ahogada intentando salvarlo. El Servicio de Inmigración entonces puso al niño al cuidado de parientes cercanos en Miami. No hubo ni el más mínimo inconveniente hasta que Costra quiso crear una *cause célèbre* y emprendió una campaña mediática para «rescatarlo» y devolverlo a su padre cubano. A Costra no le interesaba el bien de Elián, cuya madre había dado su vida por extraerlo del pozo de pobreza y opresión en que el régimen había sumido a la Isla durante cuarenta años, sino realzar lo que él consideraba como su propio prestigio.

Cuando los tribunales en primera instancia evitaron pronunciarse sobre tan espinoso asunto, el gobierno de Clangton tomó la justicia en sus manos y envió un destacamento militar fuertemente armado a secuestrar al niño a punta de pistola de su casa y llevárselo físicamente a donde pudieran controlarlo y devolvérselo a Costra.

¿No les parece sospechoso todo esto? ¿No da que pensar que Costra tuviera amenazado a Clangton de revelar sabe Dios qué secretos (se ha hablado de un video)? Si así fue, le puso la precisa: me envías al niño o atente a las consecuencias. Si no, ¿por qué iba el poder ejecutivo a correr el riesgo de tomar peligrosas medidas extrajudiciales mientras aún no se habían agotado los recursos jurídicos? ¿Para aplacar a uno que «sabía demasiado»? Hmmm...

Pero no se preocupen . . . ¡aquí no ha pasado nada!

Angola

Ese mismo señor preocupado por los mejores destinos de la humanidad intervino durante tres decenios en el conflicto desatado en Angola a raíz de su independencia de Portugal. Desde 1975 hasta fines de la década de 1990, Costralandia envió cubanos a morir en ese lejano paraje. ¿Para defender la democracia y el libre albedrío? Todo lo contrario: más papista que el papa, obró incluso en contra de los deseos de sus mecenas soviéticos, que se mostraban menos agresivos. El plan era sencillamente realzar su propia presencia e importancia, convertirse en protagonista sobre el tablero ajedrecista mundial.

De un total de 35,000 efectivos enviados por Costra a luchar por la «independencia» (léase la facción comunista) de Angola, la cifra de muertos —secreto de estado del régimen—, sin contar heridos y perjudicados, fue de unos 10,000 hombres. Pero bueno, lo justificó diciendo que «le pidieron ayuda como hermanos de lucha». ¡Ah!

Baste decir que la presencia de Costralandia en Angola desempeñó un papel esencial en entregarle al naciente país al grupo de su preferencia ideológica, el Movimiento Popular pro Liberacion de Angola (MPLA), que iba perdiendo la batalla cuando intervinieron las fuerzas costristas. (Por cierto que un reconocido «héroe» del conflicto lo fue el general Arnoldo Novoa, falsamente acusado y ejecutado posteriormente. (Véase la sección «Narcotráfico» en este capítulo.)

Todavía los cubanos se preguntan (a sí mismos; no se atreven a preguntarle a nadie más) por qué fueron a morir sus padres y hermanos a África. Por cierto que el jefazo isleño, preocupado por dar igualdad de oportunidades, se las agenció para enviar a Angola a todos los negros que pudo —¿discriminación o incriminación?—, porque decía que se confundían con los locales. (La discriminación racial, practicada desde siempre por Costra, se observa por el mínimo número de afrocubanos en la nomenclatura estatal; pero misteriosamente eso nunca les ha preocupado ni a los norteamericanos ni a los sudafricanos, ni a nadie.)

Eso sí, en medio de la guerra el presidente de Estados Unidos dijo por primera (y última) vez una gran verdad sobre Costra que vale repetir en su original:

«HE'S AN INTERNATIONAL OUTLAW!»

(«¡ES UN BANDOLERO INTERNACIONAL!»)

¡Y este era el señor que se proclamaba contrario a la guerra «imperialista» de EE.UU. en Vietnam! ¿No será que está únicamente en contra de todo imperialismo que no sea el suyo propio?

Pero no se preocupen . . . ¡aquí no ha pasado nada!

Armas de destrucción masiva

El gobierno de EE.UU. se ha cuidado de no facilitar información sobre el particular. Sin embargo, la inteligencia mundial tiene conocimiento de que Costra ha establecido en secreto fábricas de peligrosísimas armas químicas y biológicas que mantiene en existencia para castigar al enemigo en caso de «agresión imperialista» u otro acontecimiento que él considere apocalíptico. Total, a él qué le importa, pues si estuviera vivo (dudoso) ya le queda poco. (Obsérvese que ha estado insólitamente callado respecto a la crisis del gas tóxico en Siria, cuando siempre sale a defender a sus hermanos terroristas.)

Es decir, suponiendo que no tenga una bomba nuclear contrabandeada desde Corea del Norte en uno de esos sospechosos envíos de «armas obsoletas» para que sean «refaccionadas».

Pero no se preocupen . . . ¡aquí no ha pasado nada!

Grenada

Pocos recuerdan que la isla de Grenada casi pasó a manos costristas en 1983, con la presencia de fuerzas cubanas que apoyaban a una facción congénere en un conflicto interno. Los «contratistas» cubanos construían una pista de aterrizaje de 10,000 pies (3,000 metros), suficiente para grandes bombarderos y diversos fines militares. Pero hubo un presidente, Runyon, que se puso firme y dio al traste con ese zarpazo de veras imperialista: envió tropas y neutralizó las ambiciones del proscripto.

¿Las órdenes que dio a sus hombres el valeroso héroe isleño, desde su guarida en la lejana retaguardia? «¡Nada de rendición! ¡Luchen hasta morir!» No tan sacrificados, los expedicionarios se entregaron para regresar a la Isla a ser humillados por Costra, ¡que se dio por deshonrado!

Pero no se preocupen . . . ¡aquí no ha pasado nada!

Venezuela

Cuando tras treinta años de esfuerzos prácticamente inútiles para apoderarse de Venezuela por la fuerza —Nicaragua le dio mejores resultados—, Costra ideó un plan subversivo mucho más eficaz: se llamaba Chánchez.

A diferencia de lo que comúnmente se da por sentado, el dueño y señor de Costralandia invitó al aún desconocido joven oficial a visitarlo y recibir cierto «adiestramiento» previo. Allí lo instruyó en el siniestro plan que, copiado a Hitler, siguió el propio Fingenio para encumbrarse. Primero se intenta un golpe de estado; si no se gana tampoco se pierde (los muertos nunca se quejan): el cabecilla cumple cárcel pero se hace famoso y con esa fama utiliza los medios democráticos para llegar a la presidencia. Una vez en ella se las arregla, con el consejo de su instructor y la presencia de los agentes de este, para quedarse en el poder indefinidamente.

La apostilla es que el maestro se libró del alumno cuando ya no lo consideró tan útil. Aunque le retribuyera el favor con su fortuna petrolera, ya Costra tenía su reemplazo listo: uno más adoctrinado, obediente, dúctil y no tan payaso. Capaz de acatar órdenes sin chistar ni hacerle sombra atrayendo demasiada atención.

—Ven acá a tu mansión, a tu lugar de recreo en esta tu Isla y te trataremos como tú te lo mereces —le dijo.

No le aclaró que su merecido era una buena dosis de radiación que en breve plazo le indujera un peligroso cáncer orgánico.

—No te preocupes —le reconfortó—. Ven para acá, que nosotros te curaremos con nuestra superior medicina.

Y se lo creyó. Fue para allá una y otra vez hasta que, efectivamente, lo «curaron». Permanentemente. Todo muy bien orquestado y disimulado mientras se ponían en orden todas las piezas de sucesión.

¿Y qué medidas ha tomado EE.UU. para velar por la democracia y la seguridad del Hemisferio?

Pero no se preocupen . . . ¡aquí no ha pasado nada!

Espionaje

Costra ha tenido y tiene espías en las esferas más altas del gobierno (poderes ejecutivo y legislativo) y en los organismos de inteligencia de EE.UU. Como el espionaje es su *hobby,* él mismo se ocupaba (en sus buenos tiempos cuando aún estaba vivo [?]) de manejarlos y dirigirlos. En vista de que algunos (muy pocos) han sido detenidos, reclama a bombo y platillo su liberación, ayudando a su causa de paso secuestrando a norteamericanos inocentes a fin de canjearlos por sus propios condenados y encarcelados espías profesionales. Tratándose de un estado criminal, los espías costristas no solo tienen permiso, sino que se les *anima* a cometer crímenes, fechorías y sangrientos atentados de los que el público ni se ha enterado (¡razones de «seguridad nacional»!) .

La puertorriqueña Ana Belén Montes, agente «doble» de Costralandia, llegó a dirigir la Sección de Inteligencia del Pentágono sobre Cuba. De ahí salió un informe que debió haber desatado ALARMAS INCENDIARIAS. Decía: «Cuba NO es un peligro para EE.UU.» (¡No, que va!) ¡Y la señora lo hacía por «principios»!, sin cobrar un centavo. Ahora cumple su condena, pero el daño está hecho. Su impostura duró unos quince años.

Pero no se preocupen . . . ¡aquí no ha pasado nada!

Costra entre los Diez Primeros Millardarios

La famosa revista financiera *Forges,* que se molesta en publicar anualmente la lista de los diez más ricos, se atrevió hará más de un decenio a publicar entre ellos el nombre de Fingenio Costra, cuya fortuna según cálculos (en realidad es incalculable, por lo vasta e imposible de documentar) ascendía en aquel entonces a unos $8 millardos (*billions*).

Protestó indignado el presunto superricachón pero amigo de los pobres y humildes que eso era «¡una inmunda mentira!», que él no tenía a su nombre ni un solo centavo. Que todo lo que había en su Isla «le pertenece al pueblo», agregando «yo no tengo absolutamente nada». Retó entonces a la revista a presentar «pruebas».

Misteriosamente, lejos de presentar alguna evidencia, la revista retiró su nombre de la lista al año siguiente, (aunque puede haber resurgido posteriormente). Habría que preguntarse cómo fue que «persuadieron» a la plana editorial. Seguramente se pusieron bondadosos y comprendieron la lastimosa depauperación personal del pródigo y sacrificado personaje. Lo que sabemos es que la *Forges* nunca dio ni media palabra de explicación.

Pero no se preocupen . . . ¡aquí no ha pasado nada!

Narcotráfico

Para no agotar la paciencia de nuestros lectores vamos a relatar por último el principal «negocio» que le da jugosas entradas al régimen costrista. Se trata nada menos que del narcotráfico, que ha florecido desde la intocable base isleña, proporcionándole ingentes riquezas a su benefactor, quien las aprovecha para sufragar sus guerrillas, maleficencias e injerencias de todo tipo en Iberoamérica (el «frente» principal de su interés), además de otras regiones.

El mismo Costra ha declarado en incontables ocasiones su intención de socavar las bases sociales y cívicas de su enemigo norteño, aunque nunca aclaró el procedimiento, temeroso de que el gigante le tomara la palabra.

Pues bien, así lo hizo y lo sigue haciendo. Convirtió a la Isla en una segura base internacional de narcotráfico. Los traficantes tienen en Cuba un punto vital de organización y abstecimiento para luego dar un salto en poderosas lanchas al territorio estadounidense. Los réditos producto de este «negocio» que invierte Costra en proseguir su injerencia internacional y multiplicar su riqueza personal, son incalculables.

Pero en los años '80 el señor Costra le dio un buen pretexto al gobierno estadounidense para no tomar represalias contra él. Le pareció oportuno echarle la culpa a su héroe de Angola, el general Arnoldo Novoa, diciendo que era él quien había organizado el narcotráfico desde Cuba y que por lo tanto tenía que recibir su castigo. O sea que Costra le echó la culpa al general de lo que él venía haciendo desde hacía veinte años.

Antes del desenlace, Fingenio fue a visitarlo y le dijo: —Mira, Arnoldo, es muy sencillo: tú te declaras culpable. Así yo te perdono la vida y me encargo de que tu familia esté bien protegida de venganzas. Por ahí hay mucha gente indignada por tus delitos. ¿Estamos?

Eso explica la confesión de Novoa, que de todas maneras fue a dar con sus huesos al patíbulo. Lo que le molestaba a Costra era que Novoa era demasiado popular. Por La Habana, cubanos esperanzados comenzaron a pintar grafitis que decían «9A». Y lo peor de todo: entre sus íntimos amigos había discutido Novoa planes de largo alcance, diciendo: «Bueno, y entonces qué hacemos con el caballo viejo [Costra]?»

Pero como decíamos...

No se preocupen . . . ¡aquí no ha pasado nada!

* * * * * * *

No uso la frase a la ligera. Da la casualidad de que es precisamente la que empleó Fingenio cuando en 1959 asesinó a un verdadero héroe revolucionario y potencial rival, Camilo Cienfuegos, en un paraje solitario hacia el centro de la Isla. Cienfuegos se bajó de la avioneta procedente de Camagüey para acudir de urgencia a una presunta «reunión» de la plana mayor convocada por Costra. Allí lo acribillaron a balazos antes de que pudiera sacar su arma de servicio.

Según un testigo presencial, al terminar la balacera Costra pronunció a los allí reunidos estas palabras:

«Señores . . . ¡aquí no ha pasado nada!»

Capítulo XIV
PLAN DE VENGANZA

—¡Qué cara dura la de este pendejito 'e mierda! —dijo Mariello casi escupiendo sus palabras, cargadas de fulminante desprecio. Su expresión facial era la normativa al dar las órdenes de «tumbar» a alguien, o sea «eliminar», «desaparecer», «fulminar», «borrar». Solo que en este caso era difícil creer que lo decía en serio.

—Patrón, ¿quiere decir...? Angelo Cosimano, su secuaz, completó la pregunta pasándose un dedo por la garganta.

—¡Cómo no! —contestó—. Ya no puedo más con estos tipos. O lo borramos a él, o mejor todavía a su hermano, el de arriba. —Mariello apuntó al techo.

—¡Uf!, patrón. ¡Ese sí que sería un borrón! —Los ojos de Angelo sobresalieron, como correspondía. Dudó que algo así se pudiera efectivamente llevar a cabo, pero supo que no debía hacer otra cosa que aparentar impresionarse, mucho menos manifestar alguna duda de que la Mafia, o más específicamente Mariello, pudiera organizar un atentado así, aunque aplicara todos los poderes a su alcance. Descartó la posibilidad pensando que sería ir demasiado lejos y a gran riesgo. Siquiera la momentánea idea de todas las implicaciones, del trabajo que costaría convencer a los capos de las principales familias, no le parecía sino cosa por demás improbable. Pero, ¿para qué ponerse a discutir con el jefe? De todos modos no era problema suyo. —Óigame, jefe, ¡qué clase de golpe! —terminó diciendo muy orondo, meneando la cabeza a ritmo incrédulo.

—¡Tú lo has dicho, muchacho! A perro que muerde, ¿le cortas el rabo o la cabeza? —Citó Mariello uno de sus dichos favoritos, que seguiría repitiendo una y otra vez a gran efecto.

—Mira, Angelo —le dijo Mariello como si estuviera a punto de revelarle un secreto—, ¿de qué serviría cortarle el rabo si la boca sigue mordiendo? —Le echó una mirada maliciosa y medio burlona a

Angelo para luego soltar una risotada al ver la confusión reflejada en su rostro. —Ja, ja, ja; imagínate, ¿de qué serviría?

—Me doy cuenta, patrón —le replicó Angelo mientras se reía con él—. Sería inútil. Luego tendríamos que cortarle la cabeza también, ¿eh? —Angelo se reía entrecortadamente de su propio chistecito, aunque sin intención había sobrepasado a su capo, a quien no le hizo tanta gracia.

—No está mal, Angelo —le dijo en son condescendiente—. Ahora te estás despertando. Espérate a que se lo cuente al Lunático y mis *fratelli* —agregó pronunciando en perfecto italiano la voz «hermanos», aludiendo a los demás capos—. Sé que a ellos le va a encantar la idea, qué digo, mis *fratelli* —repitió la palabrita, saboréandola— se van a volver locos. —El «Lunático» aludido no era otro que Sal Campana, cuyo nombrete surgió de sus reacciones alocadas y totalmente imprevisibles, repentinas—. No se te ocurra decírselo a nadie —le advirtió al retirarse Angelo de su oficina. Tuvo cuidado de hacer el papel de que el plan era idea suya y no de la operación «Acción Ejecutiva», que se gestaba en secreto al más alto nivel. Ni siquiera Mariello sabía quién era el cabecilla de la conspiración, aunque no le faltaban sospechas. Sería esencial, como le había aclarado su contacto a Mariello, que la operación estuviera compartimentada lo más posible y que toda información se transmitiera únicamente en función de que su destinatario tuviera necesidad de saberla.

—Al, llama a ese teléfono en Langley, Virginia. Es hora. —No hacía falta aclarar que era la sede de la CIA.

—Bien, patrón.

—Un timbrazo y cuelga pa' que ellos devuelvan la llamada. —Mariello siempre repetía la instrucción para cerciorarse de que no hubiera ningún fallo. Su contacto en la Agencia Central de Inteligencia le había hecho comentarios prometedores de que el plato estaba casi cocinado. Ardía de ganas de soltárselo al Lunático y a los demás, confiando en que todo saliera bien. Ya contaba con el apoyo de Sandy Traficant y Jake Rosetti, pero quería el visto bueno de Campana antes de seguir adelante.

* * * * * * *

A fines de la primavera de 1963 Justin Kilmory se concentraba más en la próxima visita de Jessica Cameron, a quien barajaba en su activo calendario amoroso de secretarias de la Casa Blanca y otras del círculo ejecutivo y de extramuros. Aun así no podía precisamente despreocuparse de su temario político, en que relaciones exteriores estaba repleto de espinas, en tanto que Roland, por su parte, seguía obsesionado con perseguir a su enemigo más odiado: la Mafia. Ni uno ni otro tenían la menor noción de que esa parte contraria, la Mafia, preparaba su respuesta. En fin de cuentas, razonaban los capos, Justin Kilmory ya había cumplido dos años y medio en la presidencia y no podían darse el lujo de darle más tiempo para que siguiera destruyendo sus operaciones. Era preciso proteger sus «negocios».

De nuevo en sus amplios predios, donde disfrutaba haciendo gala de lo que imaginaba era un gusto exquisito, Mariello sonrió contento al pensar en que podía contar con Hooper, nada menos que el director del FBI, para facilitar la acción en la guerra de la Mafia contra los Kilmory, y acaso para el plan más drástico. En reciente charla personal, cuando Mariello aludió a los planes de atentado, Hooper sonrió, cambió una mirada de inteligencia con él y, sin decir media palabra, asintió con la cabeza. Pocos sabían que Hooper aprovechaba su amistad con los capos, disfrutando de un mes al año de estancia gratuita, junto con su novio el subdirector del Buró, en un fabuloso hotel de vacaciones propiedad de la Mafia en el exclusivo sector de La Jolla, California. Allí, aparte de hacer vida social con ellos, conspiraban juntos.

—Mire, patrón, usté' tiene razón —le dijo Angelo tras una pausa con su habitual chabacanería de palabra—. Esos cabrones se lo merecen. Ujté' pasó la' de Caín pero tuvo suelte de volver a entrar en el país. De no haber sido por ese arreglo con Trujillo pa' que lo recogiera un avión dominicano y lo llevara... ¿a dónde fue, a la base de Homestead?, todavía estaría por allá.

—Sí, gracias a Dios que me ayudó el Jefe —usó el apodo de cajón para el dictador dominicano—. No había mejor manera de entrar de contrabando en el país. Entonces el Fretty, maricón y to' pero tipo de confianza, me trajo en avioneta de vuelta a Nueva Orleán' sin que nadie se diera cuenta. —Su alusión era a Dennis Fretty, que piloteaba vuelos cortos y cumplía otros «trabajitos» para él así como para la CIA.

—¡Ese Fretty sí que sabe volar! —Angelo se rio del doble sentido, acordándose de que en Cuba les dicen «pájaros» a los homosexuales.

¡Seguro! ¡Y ese culicaga'o de Booby se llevó tremenda sorpresa cuando se enteró de que yo estaba de regreso! —Mariello soltó una carcajada.

—Fretty presentó un plan de vuelo perfecto y nadie sospechó un carajo. —Mariello frunció el entrecejo para agregar en tono siniestro—: Todavía no me las he cobrado con los Kilmory por el embarque sin audiencia ni na'. Pero acuérdesen lo que le' dije: la venganza tarda pero llega.

Pronto, Dennis Fretty se ocuparía de otra tarea, que para Mariello sería vital en conexión con la «operación» anti-Kilmory. Pero el piloto flacucho y de excéntrico aspecto tendría una función operativa de las más bajas, muy inferior a la del «cerebro» del complot. La compartimentación era reglamentaria e inflexible.

Si el «Booby» jugaba sucio, Mariello le iba a enseñar que eso no era nada, comparado con lo que le iba a hacer a él.

Capítulo XV
CONSORCIO CRIMINAL

A Mariello le molestaba que mientras los Kilmory andaban persiguiendo a la Mafia en general, y a él en particular, también estaban pidiéndoles que llevaran a cabo esas tareas especiales o «sucias» que la CIA no podía hacer, o no quería. Así que, aun cuando la Mafia hacía el papel de colaborar en el plan kilmoriano contra Costa, en el fondo la organización criminal estaba cambiando de rumbo y poniéndolos en su mira. En La Habana y Washington se gestaban fuerzas siniestras.

Por su parte, la administración kilmoriana creía que iban viento en popa los arreglos de la «Compañía» por eliminar a Costra valiéndose de la Mafia. Si bien los Kilmory ignoraban que algunos agentes de la CIA actuaban en sentido contrario a este aparente objetivo, la mayoría de la plana mayor de la Agencia lo ignoraba y se preocupaba únicamente por ejecutar la operación anti-Costra y mantenerla encubierta. Era un secreto máximo y el gobierno de EE.UU. no podía darse el lujo de aparecer de ningún modo implicado en un complot asesino internacional.

Por otra parte la Mafia contaba con sus propios métodos y recursos para ocuparse de tareas muy visibles y sumamente arriesgadas. Era un organismo capaz de llevar a efecto toda clase de actividades ilegales, semilegales y extralegales, que la CIA tendría que desmentir si pasaran a ser de conocimiento público, o en todo caso ulteriormente justificarlas y cargar con toda la responsabilidad. La belleza femenina era uno de los factores que la Mafia podía aplicar, si así lo deseaba. Podía tentar a Fingenio con bellas mujeres dispuestas a tener relaciones con él: posiblemente, si la cosa salía bien, por última vez en su vida.

El abogado Kirk Pagano, quien se pasó años defendiendo al capo de Tampa, Sandy Traficant, así como a otros mafiosos, afirma en su libro *Mafia Attorney* que en sus años postreros Sal Campana gozaba al jactarse de que la Mafia había recibido dinero de la CIA para matar a Costra, pero no había hecho absolutamente nada para atentar contra él.

Ya desde temprano los mafiosos empezaron a disfrutar de la satisfacción de traicionar a los hermanos Kilmory. No habían hecho nada para asesinar a Costra, y ni siquiera lo estaban planeando. Todo lo contrario. Secretamente, tomaron la decisión de cancelar esa operación y ponerse a trabajar a favor de sus enemigos, recopilando inteligencia sobre los planes anti-Costra de los Kilmory y pasándosela a Fingenio y a su eficiente e implacable sistema de inteligencia. En resumen, estaban haciendo precisamente lo contrario de lo que se suponía era su misión.

Prevalecía el antiguo adagio: el enemigo de mi enemigo es mi amigo. Pero el golpe de gracia era que no iba contra Costra el atentado que gestaba la Mafia. Con ella colaboraban ciertos agentes de la CIA, dirigidos por conspiradores al más alto nivel.

La operación anti-Costra de la CIA era, en verdad, una complicada madeja de espionaje y contraespionaje en que los mafiosos operaban como agentes dobles, al igual que algunos de los propios agentes de la CIA. Si bien al principio la Mafia se ocupó en serio de preparar el terreno para los complots respaldados por la CIA y matar a Costra, se produjo luego un vuelco de ciento ochenta grados y los cañones se apuntaron hacia otro objetivo que nada sospechaba: el presidente de los EE.UU.

Los exiliados cubanos, aliados a agentes de la CIA quienes presuntamente los controlaban y a la vez apoyaban sus actividades anticostristas, se vieron infiltrados por la Mafia y luego persuadidos, sobornados o amenazados para que le pasaran a los mafiosos esta información sobre el Plan Q, es decir, la ya próxima segunda invasión de Cuba. Estas dos fuentes, los exiliados cubanos y los agentes de la CIA, le pasaron a la Mafia vitales inteligencias que les permitieron planear el asesinato de Kilmory con virtual impunidad. Los mafiosos estaban seguros de que no habría ninguna investigación ni posibilidad de enjuiciamiento, ya que tal cosa pondría en evidencia el propio Plan Q, aparte de comprometer toda clase de información secreta.

Una serie de acontecimientos intervinieron a estos efectos, tanto en la Mafia como en otros ámbitos. En un momento dado, no mucho tiempo luego de que Costra hubiera secuestrado a Cuba, agentes del régimen detuvieron a Traficant acusándolo de «extranjero indeseable». Ello formaba parte, claro, de la manera de actuar de Costra: usar todos los medios, limpios o sucios —pero preferiblemente estos últimos— para salirse con la suya. Era de importancia clave obligar a Traficant, a cambio de su libertad, no solo a pagar un rescate de un millón de dólares, sino a actuar como agente de la inteligencia cubana en Estados Unidos.

Aun otra versión proviene de Kirk Pagano. Según nos cuenta el propio Pagano —sin duda para darse tono— hizo gestiones al más alto nivel ante el gobierno «revolucionario», posiblemente llegando personalmente hasta el propio Repterio Costra, para que liberaran a Traficant. Alegó que su cliente no había cometido ningún delito en Cuba, sino que sencillamente le gustaba pasar temporadas en el país. En efecto, había vivido en La Habana casi continuamente a fines de los años '50.

Lo cierto es que Traficant se había visto *obligado* a vivir en La Habana con objeto de evitar la fuerte ola de litigios con que lo perseguían en la Florida. Pero una vez que Costra tomó el poder aumentaron sus dolores de cabeza. El régimen hubiera tenido de sobra pretextos —sin tener que inventar muchos cargos— para fusilarlo o meterlo de por vida en una celda ínfima y putrefacta a base de delitos como operaciones de «bolita», juegos de azar, narcóticos y prostitución; es decir, si no lo acusaban de espionaje o, peor aún, de participar en la conspiración dirigida por la CIA para atentar contra Fingenio.

Cuando Pagano pidió que lo soltaran, los cubanos le dijeron que su cliente tenía que ser narcotraficante, ya que su propio apellido lo denunciaba. Pagano se puso a explicarles con toda paciencia —como si ellos no lo supieran— que lo de «Traficant» era solo un apellido y nada tenía que ver con su manera de ganarse la vida. Seguro que los costristas todavía se están riendo a mandíbula batiente de la burla que le hicieron.

En todo caso, para que dejaran a Traficant en libertad —podían haberlo fusilado por órdenes de Costra o de su patibulario en jefe, Eduardo Guevero— Pagano alega que dio seguridades a las autoridades de que Traficant quería únicamente reunirse de nuevo con su esposa y familia en la Florida. Bueno, sí, previo pago del rescate y de ciertas condiciones, en vista del ilimitado apetito de lucro por parte de Costra y sus secuaces. Los Costra jamás hubieran soltado a Traficant sin pedir algo a cambio.

Fue en este momento que Costra empezó a negociar en serio a través de Traficant para que la Mafia cancelara sus planes contra él y pusieran en la mira a Kilmory.

La biografía de Jackie Falattiano, *The Last Mafioso* [El Último Mafioso], cuenta reveladores detalles acerca de los planes de la CIA para liquidar a Costra, dando a entender que este había vuelto la operación al revés. Explica que a Rosetti, el principal contacto mafioso para la operación anticostrista de la CIA, no le comunicaron los términos precisos del cronograma, que tenía previsto matar al dirigente cubano antes de la invasión de Bahía de Cochinos, fijada para el 17 de abril de 1961.

Posteriormente, en el otoño de 1963, los Kilmory armaron un nuevo plan para derrocar a Costra, apodado «Día Q». Lo iban a poner en práctica, también cronometrado esta vez con un atentado contra Costra, a partir del 1º de diciembre, si es que no hubiera intervenido la muerte de Kilmory ocho días antes.

Sandy Traficant, quien dirigió por muchos años las operaciones mafiosas en Cuba y se desenvolvía bastante bien en español, era el «correo» que iba a Cuba y volvía, y estaba a cargo de los arreglos sobre el terreno para eliminar a Costra.

Pero Traficant —como resultado del trato con Costra para «voltear» el proyecto asesino, le dio a Rosetti un mar de pretextos para no hacer nada. A su vez Rosetti le pasó los pretextos a Norbert Mahert, encargado por la CIA de dirigir la misión. El tal Mahert no era otro que el misterioso exagente del FBI y luego de la CIA quien, pocos años más tarde, empezó a trabajar como apoderado de Howard Hughes para hacerlo el magnate más poderoso de Las Vegas a principios de los '70. Pero esa es otra historia.

Para explicar por qué fracasó uno de los presuntos atentados a Costra, Traficant dio distintas versiones, entre ellas que Costra «había dejado de frecuentar el restaurante en que lo iban a envenenar», o que «hubo una confusión de comunicaciones», o que «un oficial cercano a Costra había sido despedido antes de que le entregaran el veneno». En retrospectiva, estas razones no eran más que pretextos destinados a ganar tiempo y sostener las expectativas al más alto nivel gubernamental de EE.UU.

Como ya se ha señalado, lo más probable es que para entonces Traficant no estuviera complotando el asesinato de Costra sino —por el contrario— ocupándose de protegerlo. Es decir que era un agente doble que en realidad trabajaba para Costra, ya fuera para poner su propio pellejo a salvo, recibir algún tipo de recompensa, o ambas cosas. Ello explica por qué no hizo sino darle pretextos a Rosetti. Luego, a instancias de Traficant, el propio Rosetti entró a formar parte de la conspiración que Costra redirigió contra Kilmory.

La biografía de Falattiano sigue diciendo que para fines de 1961 la CIA había dado a Rosetti instrucciones de mantener en pie sus contactos cubanos pero evitando tratar con Mahert o Campana, a quienes calificaron de «indignos de confianza» o «excedentes».

De tal modo resulta muy probable que, según lo indicaron Campana y años después el propio Traficant, los capos estaban aceptando fondos de la CIA sin mover un dedo para ganárselo. En determinado momento los caros anhelos de la Mafia bien pudieran haber consistido en sacar de circulación a *ambos*: a Costra y al presidente Kilmory. Costra les había robado sus bienes y negocios, en tanto que Kilmory los había traicionado y ahora los perseguía.

Pero era mucho más difícil despachar a Costra, que tenía espías y delatores ocupados en seguirles la pista a los mafiosos, tanto en Cuba como en Estados Unidos, para asegurarse de que no lo estuvieran traicionando *a él*. Si bien Costra era peligrosísimo, el incentivo sagrado de la Mafia era siempre el lucro. A Costra le temían por su reciedumbre y la Mafia le tenía más «respeto» que a Kilmory. El ataque de Kilmory era frontal, en tanto que de Costra era furtivo y por tanto mucho más peligroso. Además, llana y simplemente, la Mafia no iba a negarse a aceptar la elevada suma que ofrecía Costra por librarse de Kilmory —que al fin y al cabo era un atentado que ya de todas maneras estaban preparando—. La «recompensa» por ese golpe era casi el triple de lo que pagaba Kilmory por la ejecución de Costra. En su época, un contrato de esa magnitud conllevaba «honorarios» mínimos de seis dígitos, equivalentes al décuplo en dólares del 2013.

La Mafia canceló el atentado contra Costra y en su lugar comenzó los preparativos para despachar a su enemigo, el presidente de EE.UU.

* * * * * * *

El empeño en eliminar a Costra por parte de diversas entidades y agrupaciones es un retazo de historia que vale la pena repasar.

Antes de tomar su decisión sobre «voltearse», es decir, «volver los tornos», la Mafia había participado ya en numerosos complots contra Costra, inspirados principalmente por la CIA. Uno de estos era el de envenenarlo disolviendo una pastilla en su trago. Para este caso la agente fue Helga, una despampanante y voluptuosa rubia que era medio cubana y, como su nombre lo indica, medio alemana.

A Helga la contactaron los mafiosos a las órdenes de la CIA, quienes le entregaron las pastillas y le dieron las instrucciones. Todo estaba programado con precisión cronométrica. Al depositarse en un trago la píldora debía ser insípida, de rápida disolución y lenta actuación, produciendo la muerte unas doce horas después, dándole así tiempo al «verdugo» para desaparecer. El encargado de la operación, Traficant, estimó que le sería fácil a Helga reunirse con el Máximo Líder, ya que le simpatizaba y le tenía especial aprecio por su habilidad sexual.

Por otra parte, Costra tenía fama de «mal palo», ya que no tenía el menor interés en la satisfacción femenina. Concentrándose en sí y en su propio placer sexual, el chisme sobre el Máximo Líder era que muy a menudo se lanzaba a la cama comoquiera, con botas y todo. Peor aun, sus costumbres de aseo personal dejaban mucho que desear, por lo que con frecuencia hacía gala de un penetrante «perfume» corpóreo, verdaderamente digno de marca de fábrica. Según «radio bemba», el apto cubanismo, le tenía pavor al isleño ritual de ducharse dos o tres veces al día, cosa de la que se vanagloriaban muchos criollos aunque en realidad se las arreglaran para hacerlo apenas una. Era una regla general de pulcritud personal debida al clima isleño, cuyo calor —pero con baja humedad, gracias a la brisa marina— persistía casi diez meses al año. Pero como el Comandante se sentía por encima de las normas aplicables al común de la gente, se molestaba en ducharse acaso una vez a la semana. Si el uniforme se le ensuciaba o adquiría mal olor, sus ayudantes lo mandaban a la lavandería mientras él dormía y le traían de mañana uno limpio y planchadito para que se lo pusiera.

Volviendo a Helga, ¿qué mujer iba a quejarse a Costra de su falta de aseo? Cuando le informaron de su misión y le ofrecieron una jugosa recompensa, se mostró renuente pero por fin aceptó. No era difícil atraer a Costra —eso era lo fácil—. Bastó que telefoneara a un ayudante suyo diciéndole que tenía ganas de verle y, sin falta, en pocos días uno de sus secuaces la llamó diciéndole que el Comandante la vería en un par de días.

Helga bien sabía que tenía que prepararse... es decir, para la espera, ya que el jefe tenía la costumbre de andar siempre atrasado y, tratándose de su vida personal, las demoras se extendían fácilmente a varios días. Una vez hechos los arreglos para satisfacer al Comandante, sus ayudantes casi nunca se molestaban en avisar de cualquier «detalle» respecto a un cambio de fecha ni menos de horizonte horario.

Esta vez le tocó a Helga esperar solo tres días y medio para la llamada confirmatoria. Cuarenta y ocho horas más tarde, la recogieron dos secuaces y la llevaron a un «lugar seguro» en el respetable barrio de El Vedado. Esperó hasta que habían terminado de hacer el amor según el acostumbrado tratamiento a botas puestas que seguía para aliviar su tensión sexual, sin más consideraciones a su pareja.

Según lo contó ella, cuando Costra se metió en el baño fue a sacar la pastilla del pomito de crema epidérmica que llevaba en la cartera, pero descubrió que «se había disuelto». Algunos dicen que se rajó porque, en parte, le tenía cierto afecto al Comandante. Otros afirman que lo más probable es que temió lo que pudiera sucederle si sospecharan de ella una vez que él hubiera sufrido los efectos —es decir, si de veras contenía el mortífero ingrediente previsto—.

En ese caso, Eduardo Guevero le hubiera puesto un misericordioso fin a su agonía con un pelotón de fusilamiento, ya que el Servicio de Inteligencia Militar, mejor conocido como el G-2, con sede en la infame Villa Maristas, era conocido por su diabólico sadismo al aplicar atroces métodos de tortura.

Otro intento era semejante en algunos aspectos, salvo que no hacía falta una mujer. La pastilla se le entregaría a un barman en el Hotel Habana Libre (antes de la «robolución», Habana Hilton), quien se lo pondría en el trago al Comandante. Pero nada, este también se echó atrás al último minuto, seguramente temeroso de verse inculpado. Él, igualmente, se preguntó si quería correr el riesgo de sufrir el suplicio al que lo someterían para que hablara... es decir, antes de que finalmente saciaran su saña y acabaran con su vida. Por consiguiente, Fingenio se disparó el trago sin ninguna consecuencia.

Entre otros intentos que valdría la pena mencionar, se planeó un atentado con lancha superveloz a una residencia en Tarará, la playa al este de La Habana frecuentada por Costra. Según informes de inteligencia Fingenio iba a encontrarse en ella en cierta fecha y a ciertas horas de la noche. Con base en ese dato, despacharon la embarcación desde los Cayos de la Florida.

Sin embargo, el eficiente sistema de inteligencia de Costra lo supo y cuando la lancha se acercaba a la costa isleña fue interceptada por un escampavía. Así, tuvo que hacer fuego con mala puntería y desde muy lejos como para hacer daño. Total, resultó que Costra no andaba ni por las cercanías. Fingenio se mostraba siempre cauteloso, sobre todo al principio, insistiendo en nunca dormir en el mismo lugar dos noches seguidas; además, cambiaba de parecer al último minuto cuando iba a asistir a alguna reunión y nunca se aparecía en ningún lugar donde se le esperaba ni a la hora prevista. Al parecer, era dueño de un curioso sexto sentido de seguridad personal.

Otro atentado tuvo lugar años más tarde y nada tuvo que ver con la Mafia, que ya había perdido sus contactos en Cuba. Consistía en un francotirador que lo despachara mientras andaba trotando, cosa que hacía por lo general a través de cierto barrio. Era cuestión de apostarse y esperar que pasara. Pero la cautela de Costra tuvo su efecto: siempre andaba con dos o tres dobles vestidos exactamente igual que él. La bala con su nombre hizo blanco en uno de estos. Cuando observó lo sucedido se obsesionó aun más con protegerse, y su costumbre se reforzó. No cejaba en su empeño por evitar el más mínimo riesgo, lo que seguramente le salvó la vida más de una docena de veces.

Un incidente poco conocido, tampoco mafioso, ocurrió cuando uno de sus propios guardaespaldas iba a matar a Fingenio al aterrizar su vuelo en la región oriental de la Isla. Todo parecía marchar bien cuando Costra y su séquito abordaron el avión sin novedad alguna. El asesinato ocurriría al llegar al destino, donde habría un «comité de recepción». Sin embargo, el guardaespaldas se puso tan nervioso, inquieto y sudoroso durante el vuelo que se hizo notar y cayó bajo sospecha. Confesó y nunca más se supo de él. No se sabe lo que le pasó al «comité».

Otro atentado más, supuestamente organizado por la CIA, parece cosa de alguien ajeno a esas actividades, en fin de un simple aficionado. Solo se ha venido a conocer públicamente varios decenios más tarde, lo que tal vez le atribuya más crédito como plan que se estaba considerando. Pero es tan descabellado como para concluir que se inventó con miras a desacreditar a la Agencia y dar a sus enemigos otra oportunidad de regodearse en avergonzarla. Consistía en obsequiarle a Costra un traje de buceo que le entregaría el agente encargado de negociar el rescate de los prisioneros de Bahía de Cochinos.

Como el negociador salía ya de rutina con Fingenio para hacer exploración submarina con tanques de aire («SCUBA»), parecería un regalo perfectamente normal. Por consiguiente, se preparó uno muy especial con químicos mortíferos que actuarían sobre la piel, produciendo la muerte poco tiempo después de ponérselo. Pero el plan no pareció muy aconsejable ya que no solo arriesgaría la vida de de los prisioneros de Bahía de Cochinos, sino también la del propio negociador. Además, la astucia de Costra era tal que el regalo difícilmente lo hubiera aceptado, mucho menos habérselo puesto, sin que lo sometieran a un minucioso examen. Por tales motivos se dice que descartaron el plan.

Pero hay más. Otro caso al que ya hemos hecho alusión era aun más absurdo, por lo que recae en la categoría de «desacreditemos a la CIA». La idea era presuntamente ridiculizarlo mediante químicos que le depilarían la barba. Ese cuento sigue circulando, aunque exigiría una credulidad sin límites. Si hubieran podido aplicarle químicos a Costra, ¿por qué no usar los mortíferos? De haberle efectivamente «tumbado» la barba, ¿qué efecto habría tenido en su salud, por no hablar de su poder? Por consiguiente, la anécdota se inventó con el probable objetivo de ridiculizar a la CIA, cosa que desde los años '60 a los '80 era un deporte muy común entre los enemigos de EE.UU., tanto en el país como en el exterior.

En gran parte, algunos verán en esto la evidencia de que la CIA era un ente autonómo que podía hacer cuanto le viniera en gana. Pues bien, lo cierto es que, en efecto, así era, con actividades tan compartimentadas que ni el propio director de la Agencia ni el presidente las conocían, por lo que sí podía hacer lo que le parecía, cualesquiera que fueran las normas del gobierno o las consecuencias.

En fin, que la red de inteligencia de Costra no tardaba en enterarse de que los atentados en su contra eran planeados por la Mafia siguiendo instrucciones de la «Compañía» y, ulteriormente, del propio presidente Kilmory.

Fue así como Fingenio, a quien le gustaba estar siempre pendiente del espionaje, decidió por fin ocuparse personalmente del asunto, dándole una astuta voltereta. Hizo llamar al principal contacto de la Mafia en Cuba, Gustavo Covadonga, que guardaba prisión en La Cabaña, la cárcel de máxima seguridad, a donde en cualquier momento le llegaría la orden de fusilamiento. Al Comandante le gustaba el jueguito de gato y ratón con los condenados, cuqueándolos con la sentencia a muerte mientras se mantenía pendiente de su posible utilidad a su causa. Conociendo la estrecha relación de Covadonga con la Mafia y sus operaciones, Costra dio una orden: «Tráiganme a Gustavo».

Escoltaron a Covadonga, todo sucio y demacrado, ante la presencia del Jefe en el Castillo de la Fuerza, la antigua fortaleza española emplazada cerca de la entrada a la bahía de La Habana, donde la Policía Nacional tenía su tradicional sede. Ni la revolución la había sacado de ahí, imponente como siempre con sus calabozos y pasadizos secretos.

Costra prefería no ir a La Cabaña, pues exigía pasar por el claustrofóbico túnel construido bajo la bahía a fines de los años '50 por la Societé des Grands Travaux de Marseille. Daba acceso directo al lado oriental de la bahía sin tomar las lanchitas que iban a Regla ni dar la larga vuelta por carretera. El paso por el túnel era desagradable y, sobre todo, daba oportunidad de hacerle un atentado a Costra con explosivos. Nunca dejaba de ser cauteloso y evitar posibles peligros.

—Vales mucho, Gustavo. No siempre has ido por buen camino, pero comprendo tu situación. —Lo miró con desdén desde sus seis pies de altura, observándolo triste, pálido y desmejorado—. Así que… —empezó diciendo, pausando un par de segundos para acrecentar la expectativa de Gustavo mientras disfrutaba viendo su ansiedad —adivina qué—: volvió a pausar, su mirada fija en la cara asustada y desconcertada del preso— vas a salir de aquí, al menos temporalmente… —se fijó en su incrédula expresión de alivio— para entregarle un mensaje a tus jefazos.

—¿Sí, Comandante? —le contestó con mirada seria e intensa atención. Sabía que su vida pendía de su respuesta. El menor fallo y…

—El mensaje es de lo más sencillo. Estos atentados contra mi persona son totalmente inútiles, como lo sabría cualquier imbécil. Mis poderes van más allá de lo que pudieran sospechar. —Gustavo tuvo la impresión de que aludía, tal vez indirectamente, a sus invocaciones ceremoniales de sortilegios afrocubanos, o más claramente, brujería, dirigidos por su babalao, el gran sacerdote de santería, en que rogaba a Eleguá y Obatalá que le dieran protección—. Claro, además de usarlos para protegerme puedo dirigir esos poderes contra ellos. —Volvió a pausar teatralmente.

—Sí-sí, Comandante —dijo temiendo que pudiera interpretar mal su silencio.

—Diles, ¡coño! —dio un puñetazo en el escritorio—, que les doy un consejo: que vuelvan sus armas en dirección contraria, hacia los que respaldan estos atentados comemierdas que parecen cosa de aficionados. Eso sería mucho más productivo, por no decir mucho más saludable para ellos. Al fin y al cabo, ¿por qué la Mafia anda atrás de *mí*? Yo hice lo que tenía que hacer y ahora ya todo pasó. Ya yo no los estoy amenazando. Pero Kilmory sí que los está persiguiendo. Que se fijen en lo que está haciendo su hermano Roland: haciéndoles la guerra, cayéndoles encima con todo el peso de la ley, tratando de meterlos en chirona y acabar con ellos. ¡Y a la vez los está usando para eliminarme a mí! Eso no tiene pies ni cabeza. Lo que deben hacer es apuntar sus cañones a Kilmory. Así, ¡carajo!, ambos nos libraremos de nuestro peor enemigo. —El compulsivo logomaníaco pausó una fracción de segundo, esta vez para coger aliento.

—Claro que sí, Comandante, —le contestó, aprovechando la micropausa.

—Mira, para darles un poquito más de interés, diles que estoy dispuesto a duplicar o triplicar lo que les paga Kilmory para liquidarme a mí. —Costra sonrió satisfecho al resubirle a los gringos la apuesta en que se jugaban vidas y no dinero, y más bien las de ellos—. Kilmory quiere que le trabajen barato, pero yo no —concluyó.

—No se preocupe, Comandante... yo me encargo de eso, —recalcó luego de una trémula vacilación— tenga la seguridad. —Sintió alivio de haber suprimido su primer impulso, en que casi le dijo «voy a hacer el esfuerzo». No hubiera sido nada recomendable hacer otra cosa que comprometerse solidariamente a cumplir la misión encargada. La débil respuesta ya descartada, que acaso le hubiera desbaratado el pastel, le había pasado por la cabeza tal vez por el mareo en que se encontraba tras semanas de desnutrición y deterioro. Diose cuenta como en un sueño de que se le había presentado una incomparable oportunidad, como en la clásica bandeja de plata, de salvarse del fusilamiento, si no de años de prisión, e incluso podía permitirle desertar una vez que estuviera fuera de las manos de Costra.

—Hazlo y repórtate. Te doy una semana. Puedes hacer lo que quieras y gastarte los $5,000 dólares que te vamos a entregar cuando te alojes en el Hotel Riviera, en el Vedado. Creo que tú lo conoces. — Levantó una ceja al hacer burlona referencia al hotel construido por Manny Lendsky, el capo a quien Gustavo había conocido en su trabajo con los mafiosos no hacía mucho tiempo. Costra le iba a hacer una advertencia de no meterse en triquiñuelas, pero calculó que había una manera mejor, indirecta. —Ah, y no te atrevas a hacer nada temerario. Acuérdate que tus viejos están aquí en Cuba y que podrían, ejem, no pasarla muy bien si tú, ejem, no estuvieras por acá para ocuparte de ellos. ¿Estamos? —Le echó esa inconfundible mirada malévola que Gustavo había notado en otras ocasiones, justo antes de que alguien desapareciera sin dejar huella o despachado, con o sin alharaca pública, según el capricho de Fingenio. Estaba seguro de que Costra le había adivinado el pensamiento —y no era el único que en su presencia había experimentado esa sensación—; sus sueños de escaparse se esfumaron al instante, dejando en su cerebro lo que esperaba fuera una pizarra en blanco.

—Mil gracias, comandante, ya me encargo del asunto. Claro que bien sé lo del Riviera... —Gustavo le sonrió, dándole a entender que había captado su referencia al lujoso hotel costanero en que el capo Lendsky había invertido los millones acumulados en toda su criminal vida de «cerebro financiero» de la Mafia. Costra le dirigió un destello de burlona sonrisa, despidiéndole con un ademán al regodearse con una risita íntima que le sirvió de punto final.

Capítulo XVI
LA IRA DEL TRAICIONADO

La influencia de Spanitra con los Kilmory, y con la Mafia, caía en picada. El presidente de pronto canceló, para su viaje a California, su proyectada estancia en la mansión que tenía Hank en Palm Springs.

Sus asesores le convencieron de que, en lo político, era cosa muy delicada estar en tan estrechas relaciones con un personaje como Spanitra, quien según rumores estaba muy cercano a la Mafia. La decisión se tomó so pretexto de que la seguridad en sus predios era insuficiente, pero el cantante se estimó desairado y ofendido, sobre todo tras haber gastado fuertes sumas en reequipar su casa y terrenos para la visita presidencial. Eso, por no hablar del esfuerzo que había hecho para animar a la Mafia a que le amañara la elección, más las actividades de campaña y espectáculos que él y el Brat Pack habían montado a fin de recaudar fondos destinados a la boleta Kilmory-Jameson y, por fin, los espectáculos que presentaron gratis en las funciones de gala inaugurales. Para colmarle el plato, el presidente había optado por quedarse en la mansión que tenía su rival, el cantante Ding Frostby, en la propia Palm Springs.

—Supongo, —dijo Spanitra cuando se enteró— que Ding tiene fama de ser más «puro y santo», pero me gustaría saber qué carajo hizo para la elección de Kilmory o para amenizar las funciones de gala de la toma de posesión.

—Jeter, —le dijo Justin Kilmory por teléfono a su cuñado— dile por favor a Spanitra que lo siento muchísimo pero el Servicio Secreto se opone, quejándose de que la seguridad en su mansión no es aceptable. Me encantaría quedarme allá, pero...

—Mira, Justin, discúlpame, pero está esperando tu visita y ha hecho toda clase de mejoras y reformas, gastando mucha plata. Le va a dar un berrinche del carajo, como te imaginas y, aunque a mí no me importa —intercaló, aunque le importaba muchísimo— se va a disgustar mucho conmigo y no contigo ni nadie. Lo conozco.

—Bueno, Jeter, lo siento mucho si te voy a meter en líos, pero yo de ninguna manera me puedo quedar en su casa —le respondió con su habitual cortesía. Para su coleto, se divertía pensando en el problema que le caería encima a Crawford con el irascible y pugnaz Spanitra. «Bueno, al fin y al cabo se le pasará», pensó.

No había necesidad de precisarle la cuestión de fondo: Spanitra tenía relaciones demasiado estrechas con la Mafia, cosa problemática ahora que el «hermanísimo» Roland había empezado a perseguirlos. No iba Justin a negar que Spanitra era quien había convencido a Campana de que hiciera el fraude electoral en pro de Kilmory; posteriormente la Mafia le había comprado la primaria de Virginia Occidental y luego, en la elección general, había movido las palancas en Illinois y Texas. Pero ahora todo eso era historia y ya carecía de relieve, en contraste con la impresión que daría si se quedaba en la mansión de Spanitra.

—También le quedo muy agradecido a Hank por haber ayudado con los espectáculos de la toma de posesión. Dile que no dejaré de tenerlo en cuenta en el futuro.

—No sé si ese parche lo va a calmar, Justin, pero se lo diré, —terminó diciendo Crawford antes de colgar, totalmente desconsolado.

Justin repasó las ceremonias de la inauguración. No cabía duda de que Spanitra se había ocupado del entretenimiento luego del amañado escrutinio. Junto con los demás de su Brat Pack —brillando por su ausencia Jammy Spavis, Jr., cuya supresión había solicitado el propio Justin—, Spanitra fue el principal organizador de los espectáculos y festejos sin costo alguno para el Partido Demócrata ni para el propio gobierno. Incluso le había inventado una nueva letra a la popular canción «High Hopes» para ponerla a tono con el estilo y situación de Kilmory, por lo que se convirtió en el tema musical de toda la campaña, con gran eficacia. Ahora, en consulta con su hermano y sus asesores, Justin concluyó que había tocado a su fin la utilidad de Spanitra.

Algunos afirman que ello coincidía con el patrón kilmoriano de aprovecharse de quienes pudieran solo mientras fueran útiles y nada más. La Mafia también sufrió esa suerte ulteriormente, pero en este caso a los Kilmory les costó cara la osadía.

Como le tocó a Crawford transmitirle la mala noticia a Spanitra, levantó el teléfono con ansiedad y mano temblorosa.

—Lo lamento mucho, Hank, pero me han pedido que te comunique algo —empezó a tantear.

—¿Ah sí? ¡Bueno, no te molestes, hijo 'e puta! Ya me he dado cuenta —le espetó tras haberlo sospechado por la demora en confirmársele la visita presidencial—. Después de todo este trabajo, tus cuñados me quieren echar a la basura, ¿eh? Bueno, ¡que se vayan pa'l carajo ellos y tú también, mariconazo! —Poco le faltó para mandar al infierno al mismo presidente Justin Kilmory, pero se aguantó. Nunca se sabía quién estaba escuchando. Mejor era soltarle la andanada al inofensivo de Crawford.

—Hank —le imploró Spanitra—, no es culpa mía. Hice lo más que pude para convencer a Justin de que quedara bien contigo, de que cumpliera, pero nada. ¡Te lo juro!

—¡Claro que es culpa tuya, hijo 'e puta! Me dijiste que los Kilmory cumplirían, ¡y ahora mira! La cagaste. ¡Jódete! ¡Hemos terminado, maricón de mierda! —Spanitra le dio un colgón y nunca más le volvió a hablar a Jeter.

Si Spanitra estaba furioso, Campana lo estaba aun más. No era solo que la Mafia, bajo su liderazgo, había arreglado la elección a favor de Kilmory, sino que ahora, antes de que la traición se tornara en hechos e incluso antes de que empezara a ponerse en práctica, él había colaborado con los Kilmory en el plan de la CIA para liquidar a Costra; si el complot no había resultado era por circunstancias ajenas a su voluntad.

Pero había más. Campana contaba que en un momento dado le había protegido las espaldas al presidente resolviéndole un delicadísimo problema provocado por un restaurantero de Los Angeles. Este había iniciado un intrincado litigio matrimonial en que iba a nombrar a una serie de celebridades como amantes de su mujer, aspirante a estrella de la pantalla. Entre los acusados de provocar su divorcio citaba a Justin Kilmory, al propio Hank Spanitra, a otros del Brat Pack y a Kerry Lois, un cómico que era conocido mujeriego pero lo mantuvo todo bien tapado, o casi.

Cuando Kerry se enteró del juicio en ciernes, Jessica Cameron Everette trabajaba para él en un puesto «de adorno» que esperaba le permitiera acostarse con esa hermosura. Por esa etapa Kerry, que era ya un manojo de nervios, estaba medio loco pensando en el escándalo.

—Oye, mi amor —le dijo a Jessica todo meloso y conociendo sus conexiones—, ¿tú crees que me podrías dar una mano con este problema?

—Bueno, podría llamar a Sal —le dijo como quien no quiere la cosa—, a lo mejor puede hacer algo.

Fiel a su palabra, así lo hizo y Campana resolvió el problema de la noche a la mañana. Pero más adelante cuando Kerry vio que Jessica no quería acostarse con él y ya no le pareció útil, la despidió sin previo aviso. No tardó mucho la joven en quejarse con Campana del trato que le había dado Kerry, y muy pronto este recibió una llamada del capo.

—Óyeme, mariconazo hijo 'e puta, cómo te atreves a despedir a Jessica? Quiero que sepas que mientras ella quiera sigue siendo empleada tuya, ¿me entiendes?

Aterrorizado, Kerry se amelcochó pidiéndole mil disculpas y perdones. Como le pagaba sólo $100 por semana, su sueldo no representaba gran cosa en su economía empresarial, pero ella no se presentó para reclamar su puesto por desinteresarle el dinero.

Habiendo tenido noticia del incidente, el presidente Kilmory se encontró con Kerry en una recepción y aprovechó la oportunidad para echarle una pulla.

—Hola, ¿Kerry, has visto a Jessica últimamente?

Confundido, Kerry no supo qué contestarle.

Más adelante, cuando Kerry montó su *show* en un hotel de Las Vegas, Campana aprovechó para vengarse. Pidió asientos en primera fila para él, Jessica y uno de sus secuaces. Los tres se sentaron como muñecos sin reírse ni aplaudir siquiera durante toda la función. Cuando Kerry los vio se puso tan nervioso y ansioso que empezó a sudar a gruesas gotas, haciendo un desastre total del espectáculo. Fue sin duda el *show* más largo de la carrera de Kerry, en tanto que Jessica, Campana y el secuaz se divirtieron de lo lindo.

El litigio del marido celoso por fin se arregló cuando Campana dio órdenes a Jake Rosetti, su agente hollywoodense, de que interviniera antes de que el escándalo se hiciera público. Luego de recibir lo que sin duda debió haber sido una fuerte suma de los involucrados en peligro de ser denunciados, Rosetti le puso presión al infortunado restaurantero: le comunicó que, en fin de cuentas, podría perder mucho más que su mujer. Misteriosamente, engavetó la demanda.

Y según Campana Kilmory siguió tan campante, sin reconocerle nada.

* * * * * * *

Aunque Jeter Crawford no tuvo la culpa de que el presidente cancelara su visita a la mansión de Spanitra en Palm Springs, el cantante le dio duro. Crawford era su contacto en las relaciones con los Kilmory, puesto que era su cuñado y hombre de confianza, casado con Pamela, hermana de ellos. Spanitra le echó un regaño despiadado sabiendo que era débil y que podía humillarle impunemente. En realidad era un objetivo que estaba a mano y que jamás soñaría con desquitarse. Contaba con que su reacción sería tan floja como siempre. Sin importarle que hubiera hecho su mejor esfuerzo para evitar la cancelación de Kilmory, Spanitra sencillamente ignoró sus razones. Al fin, siempre tenía que desahogar su ira contra alguien.

Spanitra tenía una clásica doble personalidad: de un momento a otro podía ponerse iracundo y violento, metiéndose en peleas a puñetazos con cualquiera que se le atravesara. Tenía fama de guardar rencores indefinidamente y así lo hizo con Crawford tras haberlo soltado cual papa caliente. Aunque ocasionalmente se encontraba con los Kilmory al venir a ceremonias a Washington, siempre ignoraba a Crawford en cada oportunidad que se le presentara.

Para Spanitra, la lealtad era una virtud esencial. Así que la rabia que le dio cuando el nuevo gobierno no cumplió el compromiso de dejar tranquila a la Mafia le dolió doblemente porque afectó a sus «socios». También para él resultó muy grave ya que pudiera haberse interpretado como culpa suya, tal cual lo fue. En consonancia con ello, fue uno de los que sintieron gran alarma cundo Roland, apenas asumió el cargo de secretario de justicia, empezó a apretarles los tornillos a los mafiosos, y eso que al propio tiempo la CIA los utilizaba para atentar contra Costra.

Es más, Roland se ocupó de hacer hincapié, en una declaración pública al asumir su cargo de que una de sus prioridades en el Departamento de Justicia sería nada menos que la lucha contra la criminalidad organizada. La mayoría de los norteamericanos, conscientes de las actividades de la Mafia—en contraste con la idea de H. Everette Hooper, director del FBI, de que «no existe»—estaban muy lejos de convencerse de que los mafiosos eran tan terrible amenaza para el país y mayormente indiferentes a que se estableciera como meta importante acabar con ellos. Ningún otro gobierno, ni antes ni después, lo ha proclamado como uno de los principales objetivos del Departamento de Justicia, en muchos casos debido precisamente a que estaban en contubernio con la propia Mafia.

La traición a la Mafia, que parecía iba en serio, acarrearía consecuencias insospechadas.

Capítulo XVII
CO-CONSPIRADORES

Claudio Mariello sabía que sería difícil convencer a los demás capos de que su propuesta sería viable y justificaría el riesgo. Pero tenía que intentarlo, hacer su mejor esfuerzo, porque para él, nada más iba a resolver el problema de la cofradía mafiosa. Ninguna solución «a media nalga», como le gustaba decir en su habla vernácula con leves entonaciones italianas, «iba a conseguir otra cosa que resultados de media nalga». Y lo que necesitaba el bajo mundo no era sino una solución cabal y definitiva.

Bien conocía la consigna hitleriana de «la solución final» respecto a los judíos, y de cierta manera le tenía, en secreto, admiración. Salvo que, para su mentalidad fría y mecánica, Hitler tenía que haber sido retardado para pensar que sería capaz de acabar con toda una raza, con la totalidad de un grupo étnico de decenas de millones en el mundo entero. ¿Por qué molestarse en eso?, calculó en la especie de cerebro rumiante con que pensaba. ¿Acaso no era suficiente «tumbar» a un líder o dos y así conseguir que los seguidores se arrodillaran? Obviamente era mejor explotar a ese grupo étnico y hacerle pagar por su propia supervivencia, antes que gastar energía y recursos para aniquilarlo.

El empeño de Hitler en exterminar a los judíos era, según su proceso mental materialista e insensible— una operación a escala industrial en aras de un desperdicio estúpido, sin tener en cuenta para nada su inhumanidad. Pero eso no le preocupaba mucho, acostumbrado como estaba a matar cada vez fuera necesario por razones personales, antojadizas o simplemente comerciales. Lo fundamental para él era que sencillamente carecía de sentido, sobre todo en el aspecto práctico-económico, como cuestión de eficiencia.

Su racismo no era tan intenso como el de Campana. A este se le conocía por su odio a los afronorteamericanos, demostrado tranquilamente a ocasiones, como la vez que despreció a Jammy Spavis, Jr. en un espectáculo de Las Vegas. Cuando a Jammy le pareció que Campana no disfrutaba de su *show,* se preocupó tanto que tan pronto lo concluyó se acercó a su mesa tan humildemente como pudo y dijo: «Me gustaría invitar a tan distinguidos huéspedes como ustedes a tomarse una copa conmigo, ¿les parece?»

—No tenemos tiempo, —le replicó Campana con una sonrisa burlona. Jammy se sintió despreciado y se retiró. Luego explicó que estaba casi muerto de miedo de haber dicho o hecho algo que no le cayera bien al capo. Más tarde Jessica se quejó con Campana por ser tan duro con Jammy que, al fin y al cabo, sólo trataba de complacer. No era culpa suya si a Campana no le gustaba su color.

La Mafia italiana en general —con excepción de Spanitra, que no era mafioso profesional sino aficionado que se imaginaba miembro de la cofradía— era notoriamente contraria a la gente de color y los excluían totalmente. Los hispanos también brillaban por su ausencia. Por cierto que tampoco les tenían mucho afecto a los judíos, aunque sí había algunos en su plana mayor, por lo general en posiciones más cerebrales que «musculares». Dos ejemplos notables eran Manny Lendsky y Bert Seidel. A este último lo ejecutaron espectacularmente en la casa de su novia en Los Angeles, a fines de los años '40, tras haber despilfarrado el dinero mafioso en la construcción del pionero Hotel Flamingo, primer casino de Las Vegas.

En este caso la «solución final» del problema de la Mafia, pensó Mariello, podría implementarse precisamente de la manera que Hitler no lo hizo: eliminando un líder o dos. Cierto es que era arriesgado, pero todo en la vida plantea un riesgo. Y hacía falta correr un riesgo grande para resolver un problema grande.

Así que Mariello decidió presentar su plan al pleno de los capos. Lo planteó de modo sencillo, directo y tajante. Como era de esperar, los jefazos se mostraron escépticos, cuando no sumamente preocupados de que la reacción oficial sería la de apretarles las tuercas y perseguirlos hasta aplastarlos totalmente. No había duda de que la Mafia contaba con los recursos para cumplir la misión que planeaba Mariello. Era únicamente cuestión de voluntad. Mariello calculó que lo que estaba gestando produciría resultados tan ventajosos para las familias mafiosas que no podría dejar de conseguir apoyo más que suficiente entre los capos y sus cómplices. Uno de estos era Ricky Hofstra, cuyo odio a los Kilmory era legendario y que ya estaba abogando para tomar medidas contra el presidente, apalancando sus ambiciones con el enorme Fondo de Pensiones del Sindicato de

Camioneros (Teamsters Union), el cual presidía y cuyos millones facilitaba a la Mafia para todos los planes sucios y corruptos que les produjeran jugosas ganancias.

Hofstra no soportaba más la presión de Roland Kilmory, que para entonces amenazaba con acusarlo de delitos como para encarcelarlo durante años. Había mala sangre, pues ya Roland había tenido acalorados encuentros con él en audiencias congresuales.

En su puesto del Comité Senatorial contra Negocios Ilícitos, que investigaba a la Mafia, Roland había interrogado duramente a Hofstra cada vez que le obligaban a testificar. Pero como por entonces se carecía de pruebas suficientes para acusarlo, nunca lo enjuiciaban.

Molestísimo por ello, cuando Roland pasó a ser secretario de justicia decidió aprovechar al máximo su posición y sus recursos para caerle encima a Hofstra, uno de sus objetivos prioritarios en la criminalidad organizada. Aun cuando Hofstra no era precisamente jefe de una «familia», era casi como si lo fuera, tomando en cuenta todos los recursos y el poder de que disfrutaba.

A Hofstra nunca se le olvidó que, mientras lo interrogaba ante el comité congresual, Roland se atrevió a burlarse de su masculinidad. En un momento dado, Hofstra se permitió responder con una risa burlona, a lo cual Roland le ripostó que a su juicio «solo los mariquitas respondían con risitas» a preguntas difíciles. Fue ahí cuando Hofstra, que se jactaba de ser machote y muy recio, se decidió a cobrárselas... en cada oportunidad que se le presentara.

También se produjo un encuentro no divulgado por la prensa que ocurrió en la propia sede del Departamento de Justicia. Hofstra y su abogado Kirk Pagano, junto con un socio, habían acudido al Departamento a recoger documentos relativos a la batalla judicial en marcha. Roland había acusado a Hofstra de corrupción, soborno y otras fechorías, y quería verle la cara al entregarle los documentos. Pero cuando este y sus acompañantes llegaron a la hora señalada les dijeron que tenían que esperar. El secretario de justicia había salido a pasear su perro. Pasaron cuarenta y cinco minutos cuando Roland por fin se apareció, le entregó el perro a un ayudante y entró a donde Hofstra lo esperaba. Furioso, este le espetó una andanada de insultos.

—¿Quién coño te crees que eres, hijo 'e puta? ¡Hace cuarenta y cinco minutos que le estamos esperando mientras usted saca a pasear su puto perro! —Lo tuteaba y a la vez no. Antes de que nadie se diera cuenta el forzudo de Hofstra, que levantaba pesas, estaba estrangulando al secretario de justicia a mano limpia. Según Kirk

Pagano, Hofstra pudiera haberlo asfixiado de una vez si no hubieran intervenido. Roland se retiró tambaleante sin decir media palabra y jamás hizo alusión al incidente.

—Muchachos, no lo van a creer —dijo Mariello—, pero escúchenme lo que les voy a decir y se darán cuenta clara de lo que tenemos que hacer. Sacar a «Booby» de circulación no servirá para nada —agregó, endilgándole el nombrete preferido con que lo degradaba, cuyo significado no es otro que «bobera». Se encontraban solos en un gran salón en la mansión de opulento mal gusto del jefazo en las afueras de Nueva Orleans, mientras sus secuaces aseguraban todas las puertas y vigilaban los predios por todo el derredor. No querían que se repitiera el enorme corre-corre de pocos años atrás en Appalachin, estado de Nueva York, cuando la policía, alertada por un soplón, persiguió y acorraló a docenas de capos sorprendidos en una reunión al nivel supremo.

—Mira, Claudio, no sé. Me parece que tumbar a Roland resolverá el problema y será mucho menos peligroso. —Campana manifestó lo que parecía ser el consenso. A nadie jamás se le había ocurrido un atentado contra un secretario de justicia en funciones, ni menos un presidente. Se oyó un coro de voces aprobatorias en el salón, lleno de humo y mal iluminado. Como precaución adicional, habían cerrado las ventanas y cortinas. Hacía calor.

—Ojalá. Yo encantado con eso si fuera a dar resulta'o —dijo con su estilo desgarbado—. Pero... —Mariello pausó para aumentar la expectativa—, la cosa es al revés, señores. Si tumbamos al Booby, su hermano el presidente va a mandar los «marines» a liquidarnos, ¡y sabe Dios qué más! Nos irían a buscar en casa 'el carajo. Cojones, meternos en eso sería suicida, apaga y vámonos. Sería la guerra a muerte y nos liquidarían.

—Bueno, y si le tumbamos al «Presi» Giustino, ¿qué coño crees que sería el próximo paso? No se irían a quedar tranquilitos, ¿no? —Campana echó una bocanada de puro humo de su habano, mientras echaba una mirada a su alrededor para calcular la reacción.

—Señore', acuérdesen del viejo refrán: ¡A perro que te muerde le corta' la cabeza, no la cola! —dijo Mariello con su mala ortografía oral, mirando satisfecho a su alrededor y disfrutando de su dominio de la situación.

—Bueno, ¿y...? —Dijo alguien desde el fondo.

—Bueno, y sin cabeza, ¡cómo coño te va a mordé'! —Mariello echó una mirada burlona, autosuficiente.

—Me parece bien, Claudio. ¿Pero cómo sabemos si luego de tumbar al «Presi», el hermanísimo Roland no va a caernos atrás con todo el poder de fuego del gobierno federal? —Guido Condottieri, el delegado de la familia Gambino, no se convencía, insistiendo en sus razones.

—Oye, Guido, ¿tú sabes quién coño queda «Presi» una vez tumba'o Kilmory, no? —El gordiflón apenas cabía en su ropa. —Pues nuestro socio Jameson, ¡nada menos! Y sé de buena tinta que no va ' levantá' ni el dedo meñique. Es más, muchachos —dijo despacito, saboreando las palabras— pudiera agradecernos el favor—. Habiendo jurado guardar el secreto, se cuidó de no decirles
a los otros capos el trasfondo de la cuestión. La conspiración anti-kilmoriana era un plan muy compartimentado y no hacía falta más para darles una vaga idea. Observó engreído el cambio de ambiente. Lo sintió como quien da un martillazo con toda precisión en el centro del clavo.

—Está bueno eso, Claudio, ¿pero cómo vamos a asegurarnos de que el «Presi» de veras nos dejará tranquilos? Campana se mostró escéptico. Aunque lo de Mariello parecía tener sentido, no iba a dejarse llevar así de fácil. Quería escuchar el plan completo de boca de Mariello. Se quitó el sombrero y puso los pies sobre una silla que tenía delante, como diciendo «vamos, a ver si nos convences».

—Por lo que dice Claudio no creo que Jameson nos va a dar ningún problema, Sal —intercedió Traficant—, pero sigue adelante, Claudio —le cedió la palabra, cancelando en la práctica la pregunta de Campana.

—Mira, Sal—, siguió Claudio, aunque ganas tuvo de decirle «Luni», cosa que solía hacer en privado y no ante testigos— nadie pue' estar seguro de lo que nadie va a hacer —dijo, haciendo gala de su poquísima instrucción—. Eso lo sabemo' tú y yo. Pero además, como sabemos, tenemos trapo' sucio de sobra de Jameson. Y podemos adverti'le que los vamos a usar... igual que to'a la mariconería que le sabemos a Hooper y que le ha cerrado el pico to' estos año'. Como esa foto que consiguió Lendsky en que el viejo se la está mamando a Towson, su mariconcito subdirector —agregó riéndose con a rienda suelta—. Como dice Lendsky, «así lo tenemos capa'o».

—Viejo —interrumpió Campana—, pero si estamos hablando de Jameson y no de Hooper. —El camaján se cuidaba de usar un lenguaje algo más pulido, aunque demasiado para sus *fratelli,* los cuales resentían en silencio su aire de lo que para él era superior instrucción.

—Bueno, Sal, no te pue'o decir más que lo que ya te dije sobre la actitú' de Jameson. Pero aquí entre yo y tú, como te decía —agregó con una sonrisita picarona—, creo que va a estar con nosotros. —Pausó para que las palabras tuvieran efecto y luego añadió, como si fuera algo de menor importancia—: además, to'os sabemos que hace años que acepta la coima nuestra, y eso sigue como si na'. Así que... ¿ejtá claro?

—Claudio, lo que «ejtá claro» —le echó una burla mal disimulada— es que pareces estarte guardando algo. —Campana le dirigió una mirada suspicaz, echando bocanadas de humo de su habano y devolviendo los pies al piso.

—Mira, Sal, déjame decirte que Jameson tendría que estar más loco que una cabra pa' arriesgarse con nosotros, que lo pusimos de vice —afirmó Claudio, ignorando la pregunta de Campana y aferrándose al adagio de que a menor número de enterados se guarda mucho mejor un secreto—. Jameson no sería vice si no le hubiéramos arreglado la elección. Nos debe un montón. Además, si llega al trono seguro que va a querer controlarlo to' con el poder firme en sus manos, y eso no le va a ir bien si le damos guerra como sabemos hacerlo. Y déjame decirte, encima de todo los Kilmory le van a pedir, qué digo, le van a rogar que lo encubra to'. Si alguien empieza a revolver la olla, el fango que va a salir le va ' meter peste a to'a su a'ministración, y eso, mi amigo, lo va a hundír a él *y de paso* a to' el resto del basurero clan kilmoriano. Pero miren, *fratelli*, ¿saben cuál es el golpe de gracia? No quiero entrar en mucho detalle, pero como ya saben algunos de ustedes los Kilmory siguen buscando tumbar a Costra y derrocar su gobierno. Ellos no se van a arriesgar a to' ese lío. Además, el FBI de nuestro socio Hooper no se le va a atravesar, ¡si él le tiene tanto odio a lo' Kilmory como Jameson! Lo mismo que los tipo' de la CIA, ¡puro odio!

Engreído hasta las uñas, Mariello paseó la vista por su alrededor antes de echarle una miradita cómplice a Traficant, sabiendo que podía contar con él. Este captó la corriente en seguida.

—Caballeros, yo me reuní con Rosetti en el Sands en Las Vegas hace apenas una semana y discutimos toda la situación —Traficant metió su cuarto a espadas—. Y saben qué: llegamos a la misma conclusión. Esos mariconazos Kilmory nos están jodiendo y vamos a meternos en peores líos si no los neutralizamos. La única manera de hacerlo es tumbando al número uno, porque sacando al número dos o tres lo que vamos a hacer es echarle leña al fuego. Además, ya contactamos a nuestros infiltrados en la CIA y el FBI y dicen que ellos no... nos... van... a dar... ningún..., pero ningún... problema. —Estiró las palabras una por una para subrayar su conclusión.

Campana pareció enmudecer momentáneamente, pero se recuperó en seguida, dándose cuenta de no estar tan bien enterado.

—¿Y ahora nos lo vienes a decir, Sandy? Te lo tenías bien guardado, ¡eh! —Intentó tomarlo un poco a la ligera para que no pareciera tan evidente que no lo habían tenido tan al tanto como debían.

—Bueno, Sal, tampoco es así de precisa la cosa, pero digamos que pinta bien—, le contestó Traficant—. Todavía falta darle algunos retoques a todo esto.

—Okei, caballeros. Pero ¿cómo vamos a estar seguros de que no nos están metiendo un paquete sólo pa' ver si nos lo tragamos? —Campana les tiró una carnada a ver qué le iban a responder. Observó atentamente a los capos, alerta a la más mínima reacción. Pero lo único que hubo fue un par de sonrisas.

—Bueno, si así lo hacen, nos vamos a dar cuenta en seguida, antes de poner la operación en marcha, así que ni se preocupen. Yo me encargo de eso. —Mariello también echó su palabrada, decidido como estaba a ganarse la aprobación de los demás capos. Se guardó muy bien no solamente que tenía conocimientos de fondo e información privilegiada, sino el hecho de tener especial interés personal en el atentado a Kilmory, en contraste con el resto de los caciques.

—Bueno, Claudio, si tú te haces responsable yo podría estar de acuerdo. —Campana respondió cauteloso, viendo que su criterio sería minoritario y no valía la pena oponerse, aunque seguía con sus reservas. Hablaría en privado con Claudio luego de la reunión, para averiguar lo que no había querido revelar. Él, en su posición de *capo di tutti capi,* tenía derecho a saber y a hacerse respetar.

—Muy bien, yo acepto, Sal —respondió Mariello, tomándole la palabra en el momento preciso. Ahora que todos los capos máximos estaban prácticamente a bordo, empezaría a poner en práctica su plan. Pero no pudo resistir un razonamiento más.

—Encima de todo esto, otro punto, si me permiten. Jameson y los Kilmory se odian a muerte, pero están de acuerdo en una cosa: no van a querer que nadie se entere de los trucos con que les dimos el gane en las elecciones. Sin nosotros, nunca hubieran ganado. Así que los tenemos a to'os ellos en el bolsillo. Y Jameson es mucho más listo que los Kilmory. Él está con nosotros, pero en grande. —Le echó a Campana una mirada cómplice.

—Estoy contigo, Claudio —le dijo Traficant antes de que Campana intercalara alguna riposta—. Viéndolo así hay que concluir que hay menos riesgo en tumbar a Giustino que a su número dos. —Traficant prefería italianizar el nombre de pila del presidente, por si alguien escuchaba. Una vez que asuma el cargo, Jameson no nos va a perseguir. ¿Para qué? Y a mi juicio Roland se estará cagando de miedo que delatemos todo lo sucio que le sabemos a él y a su hermano mayor.

—No estoy tan seguro de que no nos estemos metiendo en camisa de once varas, muchachos, pero si así lo piensan ustedes... —Campana sonrió levemente para que no pensaran que estaba muy preocupado. Tenía algunas reservas, pero se las guardaría hasta hablar en privado con Mariello. Se puso el sombrero y se levantó, impaciente por darle fin a la reunión.

—Y por si acaso —agregó Mariello mirándole a los ojos a Campana sin imitar su movimiento de salida—, así queda claro nuestro mensaje a la plana mayor que la próxima le' toca a *ellos* si nos dan problema. Creo que no, que no se van a atrever. —Hizo una pausa para quitarle la punta de la ceniza al puro. La habitación estaba llena de humo y él, también, estaba deseoso de poner punto final. —En to' caso estos maricone' ya nos han jodí'o demasía'o —terminó diciendo con su tosca habla y lenguaje corpóreo. Hizo una señal a un secuaz para que abriera una ventana.

—¡Seguro, sí, claro! —coreó un grupo de capos, con algunos «coños» y juramentos.

—¡Son una partida de maricones y traidores! —exclamó Condottieri, quien vestía un traje carmelita claro de la mejor calidad y hecho a la medida que a Campana le pareció muy alardoso para la ocasión.

—¡Ahí está! Y no vamos a dejarle' que se salgan con la suya. Le dimos la presidencia a Giustino, y ahora lo vamos a destituir. ¡Pa'l carajo! Chasqueó los dedos para más énfasis. Fue como «puntillazo en el ataúd», como le gustaba a Mariello decirlo. Se levantó la sesión.

Mariello se lo había guardado bien, pero encima de todo el resentimiento, rabia y sed de venganza, tenía una razón personal sumamente ponderosa para el atentado. Su informante en el Departamento de Justicia le había dicho que Roland Kilmory estaba preparándose para soltarle otra lista de causas criminales destinadas a ponerle tras las rejas por largo tiempo, o incluso volver a deportarlo, esta vez oficialmente y para siempre.

Campana esperó a que hubieran salido los demás para aproximarse a Mariello.

—Claudio, ¿qué pasa? ¿Te estás reservando algo?

—Ten fe, Sal, to' va a salir bien. Mira, tenemos el okei de arriba, ¿entiendes? —apuntó al techo a la vez que mantenía la vista fija en Campana—. No quise decir nada a'lante 'e los demás, pero es lo que pasa tras bastidores. No te preocupes, que luego te cuento más detalles. Por el momento... —se puso el índice en los labios para darle a entender sin palabras a la vez que le cedía paso a la puerta con gran respeto.

—Bueno, está bien, Claudio —le contestó Campana sin mucho ánimo—, pero no te olvides de ponerme al día, ¿eh? Miró fijamente a Mariello, algo más satisfecho pero descontento de que no lo había mantenido al corriente. Había visto este tipo de situación cuando se atentaba contra alguien de alta jerarquía, pero nunca en esta escala. Una conspiración de tal magnitud era asombrosa y le molestaba que Claudio la tuviera en manos y lo dejara él a un lado. Archivó el detalle en su prodigiosa memoria para referencia futura y echó a andar pensando «más le vale cumplir conmigo».

Mariello se fue a un aposento contiguo, levantó el teléfono y llamó al contacto de Rosetti en Los Ángeles para darle la noticia, valiéndose en parte del dialecto siciliano y empleando voces en clave para confundir a los interventores telefónicos del gobierno federal. Si bien Rosetti se encontraba hospitalizado con un rebrote de tuberculosis, dolencia de la que había sufrido periódicamente desde la niñez, en un par de días le devolvería la llamada desde un teléfono público.

Ya pronto la Cosa Nostra tendría lista la trampa anti-Kilmory con una garantía de inmunidad casi hermética. Ahora, sería cuestión únicamente de tiempo y del calendario. Y lo mejor para la Mafia era que sería una operación lucrativa, o sea, miel sobre hojuelas.

Capítulo XVIII
CONTRAATAQUE

Claudio Mariello no podía haberse puesto más contento cuando Gustavo Covadonga le dio el mensaje de Costra. Ya había decidido congelar todo atentado más contra ese personaje tan escurridizo. Para él era una pérdida de tiempo motivada por una *vendetta* personal de Kilmory y no por ninguna consideración de orden práctico. Como ya se había hecho el propósito de poner a Kilmory en la mira, y habría probable impunidad gracias a las señales positivas recibidas «de arriba», Mariello recibiría con gusto lo que Costra quisiera pagarle. Y no era que no le hubiera gustado librarse también de Costra —«ese ladrón mentiroso y traicionero», como le gustaba caracterizarlo— y recuperar para la Mafia el lucrativo mercado cubano de drogas, prostitución y juegos de azar que, para colmo, estaba exento de toda interferencia de parte del gobierno estadounidense.

—Dile al señor Fingenio que vamos a discutirlo entre nosotros y le avisamos en pocos días —dijo, esforzándose por hablar clara y pulcramente—. Y no se te olvide decirle que por mi parte vamos ' hacer nuestro mejor esfuerzo; pero primero, y no tengo que decirte porque ya sabes cómo trabajamos, tenemos que darle el visto bueno a nuestro más alto nivel. —A Mariello le pareció una elegante y diplomática manera de expresarlo, agregando luego—: No dejes de decírselo así: «el visto bueno al más alto nivel y, si le dan el okei, haremos nuestro mejor esfuerzo». ¿Entendido, Gustavo? —Terminó su perorata convencido de que se había expresado magistralmente.

En sus ínfulas, Mariello sonrió maniobrando su icónica batuta mafiosa: un gran puro, cuyo humo raras veces aspiraba a los pulmones. Costra no se enteraría ni sospecharía siquiera que ya se estaba gestando una conspiración contra Kilmory, y que la Mafia, ya airada con el presidente, iba a ser el instrumento para la aplicación práctica de esos sentimientos. Tomó nota mentalmente de ponerse pronto en contacto con Traficant y Rosetti, poniéndolos al día de los acontecimientos, siendo que Traficant era quien se ocuparía de la dirección general, fecha y logística.

Bien recordaba cuando a Traficant lo mantuvieron detenido en Triscornia, la cárcel al otro lado de la bahía habanera para extranjeros criminales o indocumentados. Costra lo soltó únicamente cuando Traficant le pagó rescate y le prometió trabajar para él en espionaje y «asuntos conexos» desde EE.UU. Dado que el mafioso podría ser muy valioso en esas funciones, Costra consideró que valía la pena.

Por no estar sometido a tanta vigilancia oficial, Rosetti se encargaría de los aspectos y detalles más pragmáticos.

—Seguro, don Claudio. Puede estar seguro de que repetiré sus palabras a la letra, —le dijo Gustavo con la mayor sinceridad que pudo. —Y tengo la clara impresión de que estará complacido de oírlo —añadió al darle un apretón de manos, poniéndose de pie para despedirse.

—Ah, y asegúrese de hacerlo en persona. Ni soñar con usar este aparato —apuntó su H. Upmann, traído de contrabando de Cuba, a un teléfono prieto haciendo la mueca de quien mira un veneno—. Aquí en este país el maricón ese de Hooper graba todas las líneas telefónicas que le da la gana, sobre todo cuando no le dan autorización judicial. —Se sonrió de su propia ocurrencia.

—¡En absoluto! —Gustavo se rio echándole una mirada de inteligencia y luego al cielo, como diciendo «más vale que me parta un rayo». Ganas no le faltaron de decir alguna viveza, pero se controló. ¿Acaso se le ocurriría al capo que iba a llamar a Costra para darle la noticia?

Mariello sonrió y chupó una bocanada de humo. Tuvo intención de decir que no era «probable» que H. Everette Hooper fuera a interferir con un atentado contra Kilmory, pero se sujetó la lengua para no dar ni el menor indicio de lo que se tramaba. Pensó que era casi seguro que Hooper formaba parte de la conspiración anti-kilmoriana, igual que otros altos funcionarios. Tuvo presente que el Vicepresidente Jameson era amigo y vecino de Hooper, viviendo ambos en el elegante barrio capitalino de Rock Creek Park. ¿Quién sabía lo que tramaban en sus conversaciones privadas pegados a la cerca de sus colindantes patios a través de los años, y hasta hoy en día?

Al menos por el momento Mariello estimó prioritario mantenerlo todo tan compartimentado como fuera posible. Bien sabía que así se conducían las grandes operaciones de espionaje, en paralelo a las de la propia Mafia.

—Hooper es un zorro hijo 'e la gran puta —concluyó.

—De eso estoy seguro, don Claudio. He oído hablar de sus *curiosas* costumbres. —Levantó una ceja para subrayar su doble sentido.

Mariello tomó nota y se sonrió sabihondo, colocando los pies sobre su enorme y vacío escritorio, prácticamente sin un solo papel con excepción del periódico de Nueva Orleans, el *Times Picayune*. Su profesión, pensó, como si alguna vez hubiera puesto algo por escrito, tenía una gran ventaja: no había papeleo.

—Veo que tú también has tenido noticia de eso, Gustavo. —Soltó una risita burlona.

—María, otro *mint julep,* por favor y una tacita de café para el señor Gustavo. —No se molestó en preguntarle si le apetecía. —El del estribo siempre tiene que ser café, mi socio —observó—, si vas a manejar. No te conviene meterte en ningún lío. Con un tiquete por manejar borracho te hacen un cateo del vehículo, ¡y sabe Dios!

Orgulloso, miró a lo que para su gusto era un lujosísimo entorno y observó, por la ventana panorámica, a su jardinero mexicano trabajando en los rosales según las indicaciones de su esposa, que gustaba de dar instrucciones a los empleados. Era mejor, tratándose de ciertas cosas, mantenerlas a distancia. No estaba seguro si eso se aplicaba a la jardinería, a la mujer, o a ambas cosas.

Muy pronto haría gestiones para enterarse mejor del papel de Hooper en el plan para tumbar a Kilmory; así conocería cuánto riesgo, o cuán poco, habría en llevar a cabo las operaciones del atentado. Si podía contar con que el FBI ayudara en lugar de obstruir, todo se facilitaría. Tenía información confidencial de que por ser enemigo acérrimo de Kilmory, Hooper controlaría la situación a fin de darle más libertad de acción a la Mafia. Además, con un estrecho amigo y aliado como Jameson en la Casa Blanca, esa espina que Hooper tenía clavada en el costado desde hacía casi tres años, o sea su presunto jefe el secretario de justicia Roland, estaría socavado y totalmente impotente.

Mariello confiaba en que cuando el FBI ya no estuviera sujeto a los mandamientos de ese «culicaga'o de Booby», cuyos años de edad eran menos de los que tenía él, Hooper, como director del Buró Federal, la situación cambiaría radicalmente. Mejor aun, de presidente, Jameson no solamente dejaría a la Mafia tranquila sino que con la ayuda de Hooper encubriría sus actividades.

Indirectamente, a Caludio Mariello ya le habían pasado pistas de que podía contar con Jameson, al menos para controlar la situación en caso de que algo le pasara a Kilmory. Pero no tenía dudas de que había más detalles.

Gustavo sorbió por pura cortesía el café al estilo norteamericano, que los cubanos llaman «agua sucia» y ansiaba tomarse un buen cafecito, más conocido entre los anglos con su nombre italiano, *espresso*.

—Bueno, Gustavo, ya sabes lo que tienes que hacer, ¿eh? —Le echó una mirada cómplice.

—*Assolutamente*, don Claudio —dijo, haciendo gala del mínimo italiano que sabía. Mariello ni pestañeó—. Puede contar conmigo. Además, no vamos a correr ningún riesgo. —Gustavo usó el plural, *vamos,* para abarcar a todos los participantes... aunque seguía preguntándose si de algún modo podría arreglárselas para comunicarle la conversación a Costra sin tener que volver a Cuba. No tenía ningunas ganas de verse ante un pelotón de fusilamiento en Costralandia, lo cual era siempre posible aunque su misión culminara en éxito, ya que su sentencia de muerte no estaba sino suspendida temporalmente. La perspectiva menos mala era que le dieran una larga condena carcelaria. Lo malo era que si no regresaba sus padres sufrirían en lugar suyo. Sabía bien lo que Costra era capaz de hacerles. Inesperadamente, Gustavo se dio cuenta, no sin cierta dosis de humor, de que se fiaba más de los mafiosos italo-norteamericanos que del capo cubano: Costra.

—Okei, Gustavito, ni media palabra. —Con el acostumbrado gesto del dedo índice a los labios, Mariello le respondió con la familiaridad de no hacía mucho cuando se frecuentaban en La Habana, pues el capo era de los embajadores de la Mafia y le gustaba combinar su oficio con algo de diversión. —El secreto tiene que ser absoluto —concluyó en un tono de punto final—: pero claro, ya tú sabes lo que tienes que hacer. Nos vemos en una semana, ¿okei?

—Sí, don Claudio. Gracias y buenos días. —Covadonga no iba a reciprocarle su familiaridad. Vestido informalmente en pantalones *jeans* —a lo que ahora en Cuba llamaban *pitusa*— y camisa deportiva que le permitía la tibia tarde de fines de verano, le hizo un saludo medio militar y salió de la mansión escoltado por uno de los secuaces del capo.

Nunca jamás soñó Gustavo que estaría en esta posición cuando vivía en la relativa elegancia del barrio de El Vedado, reuniéndose con niños ricos cuyos padres, ya para entonces, habían perdido sus mansiones y bienes y se veían obligados a salir huyendo de Costra y de su querida Cubita. Ellos, como él, ya tenían la íntima sensación de que, según reza el dicho, «esa época ya pasó para siempre».

Así y todo, Gustavo se sintió feliz, casi incrédulo de su suerte. Apenas unos días atrás se pudría en una celda en La Cabaña, oyendo a los pelotones de fusilamiento hacer su macabra labor al diario amanecer, y ahora se encontraba viajando entre Cuba y EE.UU. en una misión supersecreta, reuniéndose con los *gangsters* más poderosos de ambos países. Ese calificativo se aplicaba al propio Costra, un pistolero, asesino y criminal profesional que había hecho de la delincuencia una profesión respetable decorándola con oropeles políticos.

Pocos en Cuba o fuera de ella sabían, como él, que Fingenio dio sus primeros pasos de sicario y jefazo en ciernes durante su período de buscapleitos como estudiante de la Universidad de La Habana. Se había «matriculado» principalmente en extorsión, corrupción y mortíferos atentados contra enemigos personales y políticos, algunos de los cuales apenas conocía, por no hablar de los totalmente desconocidos. Sus calificaciones, según le había contado un primo que era condiscípulo de Fingenio, no las conseguía estudiando sino amenazando a los profesores, que se preocupaban más por su propia seguridad que por alguna consecuencia imprevista de favorecer a un alumno que nada había hecho para ganárselas salvo haberse matriculado en la asignatura.

Gustavo se sintió afortunado de tener buenos conocimientos de inglés, si bien con algo de acento, gracias a haber ido a colegios norteamericanos y británicos en La Habana: Ruston Academy, St. George's School, Havana Business Academy. Por eso estaba agradecido con sus padres. Si no, todavía estaría en esa celda apestosa y supercalurosa... El bilingüismo tenía sus ventajas. Pero en todo caso no podía ni soñar con defraudar a su madre y su padre. Los tenía muy presentes al recordar la clarísima advertencia de Fingenio sobre ellos en caso de dar un paso en falso.

Par él seguía siendo un misterio que Fingenio, habiendo empezado como pandillero y pistolero de «gatillo alegre», en fin, un abusador nato durante su vida estudiantil en la Universidad de La Habana, hubiera llegado tan rápida y limpiamente a la cúspide del poder en la Isla. Apenas tenía 33 años, la edad de Cristo al legendario final de su vida mundanal como observaban muchos cubanos supersticiosos, cuando entró a zancadas en la capital, apoderándose de un país de unos seis millones con un harapiento «ejército» guerrillero cifrado en pocos centenares. El cuadro era asombroso.

Su primo Alejo Herrero le había dicho, hacía años, que había discutido de política con Fingenio cuando eran condiscípulos en el Colegio de Belén, la prestigiosa escuela jesuita. También había conocido a Repterio, hermano de Fingenio, que según él era siniestro y rencoroso pero siempre subordinado a su temible hermano mayor.

Por su parte, Fingenio daba la impresión de ser más abierto, sociable y carismático, pero había en él algo mucho más tenebroso, amenazador. Uno de sus condiscípulos recordó la reacción de Fingenio mientras iba de pasajero en el auto de un amigo. Cada vez que pasaban por un pueblito en donde se le atravesaran gallinas, cerdos y otros animales y el chofer trataba de esquivarlos, Fingenio gritaba: «¡Arróllalos, coño, arróllalos!» Su carácter maleficente y destructivo se pondría de manifiesto más adelante cuando su poder le permitió hacer caso omiso de la necesidad de guardar las apariencias.

Habiendo nacido en Madrid, Alejo Herrero se había escapado a Cuba con su madre cubana y padre español durante la fratricida Guerra Civil Española. Siendo fanático franquista, en una ocasión le dio a Fingenio un libro de José Antonio Primo de Rivera sobre la doctrina de la Falange, obra que apareció luego en una foto de Fingenio tomada durante su campaña en la Sierra Maestra. Lo cierto es que ese libro resultó ser uno de los más recios pilares de su filosofía política, ya que Costra no era ningún comunista sino un verdadero fascista. Prefirió hacer el papel de comunista para conseguir el apoyo de la Unión Soviética y así disfrutar de poder autocrático sin molestarse nunca en celebrar elecciones libres.

Con astucia, Gustavo había inventado una definición de los principios políticos de Costra: no era ni comunista ni socialista, ni capitalista ni falangista, era sencillamente costraísta.

Según le habían informado a Gustavo diversos amigos, lo más probable era que Fingenio había participado en al menos media docena de asesinatos, asaltos a tiros y otros hechos violentos durante su etapa en la Universidad de La Habana.

De ellos, había uno que jamás olvidaría: el asesinato a sangre fría de un estudiante del mismo apellido que Fingenio, aunque no estaban emparentados. El joven que se le había atravesado por ser contrario suyo en el movimiento estudiantil universitario era Manolo Costra, líder dinámico y activo. Fingenio se había hecho el propósito de subir al estrellato mediante el sencillo proceso de matar a sus rivales (sobre todo, pensó, si tenían el mismo apellido suyo). Por otra parte, le motivó al desquite el haberlo desairado en un par de ocasiones. Pero lo que le hacía un objetivo más importante era su poder como enemigo suyo en la política estudiantil, actividad que tendía a desbordarse al ámbito nacional, pues los dirigentes estudiantiles pasaban a dedicarse a políticos de carrera en el país. Y a hacerse ricos e influyentes si vivían lo suficiente. Ese asesinato fue otro hecho impune de Fingenio ya que nunca lo acusaron formalmente.

Fingenio también había querido asesinar al presidente Ramón Grau San Martín a mediados de los años '40. Estando con un grupo de líderes estudiantiles de visita en el Palacio Presidencial esperando que llegara Grau, se volvió de repente a sus colegas y les dijo estas escalofriantes palabras: «Lancemos al viejo por el balcón; será la chispa de una nueva revolución».

Pero eso sucedió hacía mucho tiempo y ahora ese mismo asesino le había encomendado a él una misión. No tenía alternativa. Estaba en juego su propia vida, y acaso la de sus padres.

Capítulo XIX
MISIÓN APROBADA

—¡Don Claudio! —Gustavo se contuvo un poco para no exagerar la nota, pero sin poder controlar del todo su entusiasmo—. Tengo el gusto de comunicarle que lo primero que le dije al presidente Costra fueron sus palabras de «hacer nuestro mejor esfuerzo». Se puso muy contento... y esperanzado de que podríamos ponernos de acuerdo.

—¡Fantástico! —El engreimiento de Claudio Mariello se tradujo en sorna-sonrisa autosatisfecha—. ¿Qué más dijo? —preguntó sin molestarse en revelar que ya los capos le habían dado el visto bueno.

—Dijo —Gustavo pronunció cada sílaba con meridiana claridad—, que usted, don Claudio, es un verdadero maestro. Le repito sus justas palabras.

—Bueno, dígale que él también. —Pese a su empeño en que pareciera auténtica, entrevió la probabilidad de que la frase no viniera de Costra sino del propio Gustavo. Se le ocurrió que la *bull shit* en boca de un cubano era igual o peor a la de un «americano» cualquiera.

—Se lo diré, don Claudio, con el mayor gusto. En cuanto a los términos, el presidente Costra quiere que usted sepa que está dispuesto a darle una valiosa recompensa. Sabiendo que Kilmory le ha puesto un precio a su vida... —Gustavo pausó y le echó una ojeada a las duras y escépticas miradas de los secuaces del capo, entre quienes él, a Dios gracias, gozaba de inmunidad—, él está dispuesto a pagar el doble por la de Kilmory.

—¡Muy bien! —Mariello ripostó firme pero inmutable, con la expresión de « jugador de póker» que podía asumir en una fracción de segundo. —Costra es realista —agregó, complacido de que la apuesta era superior al millón que Kilmory había prometido por «tumbar» a

Costra—. ¿Puso una cifra precisa? —El gordiflón sin cuello cruzó los brazos sobre la redondez de su barriga y esperó respuesta.

—Mire, don Claudio, aquí en confianza, Fingenio no le va a regatear. Si estamos en lo razonable, póngalo usted. —Concluyó con un gesto que indicaba que el doble era apenas una primera oferta. Mejor sería que Mariello empezara a poner precio siempre y cuando no exagerara. Pensó también que no le incumbía regatear mucho, ya que no se trataba de dinero suyo sino de tesoros robados por Costra. O sea, en cubano, pensó: «que se joda el hijo e' puta ese».

—Para una misión como esa, Gustavito, —el diminutivo era costumbre de Mariello al dirigirse a sus «socios»— que no es algo de to' los días, pues hará falta mucho trabajo, sobre todo antes y probablemente también mucho después; en fin, tendrá que ser algo así como... —Mariello hizo el papel de hacer cálculos mentales espontáneos, como si no hubiera determinado una cifra de antemano—, de dos o acaso más cerca de tres milloncitos—. Se fijó atentamente en la reacción de Gustavo.

—Bueno, don Claudio —contestó Gustavo sin vacilar—, para ser honrado, Costra me autorizó llegar a una cifra por ese nivel —mintió—, pero no tanto. Sin embargo, me dio un poco de poder negociador. —Eso, pensó, le había salido bien, ya que por tratarse de la parte contratadora que buscaba concretar la tarea, estaba en realidad dispuesto a subir la apuesta. Sería mejor también regatear un poco para quedar bien, sobre todo en caso de que Costra se enterara por medio de algún soplón. Aunque lo prioritario era hacer el trato. Además, a Costra le encantaba robar y con toda seguridad nunca iba a pagar el total, sino apenas la «entrada». Una vez consumado el hecho, ¿cómo rayos iban los capos a cobrarle el saldo pendiente?

—Vamos a ver si lo entiendo, Gustavo: ¿Fingenio estaría de acuerdo en pagarnos tres millones? —Mariello lo miró fijamente.

—Bueno, más o menos. Creo que estaría dispuesto a llegar a eso, aunque siempre, usted sabrá lo tacaño que es, me insistió en que negociara. Pero aquí entre usted y yo creo que podría sacarle hasta *tres millones y medio*... si usted cree que, digamos, podríamos dividir por la mitad ese último medio millón, es decir, si estamos de acuerdo. —Hizo un gesto envolvente con las manos, como quien se embolsilla esa comisión luego de dividirla con el capo. En caso de que de alguna manera pudiera arreglárselas para no volver a Cuba, soñó, esa plata pudiera resolverle muchos problemas. Quien no se arriesga, pensó, nada gana.

—Mira Gustavo, yo me ocupo de ti, pero no quiero nada extra para mí. Lo que voy a hacer es dividirlo lo extra con mis socios. —Le hubiera gustado el dinero pero no quería arriesgarse a que los demás capos se enteraran de que había engrosado tanto su tajada. La participación y la plata serían en demasía y alguien seguro que se iba a enterar. En la Mafia era cosa de todos los días quedarse con un poco de «nata», pero era mejor no pasarse de la raya, ni siquiera para un capo como él. En un contrato de esa naturaleza, era seguro que se iba a filtrar algo, por lo que concluyó que sería preferible no ser muy egoísta; su tajada seguiría siendo cuantiosa, más de lo que le tocaría a los otros capos. —Si consigues los tres y medio, yo me encargo de que toque una tajada más; pero aquí entre nosotros, ¿eh?— terminó diciendo.

El hecho era que la cifra sería la más alta jamás pagada por un contrato, aunque fuera por un objetivo de altísimo nivel como un presidente. Le encantaría, de todas maneras, sacarle algo a un ladrón como Costra, que se había robado sus casinos y todo lo demás que le era ajeno. A Kilmory con todo gusto lo hubiera matado de gratis, ya que así lo estaba planeando. Pero si Costra quería comprar un «seguro», pues miel sobre hojuelas. Bueno sería «metérsela por el culo», pensó, recordando el dicho cubano.

—Que se joda Fingenio, —se dijo Gustavo, pensando igual que Mariello. Esta oportunidad podría ser la última para desquitarse. El riesgo bien valía la pena. Si sucedía lo peor, siempre podía esconder el dinero en alguna parte donde fuera recuperable más adelante. En Cuba era ilegal ser rico, o incluso tener dinero de sobra. A quien le encontraban dólares encima, sobre todo una fuerte cantidad que no pudiera justificar, lo ponían ante el próximo pelotón de fusilamiento al amanecer, luego de despojárselo.

A veces, Fingenio no parecía el típico cubano. Y ni siquiera el típico ser humano, con emociones y sentimientos normales para con sus amigos y familiares. Al principio Gustavo había llegado a esa conclusión a regañadientes, pero la experiencia le había llevado ya a aceptar la realidad de su fría y reptiliana crueldad. Para Costra era cuestión de principios incumplir lo prometido a cada oportunidad en que no le conviniera. Su conciencia nunca le preocupaba en lo más mínimo, ni siquiera cuando traicionaba a sus mejores amigos, enviándolos a una muerte segura, o sencillamente *sentenciándolos* a esa suerte. A veces disfrutaba de ordenar una falsa ejecución para que la víctima se muriera de miedo antes de que le tocara la muerte de veras; si no, podría antojársele encarcelarlo para que sufriera dolor, dolencias y privaciones. El sujeto entonces contraía una misteriosa y mortífera enfermedad,para la cual le daban intenso «tratamiento» hasta matarle. Era fácil provocar el cáncer instalando poderosos aparatos que inundaran su celda de radiación. No tardaban en morir de cáncer sin imaginar siquiera que se lo habían provocado.

Fingenio sentía más satisfacción sabiendo que la víctima había sufrido inefables agonías. Por lo general no se molestaba en ver muchas fotografías de tortura; una o dos eran suficientes.

Muy a menudo sus víctimas le temían más a la tortura que a la muerte. Era claro que durante ella la víctima suele orar en vano por que la muerte le toque pronto. Le gustaba visitar a sus víctimas, como el General Ochoa, héroe de la guerra de Angola y veterano de las campañas guerrilleras montadas en Venezuela y Nicaragua: la última triunfal, en tanto que la primera no. Luego conquistaría el petrolífero país mediante siniestra infiltración.

En el momento del caso Ochoa le hacía falta un chivo expiatorio, al saber que EE.UU. estaba iracundo por el narcotráfico a través de Cuba y pensaba tomar medidas drásticas más allá del embargo mercantil, que Costra califica, muy orondo, de «bloqueo». Eso le daba una salida perfecta y a la vez le permitía librarse de Ochoa, de quien sospechaba que se complotaba contra él, o al menos de pensar en hacerlo. Había escuchado una grabación secreta en que Ochoa y su círculo se preguntaban cómo iban a lidiar con «el viejo»: eso fue lo que más le dolió. Por consiguiente fue a visitar a Ochoa a La Cabaña y le dijo que tal vez le perdonara la vida y que su familia recibiría buen trato si «confesaba» y cooperaba con un juicio en su contra por narcotráfico. En menor escala, Costra imitaba los infames juicios amañados celebrados en Moscú durante la etapa del rígido poder stalinista.

—Ah, un estado criminal —pensaba Costra frotándose las manos—, disfrazado de comunista o socialista, podía hacer impunemente cuanto se le antojara. Cosa de ensueño.

Varios años de suplicio carcelario llevaba Guillermo Armando Bolaños, uno de los mejores amigos de Fingenio y compañero suyo desde el principio, remontándonos al ataque al Cuartel Moncada en 1952 y a la campaña de la Sierra Maestra. A la postre Bolaños cumplió casi medio siglo de prisión, soportando inenarrables penuria y hambrunas. No consta que hubiera sufrido tortura, es decir si no contamos pasarse la mayor parte de la vida en una celda de cinco pies por ocho con ratas y cucarachas. Su encarcelamiento le hacía sentir a Fingenio, de manera alternativa o simultánea, de lo más complacido y satisfecho. La penuria ajena, sobre todo de antiguos amigos y colaboradores, se transmutaba en un íntimo y exquisito placer.

Pero le dio ira al enterarse de lo que dijo Jean Paul Sartre de Guevero, el jefe de los pelotones de fusilamiento en La Cabaña, el castillo colonial al otro lado de la bahía habanera, que asesinó personalmente a muchos detenidos, solo para que todos supieran de lo que era capaz. Bueno, pensó Costra, Guevero era tan humanitario que a veces daba a las víctimas el tiro de gracia para acabar con su sufrimiento. Pero, ¿cómo podía Sartre llegar a decir semejante tontería?

Sartre había afirmado: «Guevero es el ser humano más completo del siglo veinte». Eso era totalmente falso. Era él, Costra, el que merecía ese título. Ahora le demostraría a Sartre lo que le sucedería a ese argentino «arrogante imbécil» si lo enviaba a Perú o a Bolivia «para hacer su propia revolución». Ya vería que Guevero iba a ser efectivamente hombre «completo». Es decir, «completamente muerto». Entonces, ¿qué iría a decir Sartre?

Recordaba con satisfacción la observación que hizo el magnate cinematográfico Stone Spitzberger: «El momento más importante de mi vida se concreta a las ocho horas que pasé hablando con Fingenio Costra». Otros magnates hollywoodenses habían incursionado en panegíricos respecto a su persona, lo cual merecía algo que muy pronto puso en práctica: el Festival de Cine de La Habana, al cual invitaría a la pléyade farandulera, para que se regodearan en la gloria que de él irradiaba.

Gustavo estaba consciente de la clase de cosas que de veras complacían a Fingenio, si bien se cuidó de nunca dar ninguna señal de ese íntimo conocimiento. El propio Costra sabía muy bien
cómo disimular sus sentimientos, es decir, cuando no movía la lengua para justificarlos, con lo
cual le consumía a todo el mundo horas y horas de tiempo útil. Ulteriormente, el poder le hacía feliz cada vez que lo ejercía, misión a la cual se dedicaba sin límite ni descanso. Y el poder absoluto le hacía absolutamente feliz, o lo más próximo a ello que fuera humanamente posible.

* * * * * * *

—Don Claudio, trato hecho a tres y medio —dijo Gustavo mirando a los ojos al capo—. Me ocuparé de que usted se lo embolsille, este… todo—. Intercaló el latiguillo «este» para recordarle a Mariello con disimulo la comisión extra en que habían quedado.

—Estupendo, Gustavito. Si así es, trato hecho—. Mariello le sonrió a Gustavo, haciendo caso omiso de su vacilación con «este». Pronunció la última frase con la solemnidad de un juez dictando sentencia. Estaba en su terreno, y su palabra tenía fuerza de ley.

Gustavo no quiso complicar las cosas insistiendo en la comisión… por el momento. Mariello no parecía estar de humor para eso.

Entrar y salir de los Estados Unidos había sido, y seguía siendo mucho más fácil de lo que Gustavo había soñado. Bastaba tomar un vuelo desde La Habana, aterrizar en la Ciudad de México y agarrar el próximo vuelo a «el Norte», como le decían los cubanos a EE.UU. Nadie le prestó mucha atención a su falso pasaporte panameño, ni a su visa de turista para EE.UU., que era auténtica, obtenida por conducto oficial; lo mismo se aplicaba a su visa mexicana, que era diplomática y en este caso puesta en su segundo pasaporte, el de diplomático cubano.

Ahora, se iría al aeropuerto de Tocumen, y tras entregar su auto alquilado, tomaría el próximo vuelo a México. Para no dejar huellas usó únicamente efectivo; nada de tarjetas crediticias. Volvió a ver en su imaginación el anuncio que había visto sobre Acapulco al bajarse del vuelo anterior y se preguntó cuándo le tocaría escaparse a un lugar así y dejar atrás sus preocupaciones. Por ahora tenía que limitarse a soñar.

✳ ✳ ✳ ✳ ✳ ✳ ✳

—No hace falta pagarles ni medio centavo más —dijo, haciendo alusión al contrato—. Teniendo en cuenta el atentado que planeaban contra mi persona, y que siguen planeando, lo más probable es que Kilmory les ofreciera más promesas que dinero, mientras que yo estoy pagando en efectivo, peso sobre peso, dólares. Y ya hemos triplicado la suma, muchísimo por encima de la tarifa de Kilmory —agregó, esta vez diciendo la verdad para variar— es decir, si los capos alguna vez llegaran a cobrar el total que les ofrecen. Yo, en cambio, les voy a cumplir a carta cabal —mintió.

—Sin duda alguna, Comandante. —Ariel Fernández, su ayudante personal, lo miraba muy atento. Vestía su uniforme militar verde olivo, para seguirle la corriente. La tela gruesa, pesada y calurosa para el clima cubano, acaso no fuera tan incómoda en el aire acondicionado y baja humedad de las oficinas ejecutivas.

—En todo caso para nosotros—agregó prefiriendo siempre el plural, como si todos participaran en lo que eran esencialmente sus decisiones personales—, ejem, nuestro límite debe ser tres millones. Pero tal vez pudiéramos aceptar tres y medio, ya que solo vamos a adelantarles la mitad del total usando la cuenta bancaria panameña. Le prometeremos pagar el resto tan pronto cumplan lo estipulado… pero ya veremos cuando llegue ese momento. —Fingenio le disparó una mirada astuta a Fernández, quien la captó de inmediato. No en balde era uno de los principales ayudantes de Fingenio. El sueldo no era tan generoso dada la conocida tacañería de Costra, pero las fuertes «prestaciones» del cargo le hacían tal vez uno de los dos o trescientos de más jerarquía entre la crema y nata de la nomenclatura. Y en Cuba no había comerciantes ricos; ni siquiera comerciantes en el verdadero sentido de la palabra.

Comparado con el común de los cubanos, Ariel se sabía ricachón. Pero tenía que cuidarse de disimularlo y nunca jamás hacer alardes, ya que todos sabían que el Comandante era envidioso. No le bastaba tener poder y riqueza sin límites, sino que se resentía de que alguien tuviera más de lo que él pensaba suficiente, o sobre todo que hiciera alardes.

Su preferencia era darlo todo a cuentagotas: lo mínimo posible. Así que Ariel se cuidaba de manejar un viejo cacharro Lada y vivir en una casa modesta, confiscada a su propietario y situada en un barrio de categoría —aunque ya se venía desbaratando como la gran parte de la capital— cerca del río Almendares y cerca de la famosa Quinta Avenida de Miramar. Muy astuto, nunca se quejaba con el jefe ni pedía aumentos de sueldo —si Costra pensaba que alguien se lo merecía, él se lo otorgaría—. Tampoco comentaba cuestiones de familia o personales a menos que el jefe lo preguntara. Costra era rey y se resentía de cualquier noble ambicioso.

—Así y todo, Comandante, sería un negociazo librarnos de Kilmory por unos cuantos millones —Ariel evitó mencionar la cifra exacta, que le parecía astronómica—. Sería una gota de agua en el mar de propiedades que la revolución les ha expropiado a los yanquis y ricachones. ¡Viéndolo bien es eliminar a su líder con su propio dinero! —se rio entre dientes—. Entonces nos van a dejar tranquilos para siempre. Tendrán que respetarnos y pensarlo bien antes de siquiera *soñar* con meterse con nosotros. —Tomó un sorbo de su sabroso cafecito, una de las pequeñas ventajas de que gozaban los empleados de confianza del Máximo Líder, inalcanzables para la mayoría de la población de un país que antes era uno de los primeros exportadores del grano. Aun cuando uno tuviera derecho a café según su tarjeta de racionamiento y pudiera costearlo, nunca aparecía en las desvencijadas tiendas del estado, cuyos anaqueles siempre estaban desabastecidos de todo. Tampoco se conseguía el «negro líquido de los dioses blancos» en los miserables y destartalados cafés a menos que uno fuera turista y pagara un par de dólares por la tacita.

—Así lo espero, ¡por el bien de *ellos*! —dijo el jefe con cara de creyente convencido de su propia razón—. Todo el mundo se va a enterar y entonces se van a cagar en los pantalones —dijo con su acostumbrada vulgaridad en círculos de confianza. A que nunca se les había ocurrido que podíamos matar impunemente a su presidente. Y lo mejor es que nunca nos acusarían de tener nada que ver con el hecho. ¿Sabes por qué?

—No tengo idea, Comandante. —Fernández tuvo una noción pero optó por hacerse el ignorante y poner cara de curioso. Con Fingenio siempre era mejor hacer el papel de bobo y no contradecir ni en sueños su autoconcepto de ser el hombre más listo del planeta. Le constaba que era un genio, ¿pero de qué?, se preguntaba sin atreverse a pensar.

—Coño, es muy sencillo. Si tratan de acusarnos se sabrá, de una manera u otra, que su plan era de matarme a mí e invadir a Cuba, y están muertos de miedo de que pudieran meterse en otra confrontación atómica con los soviéticos. Seguro que preferirán silenciarlo, ya que de lo contrario se les va a armar tremendo lío y van a quedar malísimamente mal; además, con eso no van a resucitar a su adorado Kilmory. —Costra ponía cara de engreído y satisfecho, complacido al ver lo contento que estaba Fernández de estar en su presencia y apreciar su intelecto privilegiado.

A Costra no le hubiera extrañado saber que, tras haber asumido el poder, la Opción B de Jameson para «resolver» el asesinato de Kilmory consistía echarle la culpa a una conspiración costra-comunista que habría que vengar con una invasión «americana» de Cuba. Pero siempre calculaba bien sus riesgos y, cual gato, de alguna manera siempre caía de pie. Efectivamente, la suerte quiso que se descartara la Opción B cuando, al no ser posible matar a Rosswell de inmediato, este hizo declaraciones que complicaban esa alternativa. Pero Jameson, temeroso de hacerle frente al zorro cubano, ya se estaba inclinando en contra de esa peligrosa opción.

Tenía en mente otra jugada que le permitiría a EE.UU. seguir combatiendo al comunismo y a la vez darle a él una corriente continua de «comisiones» por todos los tanques, aviones y material de guerra que harían falta.

Ariel Fernández se regodeaba de cómo, gracias a la práctica, sabía lidiar con las peculiaridades de Costra; en eso sonó su *walkie-talkie*. —Aló. Sí, okei. Cambio. —Colgó y miró a Costra. —Ya llegó Gustavo, Comandante.

—Que pase. —Fingenio se arrellanó en su sillón ejecutivo, hecho a su medida, a fin de mirar desde «lo alto» cuando entrara Gustavo. Aún no sabía si lo iba a encarcelar, ejecutar, o... Más precisamente, no se le había ocurrido nada más leve que encarcelarlo. Jugueteaba con la idea de «recompensarlo» con una buena patada por los testículos una vez que terminara su misión. Todo dependería de su capricho personal llegado el momento, mucho más que de lo bien que Gustavo se desempeñara o de toda valoración objetiva. Es decir, si no metiera las patas y se mereciera algo más recio, como una buena sesión de tortura. Nadie lo sabía mejor que el propio Gustavo.

—Buenas, Comandante. —Gustavo le dio un flojo saludo militar, conociendo bien su total desinterés en la precisión militar—. Le traigo buenas noticias.

—Adelante. —Costra le disparó la palabra en el tono de quien no está dispuesto a perder tiempo en boberías. Hizo un ademán indicándole que se sentara en una silla de mimbre. La elegante oficina con ribetes de caoba tenía grandes ventiladores de techo que daban una suave brisa. El edificio contaba con un generador especial que inmunizaba a su personal de los constantes apagones de que sufría la población de la mayor parte de La Habana.

—Gracias, Comandante. Están de acuerdo. Y conseguí que lo aceptaran por una cantidad bastante cerca de la nuestra —agregó en seguida. Dijo *nuestra* y no *suya* a fin de destacar su papel en el proceso de regateo.

—¿Ah, sí? ¿De cuánto es la diferencia? —Costra lo miró un poco escéptico. Llevado por su tacañería le preocupaba más el gasto, aunque para él no representara gran cosa, que el proyecto en sí. Como ya sabemos la primerísima revista financiera Forges lo enfureció furioso cuando, años más tarde, lo puso entre los diez individuos más ricos del mundo. Al año siguiente, atendiendo a una amenaza suya —¿de ponerle una bomba a sus oficinas neoyorquinas?—, la revista se echó atrás y lo retiró de la lista (aunque parece haberlo reincorporado posteriormente).

—Tres millones y medio, Comandante. —Oyó su propia voz como desde otra dimensión, preguntándose si Fingenio se enteraría por algún milagro que podía haber cerrado el trato por solo tres. Aun así, soñó que si algún día lograba escaparse de Costra esa «comisión» le permitiría poner un negocio propio. —Lo siento, Comandante, es lo mejor que pude conseguir —mintió hábilmente—; empezaron pidiendo cinco millones.

—Bueno, coño, no en balde tienen fama de criminales y ladrones. —No dio indicios de darse cuenta de la ironía, ya que nadie conocía mejor que él lo que era la criminalidad organizada. —Pero siempre y cuando apunten sus armas en dirección contraria y a quien ustedes saben, vamos a hacerles creer que les seguimos la corriente. —Hasta en el *sanctum sanctorum* de sus oficinas ejecutivas, Costra evitaba el nombre «Kilmory». El Comandante, observó Gustavo con satisfacción, no pareció tener ni la más leve sospecha de que se había reservado una buena tajada personal, a expensas suyas. —Pero mire, Comandante, debo decirle que han pedido que se deposite por adelantado la totalidad de los tres millones y medio. Yo, claro, les contesté que eso sería muy difícil. —Gustavo procuraba enaltecer su propio papel.

—Claro, están soñando —contestó Costra con automaticidad robótica—. Diles que lo máximo que estamos dispuestos a pagar son tres millones. Esa es la cantidad que vamos a depositar, sin duda,
pero atención —sonrió— les autorizamos retirar solo la mitad mientras esté pendiente la ejecución. —Si había hecho un juego de palabras con *ejecución* lo disimuló muy bien, sin cambiar de semblante. Pero se sabía que le faltaba el sentido del humor, lo que para un cubano era bastante raro. —La mitad podrán retirarla una vez consumado el hecho, y la otra mitad treinta días después de que se haya confirmado. —Lo dijo como si semejante noticia, que le daría la vuelta al mundo inmediatamente, no fuera confirmación suficiente.

—Yo les dije que trataría de arreglar las cosas... Pero me contestaron que solo la mitad no sería suficiente. Alegaron que tendrían muchos gastos, que traer especialistas para hacer consultas, francotiradores de Francia, todo tipo de preparaciones, etc. —Gustavo trató de parecer más preocupado de lo que estaba. Costra está regateando por minucias, pensó. ¿Para qué poner en peligro un trato que prácticamente estaba hecho por lo que vendría a ser ulteriormente apenas la mitad del precio acordado?

—¿Te dieron una idea de cómo piensan hacer el atentado? Costra entrecerró los ojos malévolamente justo al caerle en la pupila un reflejo solar, dándole a su mirada un aire más siniestro que el de costumbre.

Están planeando un golpe bien organizado, como le decía trayendo francotiradores desde Córcega. Dijeron algo de un vuelo desde Marsella, trayendo tres para cada caso, y que despacharían al señor con fuego cruzado de rifles de precisión, semiautomáticos, usando para mayor seguridad esas balas ahuecadas «dum-dum».

—¿Tres en cada caso? —Costra frunció el entrecejo con cara de «aclárame».

—Iba a decirle, Comandante, que por eso han pedido tanto: su plan es hacer una serie de atentados muy parecidos, digamos paralelos, en distintas ciudades. Así, si los primeros no dieran resultado, lo harán en las siguientes oportunidades. Y usando tres tiradores apostados en cada lugar.

—Hmmm, parece que lo están planeando muy bien. ¿Por casualidad te dijeron algo más, como fechas, lugares, etc.?

—Tuve la impresión de que van a hacerle un atentado en cada ciudad, tal vez durante un desfile, aunque no me lo especificaron así. Para decir la verdad, parece que no quieren que sepamos más de la cuenta. Pero por la conversación, parece que esos son sus planes.

—Hombre, Gustavo, ¡debieras haberles sacado más información! —Puso cara de disgustado.

—Lo siento, Comandante. Hice lo mejor que pude.

—¿Estás seguro? —Costra lo miró con suspicacia. Gustavo hizo gestos nerviosos durante uno de los raros momentos de silencio por parte de Costra, que pareció estarle analizando. —No quieren que sepamos los detalles de su plan, ¿eh? —Costra hizo una mueca. Gustavo tuvo la impresión de que estaba poniéndole a prueba, a ver su reacción. —Bueno, eso podría indicar que son verdaderos profesionales: nada como los profesionales si queremos que salga como es debido. —Soltó una bocanada de humo de su carísimo puro, hecho a mano especialmente para él. —¿Alguna idea de fechas?

Mi impresión, Comandante —dijo Gustavo con el alivio dibujado en el rostro—, a base de lo que les oí decir, es que van a despachar el asunto en la primera buena oportunidad que se presente mientras esté fuera de Washington «Míster Christopher», según el código usado por el Servicio Secreto. Ausente de la capital estará más vulnerable y los francotiradores tengan mejor oportunidad de cumplir su misión.

—Hmm —Costra expulsó otra bocanada de humo, sonriéndose de la referencia a «Míster Christopher».

—Resulta que el Míster va a hacer campaña política en diversas ciudades de aquí a tres o cuatro meses. Se ha hecho de algunos enemigos, pero como usted sabe la Mafia es el número uno. Odian al hijo 'e puta y están desesperados por eliminarlo. Creo que piensan que mientras más pronto se lo quiten de encima a él y a su hermano, mejor. —Se detuvo, temiendo que Costra pudiera olerse que estarían dispuestos a hacerlo de gratis. La ocurrencia fugaz le había pasado por la mente.

—Muy bien, coño. Parece que le tienen ganas cantidad. —Costra puso cara de complacido pero firmemente decidido, como si él mismo fuera a ser el sicario. A veces le echaba de menos al tiroteo de pistolero en que a menudo se metía cuando era estudiante universitario. A los jóvenes buscapleitos como él les llamaban «muchachos del gatillo alegre».

—Sí, Comandante, así parece. Eso corresponde a los intereses de ellos así como a los nuestros—, Gustavo le replicó con aire serio.

Costra le echó una mirada a uno de sus secuaces. —Julián —le dijo con aire muy sereno, —¿que harías en este caso? —Le gustaba plantearles interrogantes difíciles a sus ayudantes. Era una de las pocas cosas que parecía divertirle, ya que rara vez reía, se mostraba alegre ni contaba chistes subidos de tono.

—No, no sé, Comandante. ¿Darle cuerda a la negociación? —Julián se puso a la defensiva con el cubanismo—. ¿Tratar de lograr un acuerdo en que todo se especifique punto por punto?

—Bien, vamos a hacer lo siguiente. —Costra disparó la frase con una mirada de desprecio a Julián, como barriendo todas y cada una de las palabras que acababa de decir. No estaba dispuesto a demorar nada y nunca corría riesgos cuando su propio pellejo pudiera estar en juego. Antes, había pensado en tomarse unos días para pensarlo, pero ahora de repente sintió la urgencia de *carpe diem*. Iba a dar su golpe al rojo vivo, consumando el trato y exigiéndoles que se comprometieran antes de que surgiera nada para echar por tierra los planes. Era contrario a su manera de ser no seguir regateando, pero en todo caso los iba a engañar a la hora de pagar.

—Diles que estoy de acuerdo: vamos a pagarles los tres millones y medio que piden; lo depositamos íntegro pero autorizamos el retiro de solo el cincuenta por ciento: un millón setecientos cincuenta mil. Eso lo pueden sacar de inmediato, y el restante cincuenta por ciento se lo entregamos tan pronto cumplan la misión. —Habló con aires de decir la última palabra, calculando que no estarían dispuestos a aceptar nada menos. —Es lo máximo a que puedo llegar. —Años de experiencia negociadora le habían afilado a Costra los instintos y sabía cuándo regatear y prolongar el proceso, y cuándo dar un golpe rápido y decisivo.

—Muy bien, Comandante. —Gustavo comprendió que había la entrevista había concluido. —¿Algo más, Comandante?

—Ve y comunícaselo a Mariello y luego persónate aquí de nuevo, Gustavo. —Le dio las instrucciones tranquilamente mientras se preparaba a firmar un documento en su escritorio, recogiendo una pluma negra con ribetes dorados marca Mont Blanc y respondiendo con un ademán desganado al correcto saludo militar que le dedicaba Gustavo. —Y nada de peripecias en Miami, ¿okei? —Era como un «atrévete» final. Costra sabía que el itinerario de Covadonga no lo llevaría por la capital del exilio cubano.

—En absoluto, Comandante. —Gustavo respondió con una risita de cortesía a lo que prefirió considerar como uno de los infrecuentes chistecitos de Fingenio. —Voy vía Panamá.

El trato ya estaba bien encaminado. Los capos recibirían su plata, o al menos la mitad. Así, Costra se sentiría seguro de que sacaría a Kilmory de circulación con solo devolverle a la Mafia una mínima fracción de lo que él les había robado. Lo que haría Mariello cuando no pudiera cobrar el saldo del precio acordado era cosa que él, Gustavo, esperaba no tener que afrontar, si bien podría significar que nunca recibiría la tajada extra que había logrado sacar para sí. Si resultara así, no habría más remedio que aceptarlo.

Costra se acomodó en su sillón, rodeado ahora de un corro de bien impresionados invitados especiales llegados de Colombia. Eran miembros de las FARC, su bien financiado movimiento guerrillero que proseguía actividades armadas y actos de terrorismo en la flojera del vecino país sudamericano. Iba a disfrutar de su acostumbrado almuerzo de día hábil en la opulencia de su comedor ejecutivo. El menú: suculento lechoncito asado, término medio, acompañado de moros con cristianos y plátanos verdes «a puñetazos», más postre de flan perfectamente preparado, todo ello con una botella de su cosecha favorita de vino rojo de Burdeos marca Baron Philippe de Rothschild. ¡Ah, qué bien se vivía en su país cuando era todo suyo!

Capítulo XX
PAGO INICIAL

—Examinemos los detalles. —Jake Rosetti levantó el recibo en el que constaba que Turismo Internacional, S.A., empresa pantalla del gobierno de Costra, había depositado $3,500,000 en el Banco de la República, en Panamá. Rosetti no mostró mucho entusiasmo. Observó sin sorpresa que la mitad del total se había bloqueado y era inasequible en ausencia de instrucciones especiales. Pero Costra sí había autorizado la entrega inicial del cincuenta por ciento, o sea $1,750,000. Todo retiro adicional tendría que estar sujeto a autorización específica desde La Habana.

Por saber que Costra era el mayor de los tramposos, Rosetti consideró que era lo mejor que de él podía esperarse. El «Estratega», única palabra que definía su «profesión» en su tarjeta de visita, abrigaba serias dudas de que Costra cumpliera su palabra y pagara el saldo restante de $1,750,000 una vez cumplida la misión. Pero concluyó que si Costra no lo pagaba, un millón y tres cuartos seguía siendo bastante, y cerca del doble de la recompensa que por tumbar a Costra ofrecía «Giustino», el código con que solían llamar los mafiosos al presidente.

Pocos en la CIA, la DIA (la Agencia de Inteligencia del Departamento de Defensa) u otros órganos de espionaje sabían del plan mafioso para liquidar a Costra. Eran muchos menos de los que estaban enterados del Día Q, la segunda invasión de Cuba para derrocar a Costra. Pero en el caso del Día Q, ni siquiera estaban enterados el Secretario de Defensa ni el jefe de la CIA. Era un secreto bien guardado, compartido únicamente entre quienes necesitaban saber, consistente en un pequeñísimo grupo integrado por Roland Kilmory y unas cuantas figuras claves. Los Kilmory, el presidente y su hermano Roland, consideraban que si no se limitaba el número del grupo organizador de la invasión, sería probable que hubiera filtraciones, que se conociera públicamente y llegara a oídos de Costra, igual que con la Bahía de Cochinos. No tenía Kilmory la menor idea de que el sistema de espionaje de Costra ya había tenido noticia de la nueva invasión en ciernes por medio de sus diversas fuentes informativas, entre ellas la propia Mafia, que él había «volteado» a su favor y usaba con gran provecho. Al mismo tiempo algunos líderes del exilio cubano estaban actuando paralelamente y suministrándole información a la Mafia, convencidos de que esta apuntaba sus cañones a Costra.

—Claudio —Rosetti se dirigió a Mariello en tono distinto a su habitual estilo de afectar más refinamiento y mejor pronunciación—, ¿qué te parece, viejo, si mandamos a Luigi a que averigüe qué rayos significa esto, pero con precisión. Es decir, cuándo y cómo podemos retirar la plata. —No quería insultar a su colega usando un estilo muy por encima del suyo.

—Cómo no, Jake. Ese es el plan —Claudio miró a Luigi, su correo personal, y prosiguió: —Tú te encargas de recoger la plata, ¿okei? Pero primero averigua pa' ver exactamente cómo va ' ser eso—. Si descuidaba el habla, pensaba con astucia de zorro.

Que hubiera algo por escrito sobre el menor hecho ilegal era cosa inaudita. Es claro que el documento no decía nada de por qué se les pagaría a los capos, limitándose a decir: «Los fondos se podrán retirar una vez que las partes hayan cumplido con lo previamente acordado al respecto». Como tanta vaguedad daba lugar a suspicacias, la autorización definitiva para entregar los fondos la darían por escrito dos agentes de la Seguridad del Estado costrista ubicados en Panamá.

—Cuente conmigo, jefe —contestó Luigi al recibir el legajo con los documentos que le tendía Rosetti. Pese a que su cara era como la de un retrato policial de típico delincuente, Luigi era un correo mafioso que sabía poner expresión de ejecutivo, vestía un traje a la medida y a primera vista parecía un negociante conservador, aunque no fuera tan convincente para el ojo avizor. Su misión era transportar fondos en un recio maletín a llave que nunca soltaba. Como encadenárselo a la muñeca hubiera llamado la atención, se lo amarraba con correa a una pierna durante los vuelos. También transmitía en persona mensajes de vital importancia entre capos de distintas ciudades y, a veces, países. Si no fuera por su habla y escaso vocabulario, cualquiera lo confundiría con un diplomático.

—Okei, le contestó Rosetti. —Claro, apuesto a que Costra no va a cumplir su palabra de soltar el resto una vez que le hayamos cumplido —Rosetti volvió a su estilo preciso y atildado—. Así que tenemos que asegurarnos de que por lo menos recibamos por anticipado ese pago inicial. —Aunque no sentía de cerca, como Mariello y Traficant, la persecución de los fiscales del Departamento de Justicia, sabía que tarde o temprano lo pondrían a él también en la mira; así que tenía muy presente que había que paralizarle a Roland su maquinaria legal lo antes posible. Y la mejor manera de evitar que el perro moviera la cola, como decía el propio Mariello, era cortarle la cabeza.

—Tenemos que jugárnosla, Jake. No podemos demorar el golpe por nada del mundo. —Claudio Mariello posó su mirada fijamente en Rosetti. No quería excederse, pero tenía interés personal en que la misión se cumpliera sin demora. Roland Kilmory estaba mucho más cerca de enjuiciarlo de lo que él mismo hubiera sospechado.

—Muy bien, Claudio. De todas maneras, eso es todo ganancia. Pero me encantaría sacarle a Costra un poco más de la plata que nos robó el mariconzón ese —Rosetti le retrucó a Mariello. No pudo menos que recordar la gran reunión «cumbre» que celebraron en La Habana todos los grandes capos, entre ellos Lucky Luciano, que vino de Italia. Se reunieron en el lujoso Hotel Nacional en 1948 con Hank Spanitra y todo. Fue durante la presidencia de Carlos Prío Socarrás, luego de que el partido de gobierno perdiera en elecciones libres, lo cual resultó en que Batista renunciara al poder temporalmente. Entonces la Mafia controlaba la mayoría de los casinos de juego y los narcóticos en Cuba, más gran parte de la prostitución. La Isla había sido un fantástico y muy lucrativo sitio de negocios, por no hablar de que también era una base de operaciones financieras en el extranjero. —Nunca me olvido que ese hijo 'e puta Costra nos debe plata cantidad —concluyó diciendo.

—Es un hijo 'e la gran puta, traicionero y me encabrona que no lo liquidáramoj a él primero, así como lo planeamo' —dijo Mariello, en su lenguaje vernáculo y tono que para él era casi ecuánime—. Pero no vamo' a vacilar en liquidar al maricón de acá —agregó, refiriéndose al presidente Kilmory—. Se lo merece por traicionero. También Roland, con su aparato del Departamento de Justicia, está poniéndonos la proa y tarde o temprano nos abrirá un agujero. Pero teniendo en cuenta que to' está enredado con el atenta'o a Costra, la «secreta» segunda invasión de Cuba y to' eso. Así que por sus «razone' de seguridá' nacional» —intercaló en tono burlón— tendrán que taparlo to' comoquiera. Nuestro socio Hooper en el FBI tampoco va a levantar un de'o —agregó con sonrisa maliciosa—. Encima de todo, la señal de allá arriba —Mariello apuntó al techo—, es hacerlo lo antes posible. To' el mundo está de acuerdo. El socio Hofstra está que no pue' má', loco por despacharlo. Al fin y al cabo es el hombre con to'a la plata, a montón-pila. Y con él tenemo' asegurá' la caja fuerte del Fondo Camionero de Pensiones. —Casi babeaba pensando en todos esos millones, aunque ya ni falta le hacían.

* * * * * *

—Ya está hecho, Comandante. ¡Se han transado! Gustavo entró en la oficina de Costra dirigiéndole una sonrisa triunfal.

—Okei, ¿pero qué dijo de la plata? —Costra lo miró muy serio.

—Les «regatié» y los convencí de aceptar nuestros términos, Comandante. Se transaron por las instrucciones debidamente firmadas autorizándoles el cincuenta por ciento por anticipado. Así que el proyecto está andando. —Gustavo le aflojó un poco la sonrisa.

—Muy bien, trato hecho. Mira, Clarita —agregó dirigiéndose a su secretaria personal, cuya hermosura de cara y cuerpo reunía los requisitos del Comandante—, arréglatelas para mandarles esas instrucciones con la firma de Polo. —A Costra le gustaba darles un apodo a sus altos funcionarios; en este caso se trataba de su Jefe de Inteligencia. —Yo lo voy a aprobar con mis iniciales, pero no mi firma completa, ¿okei? —Le echó una mirada significativa. —No conviene darle aire de mucha formalidad a la cosa.

—Ah, y ven a verme cuando termines de trabajar esta tarde. Tengo algo que decirte. —Movió su dedo índice como elocuente puntuación visual.

—Okei, Comandante —Clarita le contestó con su mejor sonrisita coquetona, captando su mensaje. Su trasero, consciente de su mirada, se contoneaba al ritmo de sus expectativas según se alejaba.

Capítulo XXI
LOS HOMBRES DE MARIE

Apenas empezaba el año 1960 pero, a juzgar por los acontecimientos ocurridos hasta entonces, parecía prometedor. Campana le echó el ojo a las curvas del cuerpo de Marie Moore, que yacía semidesnudo en la cama. Era igualita a la descripción que le había dado Spanitra antes de acostarse por primera vez con ella. Se sonrió con el recuerdo.

—¡Ah, ese Hank siempre conseguía las mejores hembras! —Casi dijo las palabras en alta voz.

—Mi amor —le dijo ella con dulzura—, ¿por qué no me alcanzas un trago?

Acostumbrado a dar y no a recibir órdenes, Campana le echó una mirada fría. —¿Y eso para qué, chica? —Siguió desnudándose, pero más despacio, en cada movimiento una amenaza. Puso expresión de disgusto.

Captó el mensaje y se levantó, algo temerosa de que pudiera haberse pasado de raya con el jefazo. Conocía su reputación, admiraba su poder y no tenía la menor intención de incomodarlo. Bien sabía como Campana, él solito, había rescatado la carrera de Spanitra... y cómo, con apenas una palabreja, podría tal vez arruinar la de ella si se le antojaba. En estos momentos le hacía falta todo el apoyo que pudiera conseguir.

—Tal vez te puedo preparar un trago a ti— le dijo suavemente.

—Adelante, mi amor —le dijo, ya en tono más relajado—. Pero primero... —le agarró por el brazo y acercándosela, la besó con ganas. Ella respondió con total deenvoltura... y libertina habilidad. En un instante más cayeron sobre la enorme cama circular con dosel rodeado de espejos en la «Honeymoon Suite» del lujoso Cal-Neva Lodge, hotel propiedad de Campana a través de uno de sus testaferros y en sociedad con Jonathan Kilmory. El Cal-Neva servía de ocasional sitio de recreo y escondite para el Brat Pack, así como para los socios y «amigos» de Campana.

Cuando un jefazo como Campana decía «mi amigo» significaba que le era aceptable. Pero si le llamaba «*nuestro* amigo» ya eso quería decir otra cosa: que el individuo en cuestión era «hombre hecho», es decir, que había entrado de lleno en la cofradía de la Cosa Nostra y por tanto era de absoluta confianza. Naturalmente, cuando alguno de esos tipos «de absoluta confianza» metía la pata lo fulminaban igual que a cualquiera que se atravesara en el sagrado y primordial camino de la Mafia: hacer plata.

Justin Kilmory, al igual que su padre hacía un decenio más o menos, se valdría del Cal-Neva para sus propias citas secretas. Esta vez Justin necesitaba el paréntesis de «recreo y rehabilitación» casi tanto como la serie de pastillas que tomaba de refuerzo al luchar en la campaña presidencial de 1959, acostándose frecuentemente con distintas mujeres mientras daba la apariencia de un joven activo y vigoroso con energía de sobra.

Justin tuvo un encuentro con tres chicas profesionales en La Habana en 1957 mientras Sandy Traficant —que le había arreglado la sesión—, observaba a través de un espejo de doble sentido. Traficant se acordaría más tarde de esa ocasión con sus íntimos, incluso su «socio» y abogado criminal Kirk Pagano; estaba contentísimo de haber filmado la acción a fin de chantajear a Kilmory para el resto de su vida. Si Costra se había apoderado de un material tan explosivo, ello pudiera explicar cómo habría convencido a Kilmory de cancelar la cobertura aérea y dar al traste con la invasión de Bahía de Cochinos.

Un hombre que contaba con la amplísima experiencia de Campana, de haberse acostado con veintenas de mujeres y tal vez centenares —en ocasiones dos o más a la vez— era capaz de apreciar la pericia de Marie en el arte de hacer el amor. A ella no solamente le encantaba el sexo, sino que podía dar lo que pudiera llamarse una lección, un espectáculo al acostarse con un hombre, o con más de uno a la vez, según las circunstancias, alardeando de su total deshinibición mientras lo disfrutaba. Campana no pudo dejar de fijarse en los vestigios casi invisibles de la plasticirugía a que se había sometido la actriz, hechas en secreto gracias al estudio cinematográfico, justo bajo los perfectos senos que ostentaba. Pero los anchos pezones ya endurecidos le borraron eso de la mente. Electrizado con los sentidos de la vista y el tacto, y con el creciente frenesí que compartían, se dejó llevar por un extático abandono que le tomó a él por sorpresa, y también a Marie.

Un personaje de la intrepidez y poder de Campana podía darse el lujo de dejarse llevar por las emociones y al diablo con las consecuencias, pensó ella, transportada por el tempestuoso oleaje de la pasión sexual.

—Demasiado tiempo sin vernos, amor. —Marie escuchó sus palabras mientras le cruzó por el pensamiento la satisfacción de saber que era tan atractiva a los hombres, sobre todo si eran de su importancia. Así fue, en realidad, como había llegado al estrellato, siempre dispuesta a ir alegremente al famoso *casting couch*, «el sofá del reparto», a la más mínima oportunidad. Le gustaba decir, en ocasiones a veces inapropiadas, que «ninguna humilde violeta llegó jamás a ninguna parte en Hollywood... a menos que lanzara sus pétalos al viento en el momento preciso».

A decir verdad, nunca se había preocupado mucho por el estatus de sus compañeros de cama; se inclinaba por dar a los aspirantes igualdad de oportunidad, cualquiera que fuera su condición económica o social. Luego, empezó a cambiar. Se volvió más selectiva, más preocupada por la posición y el poder. ¿Para qué desperdiciarlo en cualquier bobera sin estatus?

Sal Campana caía precisamente en la categoría de quienes valían la pena. En un impulso instintivo, Marie le siguió la corriente en el ruedo sexual, soltándose plenamente, gritando, profiriendo alaridos y palabrotas. ¿A quién le importaba? De todas maneras estaban en el hotel de Sal, aunque el padre de Justin fuera socio con participación minoritaria.

—¡Muchacha! —Gritó Campana excitado, entre caricias sordas, entrecortadas, rociadas sobre el retoceo de su cuerpo. Si alguien lo oía, pensó Campana, mucho mejor. Se enterarían de lo fabuloso que era como amante. Transportados por el éxtasis y casi sin darse cuenta cabal, les sobrevino un poderoso y simultáneo clímax, alocado, delicioso y sonoro. Pareció ser, como suele suceder, más largo e intenso de lo que fue. Al cabo de unos minutos seguían gimiendo.

—Chica, ¡eres un fuego! —Campana la elogió. A veces, si pensaba que la chica lo merecía de veras, le daba por hacerle un cumplido. Cuando era con esposas de mafiosos de inferior categoría que apenas se merecían algún reconocimiento, se trataba mayormente de una simple cortesía; de vez en cuando le gustaba considerarse capaz de hacer el papel de un perfecto caballero que no soñaría con hacer nada ilegal o inmoral. Esta vez lo dijo muy en serio.

—Usted también, señor —le dijo Marie con jocosa formalidad y aliento entrecortado— eres... el mejor. —Por poco se le sale «uno de los mejores», pero afortunadamente se contuvo en mitad de frase. Tenía la mala costumbre de soltar sin modificaciones cualquier cosa que se le ocurriera. «Si me vino a la cabeza debe estar bien» era un principio firme de los suyos, si bien secreto. Al fin y al cabo era cosa «espontánea», como si se tratara de un parlamento improvisado en un ensayo teatral. En su trasfondo mental, y afortunadamente a profundidad suficiente como para no salir a la superficie, merodeaba la idea de que, en previas ocasiones, el desempeño sexual del capo había sido apenas suficiente para calificarlo de «aprobado». Le costaba trabajo no acordarse de cuando, entrada en tragos y haciendo el papel de haber sido levemente coaccionada, había participado en una sesión de sexo grupal con él, más Spanitra, una joven aspirante a estrella y dos apuestos capos. Pero, ¿cómo iba a olvidarse de aquello? Spanitra era famoso por tener un miembro descomunal y por su técnica, y ella lo había disfrutado profundamente mientras las chicas les rodeaban dándoles ánimo y apoyo. De Marie se sabía que, a veces, también disfrutaba de las chicas y tenía algunas muy selectas con quien tenía citas ocasionales si había un lugarcito en su muy repleto calendario. Pero aquella sesión fue memorable: él y las chicas la habían «trabajado» hasta darle un frenesí de múltiples orgasmos. Tenía la esperanza de que las fotos a «flash» que tomó Spanitra de aquellas locuras no las mostrara. Al menos no mucho.

—Tú también has refinado tu técnica —le ripostó medio en broma, habiendo notado su vacilación al hablar pero nada más—. Ah, oye, ¿y qué calificación le das a tu amigo el futuro presidente? —Lo dijo con desenfado, con la expectativa de sacarle el chisme para confirmar los rumores que había oído.

—¿Quién, Justin? —Sorprendida, a Marie no se le ocurrió otra cosa.

—¿Quién más? ¿Conoces algún otro futuro presidente?

—Ay, Dios mío. Creo que no —le contestó un poco apenada. Ese Sal era vivísimo, pensó. Seguro que también quería saber lo que pensaba ella sobre el hermano de Justin, el Roland ese que parecía tan tímido y que seguramente sería el próximo gran jefe en el Plan Maestro Kilmoriano para la dinastía familiar. Ese dato, pensó, no lo compartiría con él.

—Bueno, cuéntame —Campana insistió en indagar—. He oído decir que no hace nada en la cama sino tirarse ahí y decirle a la muchacha que se ponga a trabajar —prosiguió a ver lo que le sacaba—. ¿Es cierto que eso es lo que hace ese cabrón? Vamos, cuéntamelo en confianza.

—Bueno, amor, a decir verdad creo que tiene problemas con la espalda —se aventuró a tientas—. En realidad no puede moverse tan bien... Bueno, no tanto como tú. —Soltó una risita. Nunca estaba de más dar un cumplido, pensó.

—Así que no es de lo mejor, ¿eh? —La incitó a seguir con el chisme.

—No, aquí entre tú y yo, diría que no. Es decir, no lo hace tan mal —prosiguió frotando sus hermosos senos en su peludo pecho, lo cual a la vez le hacía cosquillas en los pezones—. Pero nada del otro mundo. Su hermano Roland es mejor, más activo, complaciente —optó por seguirle la corriente y abrirse al tema; al fin y al cabo él se estaba franqueando con ella, así que, ¿por qué no corresponderle? —Pero aparte de eso es un poco extraño en su trato, reservado. Buena gente pero un poco frío.

—Eso es. Lo ha' retrata'o a cuerpo entero, al enano mariconcito ese. —Cuando se descuidaba, Campana también hablaba al estilo mafioso.

Marie en ese momento le dio la impresión de ser más ingenua y vulnerable de lo normal en ella. Inusitadamente, a Campana le dio un poco de lástima, sentimiento extraño para él. Le dio la impresión de que pudiera haber tormentas en su futuro, de que tal vez se estaba metiendo en aguas peligrosas. Atento a que Marie podría ser fuente de valiosas confidencias, por no hablar de jugosos chismes, decidió que valía la pena proteger sus intereses y darle un consejo. Se empinó poniendo el codo en la almohada y, sin dejar de echarle una ojeada de admiración a sus pechos y a las curvas a lo largo de su cuerpo, se le aproximó casi pegándose.

—Mira mi amor, déjame decirte una cosa, aquí entre tú y yo —le confió—. Meterse con esos tipos podría ser peligroso más adelante. A mí me importa un carajo si el mundo entero sabe lo que yo hago contigo o con cualquier otra mujer. Es más, para mí es mejor. Pero con esos tipos el asunto cambia. Si el público se entera, chica, pudiera causarte dolores de cabeza. ¿Me entiendes?

—Nooo, Sal, no me digas. ¿Por qué? ¿Qué diablos podría pasar...? —A Marie se le notaba un poco de tensión, pero seguía sonriendo.

—Mira, ten cuidado con ellos. Lo que les importa es lo suyo y no lo que te pase a ti —le dijo, sorprendido al sentir algo de preocupación por la pobre, pero más aun por el valor que le atribuía como fuente de información—. Se van a preocupar por las consecuencias políticas si algo se supiera sobre lo que ha pasado entre ustedes. Claro que eso te daría un poco de palanca también, pero pudiera traerte complicaciones si los metes en problemas, ¿sabes? La política es la política y no se mezcla con el sexo. No se lo digas a nadie.

—Okei, mi amor. —Siempre la ingenua, Marie se mostró complacida de recibir consejos suyos, pero aún así incrédula. En algún momento sus pensamientos tal vez se retrotrajeran a la postrada intimidad de este momento. Pero por ahora no le dio importancia a las palabras de Campana, cuya supervivencia le exigía siempre ser suspicaz y paranoico. Ella se inclinaba a dudar de que los Kilmory jamás fueran capaces de algo que oliera a falta de principios.

—Ah, oye, ¿estás pensando volver a reunirte con esos amiguitos? —No estaba seguro, pero sospechaba que en algún momento habían participado en un tipo de *ménage a trois*.

Hombre de pocas palabras, consideró que valía la pena hacer la indagatoria. En anterior visita a Las Vegas tiempo atrás, había sido testigo de cómo ella había coqueteado con los dos hermanos al mismo tiempo.

—No, Justin anda siempre con un desborde de trabajo —respondió haciendo caso omiso de su alusión.

—Sí, ¡qué pena! —Le ripostó medio burlón.

En breve Campana se enteró de que Spanitra le iba a dar un buen empujón a Kilmory, al igual que a su padre, Jonathan, amigo y socio de él desde años atrás. No había tenido noticias directas de él durante mucho tiempo, pero no le hubiera sorprendido si Jonathan le contactara en breve para «arreglar» los próximos comicios. Desde entonces se había hecho un recordatorio mental de hacerle una preguntita a Marie la próxima vez que se reuniera con ella. Toda pista que consiguiera le sería útil.

Aunque por regla general Marie parecía ser la inocencia personificada, no siempre era tan ingenua como aparentaba. Es más, era capaz de casuales astucias y de ingeniárselas sorpresivamente para conseguir lo que quería; es decir, aparte de usar sus naturales atractivos físicos. Era conocedora de una enorme cantidad de chismes y confidencias. A Campana eso le venía muy bien, sobre todo si tenía que ver con sus citas secretas con Justin Kilmory o su hermano... en especial puesto que ello le permitiría grabar material comprometedor.

Ganas no le faltaban a Campana para conseguir ese material, como póliza de seguro en caso de que, tras haberle prestado servicios, la cosa no saliera precisamente como había calculado. En el argot de la Mafia, «seguro» significaba chantaje, lo que siempre era provechoso para garantizar que se cumplieran promesas. Esos Kilmory, pensó, era una partida de cochinos traicioneros cada vez que les daba la gana, igualito que su progenitor, el viejo Jonathan. Campana tenía la sensación de que Justin llegaría ulteriormente a la Casa Blanca. No sería tan solo cuestión de política ni de votos, sino de amañar los comicios. Y a Dixon, su probable contrario, se le podría presionar si fuera necesario para que no impugnara las trampas con que la Mafia adulteraría los resultados. Si la cosa se ponía «color de hormiga», él y los demás capos soltarían lo que tenían guardado y le pondrían un «aguanta ahí».

Y pensar que él, Sal Campana, sin ninguna experiencia política de ninguna clase, tenía el poder para colocar a un político en la precisa posición donde él quería y someterlo a su voluntad: era abrumador el concepto. ¿Quién hubiera pensado que él, como el mismísimo H. Everette Hooper, pero sin ocupar ninguna posición oficial de tipo alguno, podría controlar a un presidente?

El sistema de Hooper era diferente: con él no había fecha de vencimiento, sino que archivaba material sobre todos ellos y le bastaba hacerles saber que lo usaría si le llevaban la contraria.

Le dio un suave besito labial de buenas noches a Marie y se fue a beber y jugar a los dados, pensando dejar caer alguna que otra insinuación de su noche de amor con la estrella de cine más deseable de Hollywood. Una vez más, había demostrado que era capaz de disfrutar de cualquier cosa que tuvieran los Kilmory; bueno, era más que *disfrutar,* era *quitarles.*

Hizo memoria de la vez en que, pocos años atrás, sus soldados Chuck y Needles le enseñaron el primer número de la innovadora revista Playboy con la famosa foto de Marie totalmente desnuda en el despliegue central.

—¡Patrón, mire qué clase de hembra! —le dijo Chuck.

Examinando la foto momentáneamente con un cómico gesto de semidesprecio, la tiró a un lado y dijo: —A esa me la cojo yo —añadiendo burlonamente—: antes que ninguno de ustedes dos. —Hizo pausa estratégica y agregó—: Luego ustedes pueden pelearse por lo que quede de ella.

Estaba de buen humor y se rio con gusto de su pulla, segurísimo de que sus secuaces, verdes de envidia, jamás podrían siquiera acercársele a la estrella. No pudo menos que juguetear con la idea de que si ser el mandamás traía sus dolores de cabeza, también tenía alguna que otra ventajita.

En la mesa de juego, los dados rodaron y se detuvieron en pésima posición para él. «A veces se gana y a veces se pierde» se dijo tranquilo.

Por su parte, Marie se deslizó en brazos de Morfeo, soñando que daba una brillante conferencia literaria a un grupo de profesores universitarios impresionados por su intelectualidad.

Capítulo XXII
LOS HOMBRES DE JESSICA

Para Campana vivir bien significaba no tener preocupaciones. Salvo eso, nada le faltaba al iniciarse el decenio de 1960. El Departamento de Justicia de Roland Kilmory lo estaba persiguiendo con saña. En cambio, periódicamente le llegaban envíos por «entrega especial»: maletines llenos de efectivo procedentes de Justin por intermedio de la hermosa novia que compartían, la sensacional Jessica Cameron Exeter. El dinero era lo pagadero a la Mafia por su eficacia, encabezada por Campana, en el tejemaneje de las elecciones del año 1959. Con gusto habría el capo renunciado a la plata si hubiera quedado libre de persecución o enjuiciamiento, términos que le eran sinónimos; pero era poco lo que podía hacer para remediarlo.

Jessica, que visitaba a Chicago con frecuencia, le resultó a la larga una soberbia diversión de alcoba. Divorciada libre de hacer su vida como le daba la gana gracias a una herencia, a la chica le encantaba hacer alarde de su independencia. Campana le puso de apodo «Jess» y la trataba a cuerpo de reina, pero el primero en echarle el ojo y el gancho había sido Rosetti, el capo de Hollywood, donde ella era una aspirante que siempre andaba rondando los estudios a ver si le tocaba un papel cinematográfico, por muy secundario que fuera. Fue él quien la acompañó de un lado a otro en Hollywood y le abrió algunas puertas con los magnates y estrellas importantes. Claro, su físico tampoco le perjudicaba a la hora de abrir puertas, aunque ella nunca accedía fácilmente como para que la cosa fuera sobre rieles y de par en par. En ese aspecto se quedaba años-luz por detrás de Marie Moore. Poco después, a instancias de Campana, un nada común amigo de ambos se la presentó a Kilmory: era el cantante y actor Hank Spanitra.

Jessica empezó a recibir por entonces llamadas de Kilmory diariamente de todas partes del país, a dondequiera que fuera en su campaña por la candidatura del Partido Demócrata. Así mantuvieron una relación constante, si bien intermitente, según lo permitiera su aglomerado calendario. «Asuntos de estado», solía pretextarle Justin, se le atravesaban en el camino, entorpeciendo su disponibilidad.

Mientras, Campana le hacía una llamada tras otra, la colmaba de flores y regalos y esperaba pacientemente, cosa para él inusitada. Ella protestaba, mientras, que no le sería cómodo intimarse con él mientras mantuviera una relación con el presidente, sin importarle cuántas amantes más pudiera intercalar en su repleto calendario de actividades. Por su parte, fiel a su costumbre, Campana mantenía múltiples relaciones; aparte de una muy seria con Pamela, una del trío de las cantantes hermanas Mackenzie, tenía varias más, sin contar los «levantes» de ocasión.

Cuando a Justin le presentaron a Jessica en Las Vegas, su hermano menor Jeff, que por ahí andaba, no perdió ni un instante en hacerle un serio coqueteo mientras Justin estaba ocupado asistiendo a otro evento vespertino. Pero como nada le daba resultado a Jeff, que estaba casado —según lo supo ella más adelante— su último recurso fue invitarla a abordar un vuelo fletado que estaba a punto de llevarlo a Detroit para proseguir la campaña presidencial de su hermano mayor.

—No te preocupes —le dijo cuando ella puso reparos—, el avión está en la pista y no despegará hasta que llegues tú.

—Bueno, qué pena porque no voy a poder acompañarte— le retrucó.

Al día siguiente cuando Justin le preguntó qué tal había pasado la velada, Jessica quiso evitar malentendidos y le contó del «ataque» de Jeff y de su invitación de último recurso. Pero en lugar de disgustarse, a Justin le pareció chistosísimo y se rio a carcajadas.

—¡Qué clase de sinvergüenza ese jovenzuelo! —logró decir entre risotadas. Luego sacudió la cabeza incrédulo, se encogió de hombros y empezó a elogiar a su hermano y comentar lo bien que se desempeñaba en el ruedo político. Resultó ser la «crítica» más fuerte que jamás le hiciera Justin a otro Kilmory ante Jessica, o ante cualquier otra persona.

Más adelante el presidente le haría preguntas capciosas a Jessica respecto a Jeff; aunque ella se extrañaba, no las consideraban así quienes luego las analizaron. Justin le estaba dando a entender que no había ningún problema si ella «jugaba» también con Jeff, pues los Kilmory tenían la costumbre de compartir sus mujeres. Cuando en algún momento sospechó que tal vez estaría compartiendo a Jessica con Campana, cosa que no le importaba, Justin se preguntaba si, siguiendo instrucciones del capo, ella le estaba dando información, o acaso *des*información, en lugar de hacerlo en sentido contrario, es decir, dándosela al capo.

Pero no era ella ninguna víbora y no andaba con dobleces, así que no debía él, en su condición de presidente, preocuparse mucho por ella. Era una hermosa cara más; mejor aún, un hermoso cuerpo. Tenía mucha clase, encantadora belleza, gran simpatía y sobre todo un ardiente apetito sexual cada vez que se lograba reunirse con ella.

Era esa la base de la relación entre ellos; ciertamente no buscaba él nada más. Se dio cuenta de que Jessica, al igual que Marie y tantas otras, se había enamorado de él; pero, «¿a mí qué?», se decía. Eso era problema *de ella*. No iba a molestarse preocupándose por los sueños que ella se hiciera acerca de sus relaciones.

Capítulo XXIII
CONEXIONES

—Dígale a la princesita que se eche pa'cá' rápido, que le tengo un buen bicho como le gusta. —En su jerga chabacana, a Claudio Mariello le encantaba burlarse de su secuaz y piloto Dave Berrie, que lejos de ocultar su homosexualidad, alardeaba de ella.

—Muy bien, jefe —sonó la voz de uno de sus lacayos, seguida del clíqueti-clac de un teléfono de disco, que ya pronto pasaría de moda.

—Mira, Dave —Mariello le advirtió con el dedo índice—: no vayas a cometer la más mínima falla. Se trata del mayor atentado de la historia, y tal vez en la historia del mundo. ¿Entiendes? —Por su falta de escolaridad más allá del quinto grado de primaria era improbable que jamás hubiera tenido noticia de otros casos, como el asesinato de Julio César.

—Pierda cuidado, jefe. —Berrie se mostró respetuoso—. Estoy en contacto con todos los nuestros: Rosswell, Rosenstein y los demás, para asegurarme de que todo salga según el plan.

—Y comunícame con el Lunático, rápido. —Mariello podía darse el lujo de aludir a Campana por su nombrete a espaldas suyas, pero nunca a la cara. Al *capo di tutti capi* no le caería muy bien. Al estilo de Bert Seidel, cuyo apodo, «Bugsy», aludía a sus violentas reacciones cuando alguien lo provocaba como un molesto insecto [*bug*] cualquiera, Campana tenía la costumbre de infligirle graves lesiones físicas, o algo peor, a quien se atreviera a dirigirse a él con tal apodo. Pero lo cierto era que pese a hacer alarde de disgustarle «Lunático», lo más probable era que no, puesto que así se hacía respetar más y le metía miedo a los mafiosos así como a los «civiles».

Lo de «Lunático» comenzó a causa de su violencia de orate cuando alguien se le atravesaba, lo cual era capaz de provocarle a matar por puro capricho, no sin antes propinarle a la víctima una amplia dosis de angustiosa tortura. A veces lo hacía a modo de ejemplo.

Según se relataba, participó en la famosa masacre del día de San Valentín, en Chicago. Una vez dio órdenes de «castigar» a un lacayo que le había «chivateado» al FBI: lo colgaron de un gancho de carnicería y entonces lo golpearon, machetearon y apuñalaron para luego destrozarle las rodillas a tiros y someterlo a otras muestras de cariñosa atención mafiosa. Mientras, por si acaso, lo violaron con un palo de escoba por el recto repetidas veces a la vez que le electrificaban el pene. Murió en una agonía espantosa tras tres días de «cuelgue». De paso le tomaron fotos que se distribuyeron como *souvenirs,* y el resultado fue fantástico. Durante mucho tiempo, todos lo pensaban muy bien antes de «cantar» y denunciar a sus *fratelli.*

La coordinación del atentado a Kilmory no fue tarea tan ardua para Mariello. En realidad la disfrutó ya que era la venganza que se había buscado al traicionar al mismísimo bajo mundo que lo había colocado en el poder. Pero Mariello se cuidó de permanecer en el trasfondo, asistiendo únicamente a las reuniones iniciales para preparar el terreno. A fin de no dejar rastros todo se hacía, según la costumbre mafiosa, de palabra. Había demasiada presión de Roland Kilmory y de su Departamento de Justicia, que continuamente, según palabras del propio Mariello, le «caía atrás». Lo tenían vigilado incesantemente. Así que él y Campana delegaron el manejo diario de la tarea a Jake Rosetti. Como los agentes federales no lo estaban vigilando tanto, tenía más libertad de acción.

El presidente Kilmory se había apartado de los organismos que debían protegerlo: el FBI, la CIA y el Servicio Secreto. Se puso de malas con el FBI al hacer saber que tenía intenciones de sacar a Hooper. El inconmensurable H. Everette y su presunto jefe, el secretario de justicia Roland, se odiaban y estaban enfrascados en una intensa guerra burocrática. A tal punto que llegó al nivel canino. Roland intervino en el sistema de licencias para que sus perros tuvieran los números 1, 2 y 3. Y Hooper se protegía guardando un grueso archivo sobre Justin que abarcaba, entre otras cosas, sus hábitos mujeriegos, y más específicamente sus amoríos con una serie de atractivas mujeres: la espía nazi Ima Varda, con quien tuvo relaciones cuando él prestaba servicios de ofical naval, y Elsa Rotter, espía de Alemania del Este (¿tenía él predilección por las espías o tenían ellas especial interés en él?). La relación con Rotter, una de las chicas más impresionantes con que abastecía Robby Raker su exclusivo Quota Club en la Colina Capitolina, se mantuvo mientras estuvo Kilmory en la Casa Blanca, pero terminó justo a tiempo para evitar que saliera a la luz pública. A ella la enviaron de vuelta a la Alemania del Este, donde siguió percibiendo una cuantiosa «pensión» para asegurar su silencio.

También contaba Hooper con la sensibilísima información secreta sobre los trastornos de salud que padecía Kilmory, entre ellos la enfermedad de Addison. Esta grave dolencia, de la cual nada sabía el público en esa época, lo había puesto al borde de la muerte una o dos veces, hasta que poderosas inyecciones de cortisona y dosis de anfetaminas lo rescataran, le levantaran el ánimo y le devolvieran el aspecto de estar rebosante de salud.

H. Everette despreciaba la conocida consigna que regía las actividades kilmorianas, «vigor», voz propagandística repetida incesantemente por la prensa. También sabía de los trastornos de espalda que padecía, habiéndose sometido incluso a una cirugía de la columna vertebral a fin de aliviar el intenso dolor del que periódicamente sufría. Eso también le hacía cojear, aunque se le notaba únicamente al subir y bajar escaleras. Además, Justin sufría de una enfermedad venérea que se volvió resistente al tratamiento y le ocasionaba dolor cada vez que orinaba. Más adelante el presidente Clangton, que emulaba a Kilmory, su héroe, le sobrepasó en cuanto al número de mujeres con que había tenido relaciones y también sufrió de un par de dolencias sexuales. Pero Clangton logró encubrirlo suprimiendo o alterando su hoja clínica.

Justin Kilmory tenía otros «trapos sucios». Su publicitado libro, *Profiles in Bravery* [Perfiles de Valor], ganador de un codiciado Premio Pulitzer, no lo había escrito él sino su ayudante Thorvald Storenson. Su padre le había dado fortísima promoción al libro a fin de otorgarle calibre intelectual, y por consiguiente mejores posibilidades en la política.

En resumen, toda esta información era capaz de hacerle mucho daño. Aun así, H. Everette no estaba ciento por ciento seguro de que su archivo le bastara para seguirle garantizando la dirección del FBI, cargo que atesoraba por su poder, reflejo de su gloria e inamovilidad. El hecho de que, conforme a sus propias fuentes confidenciales, Justin buscara cesantearlo no solo le irritaba sino que le preocupaba. Una vez despojado del puesto pudiera ser objeto de investigaciones por corrupción, malversación, obstrucción de la justicia y multitud de delitos. De ahí que instigara y animara la conspiración para asesinar a Justin Kilmory.

Si algo le sucedía a Kilmory mientras él fuera el director del FBI se las arreglaría para que pareciera puramente accidental, más allá de su ámbito de responsabilidad y de su limitada capacidad para controlar a todos y cada uno de los dementes del país. En todo caso estaría en la perfecta posición para encubrirlo, apoyar al jefe y autor intelectual de la conspiración y controlar la situación.

Pronto, los agentes de más jerarquía del FBI empezaron a notar en qué dirección soplaba el viento y se hicieron participantes dispuestos, si bien silenciosos, a poner de su parte para sacar del camino al presidente Kilmory y posteriormente contribuir al encubrimiento. En la práctica, el Buró no solamente ignoró las claras señales de que algo siniestro se tramaba, sino que siguió los pasos de su jefe para lograr la meta de la conspiración. Muy lejos de darle un alto, su misión pasó a ser apoyar y promover el proceso a fin de lograr la desaparición física del presidente. Con posterioridad al hecho, el FBI haría todo lo necesario para atar los cabos sueltos.

El poder y alcance de H. Everette eran mucho mayores de lo que nadie sospechaba. Tenía bien guardadas grabaciones ilegales de telefonemas por parte de personalidades como Marlin Lester Ring, a quien odiaba visceralmente, no menos por ser de color. De vez en cuando se molestaba en seguir el protocolo y solicitar autorización judicial para intervenir líneas telefónicas, pero apenas para hacer el papel de que estaba cumpliendo con la ley. La realidad era que intervenía todos los teléfonos para espiar a quien le diera la gana, figurando entre ellos congresistas, altos funcionarios gubernamentales y hasta algunos capos mafiosos. Estos eran pocos porque, al fin y al cabo, Hooper tenía amistad con ellos y afirmaba oficial y extraoficialmente: «la Mafia no existe». En resumen, sabía cuanto pasaba con casi cualquier personalidad de algún interés. Pero, ¿se aventuraría él a confiárselo al «Presi»? Ni pensarlo. Esos archivos se guardaban en una caja de caudales en su oficina, clasificados «Oficial y Confidencial» y «Personal y Confidencial» (supersecreto); también los había marcados «Desviado Sexual», «Cointelpro» y por último «NO ARCHIVAR». Esta última categoría era para los allanamientos ilegales y otras operaciones tan secretas que había que dejarlas fuera del Sistema Central de Archivos para que nadie sino él tuviera acceso a sus documentos. Lo mismo se aplicaba a cierto número de archivos especiales que eran para su exclusivo uso personal.

Será sin duda un tributo a los intrincados misterios burocráticos que el Edificio del FBI en la avenida Pennsylvania siga ostentando el nombre de H. Everette Hooper. Pero seguramente exigiría trámites demasiado engorrosos para borrarle el nombre de un truhán a ese monumental inmueble.

Por otra parte, ¿qué pasaba con la CIA? ¿Acaso no hubiera querido la «Compañía» advertirle al presidente Kilmory que su vida estaba en peligro? Era poco probable, sobre todo luego de haber declarado que «partiría la CIA en mil pedazos». A esa observación inmoderada siguieron medidas a poco de la Bahía de Cochinos, cuando despidió a Alton Dunsell, como si este hubiera sido el responsable de la decisión presidencial de último minuto —¿acaso bien planeada?— de cancelar los ataques aéreos y cambiar el lugar de la invasión a uno menos favorable, condenándola así al fracaso. Se ha dicho que, debido a un ataque de dolor de espalda, Roland, el «presidente auxiliar» —la co-presidencia, le llamaban algunos— presuntamente tomó la decisión de cancelar el apoyo aéreo a la invasión. Huelga decir que semejante afirmación suena como un flojo pretexto para favorecer al presidente.

Si Justin era recio, más aun lo era su hermano Roland (sobre todo frente a Costra). Así las cosas, la CIA también tenía poco interés en proteger al presidente Kilmory. Al fin y al cabo, se decían, esa era tarea del Servicio Secreto. Pero esa agencia también estaba debilitada.

Ulteriormente varios de la CIA entraron a participar en el grupo íntimo y a desempeñar un papel vital en la conspiración anti-kilmoriana, logrando así un virtual golpe de estado cuyos beneficiarios estarían perfectamente situados para encubrirlo todo.

En esta etapa Kilmory estaba en un peligro mucho más grave de lo que ni él ni nadie sospechaban. Hacia fines de 1963, la antipatía por los Kilmory y la despreocupación por su seguridad se habían infiltrado en el Servicio Secreto. El personal seguritario de la presidencia estaba desmoralizado y sumamente desilusionado por su comportamiento personal. Aunque su sagrada misión era protegerle en todo momento, Kilmory les obligaba a hacer caso omiso de sus principios e instrucciones cada vez que se le antojaban relaciones con amigas o prostitutas que se presentaban con regularidad en diversos lugares y horas en la ciudad de Washington, incluso en la propia Casa Blanca, o en cualquier otra parte del país o del extranjero.

A los agentes del Servicio Secreto les dijeron que no registraran ni interrogaran a las mujeres que venían a tener relaciones con el presidente. Muy a desgano tenían que cumplir sus deseos de infringir el riguroso protocolo, o si no quedarse sin empleo. Entre los deberes de quienes tenían la misión de proteger al presidente figuraba el de advertirle, durante sus jaleos al desnudo en la piscina de la Casa Blanca, si su esposa venía en camino. Facilitábase ello en gran medida al no estar presente el sexo femenino en el destacamento del Servicio Secreto: todo quedaba entre «muchachos». En caso de que la Primera Dama se dirigiera a la Casa Blanca, Justin y sus dos compañeritas de juego, las secretarias apodadas «Fiddle» y «Faddle», más cualesquiera otros participantes se apresuraban a salir del agua, vestirse y hacer como si nada hubiera ocurrido.

No se limitaban estas actividades a la Casa Blanca ni a viajes dentro del país. También tuvieron lugar en el extranjero, muchas veces en circunstancias sumamente arriesgadas. Cuando en Gran Bretaña estalló el escándalo de «Profumo» a principios de los años '60, que ulteriormente resultó en la renuncia del Primer Ministro Harold MacMillan, el presidente Kilmory vigiló atentamente cada mínima noticia, fuese publicada o no. Tenía sus razones: se sospechaba que algunas de las protagonistas del escándalo, como la hermosa Mandy Rice Davis, eran espías de los comunistas, y a menudo hacían vuelos transatlánticos para prestarle servicios al propio Kilmory y a jerarcas de su gobierno. Por consiguiente, al presidente le interesaba asegurarse de que este aspecto del escándalo no saliera a la luz pública, cosa que logró gracias a su legendario control de la prensa... y acaso un poco de suerte.

Si el público hubiera sabido del papel presidencial en el escándalo británico y que había estado refocilándose con las chicas que, muy aparte de su comportamiento personal, eran sospechosas de gravísimo riesgo seguritario, su reelección hubiera peligrado muchísimo, por no hablar de su permanencia en el cargo. Además, ya había decidido que no sería sucesor suyo el Vicepresidente Jameson, pues lo iba a descartar, sino su hermano Roland. Así que estaba cabalmente en juego el sueño de la era kilmoriana. Si se hubieran hecho públicas semejantes peripecias, la dinastía en ciernes se habría desvanecido como neblina en un mediodía tropical.

La vida sexual del presidente, que en muchos casos involucró riesgos de seguridad nacional, alimentó la gestante conspiración. A los más altos niveles de las dependencias militares, de inteligencia y de la ley, los funcionarios tomaban nota de las filtraciones que pudieran producirse en tales ocasiones y en la posibilidad de chantaje. En consecuencia, algunos se hacían de la vista gorda, pero otros se volvieron participantes en el complot, dispuestos a poner al presidente fuera de juego.

* * * * * * *

Si bien Jameson tenía su propio historial de secretos sexuales, los planes de Kilmory para reemplazarlo no dependerían de ese tipo de escándalo, que durante decenios había logrado disimular. Además, los Kilmory también eran vulnerables por ese mismo lado.

Incluso después de que muriera Jameson, pasaron treinta o cuarenta años antes de que los escándalos de su vida fueran sacados a luz pública. Según una anécdota, Jameson se encamaba con sus secretarias y les decía: «¿No le vas a decir que no a tu presidente, no?»

La vulnerabilidad de los Kilmory en este aspecto les impedía valerse de algo así para despachar a Jameson. En su lugar, acusarían a Jameson de corrupción durante la época en que fue representante, senador y Líder de la Mayoría en el senado. Más claramente, la maldad de Jameson era cosa endémica a toda su carrera política. Los escándalos de Robby Raker y de Willie Saul Testes sacaron a flor tal cantidad de fango que fácilmente le hubiera costado la vicepresidencia en la próxima tanda electoral.

Pero el fango era peligroso también para Kilmory, sobre todo porque ponía de relieve las amantes que le proporcionaba el exclusivo Quota Club de la colina capitolina, cuyo gerente no era otro que el propio Robby Raker, amigo y confidente de Jameson.

En todo caso el plan kilmoriano era de sacar a Jameson a la fuerza y reemplazarlo con nada menos que su hermano Roland a fin de así solidificar la dinastía familiar. ¿Estaba también el hermano menor Jeff ya en la lista de sucesión para seguir los pasos de sus hermanos camino a la Casa Blanca? Si todo salía bien, ¿por qué no?

Se ha sabido con el paso del tiempo que el pasado de Jameson ocultaba un sinnúmero de hechos turbios que en su carrera ascendente se habían encubierto de lo mejor. Uno de sus secuaces, Mac Wallace, era un matón ya condenado por la justicia que había sacado de circulación a alrededor de una docena de personas que se le habían atravesado en el camino a Jameson o que tal vez pudieran haberse vuelto peligrosas en función de lo que sabían. Wallace participó en una serie de operaciones tenebrosas y atentados directa o indirectamente ordenados por el propio Jameson o por su plana mayor.

Según algunas fuentes, Wallace pudiera haberse ocupado de despachar a la hermana de Jameson, Joseline, una alcohólica suelta de lengua que tenía fama de promiscua (para Jameson era un baldón, ya que en su opinión la promiscuidad debía reservarse para el sexo masculino). Aunque se le atribuyó a causas naturales, murió misteriosamente tras una fiesta de fin de año ofrecida por Jameson. Se borró con rapidez y eficiencia toda prueba de criminalidad en su caso; pudiera decirse que se enterró junto con su propio cuerpo.

Increíblemente malvado y calidoscópico, el pasado de Jameson está lleno de anécdotas y detalles curiosos. Sus amigos y conocidos desde la época de estudiante le llamaban, a veces delante de él, «Bull» (de *bull shit,* excremento taurino, epíteto aplicado a pastelazos de mentiras y fanfarronadas) y «Lyin' Louie» [Luis el Embustero]. Se enorgullecía en especial de su pene, que gustaba de sacar a la vista con el más mínimo pretexto.

Se complacía exhortando a sus invitados a quitarse la ropa y lanzarse desnudos a la piscina de la Casa Blanca, dándole así la oportunidad de mostrar su miembro viril, al que apodaba «Jumbo».

En cierta ocasión, ante un grupo de periodistas en su finca, planteó una competencia entre su «jumbo» y los de ellos. En otra, cuando un reportero persistió en preguntar el por qué de la guerra en Vietnam, se abrió la portañuela, se lo sacó y dijo: «por esto». No resulta tan sorprendente cuando recordamos que su abuelo era un cuatrero de larga carrera en la lomera región tejana donde «Luis el Embustero» nació y se crió. Su enorme ego hacía imperativo que sus iniciales, «LBJ», aparecieran en todas partes: en los nombres de sus hijas, sus haciendas, sus negocios, su bandera personal e incluso en el de su mujer, a quien le puso «Laura Bertha» para que correspondiera a las iniciales que constituían la enseña familiar.

Cuando las cámaras o grabadoras no estaban andando gustaba de llamar a sus «súbditos» por el epíteto *pissants* (corrupción de *peasants,* campesinos, pero con la connotación de *piss,* orine: o sea, «meones»); perdía pocas oportunidades de usar el despreciativo término cada vez que podía. Y no era únicamente cuando bebía, cosa que hacía con frecuencia y en cantidades prodigiosas. En tales ocasiones se ponía de mal humor, truculento, inspirándose para regañar a sus auxiliares sin misericordia. Volando en el avión presidencial, al molestarse por un trago que no fue de su agrado, lo vació en la alfombra y le dijo al sobrecargo: «Joven, si no puede hacer usted un trago aceptable, puede estar seguro que me buscaré alguien capaz de hacerlo, ¡coño!». Sus subordinados tenían razón en temerle. Una vez le disparó una descarga de malas palabras a una secretaria por un error de copia y regañó a otra por una insignificante equivocación de archivo.

A Jackson Dunlop, uno de los que persistieron en proseguir una de las numerosas investigaciones por corrupción mientras Jameson era Líder de la Mayoría Senatorial, lo persiguieron sin piedad y ulteriormente lo arruinaron y obligaron a mudarse de su residencia de larga data para ir a parar a un indeseable lugar fuera del estado.

Pero si Jameson era implacable con quienes se atravesaban en su camino, su apertura a la adulación era ilimitada. Figuraba entre sus dichos favoritos: «Que me besen el culo y afirmen que huele a rosa», o la variante «Que me besen el culo en la vidriera de Macy's [gran tienda departamental neoyorquina] diciendo que huele a rosa».

Pero siendo que el humor de perros y la mala educación no eran delitos, fue en la corrupción donde Roland Kilmory halló un tesoro suficiente para ponerle fin a la carrera política de Jameson, o si no enviarlo a «la penitenciaría» según había pronosticado en tantas ocasiones su propia abuela.

Desde haberse asegurado la candidatura vicepresidencial junto a Kilmory en la elección de 1959 Jameson siempre había figurado muy alto en la lista kilmoriana de enemigos y odiosos.
Pero Jameson era obsequioso, actuaba con mucho sigilo y, por si acaso, se hacía el loco. Tenía para sí planes de marca mayor cuando llegara su oportunidad.

En el otoño de 1963 Kilmory no tenía ni la menor idea de la conspiración que se gestaba en su contra. El plan maestro de Jameson para lograr su meta de toda la vida de alcanzar la presidencia no tendría, en esta etapa de su existencia, ni una mínima posibilidad si no hubiera llegado a la vicepresidencia y algo le pasara a Kilmory. Ello explica por qué renunció al poderoso cargo de Líder de la Mayoría Senatorial para ocupar el segundo lugar en la boleta, cosa que según el pintoresco John Nance Garner, presidente de la Cámara de Representantes, quien renunció a su puesto en los años '30 para ser vicepresidente con Franklin Delano Roosevelt, «no valía sino un cubo de tibios escupitajos». Era clarísimo que la eventual sucesión a la presidencia sería su singular oportunidad de ocuparla y simultáneamente frenar en seco la crucial investigación que manejaba en su contra el secretario de justicia Roland Kilmory. Jameson se mantenía al día, gracias a sus espías en el Departamento de Justicia, sobre el rápido avance de la indagación.

Ulteriormente ello le obligaría a renunciar y despacharía a sus socios a la cárcel. Ya veía aproximarse el pronóstico de su abuela: «Ese muchacho va a parar a la penitenciaría». No sabía ella que él se había hecho el firme propósito de llegar a la presidencia: a las buenas o, preferiblemente, a las malas.

Pero Jameson era muy ducho en cubrir sus pasos. Aun en ausencia de algún escándalo público, no sería realista aguardar a que Kilmory saliera de la presidencia, ya que su longevidad de familia ponía en claro que no sobrepasaría la mediación de su sesentena y, para entonces, ya se aproximaba al punto medio de su cincuentena. El tiempo se le estaba agotando velozmente.

Los Kilmory estaban desesperados por que se completara la investigación de Jameson. El tipo les era insoportable, era un palurdo sin educación y de cutre estilo de vida, sobre todo considerando que Justin se había visto obligado a aceptarlo de candidato vicepresidencial por un desvergonzado chantaje. No había sido él su candidato preferido; es más, ya Kilmory le había ofrecido el puesto de compañero de boleta a otro senador, Stan Stennington.

Pero prevalecieron las tácticas sucias de Jameson ante los ruegos y consejos de casi todos los asesores de Kilmory. Ahora, sin embargo, iban a acabar con la carrera política de Jameson. Así, conforme al primigenio plan del patriarca Jonathan, quedaría abierto el camino para que Roland sucediera en la presidencia a su hermano Justin con dos períodos de primer magistrado. Bastaba que Justin, luego de la renuncia de Jameson, nombrara a Roland para compañero de boleta vicepresidencial. Pudieran calificarlo de nepotismo, pero como hasta ahora se habían salido siempre con la suya, ¿por qué no? Si no, vendría la pesadilla de que Jameson fuera el candidato número uno a la presidencia luego del segundo mandato de Justin. Se daba por sentada la reelección de Justin, si fuere necesario empleando las mismas tácticas con que en primera instancia había ganado la presidencia.

Jameson le seguía la pista, mediante sus infiltrados, a la investigación armada por Roland. Si algo le pasara al presidente Kilmory antes de que el proceso transcendiera al dominio público, Jameson heredaría la Casa Blanca y listo. Ya para entonces su hermanito Roland estaría totalmente despojado de poder, aun cuando se quedara, tal vez por brevísimo plazo, como titular del Departamento de Justicia. Huelga que decir que el poder de la presidencia le permitiría a Jameson actuar rápida y definitivamente para acabar con la investigación. Pero, ¿nos adelantamos a la historia?

El presidente Kilmory, como ya se sabe, hizo de las suyas como amante nacional e internacional de bellas y famosas mujeres, así como de otras menos conocidas. No perdía tiempo tampoco en acostarse con desconocidas y carísimas chicas profesionales, ocasionalmente con más de una a la vez, siempre que fueran jóvenes y muy atractivas.

Más discreto y reticente era Roland Kilmory, aunque también él tuvo su buena ración de aventuras. En un momento como secretario de justicia empezó a asistir a las operaciones antinarcóticos y a participar en sus aspectos menos lícitos. Tales operaciones típicamente abarcaban opio, hashish, heroína y cocaína. Los agentes de esos golpes daban cuenta de que no tenía reparos en agarrar bolsas de cocaína para uso propio o para pasárselas a sus amigos. Si había prostitutas presentes no dejaba de tocarlas, tener relaciones sexuales con ellas o convencerlas de que le dieran sexo oral. Se consideraba, fundamentalmente, por encima de la ley. Un agente comentó que Roland le parecía «básicamente esquizofrénico... capaz de grandes bondades y, en un instante, de increíble maldad». Siguió diciendo que una de las prostitutas que gustaba del sadomasoquismo moderado y era conocida de su hermano Justin se negó cuando Roland le sugirió de que se reuniera con él para una sesión, comentando que «Oí decir que se ensañaba en el sadismo». Tal vez ello explicaría cómo fue que una vez mató a un presunto abusador sexual de niños echándolo por la ventana de un sexto piso.

Justin era de carácter más tranquilo y mesurado. Su típica ecuanimidad la demuestra una anécdota de sus aventuras sexuales. El presidente convenció a su Secretario de Estado, Dan Dusk, de que hiciera arreglos luego de una conferencia europea para quedarse en una hermosa villa en el lago de Como, al norte de Italia. Dusk le dijo al presidente que sería difícil de conseguir, pero pensando en pasarse un día o dos de tranquilidad junto con él en la mansión, por fin convenció al dueño de que se la facilitara. Lo que no sabía Dusk era que el presidente se las había agenciado para reunirse con la esposa del magnate italiano Giovanni Agneli, con quien tenía una relación ocasional. Cuando el avión presidencial aterrizó en Milán, el presidente, muy garboso, le dio las gracias al Secretario y se despidió diciéndole, para sorpresa suya, que lo volvería a ver en Washington.

En comparación con su hermano, Roland Kilmory no se quedaba muy corto en cuanto a normas de conducta. Una vez les comentó informalmente a sus anfitriones soviéticos que le gustaría contar con la compañía de una joven en su habitación de hotel esa noche. Había viajado a Moscú en misión oficial a principios del gobierno de Kilmory. Hay poca duda de que, conforme al procedimiento establecido de la KGB, lo filmaron y posteriormente lo chantajearon cuando el Kremlin necesitaba algo. Duele pensar qué concesiones exigieron y aprovecharon los soviéticos cuando quisieron aplicar la palanca tan fácilmente puesta en sus manos: ¿echarse atrás en la Bahía de Cochinos, transarse para resolver la Crisis de los Misiles? Esta información comprometedora pudiera haber sido únicamente parte de lo que tenían sobre el presidente y su hermano a fin de ganarles la partida cuando el juego fuera en serio. Se trata de una posibilidad que merece explorarse más a fondo en vista de las sospechosas decisiones tomadas en ciertos momentos cruciales.

En primer lugar, por ejemplo, Kilmory evidentemente se echó atrás respecto a la fórmula ganadora que en un principio se adoptó respecto a la invasión de Cuba. Y en segundo lugar figura el desenlace de la Crisis de los Misiles, cuyos términos resultaron desfavorables. Tal como lo presentó la prensa, el resultado fue una victoria para Kilmory: de ahí que convirtieran la derrota en un golpe propagandístico. Es curioso que según ciertos informes fue Roland y no Justin, fuera de acción por dolor de espaldas, quien tomó la decisión de negarle apoyo aéreo a la fuerza invasora de la Bahía de Cochinos.

Hay que estirar la credulidad pública infinitamente para pensar que con esta versión Roland no procurara proteger a su hermano de las críticas. Roland no solamente trataba de ser el malo de la película y hacerse responsable de equívocas decisiones, sino también de cargar con la culpa de ordenar castigos a fin de evitarle al presidente la pena de aplicar medidas disciplinarias.

* * * * * * *

El curso general de los acontecimientos relacionados con la conspiración para liquidar al presidente conduce a examinar de cerca el comportamiento de los agentes del Servicio Secreto en la noche del 21 de noviembre de 1963. Estaban de juerga a altas horas de la noche, de bar en bar, bebiendo y divirtiéndose en los sitios nocturnos de Dallas. Si bien no se ha establecido claramente que uno de esos sitios donde se recreaba el Servicio Secreto en Dallas era el «Carousel», perteneciente a Rosenstein, tampoco se ha descartado esa posibilidad. La investigación oficial no se molestó en indagar estos detalles. En todo caso los agentes mostraron despreocupación y negligencia del deber a tal punto como para dar lugar a sospechas de que estaban respondiendo a la falta de rigurosa supervisión, o si no a instrucciones de no concentrarse demasiado en cumplir con su misión. Como lo demuestran los acontecimientos del día siguiente, eso bien pudiera haber sido cierto, precisamente. Aun cuando los testigos han mostrado pocas ganas de hablar, posteriormente ha surgido información sobre las conversaciones trasoídas esa noche.

La misión de Rosswell, según él la entendía, era de infiltrar la conspiración contra el presidente e informar sobre cuanto sucediera. La realidad era distinta: ignoraba el cuadro general de lo que se preparaba; le daban únicamente algunos fragmentos de inocua información para mantenerle ocupado, inocentón y engañado respecto a su «misión». Le habían ordenado distribuir papeletas en el centro de Nueva Orleans, presuntamente en nombre del «Fair Play for Cuba Committee» [Comité pro Trato Justo para Cuba] para dar la impresión de que era simpatizante de Costra. Además él, o un doble, había ido a la embajada de Cuba en México para solicitar permiso de viajar a Cuba.

Algunos informes indican que, aunque parezca arrastrado de los cabellos, le hicieron creer a Rosswell que tal vez lo enviarían a Cuba con la misión de participar en el asesinato de Costra, así como coordinar simultáneamente los preparativos para establecer un gobierno provisional en la Isla mediante la nueva invasión proyectada para el 1º de diciembre de 1963. Pero hay dudas de que le comunicaran todos estos detalles, siendo probable que se limitaran a decirle que recibiría más instrucciones si tuviera que ir a Cuba en misión secreta.

La idea era ir dejando huellas evidenciarias respecto a las ideas izquierdistas de Rosswell, lo cual sería útil si en algún momento le acusaran de asesinar al presidente. Esto a su vez pudiera justificar la represalia de invadir a Cuba, una de las opciones kafkianas que examinaban los conspiradores. Formaba parte de este rastro el presunto atentado al General Joseph Wolpert, hecho confeccionado con toda probabilidad luego de la muerte de Rosswell para mejorar aun más la impresión de que era un violento y alocado pistolero capaz de dar muerte a Kilmory. Sus manipuladores también apostaban a que las preocupaciones securitarias, con base en el temor de guerra nuclear contra la Unión Soviética, sirvieran para encubrir la conspiración y proteger a los participantes del escrutinio público.

Tras la muerte de Rosswell, el FBI también coaccionó a la esposa rusa de Rosswell a fin de que reconociera que era el probable asesino. Los agentes se mostraron muy insistentes; su colaboración, le prometieron, le aseguraría su bienestar indefinidamente. De lo contrario, nadie se atrevería a pronosticar los males que le pudieran sobrevenir. Ni boba que fuera, concluyó que más le valía proteger sus intereses prestándose al juego. La resistencia no hubiera resucitado a su esposo ni le hubiera ayudado a criar a su pobre hijito inocente.

Las piezas del rompecabezas empezaban a caer en su justo lugar. El FBI, la Mafia y algunos agentes claves de la CIA se habían alineado en una siniestra y poderosa conspiración para liquidar al presidente de los Estados Unidos, y nadie en su administración, rodeados de su propia niebla de adulación y exceso de confianza, tenía la menor idea de lo que se gestaba.

Capítulo XXIV
PREPARATIVOS

Los engranajes de la conspiración seguían girando, estableciendo la base para emboscar al presidente. Mientras preparaban a Rosswell para cargar con la culpa, la colaboración entre la CIA y la Mafia seguía sin tropiezos bajo la dirección de Sal Campana, Sylvester Traficant y Claudio Mariello, pero con los detalles cotidianos a cargo de Jake Rosetti, el sagaz mafioso de bajísimo perfil.

Mientras, apareció en escena Gregory de Morgenchild, un aristócrata ricachón asignado por la CIA para «manejar» a Rosswell. Era un emigrado ruso firmemente anticomunista que, por coincidencia, era conocido de los Kilmory así como de las familias de dos futuros presidentes. Concentrado en su misión, De Morgenchild no perdió tiempo en hacerse el mejor y más íntimo amigo de Rosswell, y acaso incluso su amante homosexual (se ha rumorado que Rosswell era bisexual, aun cuando nada de esto se hizo público en aquel momento). Nadie pareció observar las abismales diferencias sociales, culturales y económicas entre De Morgenchild y Rosswell. No había razón para que fueran tan amigos... a menos de que hubiera algo más que la simple recolección de inteligencia rutinaria: aparte del complot secreto contra el presidente, una relación homosexual.

Ya fuera que mantuvieran esa invertida relación o no, parece que participaban en el complot de la CIA y la Mafia para dar lo que sería, en efecto, un violento golpe de estado en EE.UU. Todo indica que De Morgenchild estaba cumpliendo bien su cometido de manejar a Rosswell para la CIA. Dato curioso es que De Morgenchild también conocía a la familia Bouvine y había salido durante breve plazo con Jean Bouvine (luego casada con Auchenbloss), la madre de Jennifer Kilmory; en aquel momento ambos estaban divorciados. No hay duda de que el mundo es muy chiquito... y curioso. Es sospechoso que De Morgenchild muriera más adelante en circunstancias misteriosas un día antes del señalado para dar testimonio ante una comisión congresual que investigaba el asesinato de Kilmory. (¡Qué coincidencia que murieran misteriosamente tantos testigos a la víspera de su testimonio ante el Congreso!)

¿Era Rosswell, según las apariencias, miembro del «Comité pro Trato Justo para Cuba» (CTJC), a favor del cual distribuyó papeletas en calles de Nueva Orleans y se prestó para entrevistas de prensa? En realidad, lo más probable es que fuera el *único* miembro de ese capítulo. Pero hacía bien su papel; tanto que parecía haber sido bien preparado de antemano.

Había una razón: tenía que impresionar como firme procostrista a fin de ganar credenciales y convencer a la embajada cubana en México, D.F. de otorgarle visa para Cuba. Una vez en la Isla, presuntamente trabajaría de espía como parte de la operación del Día Q y del complot para asesinar a Costra. Fue esta y no otra la explicación que le dieron a Rosswell para justificar su misión, si es que efectivamente le enviaron a México.

Al propio tiempo, al estar en contacto con el CTJC en otras ciudades, Rosswell servía a las autoridades estadounidenses de infiltrado entre el movimiento pro-costrista, mientras aparentaba participar activamente y de buena fe en sus actividades.

Un repaso general de los antecedentes de Rosswell indica que, al contrario de las noticias propulsadas por la prensa, no era, como querían pintarlo, un extremista ignorante y con prejuicios. Joven inteligente y facundo que siempre estaba alerta y dispuesto, las autoridades lo seleccionaron sin demora para darle el adiestramiento especial exigido para un agente de inteligencia. Le encantó, ya que siempre había soñado con lanzarse a ese tipo de carrera. Ya había hecho alguna labor de inteligencia mientras estuvo en Japón con la Infantería de Marina, habiendo cumplido funciones que le pusieron en contacto con quienes organizaban y analizaban fotografías de la Unión Soviética tomadas por el supersecreto avión de espionaje U-2. Rosswell también recibió amplia instrucción en el idioma ruso, a cuyo efecto le asignaron una muy atractiva maestra de cuyos encantos disfrutó mientras le daban licencia especial a fin de que pudiera dedicarle más tiempo a «mejorar sus conocimientos del idioma». Al terminar su primera etapa de adiestramiento de inteligencia, Rosswell estaba listo para el próximo paso. Le dieron instrucciones de ir a la Unión Soviética y presentarse como desertor, so pretexto de insatisfacción con el sistema capitalista estadounidense.

Era el tipo perfecto para la misión ya que, gracias a su buen aprendizaje, hablaba el ruso con tanta soltura que al conocer a María, su futura esposa, no se dio ella cuenta de inmediato que era norteamericano. Es interesante observar, de paso, que el padre de María era coronel de la KGB. Ello indicaría que Rosswell hacía tan bien su papel que, 1) ni siquiera su suegro sospechaba que fuera espía de EE.UU., o bien algo mucho más probable, que, 2) los rusos, seguros de que era espía, planeaban voltearlo posteriormente a fin de convertirlo en agente de ellos. En algún momento es probable que Rosswell pasara a ser agente doble, o al menos actuaba como tal lo suficiente para asegurar su permanencia en la misión, por no hablar de su propia seguridad. Si no, habría habido demasiadas señales de alerta para que los rusos no le arrestaran como espía y le enviaran a Siberia, o algo peor aún.

Interesa acotar que, según algunas fuentes, Rosswell tal vez les dio a los soviéticos información suficiente —demasiada, en realidad—, para posibilitarles derribar el avión espía U-2 que sobrevolaba su territorio a fines de los años '50. En todo caso es muy poco probable que a Rosswell le hubieran permitido irse de la Unión Soviética con su esposa rusa si no los hubiera convencido de que espiaría para ellos en EE.UU. De lo contrario, ¿por qué razón dejarían los soviéticos escaparse impunemente a un probable espía norteamericano?

En resumen, era considerable la experiencia que tenía Rosswell materia de espionaje. Hacía tiempo, mucho antes del magnicidio de Dallas, que venía él haciendo tareas de inteligencia para el FBI, la CIA, la Inteligencia de Defensa y posiblemente también la Inteligencia Naval. Con esto basta para dar una idea del cociente de inteligencia de Rosswell, su preparación, antecedentes y astucia.

Era compleja la intersección y fusión de actividades de inteligencia y la conspiración para matar al presidente Kilmory. Es claro que la CIA había conseguido el apoyo de la Mafia para asesinar a Costra y dar apoyo al Plan Q, hecho que no conocían todos los participantes ya que la labor de espionaje se tiene necesariamente que compartimentar. El Día Q marcaría el inicio de la segunda y presuntamente definitiva invasión de Cuba, dirigida por Roland Kilmory y que habría que ganar a toda costa.

Que Rosswell distribuyera papeletas pro Costra en una calle de Nueva Orleans era únicamente una pantomima, parte de una serie de «pruebas» que pretendían establecer sus credenciales comunistas y un paso preparatorio para futuras misiones de inteligencia que eran parte integrante de los preparativos para echarle la culpa del asesinato de Kilmory.

Otra parte del rastro radica en el «incidente Odio». En septiembre de 1963 Rosswell, o un impostor, se apareció con dos hombres más en Dallas en el apartamento de Sylvia Odio, hija de un líder del exilio cubano, que había organizado un capítulo de la Junta Revolucionaria (JURE) para la lucha anti-Costra. Al día siguiente el portavoz del grupo telefoneó a la señora Odio para decirle que «León», nombre que usó Rosswell en la reunión, era un experto francotirador y se onsideraría privilegiado de satisfacer las esperanzas de libertad para Cuba matando al presidente Kilmory. Ya fuera que Rosswell efectivamente asistiera a esta reunión o lo hiciera un impostor, es claro que ello no hubiera tenido otro propósito que el de reforzarlo como candidato más apto (había varios) para cargar con la culpa del asesinato. Es más, los principales dirigentes de la CIA y la Mafia, peritos en la materia, lo consideraban «el candidato perfecto».

Por consiguiente, parte de la tarea de Rosswell era tratar con una serie de agentes o exagentes que colaboraban formal o informalmente en los proyectos gemelos destinados a invadir a Cuba y simultáneamente asesinar a Costra. Además, al participar en estas actividades Rosswell conocía y trataba a mafiosos, incluso Jake Rosenstein, quien también trabajaba en el proyecto anti-Costra. Pero dado que la Mafia se había «volteado» y en realidad, como trabajaba para Costra, planeaba asesinar en su lugar a Juntin Kilmory, vieron en Rosswell el idóneo chivo expiatorio, fácil de manipular y de «adiestrar», para luego liquidarlo rápidamente e impedir que hablara.

Dados sus antecedentes y el papel de Rosswell en la conspiración según él lo entendía, le pidieron que errara un tiro en dirección al presidente: nada difícil, sobre todo con un viejo e ineficaz Manlicher-Carcano con imprecisa mira telescópica añadida a posteriori. Le informaron que el propósito era dar a EE.UU. el pretexto para tomar represalias contra el atentado e invadir a Cuba, o al menos obligar a mejorar la seguridad presidencial. En consecuencia, si Rosswell tuvo algo que ver con dispararle a Kilmory, la idea era de utilizarlo como señuelo. Los conspiradores se ocuparían de contratar a francotiradores expertos que cumplieran debidamente la misión.

A fin de llevarlo a cabo con el máximo de probabilidades de éxito —un presidente que sobreviviera a semejante atentado sería para sus atacantes un gravísimo peligro— haría falta usar un mínimo de tres francotiradores a fin de que el fuego cruzado fuera mortal.

Por otra parte, los tiros tendrían que sincronizarse a fin de que fueran simultáneos o casi, con diferencias de fracciones de segundo.

Ello explica que Rosswell apareciera muy tranquilo en el salón de almuerzo del edificio «Texas School Book Depository» momentos después del tiroteo. El propio Rosswell dijo, y efectivamente así lo aparentaba, ignorar que el presidente había sido baleado. Había disparado el tiro errado tal como se lo habían indicado y luego abandonó el lugar designado un instante antes de que los verdaderos asesinos abrieran fuego. Los testigos de lo que había pasado en el comedor cuando Rosswell llegó desaparecieron o alegaron no recordar nada.

Cuando Rosswell supo que Kilmory había sido baleado fue cuando sospechó de repente que pudiera haberle tocado el papel de chivo expiatorio. En tal caso podría peligrar su vida. Pero, confuso, abrigaba la esperanza de que pudiera ser más seguro seguirles la corriente. En breve le comunicaron dirigirse a un cine local para reunirse con su contacto y recibir más instrucciones. Era un lugar público donde, ante muchos testigos, era improbable que lo mataran a primera vista, cosa que sabía era la manera en que se suele silenciar para siempre al «chivo».

Ignoraba Rosswell en esos momentos el misterioso homicidio del oficial Trapper, de la policía de Dallas, a quien habían muerto minutos antes con el propósito de «comprobar» su culpabilidad pintándolo como un loco asesino que no solo había liquidado al presidente sino que, en rápida sucesión, despachó a un policía que intentara detenerlo.

Nada sabía Rosswell que Trapper tenía la misión de seguirle la pista para matarlo de inmediato tras el magnicidio. Cuando Trapper se acobardó y quiso echarse atrás, su cómplice y otro mafioso lo mataron en el acto, contando con que Rosswell cargaría con la culpa y pronto estaría muerto. Pero los conspiradores se pusieron de malas: su cronograma se deshizo al sobrevivir Rosswell dos días más, dificultando muchísimo atar todos los cabos sueltos.

* * * * * * *

Conforme al plan, el sucesor a la presidencia, Jameson, presentaría tras el asesinato un informe íntegro que llegaría a la apetecida conclusión sobre el crimen: Rosswell lo hizo él solo, autónoma e independientemente. En vista de los proyectos en marcha para asesinar a Costra e invadir a Cuba por segunda vez, correspondía al interés de los conspiradores y al del gobierno en sí encubrirlo todo y culpar a un asesino solitario. Era imperativo detener la investigación ya que ello pudiera poner de manifiesto el fraude electoral de 1959 gracias al trato con la Mafia, más los planes secretos que se gestaban para volver a invadir a Cuba y derrocar a Costra. Además, era probable que toda investigación adicional revelara los caóticos fallos de inteligencia y de otro tipo, así como los errores de buena fe y otros hechos a propósito o accidentalmente que no convenía que el público conociera.

Para asegurarse de que nada saliera mal, esa comisión estaría «emparedada» con seguros colaboradores dignos de la mayor confianza; a ellos se les informaría de los requisitos «seguritarios» a fin de no dejar cabos sueltos. Es más, uno de los integrantes de esa comisión sería el ex director de la CIA y firme anti-kilmoriano Alton Dunsell, despedido un par de años antes para cargar con la culpa del fracaso en Bahía de Cochinos.

A Dunsell lo escogió nada menos que Roland Kilmory gracias a la «deferencia» del presidente Jameson, ya que podía confiarse en él para que mantuviera bien tapado el complot contra Costra y su régimen, proyecto que estaba entonces momentáneamente paralizado pero que seguía vigente. Roland estuvo de acuerdo con Jameson en que Dunsell era idóneo, pues protegería los distintos secretos que cada uno de los dos, por distintas razones, debían guardar.

El congresista Gerhard Foster, que posteriormente sería vicepresidente y presidente, tenía una relación muy cómoda con Hooper, el director del FBI, y serviría de agente principal del Buró en el seno de la comisión que de inmediato nombraría el presidente Jameson, aun en contra del consejo del propio director Hooper, quien dudaba de que tal medida fuera aconsejable. Pero Jameson se puso firme en su criterio de que «para dejarlo todo bien clavado», como gustaba de decirlo, el asesinato de Kilmory tendría que investigarlo un órgano del más alto nivel en que el país pudiera tener la más absoluta confianza. Dado que Hooper tenía un archivo sobre Foster y sus «diversiones» en el Quota Club de la Colina Capitolina, había confianza en que mantuviera al día al FBI y dirigiera a la comisión en la dirección deseada.

Los conspiradores mafiosos, encabezados por Rosetti, se ocuparon de contratar a los francotiradores profesionales para que cumplieran la misión como era debido. Entre ellos figuraban dos sicarios corsos traídos desde Marsella, lo suficientemente lejos como para dificultar seguirles el rastro. Pero para no correr riesgos también contrataron a otros francotiradores: exiliados cubanos desilusionados con Kilmory por sentirse traicionados en Bahía de Cochinos; la ironía era que estos ignoraban que Kilmory preparaba otra súper secreta invasión de la Isla. También contaban con agentes «volteados» de la CIA y sicarios de la Mafia. Reunieron equipos suficientes para realizar atentados en tres ciudades. Primero intentarían despachar al presidente Kilmory en Tampa, a donde iría de visita el 18 de noviembre y desfilaría en caravana por las calles.

Sin embargo, cuando algo salió mal y se reforzó la seguridad, tuvieron que cancelar. La próxima oportunidad sería un par de días más tarde, durante la visita de Kilmory a Chicago, pero ese viaje presidencial se canceló al último minuto cuando el Servicio Secreto pareció recibir informes de peligro. El Secretario de Prensa de Kilmory era Perry Soliger. Tipo animoso y a la vez sosegado, valga la contradicción, dijo que el presidente sufría de una «leve afección de las vías respiratorias» y había tenido que cancelar la visita. Se pensó que tomar especiales medidas de seguridad pudiera darle una pista a Costra de la invasión en ciernes. Convencido de que había que aparentar normalidad, Kilmory quiso dar la impresión de seguir ocupándose de sus actividades políticas de costumbre. Uno de los conspiradores estaba asesorándolo tras bastidores, convenciéndolo de actuar como si todo anduviera bien y estuviera cumpliendo con su previsto calendario de actividades.

Los conspiradores tenían un tercero y último lugar de atentado, por si acaso: Dallas. Incluso luego de las advertencias de Tampa y Chicago, alguien trabajó al personal del presidente para convencerlo de viajar a Dallas y participar en un largo desfile en la limusina descapotable. Fiel a su estado natal, el Vicepresidente Jameson personalmente le dio lata a Kilmory para que hiciera la visita con el pretexto de agarrar impulso para la elección de 1964 y unificar al Partido Demócrata, entonces en medio de un cisma. Aun cuando les había dicho a la mayoría de sus mejores amigos y seguidores que no tenía ganas de ir a Dallas, Kilmory por fin aceptó. Como había dado su palabra se consideró incapaz de dar marcha atrás.

La Mafia, mediante sus contactos con la CIA, hizo esfuerzos por aliviar las preocupaciones del Servicio Secreto acerca de exponer al presidente a algún peligro. Si es que el personal de protección presidencial no era cómplice, al menos fue inducido con insistencia a un estado de despreocupación y distensión. Pero los conspiradores tenían un as en reserva: al mismo jefe del Servicio Secreto, amigo íntimo y confidente de Jameson, de apellido Rowley, lo habían incorporado a la conspiración y preparaba activamente el terreno para el atentado.

Por su parte, la Mafia tenía planes firmes y de largo alcance. Los francotiradores corsos vinieron desde Marsella vía México. Y otros equipos de francotiradores estaban listos para actuar en Tampa y Chicago. Los destinados a Dallas se instalaron en un lugar seguro a fines de octubre de 1963, listos para cuando llegara el momento. Tuvieron tiempo para explorar en busca de un buen sitio a lo largo de la probable ruta de la caravana presidencial, que los conspiradores estaban manipulando para que pasara por el lugar ideal: Haley Plaza. Eso quedó en firme al escogerse el Dallas Trade Mart para el lugar del almuerzo, ya que a tal efecto la caravana tendría que pasar por Haley Plaza. Esa ruta exigiría tomar curvas a baja velocidad y daría atalayas perfectas para lanzar un mortífero y triangular fuego cruzado desde «la lomita herbácea» (*grassy knoll)* a la derecha, el paso superior ferroviario en frente y, al fondo, los pisos superiores de dos estructuras: el Texas School Book Depository y el edificio de enfrente.

La selección del Dallas Trade Mart para el almuerzo se hizo gracias a las gestiones del Gobernador de Texas, Jesse Donnelly, otro conspirador. El Jefe del Servicio Secreto, viendo que era el lugar perfecto para el atentado, lo aprobó en seguida. La oficina del Gobernador Donnelly dio a conocer la ruta presidencial con anticipación para que la publicaran los periódicos, con el pretexto de que le permitiría al público acudir y aclamar al presidente.

Los sicarios importados siempre son más seguros para atentados importantes, sobre todo si los transportan intermediarios: luego de cumplir su misión, los sacan del país clandestinamente lo antes posible. Mientras están *in situ* se mantienen poco visibles y, en caso de que los vean, son simplemente desconocidos. En cambio los sicarios locales son mucho más vulnerables, ya que de inmediato pasan a ser sospechosos y tienden a permanecer en sus entornos de costumbre.

En Dallas, la última oportunidad tras Tampa y Chicago, los sicarios corsos cumplirían su misión y luego, según su plan, esperarían a que se tranquilizara un poco la situación antes de volar en avión particular al Canadá. Se decidió ulteriormente asegurar la misión encargándosela a un total de tres equipos de francotiradores: además de los corsos habría dos equipos integrados, respectivamente, por mafiosos y exiliados cubanos.

Dallas era un viaje político previo a la próxima campaña presidencial. A fin de obtener la máxima exposición a los votantes y mejorar las probabilidades de Kilmory para 1964, los conspiradores, entre ellos el Jefe del Servicio Secreto, dieron instrucciones de descapotar la limusina presidencial. Dado que Kilmory confiaba por lo general en el Servicio Secreto y aceptaba sus decisiones securitarias, dio por supuesto que se tomarían todas las precauciones y estaría bien resguardado. Para taparse, los conspiradores se valieron de las palabras del propio presidente a fin de justificar que se descapotara la limusina: encapotada, daría la impresión de que el primer magistrado fuera casi un monarca, solitario y alejado, o sea la antítesis de un presidente democrático de EE.UU. Nadie se atrevía a contradecir «los deseos del presidente». La capota, hecha de un plástico muy fuerte, hubiera perjudicado considerablemente la puntería de los francotiradores y en todo caso desviaría las balas lo suficiente para dificultar mucho las posibilidades de dar en el blanco.

El Jefe del Servicio Secreto aprobó los planes sin la menor objeción y, siguiendo instrucciones, especificó a la Policía de Dallas que su tarea consistiría en dar protección al presidente únicamente hasta la esquina de las calles Main y Houston, precisamente donde estaba, a la entrada de Haley Plaza, la estación de policía. De ahí en adelante, especificó que se haría cargo de la seguridad el Servicio Secreto.

He ahí una de los puntos claves del plan: dejar al jefe del ejecutivo a merced de sus verdugos en Haley Plaza. Para sacar una «póliza de seguro» adicional, los agentes del Servicio Secreto recibieron instrucciones de no acercarse a la plaza, en tanto que un equipo de impostores dotados de identificación al parecer auténtica, con placas y todo, se distribuyó por puntos estratégicos, entre ellos la famosa «lomita herbácea». Los tales «agentes» habían sido adiestrados anticipadamente en su modo de actuar, asegurándoseles que los agentes de veras no interferirían.

Los máximos conspiradores inventaron pretextos o justificaciones para responder a cualesquiera preguntas que pudieran surgir imprevistamente. Cuando alguien con autoridad suficiente dice que «al presidente le agradaría» algo, todo el mundo acata. El complot requería, por razones evidentes, que el número de los enterados de las verdaderas razones se redujera al mínimo absoluto.

El presidente no sospechaba nada siniestro. Si así hubiera sido, su tendencia natural era la de darse aires de temerario y decir «me importa un bledo». Al fin y al cabo se había paseado por Tampa y muchas otras ciudades en un vehículo abierto y nada había sucedido. Estaba consciente de los enemigos que se había granjeado pero su actitud y comportamiento indicaban que nunca llegó a convencerse de que alguno de ellos llegaría a hacerle ningún daño físico. Por consiguiente, descartó todo concepto de violencia en su contra como algo cercano a una imposible pesadilla. Sin embargo, tuvo un presentimiento. «Sabes,» le dijo a su esposa antes de abandonar la Casa Blanca en la mañana del 22 de noviembre, «uno de estos días alguien con un rifle de alta potencia me meterá un balazo, ¡así de fácil!». Chasqueó los dedos. No sabemos qué le respondió ella.

En todo caso, la suerte estaba echada. Como ni Kilmory ni nadie a su alrededor podía haberse imaginado que el fuego cruzado en Haley Plaza estaba a punto de empezar, no parecía importar mucho que se paseara en una limusina al descubierto. Ninguno de sus asesores hizo el menor intento por intervenir. Todos pensaban que así lo quería el propio presidente. Así que, cuando una autoridad superior dio la orden —quítenle la capota a menos que llueva a cántaros— la quitaron sin chistar. Los conspiradores se pusieron contentísimos. Con la capota puesta el atentado hubiera sido sumamente difícil, si no imposible. Ya todas las piezas estaban cayendo en su lugar.

Los francotiradores corsos, en coordinación con otro equipo de sicarios también contratados por la Mafia, estudiaban minuciosamente los mapas de la caravana presidencial que inopinadamente les habían facilitado los medios de información e inspeccionaban los puntos estratégicos desde todos los ángulos. Puesto que se exigía un fuego cruzado, ya que la emboscada tenía que ser ciento por ciento mortífera, tenían que seleccionar el lugar que reuniera esas condiciones. Al confirmarse que atravesaría Haley Plaza decidieron aprovechar su idónea topografía, exploraron bien los contornos y seleccionaron las óptimas posiciones para colocarse. Una de ellas era la «lomita herbácea».

El School Book Depository no se consideró inicialmente un apostadero tan favorable. Uno de sus puntos flacos era que, en caso de que alguno de los francotiradores fuera sorprendido o avistado disparando desde allí, quedaría destruido el plan para hacer de Rosswell el único culpable. Ello daría lugar a una serie de problemas, por encima de todo el de poner al descubierto la conspiración. Por otra parte, la distancia al objetivo sería mayor, lo cual aumentaría la probabilidad de errar tiros.

Conjugándolo todo, hubo por fin que escoger ese edificio para albergar a uno de los francotiradores, ya que facilitaría el incriminar a Rosswell, quien trabajaba allí e iba a disparar, aunque fuera en calidad de señuelo. Al analizarse con cuidado el cuadro, quedó demostrado que los mejores resultados se obtendrían con un sicario disparando de frente a la caravana desde el paso superior ferroviario, en tanto que otro dispararía desde la derecha, tras la cerca en la lomita herbácea. El tercero dispararía desde atrás, colocándose en una ventana estratégica situada en el edificio Book Depository, alejado de la ventana que usaría Rosswell pero más cerca del objetivo.

Los francotiradores recibieron instrucciones de sincronizar el fuego con la mayor precisión posible a fin de que, con disparos simultáneos, una o más balas dieran en el blanco al mismo instante. Lo más probable es que sincronizaran su fuego al momento en que la limusina presidencial llegara a un sitio determinado, como un letrero de calle. Dio la mala casualidad de que ese mismo letrero ocultó la limusina cuando la cámara captó la única película completa del asesinato, obstruyendo así la escena en un instante crucial, justo tras haber sido el presidente herido en el cuello por la bala inicial. Como a Rosswell le indicaron que disparara su rifle cuando la limusina llegara a ese punto previamente escogido, los disparos se harían simultáneamente o a intervalos tan cercanos como para no poder diferenciarlos individualmente ni calcular de dónde venían.

Así, el plan de fuego simultáneo cumplía varios objetivos: confundiría a los testigos en cuanto a la procedencia y número de los tiros. También era una táctica muy eficaz. Las balas que dan en un blanco a intervalos muy cercanos intensifican las lesiones, estrés y conmoción. La muerte es mucho más probable tratándose de múltiples impactos, aunque ninguno de ellos por sí solo sea mortal.

El Vicepresidente Jameson, una vez posesionado como primer mandatario, estaría en posición ideal para organizar el encubrimiento a través del enorme poder y largos tentáculos de su cargo.

La costumbre de Jameson era de ejercer el poder tan brutalmente respecto a sus subalternos como obsequioso era para con sus superiores... Es decir, hasta que llegó a la cumbre. Cuando saludaba a las multitudes desde una adecuada atalaya donde no podían oír sus palabras, decía: «Me meo en todos ustedes, partida de hijos de puta».

En cuanto a la caravana, Jameson se había asegurado de que su limusina quedara bien a la zaga de la presidencial. Su actitud cuando empezaron a silbar los tiros fue de autoprotección, exponiéndose mínimamente a cualquier bala perdida.

Roland Kilmory, su acérrimo enemigo, había promovido incesantemente la investigación de los malos manejos de Jameson, ya próximo a ser descartado de la boleta electoral para 1964. Pero durante decenios enteros el viejo zorro había mantenido buenas y mutuamente lucrativas relaciones con los máximos capos de la criminalidad organizada, así como con el amigo y confidente de todos ellos, el director del FBI H. Everette Hooper. También había hecho buenos amigos en el congreso durante sus años de representante a la cámara y, posteriormente, de Líder de la Mayoría Senatorial. Se sentía bien protegido por todos lados. Si algo le pasara a Justin Kilmory su sueño de llegar a presidente se haría realidad. Ya entonces a Roland, a quien llamaba «odioso mariconcito», el tipejo que había tratado de hacerle la vida insoportable, le tocaría una rebosante cucharada de su propia medicina: desprecio, burla y todo lo demás que se le ocurriera siempre que no fuera tan evidente que el público lo considerara irrespetuoso hacia su «pobre hermano desaparecido».

Ya se aproximaba la hora, y estaba jugando en su propio terreno. La ventaja era para el equipo del patio.

Capítulo XXV
LA ESTRATEGIA

Costra se sentía seguro. Habiendo hecho su trato con la Mafia, le tocaba la satisfacción adicional de hacerles trampa: ni siquiera cobrarían la recompensa total prevista por la misión. Él insistiría en primero ver los resultados y entonces cancelaría el pago del saldo pendiente, presuntamente pagadero al cumplirse la misión. Su amigo y cómplice, Negoria, el dictador de Panamá, recibiría su tajada y velaría por que todo saliera sobre ruedas. La colaboración de Negoria, «correligionario» suyo en la lista kilmoriana de personajes a derrocar, le daba enormes ventajas. Se ocuparía de guardar el secreto del traslado de fondos aun cuando no supiera que era la recompensa por la cabeza de Kilmory. En fin, borraría del mapa todo rastro de transacción financiera. Sin indicio de dinero de por medio, no habría pruebas.

La amplísima red de inteligencia de Costra había descubierto información confidencial de que la Mafia, por sus propias razones, estaba haciendo planes para liquidar a Kilmory. Pero el capo cubano no iba a correr riesgos y de ningún modo se iba a echar atrás. Justificaba su proceder considerando que compraba una «póliza de seguro» adicional. No pasó por alto, en su fuero interno, la satisfacción personal de participar en la conspiración para eliminar a su archienemigo.

Ahora ya no tenía que hacer otra cosa sino arrellanarse en su sillón y disfrutar del espectáculo. ¡Qué sensación de bienestar era no compartir el poder con nadie más! Los tentáculos de la Mafia ya no le alcanzarían, sobre todo ahora que trabajaban para él. Además, ya no se meterían a la fuerza en ninguno de los lucrativos negocios que ahora estaban sometidos a su control; era él quien explotaba a Cuba y a los cubanos como si fueran de su propiedad particular. Según su plan personal a largo plazo, concebido a fines de los años '40 cuando apenas estaba a mediados de su veintena, tenía que ser el solo y único jefe, sin socios poco fiables como los mafiosos, que podrían tener reacciones repentinas no muy saludables, como la de «fulminarlo».

El plan de la Mafia era criminal, en tanto que el de Costra era político *y* criminal a la vez. Combinada con el poder político, la criminalidad está protegida y es perfectamente legítima, por lo que puede ejercerse con absoluta impunidad. Los criminales políticos están en libertad de ir en pos del «vellocino de oro» y disfrutar de él: o sea, asegurar su propio bienestar, siendo que el poder es la fuente y manantial de donde procede todo lo demás.

Pero ahora que se había él apoderado de todo cuanto tenía la Mafia en Cuba —en realidad, toda la propiedad privada, a quienquiera que perteneciera— le agradaba no tener que torcerle al brazo a nadie para hacer su voluntad. A todos los efectos prácticos los mafiosos estaban ahora de su parte. Pero no había razón alguna para no traicionarlos. Más bien, al revés. La traición era uno de sus deportes favoritos, sobre todo cuando el traicionado no se lo espera.

A Costra le encantaba recibir los «partes del frente» que le llegaban periódicamente. Con el tiempo los recibiría de Nicaragua, Guatemala y diversos otros países de América Central y del Sur. Aparte de África, donde sus tropas expedicionarias derrotarían las fuerzas de democracias embriónicas en países desde Etiopía a Angola. Sus asesores y emisarios en el norteño Vietnam ya estaban preparando el terreno para involucrar a los norteamericanos más aun en ese conflicto, aconsejando al Norte de engañar a los estadounidenses haciéndoles creer que iban ganando la guerra. Su objetivo era insinuarles que podrían ganar el conflicto en plazo relativamente breve. Incluso pudieran imaginarse que si la cosa iba bien podrían declararse victoriosos y retirarse. ¡Pero eso sucedería únicamente en sus sueños!

En todo caso, la estrategia funcionaba mientras los norteamericanos se empantanaban y se desangraban. En tanto, el Norte acopiaba fuerzas para lanzar una poderosa contraofensiva, como lo hizo ulteriormente con la de Tet. Así, habría menos presión norteamericana contra la Cuba de Costra. Eduardo Guevero, el falsamente legendario revolucionario argentino luego muerto en Bolivia por la CIA gracias a la traición del propio Costra, había proclamado a los cuatro vientos la consigna: «Dos, tres... muchos Vietnams». Durante los años del conflicto Costra tuvo agentes que no solamente asesoraron al Norte, sino que se trasladaron a Vietnam para torturar personalmente a prisioneros norteamericanos, hecho que misteriosamente no recibió publicidad en Estados Unidos. ¿Temían los líderes gubernamentales verse obligados a tomar represalias contra el temerario de Costra?

Aun no estaba claro el plan Vietnamita de Kilmory, pero era menos agresivo que el de Jameson, quien había hecho su plan con bastante anticipación y, por razones aparentemente convincentes pero convenencieras, condujo a su país a involucrarse cada vez más en el pantano vietnamita. Era parte de su engaño rapacero a largo plazo para sacar enormes coimas del complejo militar-industrial, denunciado por Eisenhower pocos años atrás. Jameson contaba con ello cuando se las arregló para revertir el plan kilmoriano de empezar la retirada de lo que solía llamarse Indochina. Como Roosevelt y otros presidentes lo habían demostrado hasta la saciedad, era casi imposible derrotar a un presidente en época de guerra. De manera que, viendo que las hostilidades eran prácticamente una garantía de reelección, Jameson se lanzó viento en popa por ese rumbo. Si bien Kilmory luchaba con el problema vietnamita, se había mostrado cauteloso ante la posibilidad de enfrascarse más o aun de escalar la presencia de asesores norteamericanos. Habiéndose dado los primeros pasos de intervención por la administración anterior, cuando Kilmory entró en funciones él y sus principales asesores consideraron que, en vista de la pérdida de Cuba, se hacía necesario ponerse firme ante el comunismo y manifestar a los soviéticos que no podían darle puntapiés a EE.UU. Pero no estaba muy seguro. Vietnam planteaba dificultades imprevistas y al surgir tropiezos para controlar al régimen del presidente sudvietnamita Nguyen Diat, concluyó que debía deponerlo. Sin embargo, Diat no cedía un ápice y, junto con la CIA, Justin Kilmory consideró justificable apoyar a la facción sudvietnamita que buscaba deponerlo.

Ya fuera por premeditación, accidente o acontecimientos incontrolables, cuando se puso en marcha el complot y de repente derrocaron a su régimen, Diat y su hermano fueron asesinados de inmediato. Justin se conmocionó pues le habían asegurado que el golpe sería incruento y que al depuesto líder y a su familia se les permitiría irse al exilio. La solitaria voz de protesta provino de la viuda de Diat, cuyas acusaciones recibieron amplia publicidad en EE.UU. y el mundo. Pero ya nada se podía hacer. Diat estaba muerto, sus enemigos eran dueños del poder y se había instalado un nuevo régimen más controlable para EE.U. Se dijo que Kilmory se había disgustado mucho, no solo por la violencia empleada sino por no habérsela esperado.

Si Justin quería ponerle obstáculos al comunismo, al mismo tiempo prefería no imponer demasiada presión a los recursos de la nación, ya que estaba organizando la segunda invasión de Cuba para echar a Costra por la borda.

Poco a poco llegó a convencerse de que sus asesores militares pudieran tener razón: Vietnam podría ser un barril sin fondo en que Estados Unidos se iba a hundir al librar amplias batallas terrestres.

No obstante, también le preocupaba el peligro político de que le acusaran de ser débil ante el comunismo, por lo que decidió aplazar la retirada hasta lograr su reelección.

Otro punto era que los hermanos Kilmory seguían muy preocupados por la situación de Cuba. Estaban airados por el fracaso de Bahía de Cochinos, que según públicamente dijo Justin había sido culpa de la CIA, y todavía lo sentían como un insulto personal que debían expurgar. Esta vez no sería un grupo mal organizado de exiliados cubanos, sino algo más sólido. En último caso entrarían las fuerzas armadas de EE.UU.; mayormente, la Infantería de Marina. A principios de 1962 le dio al Pentágono la orden de comenzar a reunir las tropas, aviones y material para llevar a cabo una invasión cabal y completa. El empleo de tropas estadounidenses lo justificaría preparando un golpe de estado interno en la Isla por parte de líderes anti-costristas que entonces formarían un gobierno provisional y pedirían apoyo a EE.UU. Con ello se evitaría que las tropas rusas que había en Cuba intervinieran con un contragolpe.

Enterados del plan gracias a su propio servicio de inteligencia y al de Costra, los soviéticos preparaban medidas preventivas. Cuba era una base utilísima en el Hemisferio Occidental, situada a las ya proverbiales 90 millas de EE.UU.; los proyectiles intercontinentales lanzados desde allí llegarían en cuestión de minutos a las grandes ciudades como Washington y Nueva York, planteando una amenaza que fácilmente explotaría la U.R.S.S. Los soviéticos no iban a perder esta codiciada base que, gracias a Costra, les había caído del cielo imprevistamente. Estaban ya construyendo plataformas de lanzamiento y preparándose para embarcar los proyectiles y ojivas nucleares que, en plazo muy breve, amenazarían con aniquilar los grandes centros urbanos del norteño vecino.

Los Kilmory, siempre en pos de controlarlo todo personalmente, tenían su contacto de trasmano con los rusos, pasando por encima del Departamento de Estado y de todas las demás dependencias gubernamentales, incluso el Comité Ejecutivo, llamado «Ex Com». Era este un órgano asesor de la Oficina Presidencial y estaba encargado de deliberar y tomar las grandes decisiones sobre política en el ámbito de la guerra fría contra la Unión Soviética. Sin embargo, el conducto de trasmano dirigido por el hermano Roland permitía celebrar reuniones secretas con el embajador soviético Dubrovnik y hacer tratos en privado de los que nadie más tendría conocimiento, al tiempo que evitaba la filtración de informes confidenciales.

Las reuniones de trasmano con Dubrovnik se prolongaron pero no produjeron los resultados que esperaba EE.UU. Sin embargo, Roland y Justin, siempre audaces, individualistas y muy creyentes en la «justicia pistolera del Oeste», sintieron que a la larga estaban logrando lo mejor que pudiera esperarse en medio de circunstancias difíciles. Siguieron adelante viento en popa, dispuestos a desestimar la diplomacia tradicional y los procedimientos establecidos y comprobados. Siempre y cuando alcanzaran sus objetivos, su lema era «adelante a toda velocidad y al diablo con los torpedos».

Llegaron así a un acuerdo secreto con el embajador Dubrovnik. Si la U.R.S.S. retiraba sus misiles y armas nucleares de Cuba —sujeto ello a inspección *in situ*—, EE.UU. buscaría un pretexto, aparentemente no relacionado con la crisis, para retirar sus proyectiles de Turquía. Estos amenazaban a la Unión Soviética y su retiro tranquilizaría la situación. Además, los soviéticos exigieron de los Kilmory, y las obtuvieron, seguridades de que los EE.UU. no invadirían a Cuba ni permitirían que ningún otro país lo hiciera.

Todo este tinglado de tratos por trasmano era una importante ventaja secreta que les ofrecía mucho resguardo a los Kilmory, sobre todo respecto a sus debilidades personales.

—Señor secretario de justicia, debe usted saber —le dijo Dubrovnik con sonrisa condescendiente—, que tenemos en nuestros archivos considerable información, incluso películas y fotografías en que aparecen el presidente y usted mismo en comprometedoras situaciones sexuales. Pero puede estar seguro de que no vamos a revelar nada de eso, siempre y cuando, claro está, lleguemos a un acuerdo satisfactorio. En su ausencia, pudiéramos no tener alternativa. Naturalmente, esperamos que no llegue a eso.

El embajador soviético apenas reprimió una expresión de confiada satisfacción, esforzándose por aparentar seriedad y preocupación pese a su gambito triunfal. Se jugaba la carta ganadora que tenía en reserva.

—No creo que ni se aproxime a eso, señor Dubrovnik—, le respondió Roland sin apenas parpadear pero captando el peso de sus palabras. Ya se había dado cuenta, para dolor suyo, que en un juego de póker a esta altura, su contrario pondría su máximo empeño y apenas le sorprendió. Para empezar, recordó su propia visita a la Unión Soviética al principio del mandato de su hermano, y la solicitud imprudente que les hizo a sus anfitriones de que le proporcionaran compañía femenina. El archivo de Justin, en cambio, seguramente sería mucho más grueso.

El acuerdo fue aclamado y proclamado públicamente como si la U.R.S.S. se hubiera echado atrás y sacara unilateralmente sus proyectiles y armas nucleares de Cuba. Las inspecciones *in situ* estarían sujetas a un acuerdo posterior con el presuntamente autónomo gobierno de Costra. ¿Quién se aventuraría a imaginar lo que sucedería entonces? Lo importante era que se había conjurado la conmocionante crisis y sus posibilidades de holocausto nuclear, con lo que a todas luces parecía ser una aplastante victoria estadounidense. Las dos superpotencias suscribieron el acuerdo, muy aliviadas de haber superado la crisis, a la vez que los soviéticos se deleitaban de haber salvado su base isleña de toda posible amenaza externa.

Los Kilmory respiraron tranquilos. Habían salido del aprieto con un trato sin perder prestigio. Pero no se iban a quedar inmóviles. No perdieron tiempo en iniciar preparativos para la segunda invasión de Cuba, combinada con el asesinato de Costra, tal como lo había exigido el plan originario de la lamentable operación de Bahía de Cochinos.

Mientras esto sucedía ya Roland Kilmory había conspirado para liquidar a Costra valiéndose del oportunista argentino Eduardo Guevero cuando este fue a Nueva York para hablar ante Naciones Unidas en nombre del propio Costra. Pero la gestión no prosperó. Celoso del prestigio de Guevero y desconfiando de él, Costra luego se ocupó de que Guevero fracasara en Bolivia, prefiriendo un héroe muerto a un rival vivo y coleando que compitiera con él por la fama y la gloria.

Es curioso que, algunos años más tarde, en medio de su campaña por la candidatura presidencial de su partido, le preguntaron a Roland qué pensaba de Guevero. Su respuesta debería cincelarse en mármol cual monumento a la hipocresía, la ignorancia, la deferencia al populismo, al izquierdismo doctrinario y, sin duda alguna, a la búsqueda de votos: «Guevero fue un héroe revolucionario» fueron sus palabras textuales. Según ese rasero pudiera decirse que Adolfo

Hitler también lo era. Habría que preguntarse lo que de tal afirmación hubiera pensado su hermano Justin. Sin embargo, al igual que el criterio de cualesquiera políticos, en su mayoría sinvergüenzas carentes de principios, el de Roland cambiaba según soplaban los vientos, por contradictorios que fueran.

Si bien su hermano Justin se había cuidado de caer en la celada que le hicieron Vietnam del Norte y Costra, Jameson cambiaría drásticamente la situación tan pronto se instaló en el poder: escaló el conflicto a ritmo acelerado. En un principio Kilmory pareció concordar en que EE.UU. no podía darse el lujo de que otro país, dondequiera que estuviera en el mundo, cayera al comunismo: la antigua teoría del «dominó» volvía a alzar su rostro falso y desagradable.

Por consiguiente empezó por afianzarse al *statu quo* y ponerse firme en Vietnam. Los rusos, chinos, cubanos y el resto del campamento comunista lanzaban gritos de alegría en absoluto silencio. Con tiempo podrían enfrascar más a EE.UU., de modo que la superpotencia rival de la U.R.S.S. se debilitaría militar y políticamente y tal vez sufriera también desbarajustes dentro de sus fronteras con motivo de tan insensato conflicto.

No tenían idea de cuán correcta resultaría esa teoría. Una vez que Jameson tomó el poder, teniendo bien en cuenta el concepto de que durante una contienda ningún presidente en funciones había sido derrotado en las urnas, se propuso escalar la guerra. Para afianzarse, preparó el terreno para una falsa escaramuza en el Golfo de Tonkín. Con el pretexto de que Vietnam del Norte había atacado una escuadra de EE.UU., Jameson se lanzó a una guerra hecha y derecha en la región. Pero tras algunas victorias iniciales, el lema de Guevero sobre la multiplicación de los Vietnams le dio un galletazo en la cara a Jameson. Apenas un solo Vietnam resultaba ser más, mucho más de lo que EE.UU. podía soportar. Los soldados morían en el campo de batalla al otro lado del mundo en tanto que la población se manifestaba en las calles contra la carnicería.

Pero antes de que a eso llegara, el «frente» que más le interesaba a Costra era la conspiración para liquidar al advenedizo presidente de EE.UU. cuya inexperiencia en el juego internacional de poderes y vulnerabilidad se evidenciaron en la Bahía de Cochinos y la consiguiente Crisis de los Misiles. Y Kilmory también había puesto de manifiesto su debilidad en Viena, al reunirse con el palurdo líder ruso Krustivich, a quien le atribuyeron la clara victoria en el encuentro.

—Estoy seguro de que usted se da cuenta, señor Krustivich, que un intercambio de bombas nucleares acabaría de golpe con decenas de millones en múltiples países, principalmente el suyo y el mío —advirtió Kilmory en una de sus sesiones.

—Bueno, ¿y qué? —le respondió Krustivich, totalmente despreocupado. —Sabrá usted que nuestro gran líder Stalin dijo una vez que la muerte de una persona es una tragedia, en tanto que la de un millón es una simple estadística.

En la Bahía de Cochinos Kilmory se había rendido prácticamente sin luchar. En la crisis optó por no aprovechar su ventaja con el bloqueo y luego no le hizo seguimiento alguno a las acordadas inspecciones *in situ.*

Costra rememoró satisfecho su crítico papel en aquellos desastres de EE.UU. En lugar de seguir adelante y efectivamente salir triunfante de la confrontación, Kilmory se había contentado con la apariencia de «ganar» la crisis coheteril en tanto que perdía la batalla en sentido general.

La prensa no hizo la menor alusión a la posibilidad de chantaje, mientras que Costra ulteriormente se vanaglorió de haber exhortado a Krustivich para que lanzara un ataque nuclear contra EE.UU. La amenaza de Costra, aparentemente descabellada, era demostrar lo peligroso e imprudente que era, y así hacerse temer. Lo consiguió.

En resumen, las victorias militares y estratégicas soviético-cubanas, y la firme permanencia de Costra en el poder, eran el resultado de haberle aguantado la mano a Kilmory amenazándole con revelar información secreta sobre su vida personal, corrupción y actividades criminales, cuyo conocimiento probablemente hubiera acabado con su mandato presidencial en curso, así como con toda su carrera política.

Costra esperaba que su arriesgada y temeraria actitud le sería ventajosa si tuviera éxito el atentado contra Kilmory. Posteriormente, el sucesor presidencial Jameson preferiría evitarse líos con él en momentos de crisis y transición nacional. Para Costra, era lógico que Jameson invocara razones de «seguridad nacional» con miras a evitar una confrontación con él. Como presidente, también estaría en la posición perfecta, mediante el enorme poder y alcance de su cargo, para influir en los medios de información de modo que el asesinato de Kilmory se tratara como un hecho exclusivamente nacional, sin conexiones internacionales. Resultó ser profético, sencillo y sin tropiezo alguno, como una seda. Al fin y al cabo así lo prefirieron el gobierno de EE.UU., así como los mismos Kilmory.

* * * * * *

Si saliera bien el asesinato de Kilmory la prioridad de Jameson era de que, tan pronto fuera posible y sin desperdiciar una fracción de segundo en formalidades protocolares, tenía que hacer arreglos para juramentarse como primer mandatario. Eso no era necesario, ya que al desaparecer el presidente automáticamente asume su cargo el vice. No obstante, Jameson quiso que hubiera un momento ceremonioso y juramental para que el país viera una clara y efectiva transición de poder en presencia de la viuda y de los altos funcionarios de estado.

Además de protegerse y resguardar a sus correligionarios en la conspiración, Jameson tenía presente la necesidad de no revelar ninguna sospecha de participación costrista antes de optar entre el Plan A y el B.

El Plan A consistiría en culpar a un chivo expiatorio engañado y solitario a quien podría silenciarse sin demora, lo que haría posible el encubrimiento de toda la conspiración, en tanto que el Plan B le echaría la culpa del atentado a un complot de Costra, exigiendo invadir a Cuba en represalia. Este Plan B conllevaba inherentes peligros, como el riesgo de guerra, tal vez nuclear, con la Unión Soviética. Además, en los confines más secretos de la presidencia y de la CIA se sospechaba que los soviéticos aún tenían en Cuba proyectiles nucleares u otras armas de destrucción masiva. Más grave todavía era la constancia de que durante la crisis Costra exhortara imprudentemente a la Unión Soviética a lanzar proyectiles nucleares contra EE.UU. Según partes de inteligencia, fue Costra quien se apoderó personalmente de una batería soviética antiaérea y derribara el avión U-2 que sobrevolaba a Cuba tratando de fotografiar las instalaciones coheteras soviéticas.

Costra estaba seguro de que su temeraria actitud le favorecería si, como ya sospechaba, Jameson estuviera asociado a la Mafia en el plan de atentar contra el presidente, cosa de la que ya tenía noticia por vía de su eficaz servicio de inteligencia. Si el atentado se cumplía, Jameson pudiera desviar sospechas de sí acusando a Costra. Pero el factor de los proyectiles nucleares y la fama de imprudencia de Costra le obligarían a pensar dos veces sobre las consecuencias de optar por atacar a Costra, conforme al Plan B. Era clarísimo que Costra era un hueso duro de roer. Pero resultó que el Plan B ya no era viable cuando a Rosswell no pudieron darle muerte de inmediato. Luego de ser detenido, había conseguido hacer algunas declaraciones filmadas que plantearon complicaciones y contradicciones.

En un momento dado, cuando Costra se dio cuenta de que le estaban haciendo atentados concertados en EE.UU., pronunció palabras amenazadoras:

«Advierto a los altos funcionarios de Estados Unidos que, en vista de los complots para liquidarme, no podrían ellos considerarse seguros, exentos de análogas medidas.»

Al parecer, Kilmory no tomó muy en serio esta declaración suya.

Costra se sentía tranquilo de que todo estaba en perfecto orden. La Crisis de los Misiles le había sido muy positiva: Kilmory dio garantías de que EE.UU. no invadiría a Cuba, además de comprometerse a impedir que terceros países lo hicieran. Así, tenía luz verde para proseguir impunemente su campaña anti-norteamericana a través de toda Hispanoamérica así como por el mundo en general.

Además, fortalecía su alianza con la Unión Soviética, mantenía a la Isla bajo su férreo control y podría volcar todos sus recursos para apoyar a Vietnam del Norte y promover golpes de estado y revoluciones comunistas en todas partes. Ni los propios soviéticos hubieran podido confeccionar un plan mejor para su gradual, implacable y segura expansión.

Es posible que, de no haber muerto, Kilmory lograra deshacerse de Costra mediante la minuciosamente planeada y organizada invasión que, coordinada con su asesinato, estaba señalada para el 1º de diciembre de 1963.

Pero gracias a los fallos y filtraciones de organismos como el FBI y la CIA, que colaboraban estrechamente con la Mafia, más la labor de su propio y eficiente aparato de espionaje, Costra ya los había dejado muy atrás.

Capítulo XXVI
HALEY PLAZA

Derrocamos al gobierno sin
que nadie ni cuenta se diera.
—Sal Campana

La noche antes de la visita presidencial a Dallas, el 21 de noviembre de 1963, el equipo del Servicio Secreto asignado a proteger a Kilmory había salido a beber y pasear, tal vez conectándose con alguna que otra chica «profesional», por los clubes nocturnos y espectáculos desnudistas. ¿Por qué? ¿Se trataba de despreocupación o de una curiosa «negligencia»?

El escalafón más bajo del Servicio Secreto, sin formar parte de la conspiración, estaba consciente del ambiente general de relajación y despreocupación. Había una actitud de incuria y desidia que parecía casi estudiada. El Jefe del Servicio Secreto, Rowley, se ocupó de transmitir tal impresión a sus agentes. Sin decir una palabra —para mayor seguridad— les dio a entender que podían ser indolentes en el cumplimiento de sus funciones y nadie les llamaría a capítulo. Las «instrucciones» no verbales eran claras y patentes.

Una joven que trabajaba en uno de los sitios nocturnos de Dallas dijo más tarde que los agentes del Servicio Secreto estuvieron por ahí hasta la madrugada divirtiéndose de lo lindo. No es precisamente lo que se esperaría de quienes tenían a su cargo la protección del presidente de Estados Unidos, quien llegaría dentro de pocas horas y se pasearía por la ciudad en una limusina descapotada.

Años después confesó que durante esa velada y en uno de los sitios a donde acudieron los agentes del Servicio Secreto, oyó comentarios que apuntaban a un atentado contra el presidente Kilmory al día siguiente. Pero, al enterar a las autoridades estas le hicieron caso omiso, calificando su información de inverosímil. ¿Qué? ¿Nada de tomar medidas por si acaso? ¿También habían recibido instrucciones de despreocuparse?

A nadie se le ocurrió preguntarle si, en aquel entonces o posteriormente, habían amenazado a la joven para que no abriera la boca.

* * * * * * *

Aquella mañana Rosswell fue al trabajo como de costumbre. Aun sin estar consciente de lo que iba a suceder, sin duda se daba cuenta de que, a punto de llegar el presidente a la ciudad, el momento era crucial.

Comprendía que algo estaba pasando ya que, habiéndosele instruido de que su misión era espiar a los conspiradores y dar cuenta secreta de sus actividades, tenía que habérsele comunicado alguna información, por falsa que fuera, para cubrir las apariencias. Así se seguía adelante con la comedia de mantenerle informado y dentro del «círculo íntimo». Por otra parte, le tocaría disparar a mala puntería con el rifle Manlicher-Carcano desde una ventana del edificio, lo que le dijeron cumpliría ciertos objetivos que se le explicarían más adelante. Los conspiradores no le revelaron que el atentado era de veras y no se valdría de él sino de expertos francotiradores con rifles muy precisos. Con posterioridad al atentado se descubrió un rifle Mauser de factura muy especial y que probablemente disparó las balas asesinas, en una caja cerca del «nido» del francotirador donde estuviera agazapado Rosswell. El Mauser pronto desapareció y nunca más se supo de él.

¿Acaso Rosswell efectivamente llevó la antigualla del Manlicher-Carcano al edificio, o lo engañaron diciéndole que trajera consigo una caja alargada cuyo contenido tal vez desconocía? Al fin y al cabo era, sin saber de qué tipo, un infiltrado en el complot anti-kilmoriano y no tenía idea, todavía, del peligro que corría. Con el pretexto de que tenía que ganar puntos ante los conspiradores como elemento de buena fe en su operativo, sus adiestradores ya le habían pedido que hiciera una serie de preparativos inusuales. Le dijeron que por «razones de seguridad» no podían darle explicaciones detalladas respecto a esas actividades. Tal procedimiento era normativo en la tarea de «adiestrar» a un chivo expiatorio.

Las pruebas circunstanciales, como el rifle Manlicher-Carcano, las estaban colocando cuidadosamente en determinados lugares a fin de poderle inculpar. En un momento dado le pusieron el rifle en las manos para que quedara con sus huellas digitales. Pero estaban emborronadas al punto de que solamente se pudo identificar una huella parcial y no convincente. Todo dependía, naturalmente, de eliminar al propio Rosswell tan pronto fuera humanamente posible tras consumado el hecho, con objeto de que no pudiera exculparse contando lo que sabía; si hablaba, destruiría la teoría del asesino único y revelaría la conspiración. De vivir, Rosswell sería capaz de contar todo tipo de historias y revelar una serie de datos y cabos sueltos que, una vez empatados, darían suficiente información para desenredar toda la trama.

* * * * * * *

Mientras, en París, el alto funcionario de la CIA Del FitzPatrick, representante personal del secretario de justicia Roland Kilmory, se entrevistaba con Reinaldo Cubeñas —pseudónimo AMLASH—, alto funcionario cubano con acceso a Costra y la plana mayor de su régimen. Su misión: entregarle un bolígrafo marca Paper Mate de diseño especial y dotado de agujilla envenenada con que daría muerte oportunamente al Máximo Líder. No sabían, desde luego, que Cubeñas era doble agente, pero leal al Líder, habiendo sido plantado por el DGI (Directorio General de Inteligencia) cubana, dirigido personalmente por el propio Costra, para engañar a la CIA. A Fingenio le encantaba jugarles cabeza a los espías norteamericanos, derrotándolos a diestra y siniestra como si fueran muñecos de trapo. El engranaje de inteligencia de EE.UU. no soñaba siquiera con que el DGI cubano era uno de los mejores organismos de espionaje en el mundo entero, casi a la par con la propia CIA y el Mossad israelí; tenía menos recursos materiales y electrónicos pero sus agentes eran de primerísima fila y su estrategia, dirigida por Costra, era la astucia personificada. Sus agentes, se afirma, están infiltrados hasta en los círculos más sensibles del gobierno estadounidense, incluso en el íntimo núcleo presidencial, y entre sus organismos de inteligencia.

Los agentes del DGI se encontraban y se encuentran en todas las misiones diplomáticas de Costralandia en el extranjero, sobre todo en México, D.F. y en centros presuntamente culturales como la Casa de las Américas (CdA), cuyas filiales abarcan a Europa e Hispanoamérica con el supuesto objetivo de difusión cultural y de promover «la hermandad de los pueblos». En realidad la CdA era, y sigue siendo, un hervidero de espionaje e infiltración, manipulación y actividades subversivas.

Pero la pluma envenenada era una improvisación de poca calidad y, aun en el caso nada probable de que Reinaldo Cubeñas hubiera cambiado de parecer a última hora e intentara usarla, lo más seguro es que no hubiera dado el resultado apetecido. Claro, la muerte de Kilmory dio al traste con el plan y Cubeñas regresó a Cuba para darle cuenta a Costra de todo, seguramente riéndose a carcajadas de que la CIA hubiera apostado por él. Según se sabe hasta el día de hoy, Cubeñas ocupa un puesto oficial relativamente cómodo y vive bastante bien. Si hubiera sido leal a la CIA difícilmente hubiera vivido mucho más que Kilmory, el archienemigo de Costra.

* * * * * * *

Al mediodía ya se había empezado a reunir público a lo largo de la ruta presidencial, sobre todo en Haley Plaza. Minutos más tarde sonaron los disparos que cambiaron para siempre la historia. En los momentos de confusión inicial, apenas los testigos presenciales se percataron de la gravedad del suceso. Sin embargo, en pocos minutos corrió como pólvora la noticia de que las balas habían hecho impacto en el presidente y el gobernador de Texas.

El primer balazo le dio a Justin Kilmory en la garganta en tanto que el gobernador Donnelly recibió impactos en la espalda, la muñeca y la pierna (las probabilidades de que una sola bala hiciera tantas piruetas son bajísimas por decir lo menos; más preciso, nulas). En segundos la cabeza del presidente estalló en pedazos al ser impactada por una bala, o acaso dos simultáneamente, gracias al fuego cruzado con balas ahuecadas «dum-dum», que se fragmentan y destrozan el blanco. (Por consiguiente, la bala intacta presuntamente hallada en una camilla del hospital no era sino un señuelo.) Todo ello indica que los tiros claramente vinieron de distintas direcciones. No impidió esto que la Comisión Garrett confeccionara su famosa teoría de «la bala mágica», según la cual intentó la aludida imposibilidad: atribuir a una sola bala las heridas ocasionadas por varias. Una acera desconchada por un tiro que erró su objetivo constituye la prueba de que hubo al menos un disparo adicional, que acaso fuera el de Rosswell al cumplir el simulacro de atentado que se le asignó. El impacto lanzó al aire un fragmento de concreto que hirió levemente a un espectador.

No obstante, la Comisión Garrett tenía que atribuir todos los tiros a Rosswell y a él solo. Si no, la especulación acerca de más de un sicario hubiera resultado en preguntas indeseables y dudas que a su vez podrían destapar la conspiración así como los planes para la nueva invasión de Cuba en coordinación con el asesinato de Costra. El gobierno de EE.UU., como bien lo sabían los capos mafiosos, estaría dispuesto a hacer cuanto fuera necesario a fin de evitar que se hiciera pública semejante información. Los planes contra Cuba seguían andando y era de suprema importancia mantenerlos en secreto.

Tan pronto Rosswell supo que el presidente había sido baleado, sintió un pálpito del mortal peligro en que estaba como probable chivo expiatorio y fue a su casa para recoger su revólver. Experto en inteligencia, había sospechado durante algún tiempo que algo se tramaba contra él; había muchos puntos cruciales sobre los cuales le tenían en tinieblas. Pero decidió no preocuparse ya que según su experiencia eran muy pocos lo que conocieran el cuadro completo de un proyecto. Al fin y al cabo él no era sino una pieza de una gran máquina cuyas verdaderas dimensiones ignoraba.

Sin embargo, sospechando que había algo siniestro en el ambiente, cuando sonaron los tiros tal vez no se sorprendiera tanto como otros que estaban en el edificio. Afirmó que no había tenido noticia del atentado cuando descendió varios pisos a la cafetería a fin de «tomar una Coca-Cola». Lo más probable es que *sí* había oído la noticia y bajó para ver qué información conseguía. Así tal vez salvó la vida por el momento. Si los conspiradores querían sacarlo de circulación, se dio cuenta de que con toda probabilidad lo irían a sorprender inmediatamente después del hecho en vez de esperar una oportunidad que pudiera no presentarse más tarde. Cabe notar que Rosswell bajó por las escaleras y no el ascensor para ir a la cafetería: si hubiera tomado el ascensor alguien pudiera haber entrado en la cabina con él y allí hubiera estado a merced suya sin posibilidad alguna de escapar. Hasta hoy día no se conocen las palabras y acciones de Rosswell ni de quienes lo rodeaban en la cafetería, ni de lo que estaban pensando ni retuvieron en su memoria, ni siquiera en cuanto a impresiones generales. Nadie, ni la policía ni la Comisión Garrett ni ningún otro ser, parece haber puesto serio empeño en averiguar precisamente lo que ocurrió ni lo que se dijo e hizo en ese lugar y momento. Si en efecto algo averiguaron al respecto, se lo han guardado en hermético secreto.

* * * * * * *

La reacción de Fingenio Costra al acontecimiento resultó ser, sin ninguna intención de serlo, sumamente reveladora. Al momento de enterarse almorzaba con el periodista francés Pierre David y algunos parientes y amigos (notemos de paso que David era un informante a sueldo de Costra). Por cierto que este almuerzo había sido planeado por Costra para coincidir precisamente con los hechos de Dallas, de modo que hubiera testigos presenciales de su reacción al «sorprenderlo» la noticia. Según relata David, Costra repitió las mismas palabras tres veces, que fueron traducidas al inglés para la prensa anglófona y que, en boca de Costra, deben haber correspondido a: «Es muy mala noticia». (No, como se ha repetido, a «Eso es muy malo», versión literal totalmente inverosímil.)

Ello nos indica claramente que para Costra no era sorpresa alguna. Si no se lo esperaba, lo más probable es que hubiera exclamado algo muy distinto, como «¿Qué? ¿El presidente Kilmory muerto a tiros? ¡Increíble!» Además, la triple repetición de una frase es característica de quien intenta disimular. Por otra parte, como sabemos que Costra tiene por norma mentir cada vez que puede, siendo notorio históricamente que es aficionado a falsear toda verdad cuando le conviene, cuando no por simple antojo, puede darse por seguro que lo que pensó fue precisamente lo contrario: «Vaya, ¡qué noticia tan buena!»

Pero hay más: confirma esta teoría el agente del DGI (Directorio General de Inteligencia) Florentino Aspillaga Lombard, quien desertó de Costralandia en los años '80. Según su relato a la CIA, Costra le dijo en la mañana del 22 de noviembre de 1963 que abandonara todos sus deberes cotidianos de inteligencia, concentrara todas sus antenas en el estado de Texas y le comunicara de inmediato cualquier acontecimiento. Esa fue una de las razones de su deserción: era una de las poquísimas personas que podría denunciar el hecho de que Fingenio sabía que algo iba a pasar en Dallas, por lo que pudiera peligrar su vida.

Es curioso que lo del conocimiento previo por parte de Costra sea considerado tan sensible por la CIA (¿por qué razón?) que ha sido archivado a profundidad, nunca hasta ahora revelado ni comentado en casi ningún documento público ni privado.

* * * * * * *

Lo prioritario para Jameson era su resolución de que, si algo le pasaba a Justin Kilmory, tenía que proceder sin la menor vacilación a tomar el juramento y asumir el cargo y autoridad de la presidencia.

Ello explica el corre-corre y la aparente decisión de último minuto de juramentarse allí mismo en el avión presidencial antes de que despegara para llevarlos a todos de vuelta a Washington, presuntamente junto con el cuerpo de Kilmory. El juramento era innecesario ya que, al morir el presidente, la sucesión del vice es automática. Pero Jameson quería asegurarse de que todo el país lo viera en esa ceremonia oficial y controlando la situación. A esos efectos le pidió a uno de los asistentes de Kilmory que fuera a buscar a la señora de Kilmory, que aún sufría extraordinario estrés emocional, para que estuviera presente. Cuando el asistente se mostró evasivo, Jameson se cuadró y le dijo en voz alta: «Cuando yo le dé una orden, ¡cúmplala en el acto!». La señora Kilmory, aun en estado de conmoción nerviosa, con el vestido manchado de la sangre de su esposo —que se negó a limpiar a fin de mostrarlo en recuerdo suyo y como símbolo del crimen— fue entonces escoltada a donde estaba Jameson para que sirviera de testigo de la ceremonia. Las fotografías en seguida se diseminaron por todo el país y el mundo.

Dado que la Fuerza Aérea tiene dos aviones idénticos para el presidente, el que lo lleva a bordo se designa automáticamente «Air Force One», en tanto que el otro pasa a ser «Air Force Two». Si Jameson hubiera abordado el avión en que llegó, este hubiera sido ahora el presidencial y como tal designado «Air Force One». Ello plantea la interrogante de por qué Jameson quiso volver en el avión usado por Kilmory, en lugar del idéntico que lo había transportado desde la Base Aérea Andrews, en Washington.

La razón: conforme a las normas entonces vigentes, las comunicaciones telefónicas no se grababan mientras el avión presidencial estaba en tierra. Y tenía él muy buenas razones para que sus llamadas fueran confidenciales hasta que todo estuviera debidamente controlado.

Ante el hecho consumado, los detalles del encubrimiento estarían a cargo de otros conspiradores, principalmente Hooper, director del FBI. Fue él quien se hiciera cargo de la investigación y proclamara a toda voz, a pocas horas de la detención de Rosswell, que él y solo él era el asesino. ¡Prodigioso! Ni el novelesco detective Sherlock Holmes hubiera igualado semejante hazaña en tan corto plazo, y de paso a miles de millas de distancia. ¿Por qué tanto apuro? Porque no fue otra cosa que un mensaje a sus agentes de no hallar nada que, ni remotamente, pudiera afectar su conclusión personal sobre el asesinato del presidente. En la práctica, el caso quedó cerrado antes de que se pusiera en marcha una investigación imparcial y transparente, y todo el que se atreviera a estar en desacuerdo con el jefazo se iba a meter en camisa de once varas, como un repentino traslado a Alaska, si es que no se buscaba la cesantía inmediata. Entre paréntesis, buen número de agentes recibieron este tratamiento de chivo expiatorio, lo que le permitía a Hooper decir que se había ocupado de castigar a quienes le ocasionaron dificultades al FBI por no identificar y vigilar oportunamente a Rosswell; lo cierto, sin embargo, era que sobre Rosswell el FBI tenía un expediente completo: había venido prestando servicios para esa agencia desde hacía tiempo.

Había evidencia contundente de que Hooper había sido notificado con anticipación del atentado (como si él no lo hubiera sabido) cuando, unos días antes de que Kilmory llegara a Dallas, un agente, cumpliendo inocentemente con su deber, había despachado un mensaje de télex a la sede del FBI en Washington y a todas sus filiales en Texas comunicando que, según un informante, se preparaba un atentado al presidente durante su visita. Pero nada se hizo para alertar al Servicio Secreto ni a nadie; por el contrario, el mensaje fue destruido. No se sabe la suerte que corrió el agente «culpable».

El plan de Hooper era de cubrir sus pasos y simultáneamente exonerar al FBI en general de toda responsabilidad. Era muy fácil. Le echaron la culpa a un «chivo» que había sido cuidadosamente adiestrado para hacer el papel, atando luego los cabos sueltos, una vez consumado el hecho al saturar a Dallas y todo otro lugar sensible con agentes que recibieron instrucciones de no investigar más el caso. Era innecesario ya que Hooper había dictaminado, en cuestión de horas, que el «chivo» de Rosswell, actuando por sí solo, era el solo y único culpable.

Si todo salía conforme al plan, Hooper confiaba en que el presunto criminal, Rosswell, rápidamente identificado, sería eliminado a la primera oportunidad. Si no por un sicario de la Mafia, en todo caso por un «patriota norteamericano cumpliendo con su deber». Mientras tanto, le preocupaba que Jameson estuviera creando una comisión investigadora del más alto nivel encabezada por el presidente del Tribunal Supremo. Si bien Hooper consideraba que semejante medida solo complicaría la situación, el nuevo presidente estaba resuelto y convencido de que eliminaría toda duda acerca de lo sucedido, anticipándose a las incómodas preguntas que pudieran surgir.

Pero Hooper no estaba tan contento. El plan de Jameson sobre la comisión de alto nivel pudiera descontrolarse al preparar su informe. Sin embargo, poco podía hacer para impedirlo. Jameson le reaseguró explicándole que los integrantes serían únicamente los fidedignos, que llegarían a la misma conclusión que él y Hooper: el «chivo» había actuado por sí solo. Además, el mejor amigo de Hooper en la Cámara de Representantes, Gerhard Foster, que siempre apoyó todas sus peticiones presupuestarias ante el Congreso, sería miembro de la comisión. En tales circunstancias, casi nada podría salir mal. Quedarían bien protegidos los sensibles secretos que, de revelarse, le ocasionarían muchos dolores de cabeza al nuevo régimen y a los mismos Kilmory.

Hooper también tenía un expediente sobre Foster y sus «diversiones» en el Quota Club de la colina capitolina, establecido y administrado por el amigote del presidente Jameson, Robby Raker, a quien también investigaban acusándolo de corrupción. Así que podían confiar en Foster para mantener al FBI al tanto y dirigir a la comisión en la dirección apetecida.

El único comisionado que no siguió el patrón establecido y planteaba la posibilidad de crear graves problemas era el representante por Luisiana Haley Blogs, quien era entonces Líder de la Mayoría en la Cámara. Pero en 1972 desapareció en Alaska en un presunto y misterioso «accidente» de aviación; tan misterioso fue que jamás han aparecido siquiera los restos del avión. Con eso se paralizó definitivamente la nueva investigación del asesinato de Kilmory que proyectaba Blogs.

Volando con Blogs iba Nat Beckwith, representante a la cámara del mismo estado, más un ayudante suyo y el piloto, todos los cuales presuntamente murieron, sus labios para siempre cerrados. La avioneta bimotor Cessna desapareció y nunca la descubrieron pese a una búsqueda minuciosa en la región atravesada por su plan de vuelo. Cuarenta años más tarde sigue sin descubrirse (¿le advertirían a todo el mundo que no la hallaran?). Algunos mensajes de télex relacionados con la búsqueda del Cessna, que duró unos 39 días, están a la vista en la internet, aunque *muy censuradas*. ¿Por qué? ¿Hubo juego sucio?

Hay preguntas que claman por respuestas: ¿acaso andaban estos importantes congresistas en una misión secreta de espionaje? ¿Qué razón pudiera haber para censurar mensajes sobre la búsqueda de una avioneta civil desaparecida en un viaje de campaña política? Hasta el día de hoy no ha habido la menor aclaración.

En aquel momento Blogs había declarado que tenía «serias reservas» sobre algunas de las conclusiones de la Comisión Garrett y estaba iniciando una nueva investigación del asesinato. Aunque eso de por sí ya presenta fuertes y tormentosas señales, en su condición de Líder de la Mayoría, Blogs había pronunciado un discurso en la Cámara denunciando severamente al director Hooper y a todo el FBI. Desde un cargo tan poderoso como el suyo, Blogs podría haber realizado una completísima y transparente investigación.

No sólo representaba él una amenaza a los conspiradores en el crimen del siglo, sino también personalmente al director del FBI, uno de los cabecillas de la conspiración y hombre decidido a liquidar a quienes se le atravesaran en el camino.

Hooper era sólo uno de los jefazos que se preocupaban de que una dinámica personalidad como Blogs planeara crearle problemas y sacar a luz todo lo que habían hasta ahora logrado guardar en secreto con tantísimo esfuerzo. Cabe repetir que tenían la motivación y los recursos para hacer desparecer a cualquiera, mas el esencial poder para luego encubrirlo.

Huelga decir que una vez en el poder Jameson se ocuparía de suprimir de un día para otro cualquier cosa capaz de afectarle. Ello abarcaba, ¿qué duda cabría?, la investigación de su corruptela que se apresuraba a concluir Roland Kilmory durante los meses y semanas previos al asesinato de su hermano.

* * * * * * *

Como la inmediata ejecución de Rosswell no se produjo según lo previsto, se puso en marcha el Plan A, es decir, culpar del crimen a un «loco» solitario que lo hizo por su única cuenta sin que mediara conspiración. A esos efectos Rosenstein ya había recibido las instrucciones de la Mafia de liquidar a Rosswell lo antes posible, con el claro y urgente propósito de paralizarle la lengua. Si la hubiera meneado, los conspiradores seguramente estarían perdidos. Es poco probable que Rosswell hubiera comunicado a sus primeros interrogadores alguna información que incriminara a terceros ya que era casi seguro que siguiera en su papel, contando con que estaría a salvo una vez aclarado todo. No había necesidad de atiborrar el ajiaco antes de tiempo.

El historial del caso indica que a Rosswell nunca le hicieron sino las más elementales preguntas: digamos, parecidas a las que según la Convención de Ginebra son teóricamente las únicas a hacerle a un prisionero de guerra: nombre, grado y número de serie. No hay ninguna constancia, ni escrita ni grabada, de interrogatorios a Rosswell. Ni testimonios ni recuerdos de quienes lo interrogaron. Si le preguntaron algo de importancia que valiera la pena conservar, sus respuestas no parecieron ser de interés. Rosswell esperaba que algún poderoso interviniera a su favor, de modo que lo probable es que prefiriera reservarse comentarios hasta consultar un abogado. Si algo dijo, el expediente ha sido bien expurgado.

En cuanto a lo que hizo Rosswell tras oír la noticia, es un hecho que, según ya se ha indicado, regresó a su casa a buscar su revólver y después se dirigió al centro de Dallas. Allí consideró que estaría más seguro, ya que sería difícil matarlo a tiros ante testigos. Decidió entonces ponerse en marcha, pero como no sabía conducir vehículos su medio de transporte sigue siendo un misterio. Según la versión establecida, Rosswell se cruzó imprevistamente en el camino con el policía Trapper, de Dallas, quien conducía un patrullero, y acto seguido le dio muerte a tiros.

Este alegato se empleó para demostrar que Rosswell era violento y peligroso. Luego de despachar al presidente de Estados Unidos, mata a un policía con quien se encuentra de casualidad en la calle. ¿Cómo lo reconoció Trapper si aún no se habían distribuido fotos de Rosswell? Si no lo reconoció, ¿por qué lo mataría Rosswell?

Según los registros policiacos de Dallas a Trapper lo asesinaron a la 1:06 p.m. (hora local). Lo que pone en duda el horario es que como Rosswell no podía haber llegado antes de la 1:00 p.m. a su casa de huéspedes para recoger su arma, tendría que haber caminado varias cuadras hasta donde estaba Trapper y matarlo a tiros, todo ello en seis minutos. ¿Y por qué iba Rosswell a matar a Trapper sin provocación alguna? ¿Para qué se arriesgaría a más cargos criminales y a demostrar su propensidad a la violencia encima de estar involucrado en el asesinato presidencial por su presencia en el Texas School Book Depository?

Los pocos testigos del asesinato de Trapper —que tenían mínimas ganas de hablar de lo que vieron— indicaron que los agresores fueron *dos,* de los cuales calificaron a uno de ser corpulento, lo cual no concuerda con Rosswell, que era delgado y de poco cuerpo. La teoría de dos asaltantes concuerda con las balas recuperadas en el lugar del delito, que procedían de dos armas distintas, ninguna de las cuales correspondía al calibre .38 de Rosswell. Sin embargo, alguien trató más adelante de confundir disparando esa arma calibre .38 a fin de presentar los casquillos para «comprobar» que Rosswell había disparado los tiros que mataron a Trapper. Pero olvidaron que las balas mortíferas habían sido disparadas por una pistola automática que dejaba su marca en cada casquillo, lo que contrastaba con el revólver .38 de Rosswell, que no expulsaba casquillos vacíos.

Al final, a menos que Rosswell hallara otras armas y se aproximara a Trapper, al estilo del Viejo Oeste, disparando a dos manos —un revólver en una y en la otra una pistola—, aquello había sido una ejecución bien planeada.

Ahora, ¿por qué ejecutarían al oficial Trapper, que apenas estaba cumpliendo con sus deberes cotidianos y no había cometido negligencia alguna, mucho menos un delito? El sentido común conduce a una conclusión que algunos han aceptado de buena gana como la clave del misterio: Trapper era una ficha del montaje para acusar a Rosswell de asesinar al presidente y luego sacar del camino a todo el que se le atravesara.

La verdad es completamente contraria a la versión «oficial» y a teorías de parecido talante: a Trapper le habían asignado la tarea, junto con un acompañante, de matar a Rosswell, quien tenía que ser liquidado antes de decir media palabra. Lamentablemente Trapper se rajó al último minuto, lo cual obligó a su acompañante y a otro miembro del equipo, conforme a instrucciones, a despacharlo sin más vacilaciones. Si no, la debilidad de Trapper podría haber dado al traste con todo el complot. Muerto Trapper, las autoridades afirmarían que Rosswell, el asesino presidencial, era el culpable.

Si a Trapper no le hubieran encargado matar a Rosswell, ¿cómo podría haber estado buscándolo si ni siquiera hubiera sabido cómo identificarlo? Es más, aún ni se había dado la voz de alerta respecto a Rosswell.

Huelga decir que al personal policial de Dallas que ese día se ocupó de radiocomunicaciones con los patrulleros nunca se le interrogó sobre lo sucedido. ¿Habría órdenes desde lo alto?

Rick Crane, un policía local que no aceptaba la historia de que Rosswell andaba haciendo de las suyas e insistió en su criterio sufrió persecución de parte de sus superiores, fue amenazado y ulteriormente apareció muerto. Dictaminaron que se había suicidado y nunca investigaron el caso.

Volviendo a Trapper, al vacilar, su acompañante y otro sicario reaccionaron de inmediato y cumplieron con sus instrucciones. Solo que cometieron el error de usar distintas armas y balas. Del cuerpo de Trapper se recuperaron balas recubiertas de cobre fabricadas por la compañía Winchester Western, más una de puro plomo hecha por Remington-Peters.

¿Acaso la unidad de homicidio de Dallas manipuló la evidencia para incriminar a Rosswell? La Comisión Garrett intentó disimular, pero hasta un lector soñoliento y narcotizado pudiera haber observado que algo no estaba muy claro. Los pocos detalles dados en el informe de la Comisión tratan de dar la impresión de que Rosswell pensó que lo iban a agredir y disparó primero. Pero no había en el relato oficial ninguna indicación de que Trapper había disparado su arma en el encuentro. Ello comprueba que Trapper no llegó a disparar sino que fue baleado por sorpresa. Además, recibió un tiro de gracia a quemarropa, estilo ejecución, detalle que no se corresponde con la hipótesis de que Rosswell disparó y se dio a la fuga.

El hecho de que Rosswell vivía en diversas casas de huéspedes y no con su esposa e hijo formaba parte de los preparativos para, en primer lugar, dar la impresión de que era una especie de perezoso errante, y en segundo, aislarlo de su familia y amigos a fin de que fuera más fácil de manipular.

En todo caso Rosswell no se preocupó mucho de que lo fueran a enjuiciar ya que tenía la seguridad de que lo iban a exculpar una vez que se conocieran sus funciones de inteligencia y actividades conexas. Estaba vinculado a las fuerzas de la ley, y en su ingenuidad pensó que la ley estaría de su parte.

A diferencia de las conclusiones de la Comisión Garrett, hay dudas de que Rosswell fuera buen tiro con un rifle, y mucho menos con armas cortas. El Manlicher-Carcano era en realidad un arma pésima para un francotirador y su mira telescópica era un burdo aditamento que no mejoraba su precisión a largo alcance. He ahí otra razón contra la socorrida teoría de que Rosswell actuó por sí solo al atentar contra el presidente.

Volviendo a lo que hizo Rosswell tras haberse enterado de que el presidente Kilmory había sido baleado y haber ido a buscar su revólver para protegerse de lo que sucediera, tendríamos que analizar al detalle sus próximos pasos, ya se tropezara o no con el oficial de policía Trapper. ¿Por qué se dirigiría a un lugar tan público como una sala de cine? Acotemos de paso que la Comisión Garrett nunca se hizo tal pregunta. La respuesta: es probable que Rosswell hubiera querido disminuir las probabilidades de que lo mataran en el acto, ya que los agentes de la ley no querrían abatir a tiros a un sujeto a sangre fría y ante testigos oculares.

¿Y cómo sabían las autoridades que Rosswell estaba en el cine? ¿Alguien les avisó o le habían estado siguiendo desde antes? Lo más probable es que quienes vinieron a detenerlo recibieron el dato de un agente asignado a seguirlo.

Rosswell se salvó de una celada haciéndose notar. Entró al teatro sin pagar la entrada a fin de que se dieran cuenta y conseguir que lo detuvieran en público. Lo que plantea una pregunta: ¿acaso una leve infracción de esa clase justifica detener al culpable con armas cortas desenfundadas? ¿Cómo se sabía que había cometido un delito más grave que el de no pagar la entrada a un espectáculo? Peor aún, a

Rosswell mostraba contusiones en la cara cuando las cámaras captaron su semblante por primera vez.

Otra hipótesis es que Rosswell fue al cine porque fue ahí donde lo citó su contacto a fin de darle instrucciones. La idea, casi seguro, era liquidarlo lo antes posible. Según el plan, llevaba consigo la mitad de un billete que debía corresponder a la otra mitad, portada por su contacto. Pero el contacto no acudió a la cita; por el contrario, enviaron otros a interceptarlo. Eso explica por qué de repente se aparecieron varios agentes en el lugar.

En el consiguiente forcejeo recibió lesiones leves hasta que la policía consiguió detenerlo. Por lo demás, lo sucedido en las siguientes veinticuatro horas es tan nebuloso como el otro lado de la Luna.

Casi *cualquier cosa* que dijera Rosswell subvertiría la teoría del asesino solitario. Algo había que hacer. Entonces la misión de liquidar a Rosswell se le encomendó a Jack Rosenstein —cuyo apellido se abreviaba a veces a Rosen—, pandillero de poca monta que conocía las reglas demasiado bien. O cumplía con su misión —una encomienda mal hecha es peor que nada—, o si no le costaría la vida... A la Mafia le gustaba imponer castigos gráficos y ejemplares a quienes no cumplían un encargo como era debido.

Rosenstein conocía a Rosswell y había tenido que ver con él y con Dennis Fretty como parte de sus respectivas actividades de espionaje, así que estaban bien familiarizados. Era claro que Rosenstein sería el encargado idóneo para resolver el «problema» de Rosswell.

Eran consabidos sus estrechos contactos con la policía de Dallas, habiéndose congraciado con muchos oficiales ofreciéndoles tragos, mujeres y demás en su club de espectáculos de *strip tease*. Dado que su presencia no despertaría sospechas, podría aproximarse a Rosswell sin mucha dificultad. Los niveles jerárquicos de la policía, ya envueltos en los tentáculos de la conspiración, dieron instrucciones a sus hombres de no atravesársele a Rosenstein. Por si acaso, éste sobornó a un par de oficiales para asegurar su acceso al edificio.

El día antes de matar a Rosswell de un tiro, Rosenstein tuvo oportunidad de cumplir su misión cuando estuvo cerca de Rosswell. Pero en ese momento había demasiados oficiales en el lugar y lo último que se atrevería a hacer era un intento fallido. Decidió esperar por otra oportunidad, sabiendo por un soplón que Rosswell estaba a punto de ser trasladado. Al día siguiente estaba resuelto a que esta vez no se le escapara, ya que de ello dependería su propia vida.

No tenía Rosenstein ninguna necesidad de averiguar la hora precisa en que trasladarían a Rosswell. La policía de Dallas le sopló exactamente cuándo y cómo, incluso que la habían aplazado por lo menos una vez. La remisión telegráfica de $25 que le hizo a una de sus desnudistas fue solo un despiste y pretexto para estar en las cercanías. De modo que cuando recibió el dato de la policía se dirigió primero a la sucursal de la Western Union cerca de la jefatura de policía a fin de enviar la insignificante remesa, guardó el recibo como prueba y siguió adelante a cumplir su misión.

Entró en la jefatura justo cuando traían a Rosswell para subirlo al vehículo designado. Conforme a previos arreglos con ciertos oficiales, entró al edificio por una puerta lateral, cuyo guardián le franqueó el paso. Con su arma lista, Rosenstein esperó a que saliera Rosswell. Entonces apuró el paso sin que lo estorbaran los custodios y disparó a quemarropa siguiendo el eficaz procedimiento de un profesional: le puso el cañón en el abdomen, apuntando ligeramente hacia arriba de modo que la bala dañara una serie de órganos vitales.

Ahora, ¿eran las lesiones de Rosswell mortíferas? En caso contrario, ¿recibieron los cirujanos instrucciones de asegurarse de que Rosswell *no sobreviviera*? Al cirujano jefe nunca le hicieron ni una pregunta durante toda su vida.

La muerte de Rosswell le llegó con sospechosa rapidez —dentro de un par de horas— y no se informó de que se le hiciera la autopsia para cerciorarse de la causa de su defunción más allá de toda sombra de duda. Ninguno de los otros médicos que asistieron a Rosswell ha sido jamás entrevistado, ni tampoco hicieron declaraciones a la prensa. ¿Acaso advirtieron a los periodistas que mantuvieran su distancia?

A los efectos de encubrir lo que ocurrió, era lógico que los involucrados tendrían que procurar que nadie insistiera en seguir averiguando. Dado que la Mafia y todos los demás querían la tranquilidad de ver a Rosswell muerto —y caso cerrado—, a los médicos y cirujanos pudiera habérseles insinuado lo peligroso que sería para su salud personal que se empeñaran en la supervivencia de Oswald. O más bien, que hicieran *todo lo posible* por asegurarse de que Rosswell no sobreviviera. Obviamente, para resguardar la versión «oficial» era imperativo extinguir definitivamente la vida de Rosswell. Es decir, si acaso las autoridades no estaban en connivencia con los conspiradores, se les dio a entender que había poderosas fuerzas envueltas en el asunto y que correspondería a sus propios intereses darle al caso de Rosswell, digamos, eterno descanso.

El abracadabra, sin duda alguna, era la «seguridad nacional». Hay poquísima, por no decir nula información sobre cualquier averiguación de por qué Rosswell murió tan repentinamente de sus heridas, ni se preocuparon las autoridades por resolver cuestiones que acaso surgieran en el futuro.

Entre las interrogantes que claman por respuesta, se nos ocurren las siguientes. ¿Cómo es que los médicos no pudieron salvar a Rosswell o al menos ponerlo temporalmente en sistema de soporte vital a fin de hacerle algunas preguntas cruciales? ¿Cuáles de sus órganos vitales resultaron lesionados o conmocionados al punto de disfunción? ¿Hubo mala fe o negligencia intencional en el quirófano o el hospital? Como se sabe no es nada difícil que los cirujanos cometan «errores» mortíferos, ya sea de manera accidental... o a propósito.

Se ha revelado escasa información acerca de las lesiones de Rosswell, los procedimientos quirúrgicos empleados para salvarlo y la causa efectiva de su defunción. Su muerte y entierro sucedieron, convenientemente, en un abrir y cerrar de ojos.

Por su parte, el cuerpo del presidente asesinado fue escabullido de un lugar a otro como por arte de magia. Es un hecho que el cuerpo no estaba en el ataúd que ceremoniosamente descargaron del avión ante la prensa. Ni siquiera se encontraba en la aeronave de Jameson, Air Force One, sino en una caja de madera corriente en el avión mellizo Air Force Two, que se le adelantó al primero durante el vuelo.

Al llegar, descargaron la caja con el cuerpo y se la llevaron en secreto a un lugar predeterminado, donde previamente a la autopsia oficial se alteraron las heridas que presentaba. Ello se llevó a cabo en el Bethesda Naval Hospital conforme a un plan minuciosamente concebido para llegar a las conclusiones determinadas de antemano conforme a la teoría del asesino único y la bala mágica. Cuando aterrizó el Air Force One el ataúd vacío fue objeto de una recepción ceremoniosa como si en él estuviera el cuerpo del presidente; luego lo llevaron a donde de veras estaba su cuerpo a fin de ponerlo adentro. (El encargado en jefe del operativo era capaz de urdir maquinaciones muy complejas sin la menor vacilación; como veremos, ello corresponde perfectamente a la personalidad del «director de escena».)

El plan de Haley Plaza se había llevado a cabo con éxito y sus secuelas estaban bien controladas. Los conspiradores habían logrado todos sus objetivos fundamentales.

Capítulo XXVII
INVESTIGACIÓN SECRETA

Roland Kilmory hizo su propia investigación del asesinato de Justin, que asignó a un equipo encabezado por alguien de su más absoluta confianza. Rápidamente se dio cuenta, sobre todo, que el atentado tenía que haber sido el resultado de su voluntariosa y decidida *vendetta* contra la Mafia. En todo caso, el resultado de esa indagación confidencial fue tan comprometedor en función del trato con la Mafia para robarse la elección, el complot para matar a Costra, invadir a Cuba y otros aspectos delicados que mejor era no revelar, que la mantuvo secreta el resto de su vida. Era preferible que la Comisión Garrett presentara sus adulteradas y falsificadas conclusiones al país y al mundo que habérselas con las consecuencias de decir la verdad.

Cuando Roland se apresuró a reunirse con el director de la CIA tras el asesinato, lo primero que se le ocurrió decir fue: «¿Mató usted a mi hermano?»

Nadie en su sano juicio hubiera soltado una cruda y desaconsejada pregunta como esa. ¿Qué esperaba que le respondiera? Si el director hubiera sido culpable, ¿creía que se lo iba a confesar así como así? Cualquiera que fuera la verdad, era claro que la CIA no tuvo participación oficial en el hecho; la Agencia en sí no pudiera haberse involucrado sin comprometer su integridad, aunque lo cierto era que si no habían participado los más altos funcionarios al menos algunos agentes estaban envueltos independientemente en la conspiración. O sea que todo se había hecho extraoficialmente. Si algo logró descubrir la investigación no fue la identidad de los principales conspiradores. De lo contrario, podríamos dar por seguro que les hubiera ocurrido un «accidente».

Roland tenía sus sospechas pero sufría de enorme estrés y estaba profundamente deprimido al asumir la responsabilidad de haber provocado la muerte de su querido hermano, su ídolo. Sin embargo, le siguió la corriente al sainete de la Comisión Garrett y no planteó objeción alguna ni puso de manifiesto sus propias teorías u observaciones, mucho menos los resultados de la investigación privada que había mandado hacer.

No quería de modo alguno revelar información política devastadora ni tampoco perturbar la operación anticostra del Plan Q que proseguía y, en caso de revelarse, hubiera precipitado otro fracaso como la Bahía de Cochinos. Roland estaba obsesionado, al igual que en gran medida lo estuvo el propio Justin Kilmory, con desquitarse de aquel desastre. No lo consideraban únicamente como cuestión de política exterior, sino también lo sentían personalmente. Habían sido derrotados y los Kilmory estaban poco acostumbrados a quedar en segundo lugar.

Habiéndose instalado en el poder, el equipo de Jameson había dado instrucciones de guardarlo todo en secreto costara lo que costara, cualesquiera que fueran las consecuencias. Algunos que sabían demasiado y dieron señales de vacilar fueron silenciados permanentemente, en aquel momento o en la primera oportunidad. Por lo tanto, ni los conspiradores ni la Mafia tenían nada de qué preocuparse. Todo estaba bien controlado.

Todo esto no puede ser otra cosa que índice de una conspiración a nivel supremo cuya mejor prueba radica en los hechos y conclusiones de la Comisión Garrett. Sus trámites, llenos de equivocaciones, omisiones, lapsos y «errores de juicio», apenas pueden comprenderse sin suponer que se limitó a seguir las instrucciones del presidente Jameson y la gerencia día a día del director del FBI, todo lo cual iba encaminado a atribuir el profesional y eficaz asesinato de Kilmory a un solo individuo que ahora estaba convenientemente muerto y no podía defenderse. Nadie se aventuró a defenderlo, salvo inevitablemente la misma madre del «chivo».

Las probabilidades de que semejante cadena de acontecimientos se produjera de pura casualidad son astronómicas: Kilmory es muerto a tiros, a su asesino lo matan a tiros dos días después, las pruebas de todo tipo se destruyen, tergiversan o manipulan y los involucrados empiezan a morir misteriosamente. Más adelante, el hermano de Justin Kilmory es asesinado en sospechosas circunstancias por un personaje tenebroso y escasamente motivado, justo cuando iba en camino de poner el apellido familiar de nuevo en la Casa Blanca.

Como una película hollywoodense de segunda categoría, todo esto exige suspender la incredulidad al infinito.

* * * * * * *

A Rosenstein lo detuvieron e interrogaron, pero fue apenas un formulismo para cubrir las apariencias. Sus socorridas respuestas de que apenas quería ahorrarle a la familia Kilmory las tribulaciones del juicio que le harían a Rosswell se dieron por válidas. Pero, ¿desde cuándo les importan esas cortesías a los mafiosos, menos aún lo que le suceda a la familia de alguien que ha estado tratando de acabar con ellos? Al parecer, nadie quería averiguar los verdaderos motivos, las raíces del asesinato. ¿Para qué arriesgarse a que pudiera filtrarse por ahí un granito de verdad?

La Comisión Garrett optó en su momento por ir a Dallas a interrogar a Rosenstein, puesto que no quería arriesgarse a traerlo a Washington, donde pudiera ocurrir algo inesperado. Cual cotorra, Rosenstein repitió las mismas respuestas que ya había dado a los investigadores policiales; eso debió haber despertado sospechas ya que no se le escapó ni ofreció voluntariamente ni un pedacito suelto de información que hubiera podido ser útil en un caso como este. Que no nos digan que durante todo el tiempo que ya había pasado encerrado no trató de hacer memoria para dar con uno o dos útiles detalles adicionales que pudieran habérsele pasado.

Por favor siéntense —me dirijo a mis amigos lectores— antes de leer esto: Rosenstein le dijo a la Comisión que estaba dispuesto a dar información adicional. Es decir, a *hablar*. Pero con una condición: que lo trasladaran a Washington, donde se sintiera seguro —bueno, al menos *más* seguro—. Aunque no lo dijera explícitamente, dio a entender que en Dallas temía por su vida y pensó ingenuamente que el gobierno lo sacaría de allí y le protegería a fin de conseguir la nueva información que ofrecía. ¡La sorpresa que se llevaría cuando su petición tuvo el resultado totalmente contrario!

¿Cuál sería la respuesta de la Comisión Garrett cuando supo que Rosenstein estaba dispuesto a soltar la lengua y decir por qué había matado a Rosswell y, más importante, hablar del asesinato presidencial en sí —es decir, revelar información que se guardaba en secreto y que pararía de cabeza la hipótesis oficial—? Cualquiera pensaría que se hubiera limitado a no prestarle atención, a no dar respuesta alguna, a IGNORAR su petición, a PONER OÍDOS DE SORDO.

Pero no: la respuesta que le dio un vocal de la Comisión (de identidad no revelada) fue que si esa era la única manera en que iba a hablar, mejor sería que no lo hiciera. En otras palabras, CÁLLESE LA BOCA y siga las reglas de juego nuestras... ¡o aténgase a las consecuencias!

Es una ironía que la oferta de Rosenstein de contar la verdad significara su visita al patíbulo, ya que seguramente impulsó a los conspiradores, o sea a los elementos más poderosos del gobierno, a sacarlo de circulación. En efecto, no tardaron mucho en diagnosticarle cáncer a Rosenstein, quien murió antes de poder decir —o siquiera amenazar con decir— nada más acerca de su papel en la conspiración para liquidar al presidente ni del subsiguiente encubrimiento. Como ya sabemos, las autoridades en cualquier parte del mundo —sobre todo, aunque no exclusivamente, en países autocráticos y antidemocráticos— siguen rutinariamente el procedimiento de inducir el cáncer en prisioneros de quienes buscan deshacerse mediante el sencillo recurso de bombardear su espacio de confinamiento con intensísimas dosis de radiación.

Otros reclusos en casos muy sonados como el de Jeffrey Burl Maye, presunto asesino de Marlin Lester Ring, también sufrieron de un cáncer misterioso y murieron en la cárcel. Maye murió en plazo relativamente breve luego de dar a entender que tenía información adicional que aportar. Desde el punto de vista de los que conspiraron para asesinar a Ring, Maye desapareció justo a tiempo.

En general, este tipo de procedimiento se siguió en lo atinente al asesinato de Kilmory. Los testigos recibieron amenazas, fueron coaccionados o convencidos de que cambiaran su testimonio. Algunos fueron silenciados para siempre mediante procedimientos atribuibles a «causas naturales». Si no, la teoría del asesino único se hubiera desmoronado y el gobierno hubiera sido incapaz de suprimir el oleaje de verdad sobre lo ocurrido. Más que incómodo, todo testimonio contradictorio hubiera destruido el artificioso tinglado oficial para cerrar el caso.

A varios testigos presenciales del atentado al presidente cuyas declaraciones contradecían la versión oficial, les dijeron repetidas veces que estaban equivocados. Es un hecho que a algunos testigos susceptibles se les puede convencer, con suficiente insistencia, de no haber visto ni oído lo que captaron sus sentidos, sino todo lo contrario. Si el testigo no cede, se aplica coacción suficiente para que, al final, se dé cuenta que le irá mejor si acepta o de lo contrario se arriesga a sufrir misteriosas consecuencias no especificadas; el resultado es que se echan atrás y cambian su testimonio.

También se manipuló la evidencia física. La limusina presidencial, que era nada menos que *el lugar del crimen* —de hecho un testigo silencioso— hubiera dado abundantes pruebas de la dirección de los tiros, acaso confirmando el fuego cruzado que mató al presidente Kilmory. Pero le lavaron la sangre y borraron otras huellas importantísimas mientras estaba estacionado no lejos de la sala de urgencias del hospital (¡!). Poco después lo embarcaron a Washington, donde inmediatamente lo desmantelaron y reconstruyeron, proceso que acabó totalmente con las pruebas, como los impactos de bala. No hay constancia de quién ordenó este borrón de la evidencia, y la Comisión Garrett nunca se molestó en averiguar nada del asunto.

Muy pronto empezaron a morirse misteriosamente diversos involucrados, entre ellos Gus Barrister, su socio Herb Wertz y el piloto Dennis Fretty. Barrister era el detective privado y exagente del FBI que durante cierto tiempo en Nueva Orleans «manejaba» a Rosswell. Cuando arrestaron a Rosswell por distribuir papeletas pro-costristas, la dirección residencial que dio correspondía a la de la oficina de Barrister, a donde acudía para coordinar sus actividades. Claro está, pues, que Barrister tuvo algo que ver con el complot contra el presidente; cualquiera que fuera su función, participó en esa actividad su socio y asistente Herb Wertz. Por su parte Dennis Fretty era el piloto y hazmelotodo de Mariello que había trabajado con Rosenstein y Rosswell antes del asesinato.

Barrister y Wertz murieron de repente y en sospechosas circunstancias en 1964, justo antes de que la Comisión Garrett publicara su informe. Fretty también murió imprevistamente, al estar a punto de dar testimonio en la indagación del asesinato presidencial que conducía Chip Harrison, Fiscal de Nueva Orleans. El deceso de Fretty se atribuyó a causas naturales y no se investigó, ni tampoco se le hizo autopsia. Su intempestiva desaparición asestó un golpe decisivo al empeño de Harrison por descubrir algo de la verdad sobre el atentado. Digamos que los conspiradores querían asegurarse de que a nadie se le soltara la lengua.

Capítulo XXVIII
MUTIS DEL «SOLDADO» Y LOS CAPOS

—¡Socorro!— gritó Jack Rosenstein por última vez al agonizar en su celda, preguntándose si iba a tener fuerzas para repetirlo aun otra vez. Prefirió, en todo caso, no pensar en lo inútil que sería, ya que estaba tan claro como el agua destilada que nadie vendría a darle una mano. Era el «soldado» capturado y lo tenían aislado con rigurosas instrucciones contra entrevistas y visitas familiares.

—Está demasiado enfermo para ver a nadie —decían.

Los poderosos, los mismos que lo habían dejado en Dallas e impedido de contar la historia completa y veraz en Washington o en cualquier otra parte, no iban a arriesgarse. ¿Quién sabía los secretos que un moribundo pudiera revelar, seguro de saber que ya pronto nadie podría hacerle ningún daño?

En un principio, poco después de ser detenido, había cometido el error de soltar la lengua en una entrevista televisiva.

—El mundo nunca sabrá la verdad de lo ocurrido, mi motivo —dijo, mirando directamente a la cámara—. Es decir, yo soy la única persona en el trasfondo que conoce la verdad.

Esas enigmáticas palabras indican que había un secreto bajo la superficie, y que él estaba seguro de que era esa la razón por la que desde entonces había permanecido prácticamente incomunicado. Así que pensó que sería más sabio mantener la boca cerrada en lo adelante. Cuando le preguntaron si había conocido a Rosswell, siempre negó haberlo visto jamás antes del día en que lo mató el 24 de noviembre de 1963.

En realidad los dos se conocían bien y habían colaborado estrechamente en ciertos compartimentos de la conspiración. Rosswell visitaba el club de Rosenstein de vez en cuando y fue visto ahí justamente la noche anterior al asesinato de Kilmory.

Rosenstein juró ser más discreto pero, pese a sus mejores esfuerzos, no pudo resistirse a insinuar a sus concarcelarios sus verdaderas razones para haber dado muerte a Rosswell.

Pronto observó que los reclusos que habían tenido conocimiento de esas migajas de información sufrían un imprevisto accidente, enfermedad o muerte prematura. ¿Era coincidencia... o acaso cosas de su imaginación? Tal vez no, reflexionó, puesto que, pensándolo bien, ahora parecía estarle sucediendo a él.

Los médicos decían que tenía cáncer y efectivamente le daban tratamiento. Pero, ¿qué sabía un soldado mafioso como él, Jack Rosenstein, acerca de dolencias, medicina y tratamiento? ¿No sería que esta «enfermedad» pudiera ser un pretexto que alguien inventó para sacarlo del camino con «medicamentos» mortíferos? ¿O era un cáncer de veras provocado por algún medio malicioso que él ignoraba? ¿Cómo iba a estar seguro de que le decían la verdad? Por otra parte, tenía la clara impresión de que el tratamiento le hacía sentir peor en lugar de mejor: mientras más le daban peor se sentía. Empezaba a pensar que en realidad con el «tratamiento» anticanceroso lo estaban envenenando.

Medio en tinieblas empezó a sospechar que se trataba, en efecto, de uno de esos casos en que el tratamiento es peor que la enfermedad. Pero dejó de meditarlo, diciéndose que no valía la pena preocuparse. Era inútil. Estaba ya desvalido y sin esperanzas. Los poderosos habían decidido librarse de él y nada podía hacer para salvarse. Estaban ahuyentando a sus parientes, cuyas visitas habían sido rigurosamente racionadas desde el principio. Es más, ni siquiera podía hablar con su abogado. Y sus antiguos compañeros de la Mafia nada querían tener que ver con él, tratándolo como la proverbial papa caliente. Había cumplido su tarea, y bien. Pero nadie le había dado el menor reconocimiento ni se molestaban en hacer el menor esfuerzo por darle ningún tipo de ayuda, ni conmiseración siquiera. No: eso podría despertar sospechas y no hacer más que «contaminarlos» y hacer dudar de la «versión oficial» acerca de su motivo para asesinar a Rosswell. Para ellos, era como si ya estuviera muerto. Es más, Rosenstein llegó a la conclusión de que ciertamente ellos así lo preferirían, y mientras más pronto mejor.

Era clarísimo que algunos personajes al más alto nivel ya habían decidido qué iban a hacer con él y estaban poniendo metódicamente en marcha sus engranajes. A él le hubiera encantado desbarajustar el proceso, pero temía que ya no había la menor posibilidad de hacerlo.

Consideró la idea de negarse a recibir más tratamiento. Pero, ¿de qué serviría? Tal vez únicamente para prolongar su agonía.

Seguramente buscarían la manera de introducir la medicina en su cuerpo, tal vez con sus comidas. Le relampagueó la idea de suicidarse. Pero ya no tenía valor suficiente de hacer ni eso ni nada parecido. Estaba débil y su fuerza de voluntad en cero. Sin embargo, acaso podía insistir en que le suspendieran el tratamiento. Pero volvió a pensar en que eso apenas serviría para sufrir aun más tiempo. Aceptó esa posibilidad. Pero en todo caso no sería muy probable conseguir que los profesionales de la medicina carcelaria acataran sus deseos. Todo parecía indicar que él se había convertido en el objetivo —era, como dicen en la normativa burocrática de personal, una «selección negativa»—, y ya no había escapatoria. Estaban resueltos a proseguir dándole «tratamiento». Así que su recuperación era cuestión tan lejana como sus probabilidades de salir de la cárcel con vida algún día.

No tenía ningún poder negociador. Nada que supiera él tendría la menor utilidad para las autoridades, locales o federales. Es más, ya los altos funcionarios conocían los más mínimos detalles de lo sucedido y solamente esperaban que nunca tuviera la oportunidad de pasarle a nadie ningún detalle hasta ahora desconocido. Al contrario, preferirían enterrarlo todo, y primero que nada a él. Era material enojoso y de muchísimo peligro. Había demasiadas carreras en juego como para no taparlo todo herméticamente. Así que él, el soldado raso Jack Rosenstein, valía mucho más muerto que vivo. Los muertos, como sabían Rosenstein y sus hermanos mafiosos, no hablan. Todos sus secretos quedarían sepultados y la historia de cómo un asesino único pudo ser culpable de asesinar al presidente en una balacera cruzada —una imposibilidad física— resistiría la prueba. El encubrimiento daría resultado; así tenía que ser. Esa decisión se había tomado al más alto nivel y todo lo que pudiera contradecirla tenía que silenciarse. En efecto, así estaba sucediendo.

* * * * * * *

Sal Campana preparaba uno de sus aperitivos favoritos cuando le llegó de visita alguien de confianza. Lo habían concertado informalmente, algo así como «un déjate caer por aquí», de modo que nada sospechaba; de lo contrario no le hubiera dado entrada. Una vez dentro, la longevidad de Campana se acortó a un par de minutos. La visita no iba a perder tiempo en charla banal cuando el objetivo estaba a mano y la tarea era urgente.

Se puede dar por supuesto que no era un caso de *vendetta* ni de ningún ajuste de cuentas ya que no había señales de tortura, no se le infligió sufrimiento innecesario y de momento no pareció ser un robo. ¿Pero qué pasó con los valores, joyas y efectivo por valor de decenas de millones que guardaba en su caja de caudales? Puede suponerse sin lugar a dudas que, una vez cumplida la misión, sus *fratelli,* los capos supremos, enviaron un equipo experto a hacer una «limpieza» y llevarse todo el botín para repartírselo entre ellos. Sus propiedades inmuebles, que valían miles de millones, estaban a nombre de testaferros que luego tranquilamente estamparían su firma de traspaso. Era claro que el motivo del crimen era silenciar a un individuo que guardaba muchos secretos y podría verse en la tentación, por quién sabe qué razones convenencieras, de revelar algunos.

Es curioso que al día siguiente le tocaba dar testimonio ante el Comité Investigador de Asesinatos de la Cámara de Representantes. ¡Una coincidencia más! Así que el tiempo apremiaba. Campana se mostraba por lo general muy circunspecto al hablar ante las autoridades, si es que algo llegaba a decir. Pero, ¿qué tal si los capitostes de la Mafia —o acaso los jerarcas del gobierno federal—, se preguntaran si Campana, a fin de que lo dejaran tranquilo, sería capaz de dejar caer alguna insinuación acerca de los más caros secretos vinculados a los supremos escalafones del poder? De esos archivaba en su memoria muchos... seguramente más de lo que nadie pudiera imaginarse.

La desaparición de Campana era cosa que fácilmente podría haber arreglado el gobierno federal mediante un contrato. La propia CIA podría haberlo cumplido directa o sencillamente recurriendo a sus propios contactos para tareas sucias. La ironía era que hubieran contratado a los mismos mafiosos que habían trabajado para Campana. En vista de que los Kilmory, otros presidentes estadounidenses y altos funcionarios se habían puesto de acuerdo con la Mafia para matar a Costra, a Marlin Lester Ring, al dictador dominicano Rafael Trujillo, al presidente Nguyen Dial de Vietnam del Sur y a otros dirigentes extranjeros así como estadounidenses, contratar a la Mafia para atentar contra uno de los suyos cuya utilidad ya tocaba a su fin —y cuya peligrosidad apenas estaría iniciándose— no hubiera sido muy problemático.

Huelga decir, claro está, que al Comité Investigador de la Cámara sobre Asesinatos —pese a su nombre— nunca le interesó indagar en el asesinato de Campana. Y el comité tampoco hizo gran cosa aparte de celebrar audiencias, recopilar información y publicar documentos. Dado que tenía que llegar a alguna conclusión luego de meses de trabajo y de gastar decenas de millones, se aventuró por fin a concluir que la muerte del presidente Kilmory «se debió *probablemente* a una conspiración». Nada dijo acerca de quiénes podrían haber sido los conspiradores y ni siquiera sugirió que las agencias de la ley como el FBI y la CIA investigaran más profundamente a fin de precisar algunos hechos fundamentales; en caso de que prevaleciera la más absoluta honradez, sus hallazgos seguramente contradirían las conclusiones fundamentales de la Comisión Garrett.

Pero tal cosa hubiera sido un lío espantoso. Como el peso de la evidencia era tanto, el comité no pudo darse el lujo de hacerse de la vista gorda en cuanto a la probabilidad de conspiración, admitiéndola. Pero pasarse de esa raya hubiera aflorado pruebas de la identidad de esos «posibles conspiradores», junto con fundamentos para plantear cargos de obstrucción de justicia, encubrimiento y corrupción por parte de funcionarios gubernamentales en múltiples dependencias.

En cuanto al atentado a Campana, quien le hizo esa final y fatal visita no ha sido jamás identificado. Y si alguna investigación hubo, nunca se ha sabido el resultado. Ni una pizca de información se ha dado a conocer, ni oficial ni extraoficialmente, ni se ha filtrado ni insinuado al público absolutamente nada. Caso cerrado, cerradísimo, congelado.

Tanto que es como para haberle dado escalofríos a quienquiera que fuera partícipe de información sensitiva. Hablando de lo cual cabe mencionar algunos casos que vienen a la memoria, entre ellos el de Debbie Kilhallen, famosa personalidad televisiva y columnista de un periódico neoyorquino. A fines de los años '60 investigaba el asesinato de Kilmory y escribía un libro que, según contó a sus íntimos, iba a «echar por tierra todas las conclusiones previas». Bueno, un buen día antes de terminarlo la encontraron muerta en su cama. Según los informes mediáticos, su deceso había obedecido a una combinación de alcohol y pastillas para dormir. Dijeron que había sido accidental, no se le hizo autopsia y no se llevó a cabo ninguna investigación. Su manuscrito inédito desapareció y nunca más se supo nada de él. Lo cual hace pensar en qué grupo o agencia pudiera haber tenido interés en que no saliera a relucir ninguna información sensible acerca del asesinato de Kilmory. El esposo de Melanie, consciente de lo que no fuera precisamente bueno para su salud, nunca dijo ni pío.

* * * * * * *

Sandy Traficant, su amigo de larga data —acompañado de su esposa y un par de capos—, invitó a Jake Rosetti a cenar en un suntuoso restaurante en Fort Lauderdale, cerca de la casa a donde se había mudado este, ya en su setentena, para vivir con su hermana y poner su vida más o menos en orden. Últimamente había pasado las de Caín, cumpliendo cárcel por la tontería de amañar juegos de póker particulares en Las Vegas. ¿Estaba divirtiéndose con sus jugarretas de siempre? Encima, la tuberculosis que había padecido toda su vida se estaba agudizando. Y lo peor de todo era que el Departamento de Justicia lo perseguía con un tardío proceso de deportación mientras él lo esquivaba con maniobras legales. Si eso no le daba resultado, confiaba en valerse de la amenaza de revelar lo que había estado haciendo para la CIA en cuanto a atentar contra Costra y demás hostilidades contra su régimen. A veces, las advertencias confidenciales al gobierno de que «aflojaran», surtían efecto. Considerando el peligro de que algo problemático surgiera del empeño persecutorio, esperaba que el Departamento de Justicia juzgara que no valía la pena proseguirlo.

Rosetti iba a dar testimonio ante un comité del Senado que investigaba, entre otras cosas, el asesinato de Kilmory. Había contactado al «sindicato» mafioso para asegurarle que, como era su costumbre, no iba a revelar nada que pudiera ocasionarle líos a nadie. Por algo le llamaban «la seda»: era respetuoso, cortés y bien educado ante cualquier interrogatorio oficial, tanto como recio, amenazador y peligroso en otras circunstancias.

Es poco probable que la cena con Traficant fuera un abrazo de despedida. Cierto que hacía poco habían liquidado a Campana, pero no de manera ostentosa como advertencia para cualquier suelto de lengua. No quedaba duda de que aquello era una advertencia pero, bien consciente de las circunstancias, Rosetti había hecho las consultas de rigor con Traficant. No desconfiaba tanto de su amigo como para creer que le iba a dar una puñalada por la espalda.

Pocos días más tarde desapareció. Hallaron su cuerpo de pura casualidad, dentro de un barril que flotaba en la Biscayne Bay de Miami. Lo habían asfixiado y luego descuartizado para que cupiera en el barril. Quienquiera que fuese tenía intención de que nunca más apareciera. Le pusieron peso al barril para que se quedara en el fondo pero la carne en descomposición soltó gases que lo llevaron a la superficie. El espectáculo al abrirlo era como para volverlo a cerrar.

Si a la Mafia no le había dado por silenciarlo, el gobierno, por su parte, tenía el motivo así como la oportunidad de hacerlo. Los círculos de inteligencia pudieran haber tenido especial interés en él, sobre todo por haber amenazado, para protegerse contra la intensificación del proceso deportador, con revelar información incriminadora acerca de su trabajo secreto. Pese a su carrera delictiva, había cumplido para su gobierno importantes misiones contra el régimen de Costra sin nada ganar. No había recibido la más mínima compensación. Los agentes secretos lo respetaban y le llamaban «Coronel Rosetti». Los capos mafiosos, por su parte, le tenían gran estima y comentaban su diplomacia y capacidad para resolver problemas sin violencia y distribuir las ganancias equitativamente para que todos quedaran contentos. No en balde se había mantenido durante decenios en su posición del agente número uno de la Mafia en Hollywood, donde lo trataban a cuerpo de rey y se codeaba con los jefes de estudio, directores, productores, estrellas y aspirantes, frecuentando los más elegantes clubes nocturnos y restaurantes.

Sin embargo, su ya próximo testimonio ante el comité del Senado pudiera haber impulsado al círculo de inteligencia, que ansiaba proteger gran número de secretos, a sacarlo del camino dando la impresión de que sus propios socios de la Mafia habían decidido silenciarlo. Si los espías agencieros tenían ese plan, les bastaba esperar a que saliera a cenar con sus «socios».

La investigación de su asesinato fue breve y apenas una formalidad; ni siquiera señalaron sospechosos. La autopsia indicó muerte por asfixia, o sea con relativa rapidez y muy poco dolor y sufrimiento innecesarios. En una palabra, no pareció ser una ejecución mafiosa. Lo que se supo acerca de su estado de ánimo indicó que estaba relativamente despreocupado por lo que pudiera pasarle, aunque ello no implica necesariamente que no le importara.

Comoquiera que se juzguen, las palabras del director de la CIA llaman la atención: declaró que «garantizaba» que la Agencia no había tenido nada que ver con el deceso de Rosetti. Eso de «garantizar» es curioso, pues implica una promesa absoluta, si es que existe semejante cosa, con miras al futuro. Pero, ¿es que, tratándose de acontecimientos ya consumados, pueden aplicarse «garantías», sobre todo viniendo de esa fuente? Tal vez lo que quiso decir es que «garantizaba» que no hallarían nada que implicara a la CIA.

* * * * * * *

El único capo que se encontraba fuera del alcance de quienes quisieran silenciarlo era Claudio Mariello. Al fin, las fuerzas de la ley habían llegado hasta él y lo habían enjaulado por varios años. En la práctica, dada su edad, la sentencia era suficiente para constituir cadena perpetua. Por otra parte, en esas circunstancias al FBI, a la CIA y a la DIA les era difícil usar sus tentáculos extralegales para llegar hasta él. Como ya estaba cumpliendo condena, era improbable que se decidiera a «hablar» a fin de negociarse una pena reducida que le diera una oportunidad razonable para salir con vida de ahí.

Tal vez podía considerarse afortunado. Sus amigotes de la Mafia pudieran haber buscado modos de liquidarlo, pero la mayoría ya habían muerto y los nuevos capitostes no estaban tan preocupados por lo que pudiera decir.

Pero a Mariello le gustaba jactarse ante los demás reclusos. Le daba por hablarle a su compañero de celda sobre el atentado que había dirigido contra el presidente Kilmory, en parte como desquite por haber sido deportado ilegalmente a Guatemala por el hermanísimo Roland y en parte por haber traicionado a la Mafia. Estaba orgulloso de la hazaña como especie de acto patriótico, como si hubiera hecho un servicio público.

—Los despachamos antes que le hicieran más daño al país— decía muy orgulloso.

Pero su *vendetta* personal contra Roland Kilmory era lo que le daba mayor satisfacción. Hacia el final de su vida, gustaba de salpimentar sus relatos declarando: —Cuando ese enano culicaga'o de «Booby» Kilmory trató de acabar nuestro negocio, nosotros acabamos con su hermano y con él también.

Capítulo XXIX
REFLEXIONES PATRIARCALES

Hacía un estupendo tiempo primaveral en el recinto familiar, a donde habían acudido las amistades y parientes para celebrarle el cumpleaños a Jonathan Kilmory, pese a que cada vez parecía adentrarse más en un mundo aparte. El decenio de los '60 no le había favorecido al deteriorarse su salud tras una serie de derrames cerebrales y diversos quebrantos que le habían confinado a una silla rodante, revolucionándole la vida.

—Como te dije, hijo mío, guarda bien tus secretos —repitió el patriarca mientras el clan que lo rodeaba le miraba incómodo—. Sobre todo el relativo a tu hermana, Rebecca, y...

—No te preocupes, Papá—, le interrumpió Jeff esperando que el anciano «cerrara el pico».

—Y el asunto ese de la chica en el accidente de auto en Chada..., Rappa...

—¡Por favor, Papá! No hace falta...

—Y en especial lo de la estrella de cine, Marie.

—¿Quieres algo de beber, Papá? —Jeff trató de distraerle.

La mención de secretos familiares vergonzosos y de larga data encubiertos le chocó a Jeff, que nunca se imaginó oírlos mencionar de nuevo, ni en la familia ni fuera de ella. Era evidente que su padre ya no se expresaba con coherencia, sus pensamientos desbarajustados y fuera de control. Le daba por decir cualquier cosa que se le ocurriera, por absurda, insensible o insensata que fuera.

—No —dijo—, no quiero beber nada; solamente quiero hablar... de seguir tapando esos temas. Pudieran ser, hijo mío, minas subterráneas muy peligrosas para tus aspiraciones presidenciales.

No estaban seguros de que supiera del asesinato de Roland ocurrido meses antes, pero de todos modos siempre había insistido en que a cada uno de sus hijos varones tenía que tocarle su turno en la presidencia. Su mente y cuerpo se habían deteriorado luego de las apoplejías, pero desde que decenios atrás su ruptura con el presidente Roosevelt había acabado con sus propias aspiraciones presidenciales, seguía obsesionado con la noción de controlar la presidencia como si fuera de propiedad familiar.

—Sí, claro, Papá. Pero, eh, dejemos esos viejos temas y hablemos de, este, algo de más actualidad, ¿no te parece?

—Pues claro que sí —empezó, sin ninguna intención de cumplir; tosió varias veces—. Pero... pero esas son cuestiones preocupantes y tenemos que hacerles frente.

—Ya les hemos hecho frente, Papá. Créeme, eso ya pasó a la historia. —Jeff lo miró con mezcla de firmeza y compasión. Sintió alivio de que la familia empezara a alejarse para no oír más dislates del Patriarca. Jonathan le miró fijamente, enmudecido. Estaba casi incapacitado en la posición supina ya que, salvo por ratos breves, no le consideraban con fuerzas suficientes para la silla rodante. Pero Jeff se percató de que al menos dejara de insistir por el momento en un asunto que, para él y toda la familia, era anatema.

Los secretos de familia eran puntos que Jeff Kilmory había insistido en prohibir y al que ni siquiera se podía hacer la más remota alusión. Estaba firmemente convencido de que hablar de ellos era sencillamente incómodo, vergonzoso y hasta peligroso. Nunca se sabía quién podía estar escuchando.

Jeff, el primer varón del clan tras la muerte de sus tres hermanos mayores, había aconsejado que su padre no tenía las fuerzas como para que le contaran del asesinato de otro hijo. La familia había estado de acuerdo pero se dio cuenta de que Jonathan pudiera haberse enterado mediante las noticias o por fragmentos de conversación que inadvertidamente pudiera haber oído.

Esta vez el asesinato se había llevado a Roland, el ex secretario de justicia, posible candidato a la presidencia por su tradicional partido y actual senador por el estado de Nueva York. Era este un cargo que, como se sabía, habíase ganado mediante sobornos, amenazas y trapacerías, ya que ni siquiera era neoyorquino. En todo caso el Patriarca había perdido su principal heredero por segunda vez en un quinquenio. Desde los últimos días de la Segunda Guerra Mundial, era la tercera pérdida de un hijo varón en un cuarto de siglo. Lo cierto es que si efectivamente se había enterado de esta última tragedia debió haber sufrido un golpe demoledor.

La intempestiva muerte de Roland, en un día veraniego de 1968 en la cúspide de la guerra vietnamita, fue un acontecimiento que provocó algo muy próximo a un día de duelo nacional. Gracias en parte a la veneración mediática hacia los Kilmory, el país los consideraba como una especie de familia real, verdadero tesoro nacional, y todo lo triste que les sucediera se hacía resonar como un revés para todo el país. Como sucedió tras la violenta muerte de Marlin Lester Ring y pocos años antes, cuando el asesinato de su hermano el presidente, los norteamericanos se sintieron conmocionados y acongojados.

Al fin y al cabo, aunque no lo comentaran abiertamente, la familia concluyó que tal vez el Patriarca se había dado cuenta de esta última y terrible pérdida. Si luego de sus derrames cerebrales era aun capaz de atar cabos y comprender que habían sido sus propias ambiciones las que produjeron esta nueva y abrumadora tragedia familiar, es otra historia.

El hecho era que este segundo asesinato de un hijo suyo había ocurrido un quinquenio tras el de Justin. Lo que tal vez le dolía más a Jonathan era que él había sido él arquitecto del trato concertado de palabra con la Mafia para alcanzar la presidencia: a cambio de dejar tranquilos a los rufianes, estos se habían encargado del fraudulento escrutinio en Illinois, Texas y acaso otros estados para entregarle la victoria a Justin.

Estaba bien consciente Jonathan de cuán peligroso era hacer un pacto con la Mafia y luego incumplirlo. Es más, casi le costó su propia vida cuando el capo Francesco Castellaro le «puso un contrato» —mandó hacerle un atentado— en los años '50 por faltar a su palabra en una transacción inmobiliaria. Jonathan lo supo de trasmano y logró convencer a su amigo Sal Campana, tal vez con ayuda de una suma considerable para aplacar los ánimos, a fin de que intercediera por él para cancelar el contrato.

Sin embargo no le había sido posible persuadir a su propio hijo Roland, cuando llegó a secretario de justicia, a dejar a la Mafia tranquila. Se acordó de la acalorada discusión que tuvieron poco después de haber asumido el cargo.

—Hijo, no tienes idea del lío en que te estás metiendo—, le indicó cuando vio claramente que Roland iba a perseguir a la Mafia.

—Me importa un carajo, Papá. —La furia de Roland hacia los mafiosos era, más que asunto de la justicia, una *vendetta* personal—. Esos hijos de puta se la han buscado y ahora los Kilmory les vamos a dar por el culo; ¡ya era hora!

—Entiéndeme, muchacho. Yo hice el trato *por ustedes* y me hice responsable de velar por que cumplamos lo que nos toca— Jonathan le suplicó—; ustedes están obligados a cumplir con lo prometido.

—Bueno, Papá, tú lo has dicho: *tú* hiciste el trato y no yo. Así que no tengo ninguna obligación. —Roland echaba chispas por la boca.

—De acuerdo, pero lo que me preocupa no es que vengan a buscarme *a mí*. Si eso pasara no me preocuparía, pues ya he vivido lo bastante. ¿Cuántos años me quedarán?

—¿Así que no te van a caer atrás a ti, sino a *mí*?

—¡Precisamente! El objetivo lo vas a ser tú, o quién sabe quién más en la familia. —Estuvo a punto de pronunciar el nombre de Justin, pero optó por apenas hacer una alusión previendo que para Roland esa posibilidad sería demasiado remota, exagerada—. Lo más probable es que tú seas su principal objetivo por andarlos persiguiendo.

—¡Pues muy bien! Que se atrevan. Veremos quién gana. — Estaba en su apogeo el lado bravucón y temerario de Roland.

—Rolly —en momentos críticos Jonathan invocaba su apodo cariñoso para suavizar la reciedumbre que le surgía, no es cuestión de cojones.

—Bueno, para mí sí. Les he demostrado que no les tengo ningún miedo y que voy a seguir adelante. Sea como sea, a la hora de la verdad no son más que un montón de cobardes. —Al hablar, a Roland le brillaban los ojos de rabia.

—Te la estás buscando, Rolly. Acuérdate de lo que te digo.

—Que se atrevan.

—Bueno, espero no tener que decirte que yo te lo advertí, ¡coño!

Casi echando espuma por la boca, Jonathan decidió que era mejor callarse. Se hizo el propósito de tocar el tema en otra ocasión cuando pudiera controlar el mal humor y plantear la cuestión con un razonamiento sólido y objetivo. Para entonces tal vez el recio joven, a quien él mismo le había enseñado a nunca perder —y en todo caso nunca darse por vencido— estaría más dispuesto a aceptar sus razones. Examinó la cara del hijo tratando de calibrar sus pensamientos y permanecieron en silencio unos instantes.

—¡Un momento, Papá! —A Roland pareció iluminársele el semblante, sus ojos cual chispas de acero—. Veámoslo así: supongamos que perseguimos a la Mafia, los acusamos, procesamos y demás. Si los destruimos ya no les debemos nada: ¡borrón y cuenta nueva!

—Ya eso lo he calculado bien, Rolly... —Jonathan disfrutó al ver la sorpresa del hijo—. No lo he traído a colación porque estoy seguro de que no daría resultado. Esos tipos, tú sabes, son de sangre fría. Habrás oído su proverbial dicho cuando hay que liquidar a alguien, ¿no?: «no es nada personal; solo asunto de negocios». Bueno, a juicio mío en este caso la cosa es más grave; es asunto personal y *también* de negocios. Piénsalo.

Roland soltó una risita al reconocer la verdad de lo que decía su padre y se fue diciendo adiós con la mano.

«Consúltalo con la almohada» fueron las últimas palabras paternas, las cuales le aliviaron de momento la profunda inquietud que sentía.

Capítulo XXX
EN POS DE LA MEDALLA DE ORO

De la sangre que se derramaba en Vietnam, Louis Bernard Jameson sentía salpicones en su imaginación. Pero lo que de veras le dolía era que le había salido el tiro por la culata y en lugar de garantizarle la reelección, la guerra le perjudicaba y se veía perder si aspiraba de nuevo. Roland vio su oportunidad. Aunque al principio había apoyado la guerra, Roland percibía la clarísima impopularidad de esta y se volteó en su contra. Eso de por sí no le conseguiría tantos votos ya que terminar con la guerra era también uno de los fundamentos políticos de su presunto contrario, Roger Dixon.

Roland sabía que pisaba terreno peligroso, pero consideró que su destino y misión eran sostener en alto la mística kilmoriana. Tenía que seguir en pos de lo que consideraba su radiante objetivo: llegar a la presidencia y terminar la tarea que su hermano había dejado inconclusa. Aunque al principio había respaldado el empeño inicial de Justin para darle a Vietnam del Sur apoyo a fin de resistir la agresión norteña, Roland machacaba ahora en la necesidad de ponerle fin a la guerra, haciéndolo tema de campaña. Pero se cuidó de volver sobre la cuestión de la Mafia y abstenerse de perseguirla como antes. La Mafia lo miraba con desconfianza.

Tampoco reveló su íntima resolución de que la presidencia le daría la oportunidad de valerse del poder del «púlpito supremo» para vengarse de los asesinos de su hermano. Estaba decidido a identificarlos, ir en busca de ellos y cobrárselas. Si bien tenía sus sospechas, seguía sin saber a ciencia cierta, pese a su propia investigación, quién había sido el autor intelectual de la conspiración o cuál era su nivel jerárquico en el gobierno, si es que en él estaba. También estaba consciente de que correría graves riesgos pero, desafiante y diciéndose «me importa un carajo», optó por ignorar tales peligros: en resumen, quiso seguir adelante imprudente e irreflexivamente. Se dijo que no era un deseo de muerte sino de ponerse en manos del destino. Prefirió considerar improbable que fuera víctima de otra conspiración dirigida por la Mafia e integrada por sabría Dios cuáles elementos como agentes de la CIA o infiltrados de Costra.

La sospecha de haber tenido que ver con el asesinato de su hermano había recaído sobre varios grupos, entre ellos algunos exiliados cubanos llenos de odio por lo que consideraban la traición de Justin en la Bahía de Cochinos. Pero Roland no lo creía así. Los exiliados estaban divididos, desorganizados y desconcertados, y hubieran tenido poca motivación para semejante crimen. La mayoría estaban concentrados en librarse de Costra, y no Justin. En cuanto a la Mafia, era otra historia. Creía que, tal vez en connivencia con Costra —si bien el público en general ignoraba semejante alianza— la Mafia sí estuvo involucrada en la muerte de Justin. En tal caso, era lógico que ahora lo tuvieran en su mira a él también.

Concluyó, con fatalismo, que si la Mafia o sus socios en la delincuencia decidieran anticiparse a los acontecimientos y eliminarlo antes de que ganara la candidatura y luego la elección, sería poco lo que pudiera él hacer para impedirlo. Meditó esta hipótesis desde diversas perspectivas alterando de vez en cuando sus conclusiones, pero mayormente optó por resignarse a pensar que, si así lo decidieran, tarde o temprano le darían alcance. Por otra parte, se le ocurría ilusionarse en que el terreno pudiera ponerse peligroso únicamente al ganar la candidatura. Para entonces ya tendría protección del Servicio Secreto, así que estaría más seguro cuando se aplicaran medidas adicionales para conjurar cualesquiera amenazas. De todos modos, díjose, tenía que ir en pos de «la medalla de oro». Al fin y al cabo la cosa pudiera salir bien y cubrirse de gloria.

Era un riesgo que en su fuero interno pensaba que *tenía* que correr, y se resolvió firmemente a no preocuparse más. Como siempre decía su padre, «los Kilmory nunca lloran». Ni tampoco se preocupaban por esos pocos casos en que nada podían hacer. Ulteriormente resultó que su evaluación era fundamentalmente precisa. Si lo querían matar, buscarían la manera de hacerlo. Pero abrigaba la esperanza de que los conspiradores anti-kilmorianos, viendo que prevalecían circunstancias de diversa índole, se contentarían con quedarse a la expectativa, dejándole seguir adelante con su aspiración presidencial sin actuar contra él, al menos no con excesiva anticipación.

Pero estaba dispuesto a afrontar a sus enemigos, cualquiera que fuese su decisión. Abrigaba la esperanza de que no lo fueran a despachar al otro mundo a menos que planteara una gravísima amenaza. Si así lo hicieran, se dijo, tendría lugar en una fracción de segundo y no tendría tiempo siquiera de percibirlo, mucho menos de preocuparse. De cierta manera estaba desafiando a la Mafia a que lo intentaran. En un alarde de valentía ni se molestó en contratar un equipo de seguridad que lo protegiera durante la campaña por la candidatura de su partido. Su hermano había marcado la pauta haciéndose ejemplarmente accesible y él iba a seguir su ejemplo pasara lo que pasara.

Si bien para algunos Roland pudiera haber parecido un chiquillo rico y malcriado, idolatraba a su hermano mayor. Estaba convencido de que le bastaría con poner en práctica los planes de Justin para conducir al mundo libre a una de las épocas más prósperas y pacíficas de la historia, promoviendo respeto en el mundo entero hacia la libertad, la democracia y los derechos humanos.

En el terreno personal, Jennifer Kilmory, habiendo perdido a su esposo que, pese a su persistente infidelidad había sido el hombre número uno en su vida, ahora se vio en peligro de perder al número dos. Mientras Justin estuvo en el mundo la intimidad de ella con Roland había tenido lugar con su conocimiento, consentimiento y apoyo. Tras su muerte Roland le había dado el respaldo moral, emocional e íntimo que necesitaba para seguir adelante, y se había mantenido aun más estrechamente a su lado. ¿Quién dijo que el matrimonio fuera un requisito para la relación sexual? ¿Se casaron alguna vez Adán y Eva? De todos modos todo quedaba en familia, se decía con una pizca de humorismo. Pero luego se arrepentía de esas ideas tan poco convencionales.

Roland también había suplido físicamente a Justin en distintas ocasiones cuando este viajaba o veía a sus enamoradas, e incluso en ocasiones cuando Justin estaba ocupado y ellos podían encontrarse. Tan difícil no era puesto que el reunirse no despertaba sospechas públicas. Inmediatamente después del asesinato Roland pasaba bastante tiempo con ella, tanto en público como en la intimidad. Pero luego Edna, la esposa de Roland, se puso firme. Ya no soportaba que Roland estuviera ausente del hogar con tanta frecuencia y luego apareciera en televisión con Jennifer por aquí y por allá. Era cierto que siempre se les veía serios y tristones, pero Edna sabía lo que pasaba tras bastidores. Las mujeres siempre saben esas cosas.

* * * * * * *

Que este encuentro de ellos no iba a ser precisamente para un rato íntimo se le hizo bien claro a Roland tan pronto llegó a la casa adosada que tenía Jennifer en Georgetown, el más exclusivo y lujoso *quartier* de Washington. Pero ya lo había sospechado por su tono de voz cuando ella le pidió que viniera a verla.

El frío saludo preliminar le confirmó su intuición, y se lamentó. Más aun cuando le empezó a criticar su nueva campaña política en pos de la presidencia.

—No me corresponde convencerte de que hagas esto y no lo otro —le dijo Jennifer en términos claros, lógicos y precisos con su enunciación e inflexiones de alta clase social—, pero...

—Pero —dijo Roland casi simultáneamente, con indulgente sonrisa—, ojalá que no lo hicieras.

—Sí, Roland, ojalá... —siguió, casi sollozando—. Es demasiado peligroso; tú y yo, los dos, lo sabemos.

Lo miró con algo que iba más allá del amor. Era cariño y se le veía en los ojos. El amor, sabía, podía ser ciego, irrazonable. Ah, ¡pero el cariño! Eso era otra cosa. Ella no sabía ni cuándo ni cómo había nacido, pero de algún modo le había cogido cariño pese a su personalidad fría y algo distante. Tal vez había sido por esos leves gestos que tenía con ella; sus suaves caricias de cabellera, su interés en asuntos que a ella le preocuparan, las cosas pequeñas que pudiera necesitar en cualquier momento, su comprensión, su ternura. Tal vez era amor y, además, cariño. A veces se preguntaba cómo podía abrigar esos sentimientos por un hombre que, también lo sabía, podía ser, pese a su aparente serenidad y gentileza, recio y durísimo, capaz de dar órdenes de matar.

¿Había él dado muerte a alguien, tal vez? A veces se lo preguntaba, pero sin querer saber más. Había tenido noticia de como, en un ataque de furia, se decía que había lanzado a un hombre de raza negra, abusador sexual de niños, por la ventana de un altísimo edificio; pero era todo cuanto sabía del hecho... y todo lo que quería saber.

Le parecía que su ternura la expresaba más por su actitud y sensación táctil que por palabras o gestos más distantes. Lejos de ser refinado o ingenioso, como su hermano Justin, era torpe y simplón. Su sentido del humor, cuando surgía, era rara vez inofensivo y afable: era agresivo. Le daba por ser sorprendentemente mal educado, brusco, áspero.

Recordó como, poco después del asesinato, habían coincidido unos días en la mansión de los Kilmory en West Palm Beach. Se acercó a Jennifer cuando se soleaba desnuda de la cintura para arriba al borde de la piscina. Vistiendo sus *shorts* de baño, le acarició la cabellera y la besó amorosamente. Durante cierto período se había acercado mucho a ella como subrogante de Justin. Pero luego de la muerte de este tal vez se había excedido. Su esposa Edna le conminó a suspender ese acercamiento que, si bien no era nada nuevo, consideró que iba «más allá de lo que el deber exige»; además, era inapropiado y desconsiderado hacia ella y la docena de hijos que tenían.

Era Roland más duro aun cuando tenía poder de control directo. Pero en realidad tenía poder sobre casi todo el mundo. Y claro, él y Jennifer solo se reunían a ratos; eso —a diferencia del matrimonio, en que la pareja se pasa junta todo el tiempo, o en su mayor parte— era una fórmula más conducente a una relación armoniosa, magnética e intensa. Da menos tiempo, razones y motivación para pelear, y aumenta el deseo sexual a cada encuentro. Ella y él eran amigos y confidentes, así como a veces conspiradores frente a otros que consideraban desafectos a sus mutuos o diversos intereses.

—Sí, Jennifer, lo comprendo —dijo, echado junto a ella en la cama y mirándola con ternura—. Pero sabes que está en mi sangre; es el destino de los Kilmory y no puedo echarme atrás, igual que ni tú ni yo podemos hacer semejante cosa tratándose de nuestros hijos. No tengo más remedio.

Puntualizó Roland que de ninguna manera podría abandonar su lucha por la presidencia, sus esperanzas de una nueva era dorada de «Camelot», su búsqueda de la redención kilmoriana y de un sueño hecho añicos pero de aún posible recomposición.

—Bueno, querido, sigue adelante pues —de repente se endurecieron su tono y expresión—, si es eso lo que buscas. —Pareció darle un escalofrío, un temblor físico y emocional pensar en que podía perderlo por la campaña si no era por toda la vida la política, por la obsesión presidencial, y luego, aun antes de que a eso llegara, por los conspiradores que quisieran negarle todo eso y más al minuto de comenzar a aproximarse a la meta. *Ellos,* de eso estaba segura, no estarían dispuestos a correr el riesgo de que saliera electo en la estela del trágico fin de Justin; pero luego, una vez en la contienda, si parecía siquiera remotamente que el nuevo abanderado sería un Kilmory, las mismas fuerzas que decidieron aniquilar fríamente a su hermano pudieran desencadenarse contra Roland y acabar con él también.

Se sintió poco animado al acariciar su exquisito cuerpo semidesnudo; era evidente que si él estaba dispuesto, ella no.

—Por favor entiéndeme, ¿no? —El recio gladiador político pareció rogarle, casi suplicarle. En ese momento el acto sexual era lo más lejano de su pensamiento. —El recuerdo de Justin no me permite abandonar la lid, así que por favor no me pidas que lo haga.

Su conciencia clamaba por redimir la desaparición de Justin. Él se consideraba responsable. Había sido él y nadie más quien había insistido en perseguir a los mafiosos pese a que su padre había abogado en contra de tal cosa. Pero esta última cruzada era lo único con que lograba superar, aunque fuese apenas en parte, la gélida depresión del alma que se había provocado con su propio e imperdonable error. Tenía la obligación de rectificar el daño.

Roland paseó la mirada por su alcoba decorada con el más refinado gusto, lleno de elegantísimo mobiliario y accesorios al exquisito gusto europeo; era como si tratara de buscar inútilmente algo a que asirse para respaldar sus razones. Pero en su corazón se daba cuenta de que era inútil. Ya había pasado ella demasiadas penas por la pérdida de Justin, y aunque él no le perteneciera solo a ella, Jennifer no podía soportar la posibilidad de perderlo a él también.

—No debieras hacerlo, justo por hacerle honor a la memoria de Justin —dijo con firmeza—. La familia no puede darse el lujo de otra pérdida como esa o como la de tu hermano mayor Jonathan, Jr., muerto en la guerra. Ni como tu hermana, muerta en accidente de aviación. Estás tentando al destino. Sería excesivo, descomunal, monstruoso.

—Entiendo tu punto de vista, querida—, dijo *querida* como simple manera de dirigirse a ella y no, cosa curiosa, en señal de cariño como era su costumbre —pero estoy decidido—. Le habló con aspereza y su brusquedad de pronto salió a relucir con recia claridad.

—Lo siento, Robbie —usó el apodo que reservaba por lo general para momentos íntimos—, pero supongo que tendré que ponerme en contacto con Ari. Es mejor para mí, y para ti también, que me vaya del país y me aleje de todo esto. Sencillamente no puedo seguir haciéndole frente. No... no podría soportar una tragedia más. Ari es superatento conmigo y está... bueno, dispuesto a ocuparse de mí. —Estaba próxima al llanto cuando estalló como poniendo punto final—: ¡Ya no puedo más, no aguanto más!

—Bueno, si no te queda más remedio anda y visítalo. —Se puso más serio, suavizando su rigor de momentos antes. —Pero por el amor de Dios no vayas a formalizar nada con él, ¿está bien? —Evitó pronunciar la palabra *matrimonio*—. Entonces agregó: —si tiene que ver con... recursos, dime cuánto necesitas.

—No, fundamentalmente no tiene nada que ver con eso—, mintió. Siempre le había gustado contar con fondos ilimitados que gastar y disfrutar de un estilo de vida que, si bien pródigo, nunca llegó al verdadero nivel que para sí había establecido. Su esperanza y expectativa era de contar con reservas suficientes para jamás tener que preocuparse del dinero por el resto de la vida, por mucho que gastara.

Tenía Jennifer la impresión de que la fortuna de los Kilmory, aunque considerable, se estaba ya dividiendo en tantas partes que la porción adicional que Roland le podía otorgar sería muy pequeña para sus requisitos. Además, ¿cómo podría justificarse que la familia le otorgara más, encima de la fortuna que ya había heredado de Justin?

—Bueno —siguió diciendo—, se trata de protección y de un margen de seguridad para mis hijos y para mí. Además, él es muy generoso conmigo y me está llevando, por así decirlo, por la senda de la tentación —su risa cristalina rompió momentáneamente la tensión, hasta que se contuvo—. Es decir, me está haciendo... digamos, una oferta muy atractiva y siento que debo considerarla... sobre todo por el bien de los niños. Por encima de todo tengo que pensar en ellos, en alejarlos del ambiente de violencia que impera aquí en este país.

Jennifer quería prepararlo para el golpe, aun cuando ella misma estaba aún insegura de dar un paso tan importante y de lo que ello pudiera significarle... Para los Kilmory, sabía que sería muy mala noticia. Pero Roland y ella nunca podrían tener más que una relación ocasional. Si se divorciara de Edna para casarse con ella, cosa de cualquier manera impensable para la mentalidad firmemente católica de Roland, el escándalo sería desastroso e inacabable. Por otra parte, pese a todos sus pretextos adoraba la riqueza, privilegios y fabuloso estilo de vida que Ari era capaz de darle, y que en efecto le proporcionaba a cada oportunidad. En contraste, la vida de Roland era toda de política, cuestiones prácticas, con poco tiempo para la vida refinada, sociable y elegante que tanto le gustaba. Comparado con Justin, Roland se inclinaba aun más por la política y menos por la vida social.

—Lo sé, lo sé —dijo—. Te trata bien. Pero no es tu tipo. El hombre es un... —iba a decir «nuevo rico», pero se aguantó acordándose de que ello se aplicaba igualmente a los propios Kilmory—. Carece absolutamente de categoría; es decir, no tiene «clase» ninguna.

—Tiene sus defectos, claro; ¿quién no? Pero es cortés, atento, caballeroso —le contestó, saliéndose por la tangente—. Además, es... —terminó con un gesto de brazos abiertos para dar la idea de opulencia sin pronunciar la palabra.

—Sí, claro. —Roland captó en seguida—. Pero por favor de ninguna manera te apresures, cariño —siguió diciendo tomándole la mano. Esta vez le dijo *cariño* de manera de veras afectuosa y en tono de preocupación—. Hazme un gran favor y tómate el tiempo para pensarlo bien, ¿no? —Le miró fijamente a los ojos solo para notar su frialdad; era mala señal.

Soltó lo que pensó sería un buen empujón de despedida: —Además, ¡no olvides que siempre tiene a esa cantante de ópera, la Cannas, esperando tras bastidores! —dijo. El gesto de Jennifer le hizo arrepentirse en seguida de tan torpe afirmación.

Ella se encogió de hombros, no sin antes apuñalarlo con la mirada. «¡Valga descaro de los Kilmory!», dijo para sus adentros.

Capítulo XXXI
LA DESPENSA

Cinco años antes Mariello había vetado el plan de hacerle el patíbulo al secretario de justicia Roland Kilmory —el Kilmory a quien odiaba y temía más— solo porque, estando aún en el poder, Justin hubiera sido implacable en vengar la muerte de su hermano.

Pero ahora que Roland estaba haciendo campaña para suceder al presidente Jameson, saboreaba la oportunidad de lanzarlo a él también a los fuegos infernales que, conforme a la propia fe católica de Kilmory —y de ellos mismos los *mafiosi*, recordó, no sin cierto pundonor de correligionario— que hacía tiempo se merecía. No había duda: al fin y al cabo, Roland se estaba buscando el mismo destino.

Para la Cosa Nostra el concepto de otra presidencia kilmoriana era totalmente impensable, ya que representaría el acabóse para todas las familias mafiosas juntas. Y lo era también para los aliados que tenía la Mafia en la CIA, el FBI y el Servicio Secreto, así como para otros cómplices en el asesinato de Justin. Por no hablar del cerebro tras el complot, por quien Mariello sentía aun más desprecio que por todos estos juntos; pero, en fin, odiaba al 99% de los agentes de la ley (el 1% eran infiltrados suyos). Ahora, iba a ser temporada abierta para la caza de todos y cada uno de ellos.

Independientemente del riesgo y de toda valoración objetiva de peligros, el atentado contra Roland el candidato presidencial era de irrefutable lógica para Mariello y sus colegas los capos. Temían que, pese al insulso desempeño de Roland en la campaña y su flojo resultado en algunas elecciones primarias, en todo momento la marea de nostalgia y simpatía por los Kilmory le entregaría la candidatura. A continuación le obsequiarían la presidencia al heredero en un proverbial triunfo aplastante. El propio Roland estaba vagamente consciente de ser taciturno, con un aspecto perennemente tristón y decaído que difícilmente le hacía un carismático imán de votos. Aun así, al margen de un imprevisible suceso de última hora o de un gran vuelco de opinión pública, sus expectativas eran de triunfar en la estela de su hermano mártir y verse tomando el juramento presidencial en enero de 1969.

La era inconclusa apodada «Camelot» debía, según Roland, surgir de nuevo a su lugar de gloria en un luminoso reino ya ininterrumpido por la maléfica y traicionera encarnación de escoria de la sociedad contra la cual había luchado toda su vida: la criminalidad organizada.

Si bien ahora no la mencionaba, ya para entonces la perseguiría a sus guaridas, sus cuevas y trincheras para pisotearla y acabar con ella, vengando su predadora destrucción del honrado y verdadero *American way of life,* el estilo de vida norteamericano.

Su padre, el Patriarca del clan, se había equivocado al tener trato y asociarse con esa suerte de fieras, pero él sí que compensaría ese error. En efecto, el pacto con la Mafia pudiera haberle dado a Justin la presidencia en noviembre de 1959, pensaba, pero no abrigaba dudas de que el premio hubiera sido suyo de cualquier modo. Se dijo que apenas habría sido cuestión de tiempo.

Siempre el corajudo, incansable competidor de pequeñez física pero implacable arrojo que demostraba su valor a toda costa, Roland se lanzó adelante con su campaña por la candidatura. Echando a un lado toda señal de peligro, su tren ya había emprendido la marcha aun antes de la violenta muerte de su hermano. Temerario, hizo caso omiso de la necesidad de un buen equipo de seguridad, prefiriendo hacer alarde de su intrepidez. Al fin y al cabo hubiera sido compañero de boleta con su hermano en su plan de reelección para 1964, reemplazando al odioso y palurdo Jameson, que hubiera sido desechado —si es que no lo metían en prisión— por malversación, peculado y otros delitos conforme a la investigación del propio Departamento de Justicia encabezado por Roland. El consagrado era él, Roland Kilmory, y mucho más ahora que era el principal heredero de la dinastía kilmoriana. Tenía pendiente un ajuste de cuentas y, aunque por ahora callado y prudente, pensaba hacerlo con vengativas ganas.

Aunque sí tenía el tema muy presente, Roland se cuidó de ni mentar siquiera la «guerra contra la delincuencia organizada», tal como había hecho al principio de ser nombrado secretario de justicia. No había necesidad de provocar innecesariamente a los mafiosos, dándoles una voz de alerta sobre la oculta serpiente que más adelante se volvería contra ellos con venenosa mordida.

La misma cuestión, claramente, también la ponderaban sus enemigos: la Mafia en sí, los asesinos abiertos y cubiertos que casi lo habían señalado como objetivo antes de decidirse por su idolatrado hermano mayor, a quien con disimulo llamaban «Giustino».

Por su parte, los mafiosos de ninguna manera iban a permitir que Roland estuviera en este mundo ni siquiera para aceptar la candidatura presidencial, mucho menos para hacer la campaña electoral en sí. No iban a correr ni el menor de los riesgos; se concentrarían en no permitirle seguir vivo ni para acercarse a recibir la candidatura, ni menos aun para alcanzar su meta final de sentarse en la Oficina Oval y dirigir contra ellos todas las fuerzas gubernamentales en una guerra feroz y sin cuartel.

De muchas oportunidades de ponerlo fuera de combate, el Hotel Anderson de Los Ángeles no era ideal, pero sí suficiente. Los enemigos de Kilmory estaban indispuestos a no esperar un día más, y para eso ni un minuto.

El atentado se planificó con mucho cuidado hasta el último detalle. Como en el caso de Justin, se valdrían de más de un pistolero y un chivo expiatorio como Rosswell —no precisamente engañado y preparado pero sí programado hipnóticamente, tipo «candidato manchú»— para cargar con la culpa y desviar la atención de las autoridades. Las agencias de la ley fueron reclutadas subrepticiamente para asegurar el encubrimiento. Este subsiste decenios después del hecho, aun cuando la mayoría de los culpables y cómplices, si no todos, hace tiempo que se fueron al otro mundo.

Casi todas las pruebas válidas que pudieran revelar la verdad de lo que pasó se han desvanecido, si es que no las han hecho desaparecer con toda intención. Como en el caso de su hermano el presidente, era esencial darle tiros mortíferos a la cabeza, mientras el «chivo» o cabeza de turco, esta vez un señuelo psicológicamente programado, afirmaría hasta el día de hoy no recordar nada del acontecimiento. En realidad sería virtualmente imposible que su memoria retuviera nada de él, pues el trance hipnótico le hizo actuar como zombi y no registrar nada en su memoria. Para mayor seguridad, se le indicó que sus familiares en el Oriente Medio sufrirían consecuencias si algo salía mal. Evidentemente, el bienestar de ellos le importaría más que su propia libertad. Sobre todo ya que salir de la cárcel y siquiera pensar en la posibilidad de hablar pudiera repentinamente acabar con esa libertad, por no hablar de su propia vida. Así se lo comunicaron muy claramente. El atentado salió a pedir de boca, y los cabos sueltos se recogieron y neutralizaron cabalmente.

Despacharon eficazmente a Roland Kilmory, su cerebro destrozado al igual que el de su hermano, y la Dinastía de Kilmory quedó definitivamente destruida. El hermano menor Jeff no tendría las agallas para asumir la sagrada túnica. Si por casualidad se le ocurriera intentarlo, bien pronto se arrepentiría. Había pocas ganas entre el clan kilmoriano por lo que el viejo Jonathan llamaba «servicio público» —y nunca «política»—. Uno o dos de sus numerosos descendientes aspirarían a cargos congresuales y serían elegidos, pero pronto le fueron perdiendo el apetito al ruedo y se dedicaron a otros campos de actividad.

El verdadero asesino de Roland, con el repetitivo nombre de Shapan Shapan no habría sido el acusado y encarcelado por el crimen, sino con toda probabilidad el agente de seguridad que iba justo atrás de Roland. Shapan el «chivo» iba varios metros por delante y miraba de frente a Roland cuando este cayó, en tanto que según toda la evidencia las balas mortales penetraron la cabeza de la víctima por detrás y a boca de jarro. ¿Cómo iba él a haberlas disparado?

Hay tantas inconsecuencias en la hipótesis de Shapan como el único asesino que en el caso de Rosswell; tantas, en realidad, que resulta innecesario y a fin de cuentas un desperdicio de tiempo y energía seguirles la pista. Vale la pena examinar apenas unas pocas ya que arrojan considerable luz sobre el crimen en sí, destacando una serie de detalles insólitos.

Una serie de testigos presenciales vieron a una mujer en un vestido amarillo a lunares y acompañada de un hombre. Aunque sea indumentaria rara para quien quisiera pasar inadvertido, el caso es que alguien dijo haber oído que le decía ella a su acompañante «matamos a Kilmory». Sin embargo, este testimonio fue desestimado y no se hizo constar oficialmente, ni siquiera como cosa de oídas. Pensaríase que semejante afirmación llamaría inmediatamente la atención de cualquiera que se ocupara de investigar el crimen; su veracidad podría y debía haber sido determinada definitivamente mediante una investigación a fondo. Si ignorar semejante indicio no constituye hacerse el ciego ante una capota roja y ondeante, resulta sumamente sospechoso, por decir lo menos. Pese al testimonio de testigos que intentaban contradecir o confundir el incidente de la mujer en el vestido amarillo a lunares, cualquier mujer en semejante atavío hubiera sido sospechosa número uno en todo caso criminal.

Pero a nadie se le ocurrió hacerle un seguimiento, quienquiera que fuese. Parece inimaginable que se intentara desacreditar este curioso incidente... y sin embargo se impuso hacerle caso omiso en el proceso de la investigación.

Otro punto misterioso era que en la despensa del Hotel Anderson había agujeros de bala de más. No solamente no se tuvieron en cuenta sino que el personal de mantenimiento del hotel los hizo desaparecer en seguida, reemplazando los paneles de madera y otros materiales con indicios de impacto de bala. ¡Exactamente lo que le pasó a la limusina presidencial de Justin Kilmory! Cuando aparecieron fotografías de los agujeros los investigadores no los atribuyeron a balas sino a causas ajenas, indignas de crédito.

En los últimos cuarenta y pico de años Shapan se ha mostrado como un inofensivo que todavía parece confundido respecto a lo sucedido. Afirma que no tenía ningún motivo fijo para su presunta acción aparte de la ridícula impresión de que «Roland Kilmory votó a favor de una ley otorgándole aviones de combate a Israel». Pero hubo decenas de senadores, y no solo Roland Kilmory, que votaron por semejante legislación en uno u otro momento, lo que consta en los anales del congreso. ¿Qué diablos se lograría con matar a Roland Kilmory, aparte de la improbable disuasión a otros senadores a aprobar semejantes leyes? ¿Qué iba a hacer Shapan: matar a todo legislador que votara en favor de algo que le pareciera mal?

Cierto que Shapan tenía un cuaderno en que aparecían repetidas veces las palabras «Kilmory debe morir» de su puño y letra. Sin embargo, afirmó que, en todo caso, no tenía recuerdo alguno de haberlas escrito. Aunque resulta incriminador escribir tales palabras, ello no constituye una prueba de que quien las escribió efectivamente puso en práctica su esencia.

Por último, como ya se ha indicado, Shapan estaba varios metros por delante de Roland Kilmory en su paso por la despensa y sencillamente no pudo haber disparado las balas mortales. Sin embargo, cuarenta y cinco años más tarde sigue encerrado. Nadie ha mostrado genuino interés en que le den libertad condicional ni en darle un nuevo juicio en función de la nueva evidencia que, pese a todos los esfuerzos por suprimirla, se ha recopilado desde la muerte de Kilmory. Los verdaderos asesinos, así como las propias autoridades, se sienten mucho más seguros manteniéndolo bajo custodia que dejándole salir al exterior para plantear interrogantes y dar dolores de cabeza.

Subsisten aun más detalles extraños y sospechosos, pero no valdría la pena analizarlos. Tomarnos el trabajo de analizarlos punto por punto sería ocioso e inútil, pues resulta claro que hubo hechos delictuosos destinados a facilitar el asesinato, junto con la actuación arbitraria e inmoral de parte de las autoridades judiciales y policiales. Pudiera ser coincidencia que al mismo doctor Naguri que autopsió el cadáver de Marie Moore en Los Ángeles seis años antes le tocara hacerlo con el de Roland. Pero no lo es que en este caso también se falsificaran los resultados con miras a despistar.

Atenerse a la lógica y aplicar juiciosamente los principios de la probabilidad conduce a ciertas conclusiones. Pese a los razonamientos en contrario, al libérrimo tribunal de la opinión pública se le permite argumentar, especular e interconectar toda suerte de pruebas sin que importe su rigurosa admisibilidad jurídica. Si bien «condenar» de esta manera resulta ulteriormente cuestión de la opinión individual de cada uno, el ejercicio vale la pena.

El hecho de que dos presuntos asesinos actuaran por sí solos y sin fundados motivos, adiestramiento especial ni aparente red de apoyo de clase alguna para balear y matar a dos de las grandes figuras políticas de la época —las cuales pertenecían a la misma y poderosa familia; hermanos, nada menos— en un plazo de menos de cinco años, pone en tela de juicio la credulidad de cualquiera. El cuadro general de dos magnicidios contra la primera familia del país, las interrogantes irresueltas, los hechos disputados y aún disputables, la chapucera y tendenciosa investigación, constituyen en su conjunto una cadena de acontecimientos excepcionalmente improbables cuyos vínculos entre sí parecen difícilmente negables. Sobre todo cuando ambos se atribuyen a un solitario individuo que, en el primer caso, fue asesinado y silenciado y, en el segundo, programado para obrar contra sus propios intereses y sospechosamente desinteresado, hasta el día de hoy, en demostrar su inocencia.

Claudio Mariello, encarcelado y previendo que en todo caso no le quedaba mucho tiempo de vida, se jactaba con los demás reclusos: «En efecto, liquidamos uno por uno a esos hijos 'e puta».

Capítulo XXXII
CURIOSIDAD

El tiempo seguía ideal y el velero se deslizaba suavemente. La agradable brisa contrarrestaba el calor veraniego de fines de junio. Para variar, entre la media docena de invitados en el yate de Jeff había cuatro kilmorianas que se habían reunido en la cocina para saborear algo de bebidas y comida calentita, alejándose así de la conversación de política de la que tanto gustaban sus hombres. Dos de ellos, Jeff y su sobrino Jim, estaban solos en cubierta. Era una de esas raras ocasiones cuando podían hablar en privado sin testigos, oyentes subrepticios ni ingratas interrupciones.

—Tío Jeff, espero que no te vayas a incomodar, pero sigo curioso acerca de nuestra historia familiar. Hay algo que sencillamente no es lógico sobre lo que les pasó a mis tíos, con los atentados que sufrieron. —Joven inteligente de treinta y dos años, Jim quería desenterrar algunos misterios y cualquier pista era buena.

—Hijo, hay cosas que es mejor ni saberlas—, le contestó enfáticamente. Además, es, este..., algo en que no debemos meternos, al menos por el momento, —agregó a la defensiva—. Acuérdate del adagio: «A perro que duerme, no lo despiertes».

—Pero únicamente me interesa la verdad histórica, para mi propia información. No quisieras tú que me enterara yo de libros, videos, todo ese material tendencioso y especulativo que se encuentra regado por ahí, ¿no? Por mi parte yo ni creo en la mayor parte de esos cuentos. Pero sí tiene que haber, este, algo más a toda la historia que un par de locos que se obsesionaron con matar a mi tío el presidente y luego a un aspirante a la presidencia, ambos de apellido Kilmory.

—Bueno, hijo —empezó diciendo Jeff, condescendiente—. Tienes razón: hay más de lo que han tratado de hacer ver. —Pensó que no valía la pena negarlo; si lo hiciera, solo aumentaría las sospechas de Jim—. Pero se trata, este, de algo que preferimos guardar entre el círculo familiar, como ya habrás deducido, así que, eh, me propongo contártelo algún día. Solo que no me parece que hoy es el momento de, um, meternos en ese zarzal. Además, lo más probable es que en cualquier momento nos interrumpan Jan o Frances, o sabe Dios quién.

—Bien, pero si lo sigues aplazando nunca llegaré a saber nada. —Estimó que su tío había estado a punto de contarle algo en al menos una ocasión, pero se echó atrás al último segundo. Jim se preguntó si no lo había presionado lo suficiente. —¿No te parece importante que esté bien informado? Si no, cómo voy a saber qué responder, cómo contestar mejor a falsos o equívocos razonamientos.

—Hijo, debes tener paciencia. —El plan de Jeff era seguir aplazando tan desagradable tema.

—Es que me parece extraño que nadie en la familia hiciera, eh, una investigación más completa de estos… estos hechos violentos—. Jim no iba a dejarlo irse por la tangente; estaba decidido a sacarle a su tío todo cuanto pudiera. Si bien siempre sospechaba las razones y había tejido sus propias teorías, quería oír la versión de Jeff. Los Kilmory no gustaban de comentar esos trágicos acontecimientos y la actitud del tío Jeff seguía esa pauta paso a paso.

Jeff dio vuelta al timón y el velero, que llevaba rumbo fijo, de repente giró a barlovento poniéndose a punto de hacer una bordada. Quería provocar una distracción y lo hubiera hecho si uno de la tripulación no le hubiera disuadido. En ese momento habría corrido peligro a causa del tránsito náutico a su alrededor.

—Francamente —dijo Jeff girando a sotavento para esquivar la bordada—, no nos parecía, ejem, buena idea y, hmm, tampoco era de veras posible debido a oposición en las más altas esferas. —Esperaba que su sobrino no le siguiera haciendo preguntas.

—Pero, ¿por qué no era buena idea, tío? —Jim insistió.

—Bueno, eh, eso podría plantear temas que, um, preferiríamos no ventilar en público. —Jeff se veía menos incómodo de lo que estaba. Los años de presentarse en público le habían enseñado a disimular bien sus íntimos sentimientos.

—Pero es un hecho que hay entre el público buen número con la impresión de que la Comisión Garrett no investigó debidamente el asesinato. Si es así, ¿por qué no se encargó a otra agencia como, digamos, el FBI, que lo hiciera como era debido? Jim pensaba que también debía indagar en este otro aspecto sospechoso en la madeja de misterios que envolvían los trágicos acontecimientos cuyas imágenes, gracias a la tecnología, seguían tan vigentes pese al transcurso de decenios enteros.

—Bueno, bastantes agencias gubernamentales se involucraron de una manera u otra en la investigación y, eh, colaboraron con la Comisión Garrett en la preparación de su informe.

—¿Ah, sí? Pues parece que no se desempeñaron muy bien en vista de todas las interrogantes y polémicas al respecto.

—Además, como tal vez sepas, tu tío Roland mandó hacer, eh, su propia investigación. —A Jeff se le soltó la lengua antes de que pudiera contenerse.

—¿De veras? Pues yo no sabía nada —mintió—. ¿Y cuál fue el resultado? —Había tenido noticia de la investigación privada de Roland, pero quería indagar en el tema en pos de más datos.

—Básicamente lo mismo que dijo la Comisión Garrett. Hubo discrepancias poco importantes, como en cualquier otra investigación—. Jeff habló sin aire de convencimiento. Estaba a punto de contarle algo más sobre los resultados de la investigación de Roland, pero no le pareció oportuno pensando que iba a abrir una olla de grillos.

—Parece como que tío Roland tuvo cuidado de que todo eso quedara en secreto y me parece que valdría la pena leerlo —dijo Jim sin esperar que Jeff le fuera a facilitar copia, pero nada se perdía en el intento—. ¿Habrá alguna manera de que pudiera echarle una lectura?

—Serías, ah, un excelente abogado, Jim—. Optó por cambiar el tema de la conversación con la condescendiente observación—. Es una pena que escogieras administración de negocios—. Intentó una leve dosis de humor pero viendo que no funcionó cambió en seguida de táctica—. Pero, en serio, no sé si, eh, será posible conseguírtelo. Veré qué puedo hacer y te aviso—. Roland había limitado la distribución del informe exclusivamente al círculo familiar más íntimo.

—Bueno, pero al menos cuéntame *algo* de lo que decía, ¿no?

—Déjame ver lo que puedo hacer para conseguírtelo, ¿está bien? No es, eh, así de fácil... está en una caja de caudales por alguna parte—. No quiso mencionar que también *él mismo* había encargado una investigación privada, respecto al caso del asesinato de Roland, y que lo había mantenido en secreto, incluso de muchos familiares. No tenía la menor intención de facilitarle ninguno de los dos informes ni de revelar nada sobre su propia investigación privada sobre el asesinato de Roland.

Había cosas que mejor se quedaban en secreto y en privado, objetivo que se podía lograr únicamente limitando al mínimo los enterados.

—Okei. —Jim le aceptó lo dicho sin grandes expectativas de que cumpliría—. Pero, ¿por qué nunca han hecho público el informe? —Sospechaba la razón, pero tenía curiosidad por la respuesta de su tío.

—Lo cierto es que ni tú ni tu tío Roland ni los jerarcas del equipo de gobierno siguiente querían sacar a relucir nada que pudiera entrar en conflicto con las conclusiones de la Comisión Garrett. Se formaría todo un lío y daría lugar a complicaciones innecesarias.

—¿Complicaciones de qué? ¿Por qué no dejar que los hechos hablaran por sí solos?

—Dieron como razón la, ejem, seguridad nacional—. Le pasó por la mente decir «excusa» en lugar de «razón», pero se le detuvo en la punta de la lengua—. En seguida que asumió la presidencia recuerdo que, este, Jameson dijo que hacerlo todo del dominio público en ese momento pudiera provocar tal indignación como para obligarle a vengar el asesinato de Justin invadiendo a Cuba—. Eso —agregó en tono seco, despreocupado de lo ya histórico—, pudiera haber provocado una guerra, tal vez nuclear, con la Unión Soviética.

—¿De veras lo creías así entonces… o aún hoy?

—No estoy, um, muy seguro, mi hijo—, contestó evasivo, dándose vuelta a fin de indicar que para él había terminado la conversación.

Luego agregó por encima del hombro, como puntilla final—: No creo que deba yo seguir discutiendo el asunto… ni tú tampoco. No sería positivo, sabes. Desafortunadamente, nada podrá devolvernos a Justin o a Roland.

—Bueno, tío, lo siento pero lo estimo importante. Al menos para esclarecer la verdad. Hay sencillamente demasiadas interrogantes, exceso de puntos misteriosos y sospechosos en todo esto.

—Estamos de acuerdo. —Puso cara seria—. Pero, sabes, el tema es demasiado largo y complicado para meternos en él en este momento. —El joven es muy persistente, pensó. En algún momento algo tendré que contarle, o si no idear una manera de que me deje tranquilo, se dijo. Entonces se le ocurrió algo.

—¡Agárrate! —gritó, girando el timón de repente y poniéndolo pleno a barlovento de modo que el yate se inclinó 45 grados y dio un acelerón. Casi perdiendo el equilibrio, Jim echó mano de una soga y, al mirar sorprendido a su tío, le vio una sonrisa pícara.

Ya Jeff no iba a tocar más el tema. Para Jim, el misterio se profundizaba.

Capítulo XXXIII
LA VIDA VELOZ

David Barker admiró la hermosa y elegante mujer que acababa de bajarse del avión que la trajo desde Ottawa al capitalino Aeropuerto Nacional—que así se llamaba entonces—, situado en la ribera del Potomac, línea divisoria entre el Distrito de Columbia y Virginia. Se trataba de Mireille Trudert, esposa del primer ministro canadiense. Tendría unos diez años más que él, pero se le veía joven, delgada, atractiva y ataviada muy a la moda; se fijó en él y le sonrió adivinando quién era a unos diez metros de distancia al entrar en el gran salón de espera, semicircular y de amplias ventanas curvas. Siguió a paso firme y se presentó.

—Muy buenas, señora Trudert —se le adelantó—. Soy de la oficina del senador Kilmory y me llamo David. Me ha pedido que la lleve hasta su residencia.

—Muchas gracias, muy amable—. Su mirada y expresión mostraban, aparte de una magnética sensualidad, cortesía, inteligencia y óptima educación. «El Senador», según lo llamaba su personal, tenía mucha suerte de contar con semejante compañía femenina, aunque fuera ocasionalmente. Se sabía que ella tenia amantes selectos aquí y allá, y este fin de semana lo pasaría en su mansión de McLean, Virginia, en las afueras de Washington, D.C., mientras su esposa estaba de viaje. Pero Mireille Trudert no era ni por asomo la única mujer que visitaba ni compartía con el Senador en un fin de semana cualquiera o, acaso, a mediados de semana.

Algún tiempo atrás, David no hubiera soñado con nada igual. Siempre supuso que los cuentos de la infidelidad del Senador eran «basura», el calificativo con que Alice, su secretaria personal, caracterizaba las innumerables cartas, noticias e informaciones que le llovían constantemente a la oficina y ponían en tela de juicio la vida privada de su jefe.

Habiendo empezado como voluntario en la sección de correspondencia de la oficina del Senador en el capitolio, pronto pasó a ser el preferido del Senador como chofer y hazmelotodo. Tan eficiente, amigable y adepto era el joven que muy pronto le dieron un puesto fijo.

Su primera experiencia de chofer del Senador era para poner los pelos de punta, pero una vez más lo hizo extraordinariamente bien, sobre todo al zigzaguear y colarse por el más apretado tránsito al timón del convertible de Jeff. Al Senador le gustaba mostrarse al aire libre cada vez que le era posible; así lo reconocían los demás motoristas, le cedían el paso sin vacilar y la policía ni lo detenía ni le daba multas; es más, muchas veces lo saludaban y le daban prioridad permitiéndole pasarse semáforos en rojo y embotellamientos. David mostró gran habilidad al deslizarse adelante, cortar camino a contrarregla y cometer innumerables infracciones impunemente, y su jefe se quedaba bien impresionado.

Si bien otros conductores pudieran disgustarse por su agresividad, David tenía instrucciones de llegar al Aeropuerto Nacional a tiempo, aun cuando su jefe andaba habitualmente con atraso. Si se le iba el vuelo de las cinco a Boston, tendría que esperar hasta las ocho, y no era agradable perspectiva que digamos aguantar a un jefe malhumorado durante tres horas. Por consiguiente, David se esmeraba al máximo para ganar la carrera contra el tráfico. A veces Delta Airlines se las arreglaba para demorar el despegue a fin de que El Senador lo alcanzara: sin decir la razón, se daban pretextos de orden técnico; pero claro, solo por breve plazo.

Pronto a David le dieron más responsabilidades y se encontró con que tenía que rescatar al Senador de accidentes de tránsito a medianoche, lidiando con su esposa y su afición a la bebida, y actuando con tacto de árbitro en riñas domésticas sin herirle a nadie los sentimientos. En esta situación comenzó a ser testigo de cosas que no quería ver, ni nada saber, y de las que se esperaba que no dijera ni pío.

Le era difícil ya que había tantos casos de mujeres, cocaína, afrodisíacos, corrupción y comportamiento impertinente o indebido.

La cantante Jane Bayez llamó un día para decir que daría un concierto en Washington y quería saber si el Senador «quisiera reunirse» con ella. David se dio cuenta de que habían tenido intimidad desde antes y le pasó el recado a su jefe.

—Ah, sí. Dile que venga a verme el martes—, dijo con soltura—. Nos llevamos muy bien.

David hizo arreglos para recoger a Jane en el Hotel Mayflower, en el centro de la capital. Acompañada por Debi, una atractiva amiga suya, David llevó a ambas a McLean, donde el Senador las recibió muy alegre y pronto sugirió que se sumergieran en su *jacuzzi*.

—Ven y acompáñanos —le dijo a David en plan de jolgorio y poniendo a mano un poco de cocaína. Cuando vio a los tres aspirando la coca como si estuvieran tomando té o café, David perdió sus inhibiciones y se unió a ellos. No se sorprendió cuando Debi empezó a agarrar confianza física con el Senador y con Jane al mismo tiempo.

Entonces Jane y Debi se pusieron a «jugar» con David, que no puso reparos. Sin embargo, al observar con el rabo del ojo que su jefe no estaba muy contento, movió suavemente a Jane en dirección suya. Muy pronto, las dos chicas dejaron solo a David y se concentraron en el Senador. «Bueno», pensó, «no me puedo quejar.» A veces las dos chicas dejaban solos a los hombres y se ponían a jugar entre ellas.

Cuando David se lo comentó luego al Senador, este replicó muy orondo: «Jane no es lesbiana; solo bisexual». Según parecía, ya había pasado por eso antes y, con aire autoritario, quería dar su serio dictamen sobre la situación de una vez y por todas. Sostenía que, ejem, él aceptaba muy contento la bisexualidad femenina.

A veces las cosas se complicaban más. Lauren, una de las enamoradas del Senador que frecuentemente venía por avión a Washington desde el nordeste se quedaba con David cuando la esposa del Senador estaba en su casa. Su tarea entonces consistía en ser el «taxista» que le llevaba la amiga a su residencia de McLean cuando él le avisaba. En una ocasión cuando le tocó alojarla se produjo un vuelco inesperado. Ella sintió ganas de él, se propuso conquistarlo y venciendo su resistencia se lo llevó a la cama. Le pareció deliciosa y se acostaron un par de veces más a iniciativa de él. Pero como era natural, estaba preocupado de meterse en un lío por acostarse con la enamorada de su jefe. Si efectivamente se enteró, David nunca tuvo noticia de ello, así que no le habría parecido muy grave la cosa.

No pasó mucho tiempo antes de que las cosas siguieran su rumbo y el Senador y él se hicieran amigos de tragos y jolgorio. Un día Lauren trajo a una amiga consigo y los cuatro se pusieron a beber, aspirar cocaína y ulteriormente se fueron a la cama, aunque esta vez en dormitorios separados. En otras ocasiones, entre trago y trago, intercambiaban parejas sin la menor preocupación.

Le era casi increíble a David que estuviera haciendo todas estas cosas despreocupada y frecuentemente: mujeres, coca, afrodisiacos, marihuana y alcohol. Era lo último que hubiera esperado, sobre todo tratándose de «El Senador». Cuando empezó a trabajar con él era un chico joven, ingenuo y muy recto, pero poco a poco Jeff le hizo cambiar. A veces, cuando David se aparecía en medio de un jolgorio, el Senador acostumbraba decir: «Ay, llegó el arzobispo». Entonces seguía con bromas y le decía: «A que no has cometido el más mínimo pecado en toda tu vida».

Al fin y al cabo David se dio cuenta de que para adaptarse al estilo de vida del Senador tenía que relajarse y participar en sus diversiones.

El Senador esperaba, y es más, le animaba, a acostarse con su personal femenino tanto como él mismo lo hacía. Y no había ninguna escasez de empleadas que estuvieran siempre listas y dispuestas a tener relaciones sexuales ocasional y tranquilamente con el jefe y otros de la plana mayor como el propio David. Si uno anda en estos círculos acaba por amoldarse al grupo, se decía, o bien por la alternativa: quedarse solo y, peor aun, desempleado.

En otra ocasión David no disfrutó tanto de la situación. Había establecido una relación con Brenda, una atractiva joven que trabajaba en otra oficina senatorial. Todo iba bien hasta un día cuando los dos se toparon con el Senador en un pasillo. David se dio cuenta en seguida de que su jefe le echó el ojo e incluso coqueteó con ella delante de él. En fin de cuentas eso es lo que sabía que Jonathan, el padre de Jeff, hacía con las mujeres que salían con sus hijos: era una especie de tradición familiar. Pronto Brenda le empezó a contar que recibía llamadas del Senador, que trataba de salir con ella. Entre los Kilmory se estilaba tirarse un lance con las esposas y enamoradas de los parientes y amigos, sin preocuparse de las infrecuentes reacciones celosas que pudieran surgir, así que David tuvo que reconocerlo como el orden establecido, por extraño que le pareciera.

Brenda le contó a David que si bien ella siempre le ponía reparos a su jefe, el insistía en llamarla.

—Bueno, síguele diciendo que no y por fin se cansará—, le dijo sin muchas esperanzas. Pero una vez que el Senador le echaba el ojo a una mujer le aplicaba el encanto kilmoriano y acababa por conquistarla. Para él era una especie de competencia.

Claro que el Senador llevaba las de ganar en el juego, pues controlaba el calendario de trabajo de David y podía enviarlo por un fin de semana a Boston a fin de controlar el campo local por sí solo. Llamó a Brenda y la convenció de que viniera a comer en su mansión de McLean, donde compartió marihuana y cocaína con ella y en seguida la llevó a la cama.

—Bueno, echó usted a perder mi relación —le dijo David cuando volvió al trabajo el siguiente lunes. En lugar de responder, el Senador se concentró en asuntos del trabajo.

Tenía esperanzas de que era solo una aventura pasajera y de que su jefe la dejaría tranquila. No hubo tal cosa. El amorío continuó y ya pronto la veía el Senador con cada vez mayor frecuencia, en lo que parecía ser una intensa relación.

David se disgustó y se resintió con Brenda más que con el comportamiento del Senador, que le pareció actuaba según su costumbre, así que por fin rompió con ella. Era la primera vez que se desilusionaba seriamente con su jefe, de quien había esperado más respeto por sus relaciones íntimas.

El Senador lograba barajar un número ilimitado de mujeres a la vez. Tenía una libretica negra con sus nombres y teléfonos, y aun con su aglomerado calendario de actividades, se mantenía en contacto con ellas y hacía citas para fines de semana así como «almuerzos» en su suite senatorial privada. Por otra parte muchas de su personal tenían relaciones ocasionales con el Senador, acostándose con él por turnos según lo permitían las circunstancias y el calendario. Las pasantes, que eran generalmente jovencitas y más deslumbrables, eran fáciles objetivos para el encanto del Senador. Cuando sedujo a una de las chicas más atractivas tenía ella apenas diecisiete años, lo que seguramente fue su motivación principal. Poco después, al darse cuenta de que no era de ninguna manera la única sino apenas una de tantas, dejó de reunirse con él y se fue a trabajar con otro congresista. Ulteriormente, su afición mujeriega se le facilitó aun más al Senador por su antigüedad en el cargo, si bien la suya personal no era ni el menor óbice. Esa antigüedad había llegado al punto de concederle la presidencia de una importante comisión, lo que, aparte de su oficina, le dio derecho a una *suite* especial en la que ofrecía a sus conquistas almuerzos, tragos y un sofá convertible en que disfrutaba de sus encantos.

Por otra parte, como ya se indicó, podía agasajar a sus enamoradas los fines de semana en su mansión de McLean, Virginia, situada no lejos de la amplia propiedad de su hermano Roland, de vida más familiar y cuyo deporte favorito era «bautizar» a los invitados lanzándolos a la piscina con ropa y todo.

El Senador por lo general agasajaba libremente a sus amigas y amantes, ignorando la presencia de sus hijos mientras su esposa Jan, cuando no estaba totalmente embriagada —se había vuelto alcohólica como resultado, se decía, de los amoríos de su esposo— andaba de viaje o sencillamente pasando tiempo en su apartamento de Boston. El pretexto para la compra del apartamento era que le daba a ella la oportunidad de ir a ver a sus parientes, pero la realidad era que, en vista de la incurable afición de Jeff a las mujeres, era mejor que ella se ausentara, tanto por él como por ella misma. De todos modos rara vez pasaban tiempo juntos, ni en el hogar ni en eventos de ninguna clase; incluso llegaba a recibir a algunas amantes estando Jan en la casa. En tales ocasiones se encerraba en su habitación y bebía hasta que la visita femenina se fuera.

En una ocasión cuando Jan invitó a la madre del Senador a pasarse unos días en su mansión, ello no le impidió traer a una enamorada y hacer ostentación de ella delante de su madre y su esposa.

Poco a poco, David había pasado a ser un asistente personal de confianza y valioso, y a menudo el Senador le pedía que viniera a su mansión de McLean por razones de trabajo. Una vez, cuando la esposa del Senador estaba de viaje, le pidió que trajera consigo un paquete con buena cantidad de cocaína. Se apareció para encontrarse con que había una fiesta a todo dar. El Senador había invitado a su hermano Roland, a dos o tres congresistas y empleados y hermosas mujeres de sobra para que todos se entretuvieran. Cuando le preguntó a la secretaria del Senador qué estaba pasando, levantó las cejas y le contestó: «Todos están jugando». Aunque al momento David no conocía la terminología, llegó a entender más tarde que en los círculos de *swinging,* intercambio de parejas, «jugar» es sinónimo de relaciones sexuales. David se ocupó de cumplir su cometido y se despidió para que los festejantes siguieran divirtiéndose, aunque ya para entonces él se había adaptado y se sintió algo desilusionado de que no le pidieran que se quedara para participar en el «deporte».

* * * * * *

Candy, una de las favoritas del Senador durante cierta etapa, empezó a disfrutar de sus atenciones con mayor frecuencia que las demás, lo cual produjo celos, competencia y hasta peleas entre ellas. Sin embargo, no eliminó completamente el compartir, ya que con frecuencia conseguía llevar a un par de ellas a la cama juntas. Cuando lo lograba no solamente satisfacía su propio apetito sexual, sino que al controlarse por lo general era capaz de ocuparse de ambas de un solo golpe, por así decirlo. Algo así como «matar dos pajaritas de un tiro», bromeaba con David.

Candy a veces se mostraba dispuesta a un trío de esa clase con el Senador, pero últimamente se estaban escapando en calidad de pareja. La cosa se había puesto candente cuando David recibió una llamada de ella: quería almorzar con él para hablar personalmente de un tema delicado. «Ay,» pensó, «aquí viene lo malo». Se había vuelto común y corriente que las amantes del Senador quisieran sondearle para conocer la probabilidad de que se divorciara y se casara con ellas.

Siempre era la misma historia. Candy, al igual que tantas otras, se sentía muy cerca del Senador y era capaz de cualquier cosa por hacerlo feliz y ocuparse plenamente de él. La respuesta de David era siempre igual: olvídese de eso; no va a suceder. Es casado, católico y tiene hijos, y si se divorciara para casarse con otra, aunque fuera tras un intervalo prudente, sus posibilidades de alcanzar la presidencia —el galardón supremo para todos los Kilmory—, quedarían totalmente anulados. Incluso le afectaría toda la carrera política. El accidente de Rantachidick, pese a las investigaciones independientes que lo estimaron repleto de interrogantes sin respuesta, iba relegándose al pasado y ya casi ni surgía. Así que no figuraba como factor importante. No obstante, todo se iría al traste si encima de eso venía un escándalo matrimonial.

Pero en este caso había una voltereta: la chica sospechaba estar en gestación. A David no le sorprendió mucho, pero era mala noticia para todos los involucrados. No perdió tiempo en ir al grano: Si se divorciaba para casarse de repente con una enamorada gestante, el Senador podría despedirse para siempre de su carrera política y sus esperanzas de futuro.

—¿Le dijiste o le diste tal vez alguna idea? —David quería estar seguro de lo que supiera el Senador.

—No, me faltó valor. Y además pudiera estar equivocada —jugueteó nerviosamente con el tenedor—. A lo mejor es, digamos, solo un retraso en mi menstruación.

—Bueno, no le digas nada —dijo con firmeza—. Pudiera preocuparle sin necesidad. —Sospechó que ella ya había confirmado su gestación pero quería calibrar su reacción—. Tan pronto te lo diagnostique el médico, avísame y ya veremos lo que se pueda hacer.

En un par de días llamó a David a su casa.

—Me temo que es cierto, David: estoy en estado. No sé qué hacer.

—Mira, Candy, no me corresponde decirte la única manera en que se puede resolver esto.

—Ya veo —dijo con dolor en el corazón—. Pero no te preocupes, yo sé lo que tengo que hacer. —Entonces le manifestó su agradecimiento a David por su apoyo y colgó. Decidió no preocupar a su jefe dándole una noticia de ese tipo. No era necesario hablar del asunto a menos que surgieran complicaciones. Sí le dijo que ella había llamado cuando él no estaba porque necesitaba dinero para un viaje que luego explicaría. El Senador no hizo objeción pero quiso conocer más detalles. David entonces inventó el cuento de un problema familiar de último minuto sin revelarle nada que pudiera preocuparle, y el Senador, muy listo, no indagó más.

En breves días Candy llamó a David a la oficina y le dijo que se había ido a la Florida a ver a sus padres, y nunca más se habló de que había quedado en estado. Él con todo gusto le dio otro cheque del fondo de contingencias de la oficina para gastos extras no previstos en un principio.

Hubo otra ocasión en que la enamorada número uno del Senador planteó un asunto delicado que desconcertó e hizo reír a los demás invitados presentes. Estando sentados alrededor de la piscina la joven parecía incómoda y se retorcía en su diminuto bikini. Al preguntársele qué le pasaba, explicó que sentía un cosquilleo en su lugar más íntimo.

—¿Qué? —le dijo David—, ¿allá abajo?

Ella le contestó moviendo la cabeza por miedo a decirle que sí en alta voz.

David entonces se acordó de repente que la chica número dos había dicho algo parecido por teléfono esa misma mañana.

—¡Ay, Dios!, tienes que ir al médico en seguida.

Los síntomas se asemejaban mucho a los de una conocida dolencia sexual y, si ambas la tenían, el Senador seguro que también. Este no podía darse el lujo de padecerla, no solo por su salud sino porque la publicidad sería desastrosa si se supiera.

No perdió tiempo David en llevarla a un médico de confianza para que la diagnosticara. Resultó, tal como lo sospechaban, ser gonorrea. Así que notificó a la número dos para que acudiera al médico para una dosis de antibióticos, tuviera síntomas o no.

Lo divertido fue cuando vino el médico a darle la inyección al Senador.

—Yo estoy bien y no necesito eso—, le dijo al médico mirando con ojos desorbitados las dimensiones de la jeringuilla.

—Lo siento, senador, pero si no se la doy luego tendría que darle el doble. —Le habló en tono profesional pero no pudo reprimir una pícara sonrisita.

En vista de lo cual el Senador se tuvo que bajar los pantalones y recibir una aguja de cuatro pulgadas en la nalga. A David le hizo mucha gracia, pensando que era su merecido por tanta y tan licenciosa diversión.

* * * * * *

A David le parecía de lo mejor ser auxiliar administrativo del Senador, aunque le mantuviera sumamente ocupado al punto de que a veces le tocaban sesenta horas de trabajo a la semana, o más. Pero la cosa se pondría aun más interesante. Se abrió inesperadamente el cargo de asistente personal y estando el Senador en un aprieto para hallar a alguien de confianza, se lo ofreció a David. Para él sería un ascenso pero implicaría apartarse de la administración, que le era grata por tener que ver con interesantes trámites senatoriales, proyectos de ley, negociaciones, etcétera.

—Gracias, Senador, pero para decirle la verdad se trata de un campo distinto y no sé...

—Bueno, eh —empezó y de repente se le iluminó el rostro—. ¿Qué tal si desempeñas los dos cargos? Te puedes ocupar principalmente de lo mío personal y en lo administrativo delegas responsabilidad, dedicándote a la supervisión general. ¿Por qué no haces la prueba?

—Bueno, este, estoy indeciso... pero dispuesto a intentarlo. No lo había pensado en esos términos. Sólo me preocupa el poder desempeñarme bien por usted en las dos áreas al mismo tiempo —agregó—. Lo había planteado inmejorablemente para el Senador, que en seguida lo nombró. Ahora estaría a prueba a ver si era capaz de ocuparse de esos dos campos tan importantes a la vez.

Claro que ser el asistente personal del Senador tenía sus oropeles: habría más mujeres, fiestas, cocaína, afrodisíacos y marihuana. Pero conllevaría serias responsabilidades. David tendría que resolver importantes problemas, estar listo para rescatar al Senador cuando se metiera en dificultades, sacarlo de aprietos, cargar con la culpa cuando metiera la pata, etc.

También se enteraría de innumerables secretos de familia. Uno de ellos resultó ser el de borrar grabaciones destinadas a la Biblioteca en Memoria de Justin Kilmory, que se estaba estableciendo en su estado natal. Las cintas, sospechaba, estarían llenas de material

comprometedor, incluso las conversaciones de Justin con muchas amantes, entre ellas Marie Moore. Por cierto que ya los «borradores» —encargados de borrar todo lo sensible— le habían contado buen número de relatos clasificados de «secreto máximo».
Había largas charlas con Marie así como con Jessica, dos de sus amantes favoritas con quienes mantenía lo que, en su caso, venían a ser relaciones de larga duración.

Dos amigos de confianza de la familia fueron designados borradores de cintas. Eran sumamente fidedignos y aplicados, ya que había muchas cintas que oír y «limpiar». Tenian, además, que olvidarse de todo lo que hubieran oído y nunca mencionarlo ni comentar nada de su tarea, y aun cuando les preguntaran bajo juramento debían estar dispuestos a negar que jamás se ocuparon de semejante tarea ni de haber oído siquiera de tal cosa.

Uno de los borradores se quejó con David de que se había pasado todo un fin de semana trabajando intensamente y que apenas una sola conversación del presidente con Marie Moore había durado como dos horas.

—¡Uf!, la clase de cosas de que hablaban—, le dijo el borrador alzando las cejas.

—Supongo que sería cuando el «Presi», como le llamaban, no estaba tan ocupado, o de lo contrario trataba de compensarle a ella algún fallo o falta a una cita, ¿no te parece? —comentó David con una leve sonrisa—. O tal vez —agregó en tono más serio—, sería cuando ella cayó en estado y tuvo que ponerse a convencerla de que lo que ya tú sabes. Aunque ella estaba desesperada por tener un hijo él no podía permitir que semejante cosa siguiera adelante y se filtrara la noticia.

El borrador le puso cara de sorpresa.

—¿Cómo te enteraste?

—Aquí entre tú y yo, una vez oí de casualidad algo de eso —contestó David—. Fue una de esas veces en que se anunció que tuvo «aborto natural». Tal vez ni siquiera estaba segura de quién era el padre, pero tenía la intuición de que era Justin. —Ahí David abandonó tan sensible tema, consciente de que había hablado de más.

Al pasar el tiempo, se enteró de más detalles íntimos sobre la vida de Justin Kilmory. Le impresionaba que de alguna manera, aun cuando los deberes de estado lo mantuvieran de sobra ocupado, siempre buscaba la oportunidad de arreglar las cosas y contentar a sus mujeres, teniéndolas pendientes hasta que pudiera dedicarles algún rato de «recreo» personal. Que un jefe de estado con un complicadísimo calendario pudiera, en determinadas ocasiones, dedicarles horas y horas de conversación a quienes le quedaban por el carcañal en el plano intelectual era extraordinario, sobre todo sin abordar asuntos de importancia gubernamental.

Una excepción fue Marlee Penchot Meter, amante con quien el presidente sí desarrolló un diálogo sobre cuestiones de importancia, creando con ella una base intelectual bastante firme, aparte de la relación sexual. Siendo la exesposa de un importante agente de la CIA, Marlee también se enteró de información secreta que ulteriormente le pudo haber costado. No mucho después del asesinato de Justin la hallaron muerta a la orilla del canal C&O en el barrio capitalino de Georgetown. Hasta el día de hoy se duda de que el caso haya sido cabalmente investigado. Lo cierto es muy sospechoso: nunca se resolvió el asesinato. Para David era una prueba más del dinamismo de Kilmory tratándose del poder, el sexo y el dinero, en cualquier orden de prioridad conforme a las circunstancias.

En cuanto a la tarea «borradora», no se enteró de más de lo necesario; tampoco lo quería, ya que de todos modos la mayoría tenía la absoluta seguridad de que las cintas de la Casa Blanca sobre Kilmory quedarían completamente «limpias». La norma era de «borrar cualquier cosa que se considerara sensible, inapropiada, o que no debiera oírse». Estas grabaciones, claro está, eran precursoras de las que posteriormente metieron en líos de marca mayor a otro presidente, ¡por no haber borrado todo lo suficiente!

En un principio los presidentes oprimían un botón cuando querían grabar algo, mientras que posteriormente, tras el escándalo de Watergate, pulsaban un botón cuando *no* querían grabar. Sin embargo, puesto que ello no era siempre fácil ni práctico, es seguro presuponer que siempre había personal de confianza para revisar las cintas antes de guardarlas para iluminar a futuros historiadores.

El uso de la cocaína por el Senador y también de parte del propio David se había incrementado al punto de que se preguntaba si, en caso de que llegar a la presidencia, sería posible evitar que se filtrara al conocimiento público. Empezó a observar que, una vez afianzado el vicio, era difícil reducir la dosis, menos aun abandonarlo del todo. Llegó un momento en que, cuando el trabajo se hacía difícil y muy incómodo, la cocaína era lo único que les sostenía para seguir adelante.

Tanto confiaba el Senador en David que, sobre todo en el ámbito muy personal, le acompañaba en viajes importantes. Uno de ellos fue al servicio fúnebre del Papa Pablo VI, cuando el Senador fue blanco de la ira de la esposa del presidente Canter al haber resultado más popular que este. En tanto que los italianos ignoraban al presidente, gritaban «¡Kilmory, Kilmory!» por las calles de Roma cuando avistaban a Jeff. David logró colarse en el mismo séquito funerario cuando el Senador le dijo a un guardián italiano que lo dejara pasar, afirmando «es mi sobrino». Fue así como David se granjeó la envidia y la ira de otros auxiliares, que se preguntaban por qué ellos también no eran dignos de ser tratados como personajes.

En el uso de la cocaína durante viajes el Senador y David se cuidaban, generalmente mediante el truco de llevar consigo una «balita», pequeña cápsula que permite darse una dosis del polvo aspirándola directamente por la nariz para luego volverla a sellar y guardársela en un bolsillo. Ello le permite al usuario darse un rápido «toquecito» sin llamar la atención metiéndose en un baño o en casi cualquier momento de privacidad.

Muchas otras figuras políticas también usaban el narcótico por ese entonces. Uno de ellos era el jefe de gabinete del presidente Canter, Milton Jordener, que protagonizó un escándalo cocainómano en el famoso club nocturno neoyorquino «Studio 45». Era de sobra conocido que la cocaína y otros narcóticos eran de uso normal en el lugar, aunque generalmente en recodos más pequeños e íntimos, pero a veces en la misma pista de baile. Aparentemente uno de los presentes en alguna ocasión reconoció a Jordener y filtró el chisme de que había participado en el uso de drogas. Pero Jordener se mostró inconmovible y ulteriormente se le despejaron las nubes.

Sin embargo, respecto al Senador, David le dio gracias al cielo que nadie le había acusado de ser narcómano, y ni siquiera de alcoholismo ni nada más. Naturalmente que circulaban rumores, pero nada firme ni fehaciente. David contribuyó a que quienes sabían la verdad guardaran silencio, para lo cual hizo uso de sobornos o los apaciguó de diversas maneras.

En una época el Senador afrontó dificultades con el capitán de su yate, que sabía mucho acerca de su narcomanía, de las amantes que traía a bordo para festines sexuales, etc. Había sospechas de que el capitán gastaba demasiado en presuntas reparaciones y abastecimientos para el navío, de modo que cuando el Senador se lo contó, David inmediatamente recomendó que lo despidiera.

—Pero David, eso es imposible —le retrucó—. Si el tipo empezara a contar todo lo que sabe sería desastroso. No puedo dejarlo cesante sin una cuantiosa bonificación para que se quede callado.

Más tarde David supo que había muchos otros casos de empleados de oficina y servidumbre casera que sabían demasiado para ser despedidos.

—Bien, déjame pensarlo— contestó David sin dar más detalles.

Unos días más tarde se le ocurrió una solución y le preguntó al Senador si le era necesario contar en todo momento con un yate personal.

—Bueno, pensándolo bien apenas lo uso unas cuantas veces en el verano.

—En tal caso tengo una propuesta —le contestó—. Busquemos un comprador que esté dispuesto a dejar al capitán en su puesto con un sueldo por lo menos igual. Así se libra del problema y encima se ahorra miles de dólares. Usted siempre puede alquilar un bote cada vez que lo necesite.

—¡Excelente idea! —exclamó—. Hagámoslo. Si el capitán está dispuesto, problema resuelto.

En plazo relativamente corto, David coordinó con su jefe un plan de venta a base de esos términos, más una bonificación para el capitán a fin de que se fuera contento y sin chistar.

La «coca» no era ni por asomo la única droga que el Senador y David usaban para relajarse, superar las inhibiciones y estimular su apetito sexual. Usaban con frecuencia afrodisíacos, el fármaco «quaalude» (metacualona, un sedante), marihuana y abundantes dosis de alcohol. Todo eso les ayudaba a olvidar las presiones de la política, las presentaciones personales, los discursos y los apremios congresuales en general.

El Senador se quejaba con frecuencia —a veces en tono de broma— de que no se estaba divirtiendo y que los intentos de David por controlarlo se aproximaban mucho a un control milimétrico de parte suya.

—Acuérdate de que el jefe soy yo —decía no muy convencido, pese a que en el fondo sabía que David tenía razón y obraba por el bien suyo.

Con frecuencia acababan desnudos en el *jacuzzi* con las mujeres que estuvieran a mano. Luego de haber disfrutado de las bondades hidrocálidas, que facilitaban el comenzar a «jugar» con las chicas, el Senador no tuvo más remedio que hacerse instalar una en su terraza tablada. Estipuló que la bañera tenía que hundirse en el entablado a fin de facilitarle la entrada y ahorrarle los dolores de espalda que le seguían molestando a raíz de un accidente de avioneta algunos años atrás. Es más, el dolor de espaldas le valió que el médico lo certificara a fin de deducirlo de su ingreso imponible aunque la bañera era más bien de uso sexual que de salud.

Si bien la cocaína era el narcótico de rigor la mayoría del tiempo, al Senador también le gustaban los afrodisíacos a base de nitrato amílico, metacualona, marihuana y, claro, licores en abundancia. En general lo guardaba todo bajo llave en un escritorio, ya en casa o en la oficina a fin de evitar que llegaran a manos de sus hijos. Sin embargo, cuando en una ocasión descubrió a dos de sus hijos mayores aspirando la coca en hileras, no le puso fin a la «fiesta» con un regaño sobre el peligro de las drogas, sino que empezó a compartir la cocaína con ellos. Luego le explicó a David que su plan había sido ponerse al nivel de sus hijos y demostrarles que «era uno de ellos» para así ganarse su confianza y demostrarles que si no podían abstenerse de drogas, al menos debían hacerlo con moderación. Ulteriormente, uno de sus sobrinos no pudo vencer el hábito y murió de una sobredosis.

Las bebidas alcohólicas constituían una categoría aparte. Estaban siempre a mano en su entorno casero salvo cuando su esposa Jan estaba presente. Como tenía ella un grave problema de alcoholismo y estaban haciendo un esfuerzo en equipo para curarla, las bebidas siempre se ponían bajo llave cuando ella estaba por llegar, si bien sus visitas se hacían cada vez más infrecuentes al pasarse más y más tiempo en Boston, encerrada en el apartamento especial que le había comprado su esposo.

El matrimonio se deterioraba cada vez más, aunque hacían esfuerzos periódicamente para remendarlo y hacerlo parecer aceptable, sobre todo cuando Jeff quiso aspirar a la candidatura de su partido contra el presidente Jerry Canter. No podía el Senador tener esperanzas de quitarle la candidatura a Canter sin mostrar al menos la apariencia de un matrimonio viable. El presunto accidente de Rantachidick seguía siendo un enorme peso que cargar, sobre todo cuando anunció su aspiración. Pese a los interrogantes aún pendientes, el episodio se había relegado mayormente al olvido, hasta que empezó a cobrar actualidad al conocerse que iba en pos del galardón presidencial para restaurar la mística kilmoriana a lo que la familia solía llamar «nuestra época gloriosa».

Si bien el Senador hizo lo que muchos consideraban un esfuerzo serio y concentrado por alcanzar la candidatura de su partido —a Canter le faltaba liderazgo y estaba en camisa de once varas con el lío de los diplomáticos estadounidenses que Irán detenía como rehenes—, era muy difícil ir en contra del poder de la presidencia. Por otra parte el Senador cometió errores, dio demasiados tropezones y no convencía a una significativa porción de su partido.

Cuando la crisis de los rehenes en Irán el Senador trató de intervenir esperando que si conseguía liberar a los diplomáticos el exitazo le valdría fácilmente la candidatura. Pero le tocaron más problemas cuando el empeño no le dio resultado. Se filtró la noticia y lo criticaron por actuar a espaldas de la administración, lo cual subvirtió la gestión oficial.

Aquello fue una cadena de errores. Incluso pareció desconcertarse cuando un entrevistador amistoso a cuyo hijo había ayudado consiguiéndole una pasantía en el congreso le hizo una pregunta relativamente sencilla.

¿Qué puede decirnos de su situación matrimonial?

—Bueno, eh, diría que, um —empezó dando tropezones—, hemos tenido problemas como todos los matrimonios, pero ella, eh, ha estado, este, tratando de resolver sus problemas, y um, creo que estamos saliendo adelante en muchas cosas. —Su recurso a «eh», «um», etcétera se hizo más evidente que de costumbre, denunciando su incomodidad con el tema.

Pero el trance se puso peor cuando su respuesta a una pregunta de cajón asombró al público tanto como a los críticos. Era la sencillez personificada: «¿Por qué quiere ser presidente?»

En lugar de aprovechar la oportunidad para dar su visión del futuro de Estados Unidos, el aspirante se quedó callado varios segundos, sin saber qué decir. ¿Le nublaba el cerebro algo así como «Quisiera terminar la obra de mi hermano desaparecido logrando su visión gloriosa para nuestro país»? Nada de eso. Al final, se le ocurrió una respuesta floja y poco convincente.

—Bueno, me parece, um, creo que, este, Estados Unidos debe seguir adelante y, eh, no estar plantificado cuando, este, hay tanto por hacer y, eh, creo que debemos hacer, este, mucho más de lo que estamos haciendo.

Tras ese desastre el Senador intentó recuperarse y concentrar su energía mental, pero obviamente había perdido el poco impulso que tuvo al principio de la entrevista. Efectivamente, el público se empezó a preguntar cuál era precisamente su motivación para aspirar a la presidencia si resultaba incapaz de algo tan fundamental como expresar claramente su propia base filosófica. En resumen, la entrevista dio tan pobre impresión de su personalidad política que en ese instante perdió virtualmente toda posibilidad de ganarse la candidatura de su partido. Si tuvo intención de pifiar su oportunidad —cosa de veras no tan improbable— no pudo haberlo hecho mejor.

Algunos de sus más fuertes partidarios, entre ellos su cuñado Sidney Schmidt, que dirigía su campaña, empezaron a dudar. Lo cual empeoró debido a ciertos incidentes a mediados del empeño. Una tarde, cuando Schmidt llegó a verlo a su mansión de McLean, David tuvo que atenderle en un desesperado esfuerzo dilatorio. El Senador había aspirado cocaína encima de unos tragos, y se había metido a la bañera hidrocálida con una amante. No estaba en condiciones de hablar de nada con Schmidt.

Disgustado e irritado hasta más no poder, Schmidt le echó un regaño a David acusándole de no cumplir con su deber.

—¡Tú eres quien tiene que controlar la situación y velar por que él se ponga para su número! Si no, yo no puedo desempeñarme.

—Lo siento mucho —le respondió David—, pero sólo soy su empleado y no puedo controlarle. Mis recursos son limitados.

Schmidt se fue entonces de vuelta a Nueva York y, por lealtad a sus parientes políticos los Kilmory, siguió dirigiendo la campaña pero muy a desgano y evitando más contacto con Jeff.

Hubo éxitos de menor importancia y algunos buenos actos de recaudación. Pero ya para entonces, aun en tales casos Jeff daba la impresión de hacerlo a desgano. En una ocasión el Senador se reunió con un partidario firme que era acaudalado y debió haber aportado tal vez unos $75,000, pero era preciso pedírselo claramente.

La campaña andaba muy escasa de fondos, había tenido que despedir a empleados en número considerable y reducir sus alquileres, gastos generales y demás. Aunque David le había hecho hincapié al Senador que debía pedirle una fuerte donación, Jeff simplemente lo pasó por alto. Mintió diciendo que sí le había pedido pero David sospechó la verdad cuando supo que el «donante» no había contribuido ni medio centavo.

No fue precisamente sorprendente, pues, que de ahí en adelante toda la campaña se fuera a pique. En retrospectiva el Senador pudiera haber estado menos interesado en el éxito de su campaña que en salirse de ella y regresar a su vida normal, la menos restringida y vigilada a la que se había acostumbrado.

Una vez terminada la campaña, el Senador estaría más libre de preocupaciones y podría divertirse más. Claro que siempre tenía que presentarse aquí y allá, hacer las paces con el presidente en funciones, aparentar la unidad del partido y tal vez hacerle un poco de campaña a Canter para guardar las apariencias, pero eso era fácil en contraste con una campaña presidencial a todo dar. Tenía gratos recuerdos de cuando lo hizo para Justin y luego Roland, pero en esa época era más joven y le encantaba la novedad y la sensación de aventura. Ahora ya se había vuelto cosa conocida y mucho menos atractiva, por no hablar de que interfería con sus actividades donjuanescas.

Su última aparición en público fue en la asamblea del partido, en la que pronunció un discurso entusiasta y conmovedor, muy apreciado por delegados, críticos y prensa. Le había sido fácil animarse para tal cosa, ya que fue como un signo de admiración final con que se despedía de todas las complicaciones. Su mujer y sus hijos estuvieron presentes para darle apoyo y también sonrieron irradiantes, tal vez contentos de que llegara el final de esta etapa tan ajetreada.

La cara del Senador también mostraba su alivio... y sus ganas cuando le pidió a David que le buscara su libretica negra llena de teléfonos de amantes. Era hora de proseguir su vida veloz: más diversión en el *jacuzzi* con bastante coca, alcohol, marihuana y afrodisíacos.

David se preguntaba si su jefe había hecho la campaña en serio o sencillamente la había fingido para satisfacer a los kilmorianos comecandelas. Allí empezó a preguntarse cuánto tiempo más podría seguir dedicando su vida a promover lo que restaba de la leyenda de los Kilmory.

La vida veloz empezaba a ser más lenta de lo que en un principio parecía.

Capítulo XXXIV
MÁS CURIOSIDAD

Luego de la repentina maniobra de su tío, Jim se subió de nuevo a la posición que tenía en cubierta, cerca del timón, pero agarrándose bien a todo lo que estuviera fijo. Los Kilmory eran juguetones de leyenda, a veces llegando a la total imprudencia, por lo que no le cupo la menor duda de que su tío había querido tumbarlo al agua, incluso despreocupándose de que no llevara salvavidas.

«Vamos, tío, hágame usted el favor» —le dijo, tratándole de usted como recurso jocoserio; por otra parte dejó en el aire la duda de si se había referido a su gobierno de la nave o a no haber querido contestarle sus preguntas—. Por lo menos dame —pasó de nuevo al tuteo— una idea general de lo sucedido, de lo que de veras pasó con Justin y Roland, que yo me ocuparé de adivinar lo demás. —Siempre y cuando hubiera el menor indicio de conocer la verdad tenía que hacer el esfuerzo de llegar a ella, pensó.

—Conozco algunos antecedentes, como el de que Sal Campana le salvó la vida a mi abuelo por los años '50 cuando Castellaro le puso un contrato de ejecución. Pero no estoy muy seguro de cómo se relacionan los acontecimientos.

Aun cuando sabía más de lo que aparentaba, Jim quiso fingir ignorancia para ver cuánto, o cuán poco, el tío Jeff le iba a contar. Le cabía poca duda de que le estaba ocultando la mayor cantidad de información posible. Pero en fin de cuentas ¿para qué, si todos eran del clan? Y si todo quedaba en familia, ¿para qué tanto secreto?

—Bien, Jim, es posible que haya habido exageración. Algo por el estilo pasó, pero, eh... —dijo, pensando en la imprudencia de confirmar el episodio—. Pero no ocurrió así, precisamente. Mi padre se metió en un lío por vacilar cuando le pidieron algo que no le pareció correcto.

—¿Así que no pudo salir del aprieto con buenas razones? —Jim nunca se resistía a la tentación de ponerle palabras en la boca a su tío o a cualquiera, pese al desagrado del interlocutor. En un diálogo, todo se vale.

—Pues así fue, más o menos. Tenía que apelar a un tercero, a alguien no envuelto en el asunto.

—Así que apeló al que llamaban «Lunático».

—Ja, ja, en efecto, así le llamaban. Veo que te conoces hasta los apodos. —Le había hecho menos gracia de la que fingió, dándose cuenta a la vez de que Jim seguramente sabía más de lo que daba a entender.

—Por lo que se ve eso quiere decir que mi abuelo —siguió implacable el sobrino—, les debía a esos jefazos un gran favor, ¿no? Un favor al que habría que corresponder cuando tu generación llegar al poder. —Se dio cuenta de haber cometido un error: nunca debe uno dar respuesta a su propia pregunta; sin embargo, pensó, había excepciones.

—No te voy a negar que eso pudiera haber sido un factor. Yo mismo no estoy seguro, pero es posible que influyera. —Jeff sintió tensión, dándose cuenta de que ya había confirmado más de la cuenta—. Es decir, esos cabrones pudieran haber *pensado* —intentó rectificar— que tenía un trato de esa clase. —Se felicitó de haber ideado esa salida.

—¡Vamos, tío! ¡Dime la verdad! —Jim se sorprendió con su atrevimiento. Estaba decidido a no darse por vencido. —¿Qué más le hubiera dado a la Mafia motivo para arriesgarse poniéndoles contrato de ejecución a gente de tanta jerarquía como los Kilmory? No podía dejar escapar esta oportunidad, pues tal vez nunca le tocaría otra.

—Bueno, voy a serte absolutamente franco: no me gusta para nada el tema—, le contestó tratando de salirse por la tangente.

—Sí, sí, me doy perfecta cuenta —rio burlonamente—. Pero creo que tengo derecho a saber la verdad. ¿No es eso lo que pasó?

—Bueno... digamos que es posible. —No quería seguir dándole confirmaciones—. Se sintieron traicionados, eh, es decir, no les gustó que nosotros, Justin y Roland, no quisiéramos hacer lo que ellos querían. Creo que la cuestión radicaba en *expectativas* más que en condiciones específicas. Nosotros —su uso del plural indicaba que se consideraba envuelto en alguna medida— no pensamos que los dirigentes escogidos por el pueblo de este país debieran estar sometidos a la voluntad del mundo criminal.

—Y claro, el mundo criminal no lo vio así.

—Ya. Está bien. Te voy a decir la verdad. —Jeff vio que no valía la pena seguir con la comedia y abandonó la pretensión—. Nunca previmos que fueran capaces de ir tan lejos. —Bajó la cabeza un poco—. Es claro que los subestimamos. Pero naturalmente la cosa era mucho más complicada... —agregó enigmáticamente. Iba a completar la idea diciendo: «No eran solo los capos... creemos que los autores pudieran haber sido otros, algún tipo o grupo muy poderoso». Pero se contuvo, dándose cuenta de repente que lejos de acabar con la conversación, plantearía más interrogantes aún por esclarecer.

—Tío, lamento seguir insistiendo, pero todavía no me queda claro por qué no se investigaron estos aspectos —interrumpió Jim, viendo que Jeff iba a seguir poniéndole piedras en el camino.

—Pero *sí* se investigaron. —Cansado del interrogatorio, Jeff estaba a punto de arriesgarse y abordar las razones del encubrimiento. Pero desistió abruptamente al tener la sensación de que Jim no había captado su oportunidad, dejándola pasar. Además, revelarle nuevos detalles pudiera abrirle senderos que preferiría no explorar con él. —Como te dije, muchacho, nosotros también examinamos el asunto en familia, pero, este, todo eso estuvo muy complicado.

—Eso está muy bien, tío, pero parece que el sistema judicial no cumplió con su deber en la investigación, detención y por último procesamiento de los... criminales. ¿Por qué, dime, no los enjuiciaron y castigaron? —La curiosidad lo impulsaba a llegar al fondo, consciente de que apenas había tocado la superficie.

Luego se acordó del caso del misterioso homicidio de aquella quinceañera, unos años atrás. Jim había oído algo del hecho pero todos en la familia evitaban el tema: otra fémina muerta por un Kilmory o pariente. El culpable, Mark Scarborough, sobrino político de Roland, era un adolescente cuando sucedió. Pasaron decenios luego de que la asesinara brutalmente con un palo de golf antes de que lo enjuiciaran y condenaran a una sentencia entre veinte años y cadena perpetua.

¿Estaban los Kilmory por encima de la ley? «Bueno, gracias a Dios», pensó Jim maliciosamente. Si no, muchos de ellos, sobre todo los que habían estado en el «servicio público», pudieran haber acabado con un historial muy diferente: el criminal.

En un momento de íntima honradez, captó el patrón de conducta. Los Kilmory, al igual que todos los políticos —si no la totalidad— se dedicaban impunemente a violar o ignorar la ley.

Cometían hechos inmorales e ilegales como cosa de todos los días, gracias al poder y la influencia y a la facilidad con que, al aplicar ambos con tino y buen juicio, se logra circunvalar las reglas.

La eliminación física de quienes se atraviesan en el camino es y sigue siendo ligeramente más difícil. En los casos de que él tenía conocimiento las víctimas eran mujeres pero, ¿también habían despachado a hombres? Recordó entonces que habían sacado de circulación, a principios de los años '60, a uno cuyo nombre era algo así como «Ngo Dhim».

No recordaba precisamente el nombre del líder sudvietnamita asesinado por sus enemigos con apoyo de EE.UU., aun cuando las instrucciones de su tío, el presidente Kilmory, consistían únicamente en derrocarlo y permitirle exiliarse. Pero sí se acordaba de que la iracunda viuda del líder asesinado, Madame Ngo, había acusado públicamente al presidente Kilmory. Cuando ulteriormente llegó a saber de tales acusaciones Jim las desestimó inmediatamente. Pero ahora ya sabía mucho más.

Luego empezó a hacer memoria y leerse algo de historia. Así, confirmó que apenas había tomado posesión, Justin Kilmory ordenó a la CIA desarrollar la unidad de asesinatos políticos RZ/RIFLE, cuya misión era suprimir a líderes extranjeros indeseables.

El objetivo número uno había sido el líder cubano Fingenio Costra, que había escapado de la muerte mediante una combinación de rigurosa seguridad personal, astucia y mucha suerte. En ese caso particular, RZ/RIFLE había sido un triste fracaso que le costó muy caro a su tío Justin y a EE.UU. Al dictador Trujillo lo eliminaron pasándoles armas especiales mediante la CIA a los conspiradores, así como dándoles inteligencia y asesoramiento. Esa operación, concluyó Jim, había logrado restablecer la democracia, las libertades y elecciones libres. Se justificaba que su país procurara derrocar a ambos dictadores, Trujillo y Costra.

Si mal no recordara, el líder congolés Patrice Lumumba había muerto cuando EE.UU. le retiró su apoyo poniéndolo a merced de sus enemigos. La CIA respaldó el complot para asesinarlo por razones aún misteriosas pero tal vez relacionadas con la lucha anticomunista mundial.

A veces se justifica la «ejecución» de dirigentes extranjeros, reflexionó Jim, sobre todo si plantean una amenaza a países vecinos o a su propio pueblo.

Pero, ¿también habían sido «ejecutados» ciudadanos norteamericanos? La pregunta le molestaba. Tendría que averiguarlo hasta el fondo, por muy traumático y desagradable que fuera.

—Tío —le imploró por última vez—, por favor dime que todo esto no es sino fantasía... Yo lo preferiría así... o si no, dime la verdad, toda la verdad.

—Te he dicho... la, hm, más pura y, eh, absoluta verdad, Jim. Incurría Jeff justo en su modalidad desinformativa, que puso al descubierto por el exceso de vacilaciones para tan breve oración declarativa. Luego agregó ante la atónita mirada de Jim: —No toda la verdad, te aclaro, ya que obviamente no contamos con tiempo suficiente. Más tarde te cubriré los espacios en blanco, no te preocupes —terminó diciendo con el socorrido cliché de «no te preocupes», que inspira justo lo contrario. Mientras pronunciaba las palabras se decía con firmeza que jamás debía soñar con hacer semejante cosa.

—Ya vamos a atracar, Jim —dijo procurando un tono desparpajado—, así que tendremos que, este, esperar un poco. *Indefinidamente* era la palabra más acorde con su intención—. Pero esa es la idea general —siguió diciendo—; mira, tira de la soga esa para ajustar el foque y arrimar al muelle como es debido —terminó, asignándole una tarea de tripulación para distraerlo.

Sintió alivio de que ya estaban de regreso, con un respiro a fin de ponderar bien la situación. No era solo que odiara hablar del tema, sino que detestaba incluso *pensar* en él, volver a meterse en esa aborrecible zona y escarbar en esas brasas candentes que aún provocaban ardientes quemaduras y dejaban estelas de dolor grabadas en su cerebro a todos y cada uno de los recuerdos.

Mientras menos se hablara de estos asuntos, pensó, mejor sería. Y ya había dicho demasiado; mucho más de lo que había querido o de lo que hubiera siquiera imaginado.

Capítulo XXXV
RANTACHIDICK

—¡Salud, mi amor! —Jeff le miró a los ojos, tomó apenas un sorbo y sonrió mecánicamente mirándola beber.

Había invitado a Molly Jeanne junto con las demás «chicas de la trastienda» que habían trabajado en la campaña de Roland por la candidatura presidencial, clausurada trágicamente tras otro cruel asesinato. El paseo a Rantachidick les prometía esparcimiento: un fin de semana veraniego con regatas de veleros, ambiente divertido y festivo. La fecha, a fines de julio de 1969, coincidiría con el primer aterrizaje de astronautas en la Luna, un hito histórico para Estados Unidos y el mundo. La esperanza era de que la prensa estaría muy distraída para fijarse en esa pequeña reunión y cualquier suceso conexo, aunque siempre era posible que hiciera noticia. ¿Pero, habría consecuencias?

—Entonces, ¿a dónde vamos? —le preguntó con curiosidad inocente que, a él, le dio la impresión de alguna insinuación. No había muchos lugares a donde ir a esa hora en la islita: ni bares, ni restaurantes ni clubes nocturnos, y no necesitaba llevársela a algún lugar especial si quería un rato de intimidad. Ya habían sido amantes por algo más de un año, así que se sentían cómodos estando juntos. Antes de trabajar para la campaña de Roland había trabajado para un senador floridano que había sido muy amigo de Justin así como de Jeff, de modo que se conocía los recovecos de la Colina Capitolina.

—Ah, pues a dar una vuelta, respirar aire fresco. Nos hará bien y nos dará oportunidad de charlar. —Evitó mirarla a los ojos.

—Bueno, tal vez por un ratito —le contestó, queriendo hablarle de lo que le estaba preocupando al salir afuera. Había alquilado la casa playera por el fin de semana para agasajar a las chicas que tanto trabajaron en la trágicamente frustrada campaña de Roland.

—Nos vemos al rato —dijo Jeff despreocupadamente a los demás, que estaban conversando, bebiendo, oyendo música y tratando de divertirse. Se felicitó por haber logrado separarse con ella del grupo, tan perfecta y tranquilamente.

—Vamos a dar una vuelta por la orilla del canal —le dijo sentándose al volante—. Hay una vista impresionante a la luz de la Luna... bueno, al menos de las estrellas —rio suavemente al corregirse mientras pensaba más en el aterrizaje de los astronautas, notando que el satélite terrestre se escondía tras un cúmulo de nubes.

—Como te dije, Jeff, sigo preocupada. No sé qué hacer. —Su incipiente gestación era como una sombra parda que pesaba sobre los dos. Se había mostrado impreciso respecto a sus intenciones. La apoyaba, pero sin comprometerse a nada. Ambos, como católicos, se oponían al aborto en lo legal, político y social. Y en todo caso y en circunstancias normales, sería prácticamente imposible hacerlo dentro del país.

—De alguna manera lo resolveremos, mi amor. Déjame pensarlo un poco más.

—Bueno, Jeff, pero no tenemos mucho tiempo. —No quería ponerle presión pero no tenía más remedio—. Pronto se va a notar, ¿y entonces qué haremos?

—Pues tendremos que pensarlo un poco más. En todo caso yo me voy a ocupar de ti; eso lo sabes. Me voy a asegurar de que no tengas ningún problema... ni tú ni el bebé. —Calculó que mejor reconocía su existencia, por embriónica que fuera. Al mirarla de reojo notó que se le estaban cayendo los párpados. El sedante que con disimulo le había echado en el trago ya le estaba haciendo efecto. Había llegado la hora cero.

—Bueno... ¿cuándo es que vas a... qué piensas...? —murmuró soñolienta.

Al estacionar en la estrecha carretera que conducía al puente, se tranquilizó al observar que ya se estaba quedando dormida. Pronto saldría del aprieto, se dijo para calmarse los nervios.

—Te voy a poner atrás para que descanses, le dijo abriendo la puerta; recogió su cuerpo liviano y lo depositó pies por delante a lo largo del asiento trasero.

—Ah, tengo mucho sueño... —fue lo único que pudo responder.

—Descansa, descansa —le contestó suavecito, casi con ternura.

Cerró entonces la puerta, le puso el seguro y esperó unos minutos antes de dar el siguiente paso. Ya satisfecho de que estaba profundamente dormida, arrancó el motor y agarró la varita de una pequeña sombrilla que había guardado bajo el asiento del conductor. La calzó entre el acelerador y el propio asiento, apagando en seguida las luces para asegurarse de que, si andaba alguien por ahí, no se notara tanto el auto ni su trayectoria. Hizo demasiado ruido pero no le preocupó mucho; lo más probable era que nadie lo oiría.

Echó a un lado la varita por el momento y manejó unos metros para alinear el vehículo, apuntándolo hacia el puente. El ángulo era tal que se iría a un lado volcándose al canal, esperaba, cerca de su centro. Antes de calzar de nuevo la varita, tomó la precaución de poner el freno de emergencia para evitar que el auto comenzara a rodar. Entonces miró por última vez a Molly para asegurarse de que estaba bien dormida. Pausó un momento para mirar en derredor antes de bajarse, mientras el motor aceleraba. Estaba nervioso, sudando, cuando volvió a mirar en todas direcciones una vez más a fin de estar seguro de que no hubiera testigos casuales.

Satisfecho de que todo estaba en orden, inclinó el cuerpo adentro de la cabina, tiró de la palanca de transmisión automática y la puso en posición de marcha. El motor luchaba por mover las ruedas. Por fin había llegado la hora: soltó el freno de emergencia.

La reacción fue sorprendente: el vehículo arrancó mucho más velozmente de lo previsto, soltando las llantas un leve chillido. Apenas pudo echarse a un lado y cerrar la puerta al salir disparado el auto, que le dio un leve golpe de refilón.

Observó en cuclillas haciéndose menos visible a cualquier imprevisto observador. Se le paralizó el corazón. El vehículo se aceleró a unas cuarenta millas por hora, mucho más de lo esperado; peor aun, se orilló demasiado pronto a la derecha y al caer del puente daría en tierra o en agua de poco fondo en lugar de hacerlo a mediados del canal. Pero ya nada podía hacer. En segundos, el automóvil azul oscuro empezó a caerse por el borde, dio una vuelta de campana, se puso de atrás para adelante y cayó de revés al agua con un fuerte golpe, justo donde había poco fondo. Momentáneamente presa del pánico, hizo un esfuerzo por calmarse y concentrarse en el próximo paso.

Miró atrás y a los lados, preocupado de que el ruido pudiera haber llamado la atención de alguien en las cercanías. Aunque había luces en una casa tal vez a doscientos metros, no observó ninguna señal de que alguien hubiera oído. Segundos después, satisfecho ya de que no había moros en la costa, corrió al vehículo para echarle una ojeada.

Estaba justo bajo la superficie, apenas cubierto por el agua. Hasta ahora, todo marchaba bien. A menos que de alguna manera ella se hubiera despertado y recapacitado lo suficiente para escaparse del vehículo, sus probabilidades de salvarse eran mínimas. Se felicitó de haber tomado la precaución de traer una linterna acuática para facilitar su acción. Si el agua fría la había despertado y estuviera tratando de escaparse, tendría que tomar medidas. Sintió escalofríos de pensar en lo que le tocaría hacer, pero no podía correr el riesgo caer en su propia trampa.

Y otro detalle: esa varilla que había calzado contra el acelerador lo incriminaría, y había que hacerla desaparecer. Si no la sacaba de su lugar, estaba perdido. Tendría que zambullirse, agarrarla y lanzarla lejos.

Se quedó en calzoncillos, tiró la ropa al suelo y se lanzó al agua con la linterna en la boca; ni siquiera sintió el frío abrazo del líquido por todo el cuerpo. Recordaba vagamente haber leído que las temperaturas extremas hacían, al principio, escasa impresión en un cuerpo tonificado con adrenalina. La corriente lo arrastraba, casi llevándoselo, antes de que pudiera agarrarse del mango de una puerta. Sumergiéndose un poco, apuntó la linterna por la ventana trasera.

Casi no podía creer lo que sus ojos percibían. Molly Jeanne, respirando el aire atrapado en el interior del auto vuelto ruedas arriba, buscaba desesperadamente, a tientas, la puerta que estaba cerca de él. Al ver la luz, formuló palabras no audibles y le hizo señas pidiendo ayuda. ¿Pensaría que venía a rescatarla? De momento, pero solo un instante, casi le dio lástima. La chica no tenía la menor idea de lo que sucedía. Le apuntó la luz directamente a los ojos, cegándola por un segundo. Por muy desagradable que fuera, algo tenía que hacer.

Abrir la puerta del conductor a contracorriente resultó más difícil de lo esperado, y eso que la ventanilla estaba abierta. Pero tuvo fuerzas suficientes: ¿adrenalina? Una vez adentro, respondió físicamente a sus gritos medio ahogados tratando de agarrarla por el cabello mientras, con la mano suelta, la alumbraba con la linterna. Erró el intento pero dio con su hombro y la empujó bajo la superficie, negándole el aire de la burbuja. Pero de alguna manera se le soltó. Precavido, se echó atrás para no dejar en su cuerpo señales o contusiones que pudieran dar lugar a sospechas o convertirse en pruebas en su contra. Ya casi sin aliento, tenía que volver a la superficie. ¿Qué tal si acababa como Molly Jeanne, atrapado bajo el agua en un vehículo vuelto al revés?

Luchando contra la corriente que lo arrastraba, empujó la puerta con toda su fuerza y la entreabrió apoyando sus pies contra el respaldo del asiento. Consiguió sacar el cuerpo justo antes de que la corriente cerrara la puerta violentamente y salió disparado a la superficie para el indispensable oxígeno. Pero tenía que apurarse: ¿quién sabía si, a tientas, pudiera quitarle el pestillo a una puerta, abrirla contra la presión del agua y escaparse?

Intentó borrar todos estos pensamientos a la vez que, jadeante, se zambulló entre el frío y oscuro líquido. Alumbró momentáneamente el auto y a través de la ventanilla trasera se le apareció la chica, aún haciéndole señales y esfuerzos desesperados, implorando ayuda. O no había captado ella su intención, o le pedía auxilio de todos modos. Sintiéndose perdida y sin esperanzas, debilitada e incapaz de salvarse sola, movía los brazos sin ton ni son. Experimentó una punzada de lástima en su fuero interno, pero ya no podía echarse atrás. Había tomado una decisión y tenía que ceñirse a ella. Si no, se iría a pique su carrera política y con ella el rescoldo de esperanzas de otra presidencia kilmoriana: la suya.

Alargó la mano hacia la puerta del pasajero delantera y la abrió, esta vez con la ayuda de la corriente. Agarrándose del timón, se adentró en el vehículo y apuntó la linterna hacia la parte trasera, alumbrándole la cara y encandilándole los ojos. Los labios de la chica intentaron formular palabras mudas, burbujeantes. Por una fracción de segundo vaciló, irresuelto... ¿Debía empujarle la cabeza una vez más bajo la burbuja, sumergiéndola?

Aún estaba indeciso mientras calculaba que ella iba perdiendo la batalla y no podría salirse de ahí por sí sola. Además, ya volvía a sentirse sin aire, el mismo aire usado, deficiente en oxígeno que ella seguía respirando. Entonces le vino con fuerza el impulso de actuar. Se adentró en la burbuja, respirando más del aire restante mientras la agarraba por el cuello y los hombros para hundirla bajo la superficie. Era un gran esfuerzo, pero se dijo que apenas le llevaría otro minuto o dos. Se le escurrió haciendo un esfuerzo intuitivo pero débil para entrar de nuevo en el globo de aire... Entonces dejó de moverse. Esperó durante lo que le pareció otro eterno minuto, observándola. No podía dejar de mirar las escalofriantes sombras que, como en una película barata, proyectaba la linterna al alumbrar su inmóvil cuerpo flotante. En un momento más, ya no pudo detectar ningún movimiento voluntario de su parte.

Aspiró por última vez el aire que pudo del globo y se dijo que ya era hora de salir disparado. Se salió a nado por la puerta delantera aún abierta y luchó en vano con su última gota de fuerza para cerrarla a contracorriente. Ni bogando con pies y brazos. Por último cayó en cuenta de que no importaría dejarla abierta y abandonó el empeño.

Rompió a la superficie y respiró jadeante. Todo estaba bien, pensó, salvo esa maldita, incriminadora varita de sombrilla. Se sumergió una vez más, apuntando la linterna hacia el piso del asiento timonel. Milagrosamente todavía estaba calzada en su lugar. Pero del otro lado y no la alcanzaba. Se encaramó por el revés del vehículo que apenas surgía por encima de la superficie y se golpeó la rodilla contra el silenciador. Ignorando el dolor, se dejó caer al otro lado y, tomando aire, volvió a sumergirse. De algún modo logró abrir la puerta del conductor y, linterna en boca, tanteó con la mano buscando la vara mientras luchaba contra la corriente que oprimía la puerta contra su cuerpo. Al irse agotando y perdiendo energía, se preguntó si acaso pudiera quedarse atrapado allá adentro, igual que ella.

Sintió un alivio abrumador cuando de repente, solo por el tacto, sintió la varilla. Agarrarla, sacarla y romperla en dos fueron prácticamente un solo movimiento. Al llegar jadeante a la superficie tiró los pedazos uno a uno tan lejos como pudo hacia el centro del canal, donde se los llevaría la marea.

El corazón le latía a todo dar cuando llegó a un pilote del puente y se agarró como pudo, vigilando siempre el auto sumergido. Lo que le pareció otra eternidad había durado tal vez dos a tres minutos.

Aunque desesperado por desaparecerse de ahí, tuvo que controlarse. Primero tenía que estar absolutamente seguro de que no hubiera visibles señales de vida entre las sombras donde el vehículo yacía ruedas arriba. Aunque el agua estaba fría no había viento; el único obstáculo era la corriente. Al fin, concluyó que no había alternativa. No le quedaba más remedio que sumergirse una vez más para un último vistazo. Pero, ¿qué tal si se encontraba con que ella le estaba esperando, mirándolo, aún implorándole que la salvara?

En la cabeza, sentía el tic-tac de los segundos. Ya no podía seguir esperando. Lanzándose al agua una vez más, sintió que la fría corriente lo empujaba contra el auto. La linterna iluminó un cuadro distinto. Molly Jean parecía una muñeca de trapo, inmóvil, flotando contra el piso del compartimento trasero. Lo curioso era que la cabeza estaba cara arriba en la bolsa de aire.

¿Seguiría respirando o solo flotando, ya sin vida? No pareció dar señales, esta vez, de ver la iluminación. «Ya está», se dijo esperanzado. ¿Acaso no la había sumergido a la fuerza hasta sentirla inmóvil y sin señales de vida? Pero no tenía seguridad absoluta. ¿Y si estaba desmayada, semiconsciente?

Por último, concluyó que estaba demasiado agitado. «Ya basta», se dijo. ¿Cuánto tiempo podía un ser humano seguir con vida respirando el poco oxígeno contenido en una pequeña bolsa de aire? En la vorágine de pensamientos que tenía en la cabeza, uno salió a relucir: se le estaba agotando el tiempo. No podía quedarse allí indefinidamente, en vigilia.

Encima, tenía que alertar a su gente para que se ocuparan del empeño por controlar la situación. Las chicas de la trastienda eran otra historia: habría que manejarlas con sumo cuidado para alejarlas de la prensa. Si las podían mantener a distancia y aisladas, todo pudiera salir bien. Ulteriormente ellas, y el episodio completo, se irían desvaneciendo: aquello quedaría como un infortunado accidente en medio de un trágico pero inocente paseo veraniego para contentar a las denodadas y leales chicas que trabajaron para Roland. No dejó de ocurrírsele que una o más de ellas habían tenido intimidad con el pobre Roland —al igual que lo habían hecho con él— sin que nada pasara de una relación ocasional, pasajera. ¿Quién sabía si habían compartido sus más recónditos pensamientos y preocupaciones? El sexo, cual lugar común de la naturaleza humana que es, incrementa la confianza y la amistad, si bien a veces causa trastornos al nutrir expectativas. En tal caso daba lugar fácilmente en celos, recelos y enemistad. ¿Acaso el primer sospechoso en una muerte violenta no es por lo general el cónyuge de la víctima?

Ahora, le parecía a Jeff que todo estaba controlado. Se echó a nadar y por último vadeó hasta la orilla. Molly Jeanne seguía dentro del vehículo. Hasta una persona totalmente despierta y consciente, sobre todo considerando el peso y tamaño de la chica, y suponiéndole con la fuerza y presencia de ánimo suficientes para concentrarse en quitar el cerrojo y abrir una puerta vehicular en esas circunstancias, hubiera pasado muchísimo trabajo para escapar sin ayuda de nadie.

Era hora de abandonar el lugar y ocuparse de las consecuencias, cualesquiera que fueran. Se sacudió el agua fría, trató de secarse con su camiseta y se volvió a poner la ropa, que se le pegaba incómodamente a su cuerpo mojado. Compuso su ánimo y echó a andar, a paso lento y zapatos chillones, en dirección a la casa.

Con un «control de daños» de primera clase, y en ausencia de un milagro que pudiera resucitar a la chica —arruinándole así la carrera y la vida y mancillando la mística de los Kilmory—, tal vez pudiera repetir el comentario que hizo Roland sobre el «suicidio» de su amante hollywoodense, la famosa estrella Marie Moore: «¡Qué pena lo que le pasó a Molly Jeanne!».

Capítulo XXXVI
LA SECUELA

Jeff tenía un plan preconcebido. Trataría de convencer a uno de sus principales asistentes, Rick Grogan, para que cargara con la culpa del accidente, aun cuando en la práctica tal historia tendría más agujeros que un colador y seria indigna de crédito. Por otra parte, Rick arriesgaría condena de cárcel por un accidente mortífero, cosa que le sería difícil de aceptar. ¿Y quién sabría cuáles complicaciones adicionales ello pudiera involucrar? No importaba; seguía esperanzado en que sería su mejor vía de escape. Él no iba en el auto y no tuvo nada que ver con lo sucedido. Así es como lo había pensado desde el primer momento. Si no, la cosa podría ponérsele muy seria.

Otra hipótesis era decir que Molly Jeanne se había ido sola en el auto y condujo mal. Pero nadie tenía la seguridad de que tuviera licencia y ni siquiera si sabía conducir.

Jeff volvió a la casa y le hizo una señal a Rick, que logró salir con disimulo del jolgorio. Las siete chicas, junto con varios jóvenes y funcionarios, seguían un poco bebidos y divirtiéndose.

—Ha ocurrido un lamentable accidente —le dijo Jeff a Rick.

—¿Qué? —exclamó Rick, preguntándose qué diablos pudiera haber ocurrido a esa hora en un lugar sin tránsito.

—Más vale que le avises a Peter que venga para acá con nosotros —agregó Jeff, guardándose los detalles—. Tenemos que hablar.

Rick fue a buscar a Peter, otro empleado del Senador, mientras experimentaba la íntima sensación de que la cosa pudiera ser peor de lo que nadie imaginaba.

—¿Qué rayos pasó? —le preguntó Rick una vez encerrados y en privado dentro del auto.

—Pues, el auto, eh, se salió del puente y cayó al agua, y eh, creo que Molly Jeanne todavía está allá adentro —dijo cabizbajo, mano en la frente—. No sé qué hacer y necesito que me ayudes.

—¡Dios mío! ¡Vamos para allá a ver si podemos salvarla, coño! —Rick puso las manos en el timón y arrancó el motor antes de decir media palabra más.

Estimando el tiempo transcurrido desde que Jeff había salido con Molly Jeanne, Rick calculó que el accidente había ocurrido de treinta a cuarenta y cinco minutos antes. Pudiera ser tarde para salvarla de morir ahogada, pero siempre había una posibilidad.

Guiados por Jeff, al llegar al lugar donde estaba el auto sumergido en el canal, Rick y Peter fueron presa de la consternación.

—¡Ay, carajo! —Rick se quedó estupefacto. No se había esperado encontrar el auto casi totalmente sumergido. Más aun le sorprendió que estuviera ruedas arriba y, encima, apuntando en la dirección contraria a la que aparentemente debió llevar. Debía haber ido a mucha velocidad, pensó, para dar una voltereta así. Lamentablemente, había para Molly Jeanne escasas esperanzas si había estado tanto tiempo metida allí.

—Vamos a ver si la podemos sacar —dijo Peter sin amilanarse.

—¡Sí, en seguida! Pero primero quitémonos la ropa. Si no, nos enganchamos en algo y también nos jodemos. —Rick mostró serenidad y buen juicio.

—Bien —dijo Jeff sin emoción—. Pero yo, este, ya lo intenté y no pude. Hay una corriente muy fuerte que te arrastra.

—¿Pero estás seguro de que está metida allí adentro? —Peter seguía sin poderlo creer. Iba a agregarle: «¿Y cómo es que pudiste salir *tú* y ella no?», pero pensó que su jefe pudiera sentirse acusado.

—Eh, me temo que sí. Bueno, es decir, a menos que ella pudiera haberse escapado *después*. —Las palabras de Jeff no le sonaron tan esperanzadas como le hubiera gustado.

—Es poco probable. En tal caso estaría por aquí. —El criterio de Jeff era realitario. —Pero veamos si es posible zambullirnos a echar una mirada. Jeff, ¿por qué no te subes al puente?; no conviene que te sigas arriesgando. Sin perder tiempo, se desnudó y se zambulló en las oscuras aguas mientras Jeff le observaba.

—Mucha oscuridad —dijo jadeando al romper a la superficie.

Le hizo pensar a Jeff en la linterna que afortunadamente había lanzado al centro del canal luego de retirarle las pilas.

Rick se volvió a zambullir, esta vez junto con Peter.

Esta vez llegó a la ventana del asiento delantero del pasajero donde supuso que hubiera ido Molly Jeanne, metió la mano y palpó varias veces.

—No encuentro nada —dijo, preguntándose qué pasaba. Había algo inexplicable. Pensó en el asiento trasero, adonde no había podido llegar.

—Bueno, déjame intentarlo —gritó Peter al zambullirse cerca de Rick. Palpó, igualmente, el asiento delantero del pasajero.

—¡No está! —dijo a respiros entrecortados—. ¿Estará atrás?

—Eh, no tengo idea —dijo Jeff mostrándose mareado y desesperanzado.

—¿Cuándo fue la última vez que la viste —preguntó Rick—, al escaparte?

—No recuerdo nada, eh, del dichoso episodio. Tengo la mente en blanco.

—¿Nada? Trata de acordarte —lo animó Peter agarrándose a una de las llantas con ambas manos. Empezaba a sentir que la frialdad del agua le llegaba a los huesos.

—Lo único que recuerdo es que, eh, luego me encontré en la orilla. Pero sé que cuando íbamos andando ella estaba, este, sentada junto a mí, adelante —agregó sin decir nada de haberla colocado en el asiento trasero.

—¿No viste nada cuando te zambulliste a buscarla? —Rick lo miraba fijamente mientras nadaba para mantenerse a flote.

—No, nada. Lo único que recuerdo es, este, la oscuridad y, eh, me faltaba aire, no podía estar bajo el agua sino unos momentos. —Hablaba como si volviera a vivir la experiencia, con fuertes jadeos para ver si desalentaba más preguntas.

—¿Entonces piensas que tal vez se escapó y se la llevó la corriente? Al salirse del agua vadeando, Peter trataba de formular una teoría que explicara lo sucedido.

—¡Confío en Dios que sí! —Jeff alzó los brazos como al cielo al bajarse del puente. Se sentó en la orilla, y en la clásica postura consternada, se agarró la cabeza con las manos.

—Ojalá. Sería un gran golpe de suerte —dijo Peter, esperanzado. Sintiendo ya la hipotermia, se salió del agua.

—Pero tenemos que encontrarla, ¡a ver si todavía la salvamos! Pese a la conmoción, Rick se esforzaba por mantener la calma y controlarse.

—Sí, pero, eh, miren, muchachos, yo, este, no sé qué hacer. ¿Cómo, es decir, cómo creen que, eh, vamos a explicar esto? Jeff lo puso en plural con miras a que Rick o Peter captaran la insinuación y se ofrecieran de voluntarios para decir que iban manejando.

Hubo un silencio momentáneo; se oían únicamente los grillos. Los rayos lunares penetraban las nubes aquí y allá, arrojando sombras. Jeff hizo un gesto con los brazos como implorando a sus acompañantes.

—¿Y por qué no les dices la verdad? O sea que tuviste un accidente —dijo Peter mientras de momento desaparecía de su pensamiento Molly Jeanne, desplazada por la necesidad de explicar lo sucedido.

—Sí, ¿pero no creen que pudiéramos decir que iba conduciendo otro? Eso pudiera reducir al mínimo el gran lío que se nos va a armar. —Jeff siguió cambiando el rumbo de la conversación, alejándola de la chica. Lo prioritario era que otro cargara con la culpa; sería perfecto si Rick estuviera dispuesto.

—Bueno, si eso te ayuda yo lo haría con mucho gusto, Jeff. —Rick había estudiado derecho en la Universidad de Columbia y trataba de hilvanar los principios jurídicos pertinentes. —Pero tendríamos que coordinar nuestras versiones para no incurrir en... ninguna contradicción —agregó con algún trabajo debido al fuerte estrés emocional.

Peter tuvo el tino de quedarse callado para no meterse en camisa de once varas. Si surgían esas contradicciones a que aludió Rick, sabía que pudiera haber complicaciones que pondrían la cosa mucho peor.

—Para evitar eso y enjuiciamiento por perjurio —señaló Peter— necesitaríamos mucho más tiempo del que disponemos para ponernos a repasar todos los detalles.

—¡Entonces sí estoy jodido, coño! Hay, este, una posibilidad de, um, graves líos, pase lo que pase —siguió diciendo, apartándolos con disimulo del tema central de Molly Jeanne—, ¡y me van a echar la culpa a mí! ¡Mierda! Toda mi carrera se irá a la mierda. Y ustedes se irán a la mierda conmigo. —Pensó que la amenaza pudiera animarlos a sacrificarse para sacarlo del atolladero.

Simultáneamente, Rick y Peter se dieron cuenta de que Jeff estaba agarrándose de cualquier tablita para no hundirse y no le preocupaba nada lo que le hubiera pasado a Molly Jeanne; solo pensaba en las consecuencias. ¿Acaso creía que se había escapado del vehículo y andaba por ahí en alguna parte, sana y salva? Si no, ¿por qué estaba tan despreocupado por ella? ¿No lo estaría tanto si le constara que todavía estaba allá adentro? ¿Quién sabía? Conocían la manera de ser de Jeff y cómo su egoísmo, al igual que su altruismo, pudieran surgir al impulso del estrés, pero nunca le habían visto en semejante actitud.

Jeff decidió alejarse. No iba a ganar nada con seguir discutiendo. En cierto sentido Peter y Rick estaban a la deriva y ninguno de los dos parecía dispuesto a sacrificarse por él.

—Bueno, qué tal si, eh, me llevan a Edwardtown, Rick. Me está doliendo mucho el cuello y mejor es que busque atención médica.

—Como digas, Jeff. —Rick se dio cuenta que Jeff abandonaba su plan de pedirle que se inculpara, pero seguía pareciéndole raro que estuviera tan despreocupado por Molly Jeanne. Pensó entonces que si se iba, al menos se aliviaría la tensión y podrían proseguir la búsqueda. —Vamos a seguir buscando a Molly Jeanne —agregó.

—Voy a atravesar el canal con ese bote de remos —dijo, apuntando—; así tendré un poco de calma para pensar lo que debemos hacer y, eh, cuando llegue allá estaré más claro para hacerle frente. — Cabizbajo, se subió a bordo, volvió a meter la cabeza entre las manos y no hizo más comentarios; Rick se sentó y levantó los remos. —¡Gracias mil por todo el apoyo, muchachos! —se despidió al ponerse el bote en marcha.

—No te preocupes, Jeff. —Peter lo miró con gran preocupación sin comprender por qué no le turbaba la desaparición de Molly Jeanne—. No tengo que decirte que importa que des cuenta del accidente tan pronto puedas. Molly Jeanne... sigue desaparecida.

—¡Claro! —le contestó sin vacilar—, es precisamente lo que voy a hacer. —Yo me voy a encargar de todo, este, tan pronto recupere la serenidad. Pero por favor no le digan nada a la gente del grupo... No queremos darles motivo de preocupación sin necesidad —agregó como si se le acabara de ocurrir.

Jeff seguía extrañamente despreocupado por Molly Jeanne. Peter y Rick captaron a las claras que lo importante para Jeff eran las consecuencias del accidente para él mismo.

* * * * * * *

Ya para cuando lo dejaron al otro lado del canal, de donde caminó a su motel en Edwardtown, cerca de Anna's Vineyard, Jeff había tomado algunas decisiones. Primero, necesitaba tomar la precaución de establecer un cronograma de sus andanzas. Despertó al gerente para quejarse de que el ruido de festejos en una habitación cercana no lo dejaba dormir. Como de paso, le preguntó la hora, diciéndole que se había quitado el reloj.

—Son las dos de la mañana —le contestó de carretilla el gerente, como diciendo «¿cómo será que no lo sabe usted?»

—Gracias —le contestó yéndose de nuevo a su habitación. A la mañana siguiente se levantó temprano y muy campante, bien vestido y, con aire alegre y despreocupado, empezó a conversar con otros huéspedes. Le pareció mejor hacer el papel de que nada había pasado.

Los acontecimientos de «anoche» le eran totalmente ajenos, lejos de su pensamiento y actitud. Con suerte, todavía le sería posible eludir esa pesada responsabilidad. A la luz del día y en vista de todas las circunstancias, se aferraba a la posibilidad de que Rick no se negara a hacerse cargo. Podría sencillamente jurar que era él quien conducía cuando ocurrió el accidente y, para entonces, Jeff se habría ido de la fiesta y de la isla. En todo caso habría algunos detalles que arreglar, pero Rick siempre le había respaldado y le había sacado de aprietos, remontándose a la niñez. Él, Jeff, no habría tenido absolutamente nada que ver con el accidente.

Seguía charlando informalmente con otros huéspedes del motel cuando se le acercaron Rick y Peter. Pintaba mal. Ambos estaban sofocados aunque a todas luces esforzándose por no aparentar demasiada perturbación.

—Jeff, tienes que dar cuenta del accidente en seguida —le dijo Rick—. Han dado con el auto. ¡Además, ya han pasado casi diez horas! —Estaba agitado, sin aliento. Le miró, preguntándole con los ojos, incrédulo.

—¿Por qué no lo haces *tú*? —Jeff seguía pensando desesperadamente en esquivar la responsabilidad—. Yo creía que tú ibas a, este, darme una mano y decir que, eh, *tú* ibas al timón. —En sus adentros le sobrevino una sensación de zozobra, de que perdía el tiempo.

—Yo estaría dispuesto, Jeff, pero como te dije eso podría traernos un lío mayor. No creo que daría ningún otro resultado.

—¿Por qué no? —Jeff mostró disgusto.

—Piénsalo, piensa en lo que sucedió anoche. Me temo que nuestras versiones y cronogramas no van a coincidir. Al fin y al cabo nos hundiríamos los dos y se preguntarán por qué yo —o ambos— estábamos mintiendo. —Rick incorporó a Jeff al usar el plural. Hizo un gesto de impotencia a brazos abiertos y palmas a la vista. — Entonces *todos* estaríamos en un gran lío. Además, seguimos preocupados de que no ha habido señal de Molly Jeanne. —Si de veras hubiera sido un accidente, ¿por qué Jeff ponía tanto empeño en esquivar la responsabilidad?

Jeff le miró en silencio al tiempo que trataba de no pensar en Molly Jeanne y su lucha por salir del auto sumergido. Renuente, concluyó que ese plan no le iba a dar resultado. No tenía más remedio que reconocer que uno solo podría, pero a dos les sería muy difícil coordinar perfectamente sus versiones de un acontecimiento. Las respuestas de cada uno tendrían que corresponderse sin excepción. Era mejor que él le hiciera frente a la situación por sí solo en lugar de eludirla.

Por otra parte, había que contar el factor tiempo. En sus telefonemas a abogados y otros de confianza había habido unanimidad en aconsejarle que no demorara más en notificar el accidente. A más postergación, peor sería. Era inútil seguir postergándolo, y el tiempo se le iba escapando.

Por otra parte, consumiría demasiado tiempo ponerse de acuerdo con Rick, Peter y los demás para formular una versión y cronograma coherentes, tomando en cuenta la secuencia de lo sucedido, los detalles y circunstancias. Es decir, suponiendo que tuvieran la calma y presencia de ánimo para formular una versión clara y definitiva. Encima, era poco probable que las chicas de la fiesta, si fueran interrogadas, dieran versiones coherentes con la de ellos. En resumen, acordar semejante plan sin ningún defecto resultaría complicadísimo y, desde el punto de vista jurídico, sumamente peligroso. Peor aun, pudiera dar lugar a sospechas de que no había habido ningún accidente. Para él, era ese el peor peligro que acechaba y que debía evitar a toda costa.

A regañadientes, entre la espada y la pared, Jeff se armó de valor y telefoneó a la policía del pueblo. Consiguió dar cuenta del accidente lo más sucintamente posible: a menos palabras mejor, le dijeron sus abogados. Lo difícil sería formular una declaración coherente y luego contestar preguntas.

Empezó a pensar en cómo dar cuenta de lo acontecido mientras seguían las instrucciones para llegar a la estación. Conducía Rick, ya que en esas circunstancias no le convenía ponerse al timón. Encima, se le había quedado la licencia de conducir en Washington. En pocos minutos llegaron a la estación.

Saludó al jefe policial, Jay Aaron, que en seguida lo reconoció y lo trató con respeto y deferencia, sin duda impresionado por su celebridad.

—El vehículo es de su propiedad, ¿no? —Habló de corrido como si el accidente no hubiera sido tan serio.

—Sí, y yo lo iba manejando. —Jeff se franqueó para demostrar que no tenía nada que ocultar y, al dar una buena impresión inicial, salir del paso lo antes posible.

—¿Ah, sí? —El jefe se sorprendió. —Sabe que encontramos una joven muerta en su interior.

—Sí. ¿Me puede dar un papel para poder, este, hacer una declaración escrita, eh, preferiblemente en privado?

—Claro —contestó el jefe, sorprendido de que Jeff Kilmory no hiciera comentario alguno sobre la muerte de la chica. No hubo ninguna lamentación, como si hubiera sido una desconocida y él no hubiera tenido nada que ver con el asunto. Le pareció extraño, pero decidió no hacerse juicios.

Jeff se dio cuenta en seguida de que debió haber dicho algo al respecto, pero había estado muy preocupado por no hablar demasiado mientras consideraba lo que iba a poner por escrito.

El jefe accedió sin advertir que primero debía hacerle algunas preguntas, pero momentáneamente sintió alivio. Al menos tendría un instante de tranquilidad para considerar las siguientes medidas para procesar un caso que prometía ser de muy alto relieve.

En pocas líneas, resumió los acontecimientos previos al accidente. Dijo que él y su pasajera, Molly Jeanne, se dirigían de vuelta al muelle de transbordador para regresar a Edwardtown, en la isla mayor al otro lado del estrecho; luego, por su desconocimiento del lugar, había equivocado el rumbo enfilando hacia el puente que atravesaba un brazo de mar. Antes de que se diera cuenta, el auto se había salido de lado y caído del puente, quedándose ruedas arriba en agua de poco fondo. Indicó que sufrió una conmoción y no tenía el menor recuerdo de cómo se escapó del vehículo. Señaló que, luego, se zambulló repetidas veces para «ver si mi pasajera seguía allí adentro, pero no tuve éxito». Siguió diciendo que había regresado a la casa playera de donde habían salido, se metió en un auto estacionado y luego pidió que lo llevaran al muelle de transbordador para irse a Edwardtown. Afirmó que al llegar «caminó un rato sin rumbo» y luego se fue a su habitación de hotel; luego, al darse cuenta de lo sucedido, manifestó que llamó a la policía «inmediatamente» para notificar el suceso.

Cuando inicialmente lo vio Aaron, le pareció difícil creer, por su aspecto, que había sufrido semejante accidente. Aun no sabía lo acontecido la noche anterior y se imaginaba que había transcurrido apenas un breve lapso. Pero al leer la declaración de Jeff Kilmory, cayó en cuenta de que para cuando lo notificó ya habían pasado casi diez horas. Aun así, no cambió la decisión que había tomado: lo iba a procesar como un rutinario accidente de tránsito y nada más. Si bien la ley exigía al conductor de un vehículo motorizado tener su licencia consigo o a mano, nada decía acerca de un conductor que entrara a pie en una estación policial para informar de un accidente. El jefe pudiera haber detenido a Jeff durante 24 horas por no presentar su licencia, sobre todo tras semejante demora, y encima involucrando la muerte de un ser humano. Sin embargo, Jeff se salió del aprieto diciendo que iba a buscar su licencia y la traería más tarde, y manifestó su intención de irse a su residencia familiar para descansar. Apuntó que de todas maneras estaría a su disposición en caso de que tuviera que contactarlo. El jefe de la estación optó por no interponerle ningún obstáculo.

Entre tanto, uno de los asistentes de Jeff llegó a la estación. Dándose cuenta del problema concluyó que era preciso sacarlo de ahí en seguida y llamó a un taxi aéreo que lo transportara desde un aeródromo pequeño en las cercanías. El jefe policial tampoco pareció en este caso tener interés en obstruir ni demorar la partida de Jeff. Al contrario, ayudó a Jeff a salir de la estación por una puerta trasera a fin de evitar a los periodistas y a otros que comenzaban a llegar en busca de información sobre lo acontecido. En pocos minutos llevaron a Jeff Kilmory al aeródromo, donde abordó el aerotaxi y despegó.

En tanto, los cronistas empezaban a asediar al jefe con preguntas, pero él se las arregló para mantenerlos a raya. Habiendo aceptado la petición de Jeff Kilmory de que su declaración ni se diera a conocer ni constara en archivos hasta que pudiera consultar a su abogado, se sintió incapaz de revelar nada que pudiera considerarse oficial. Sin embargo, sí intentó cubrirse llamando al detective Kearney, quien tenía a su cargo la investigación de tales casos a fin de alertarle a él, así como a Dean Evans, el fiscal de la región sureña del estado. Evans decidiría si iba a hacer la acusación.

Tras un par de horas de insistentes preguntas periodísticas, Aaron tenía que hacer algo. Como no había tenido más noticias de Kilmory, decidió dar algo a la prensa con la esperanza de librarse de ellos temporalmente: así, les leyó la declaración que había escrito Kilmory.

Entonces le llegó una noticia del médico forense. Habían recuperado el cuerpo de la chica luego de sacar el auto del agua. El examen preliminar señalaba que no se había ahogado, sino que había muerto de asfixia. Había en sus pulmones poca agua, o ninguna. Todo indicaba que había estado respirando el aire atrapado en el vehículo, y una vez agotado el oxígeno se había desmayado y muerto. Cuánto tiempo había permanecido viva en el auto volcado era difícil de calcular, pero se sabía de casos en que la supervivencia en tales circunstancias duraba horas. ¿Por qué esa demora sin razón, cuando pudieran haberla salvado? Aaron empezaba a lamentarse de haber dejado a Kilmory en libertad sin hacerle ninguna pregunta, a base solamente de la declaración escrita, pero ya era tarde.

Surgió la cuestión de hacerle la autopsia. Aaron dijo que esa decisión no le tocaba. El médico forense y otras autoridades eludieron esa responsabilidad como papa caliente. Nadie parecía interesarse en asunto tan delicado y de tantas consecuencias. El encargado de cadáveres se sorprendió de que no se hubiera dado instrucción de hacer autopsia ya que había tres razones importantes que la exigían: el tipo de accidente, la importancia de los personajes involucrados y el hecho de que podrían hacerse reclamaciones de doble indemnización de seguro.

Mientras, los asesores de Jeff Kilmory trataban de armar un plan. En tanto que la policía pensaba si debía investigar y otras autoridades examinaban la manera de proceder jurídicamente sin hacerle demasiado daño a Kilmory, sus partidarios ponderaban la mejor manera de salir del aprieto.

Lo discutieron entre ellos, consultaron a los abogados de Jeff y decidieron que debía hacer una alocución al estado y al país en general, manifestando su honda pena y haciéndose responsable. Así se eclipsaría la cuestión fundamental de sus responsabilidades criminal y civil.

Jeff también aprovecharía la oportunidad para ganarse la empatía popular y esquivar la inculpación y la demora en notificar el accidente hasta la mañana siguiente. Se movilizarían simultáneamente todos los recursos kilmorianos a fin de superar la crisis. En fin de cuentas era el último heredero a la dinastía y su ascenso a la presidencia navegando a estela de sus malogrados hermanos equivaldría para su familia y partidarios a una real coronación. En la balanza estaba la reivindicación del legado kilmoriano, la consecución del idealizado «Camelot».

Si bien en teoría pudieran acusarlo de homicidio culposo, sería poco probable que la fiscalía llegara a eso. Sus abogados negociarían un acuerdo: Jeff se declararía culpable del cargo menos grave posible: abandonar el lugar de un accidente. Así se evitaría un engorroso juicio con sus escandalosos titulares. El castigo pudiera ser tan leve como la suspensión de su licencia de conducir por más o menos un año, más un período de libertad condicional. En tal caso saldría limpiecito y podría considerarse de lo más dichoso.

Pareció dar en la clave Jeff con su apenada alocución televisiva y su referencia a la injusta «maldición kilmoriana». Explicó que la demora fue consecuencia de la conmoción y confusión hasta que, a la mañana siguiente, se dio «plena cuenta de lo que había sucedido». El punto esencial cambió del accidente a la cuestión que se planteó a la ciudadanía del estado para que decidiera, como si se tratara de un referendo semioficial, «si el senador Kilmory debiera de renunciar». En tanto que el enjuiciamiento e inculpación eran cosa del sistema judicial, el «referendo» quedó entonces como lo fundamental, de modo que todo se anclara en si debiera o no seguir en su puesto. Aunque tal dictamen respecto a su cargo correspondía al Senado de los Estados Unidos, el caso parecía haberse elevado a un tribunal superior: el del pueblo, que daría su veredicto histórico, definitivo e inapelable.

Jeff y todo su equipo se sintieron satisfechos cuando supieron de la impresión inicial: el público había simpatizado con los Kilmory, percatándose de la mala estrella que parecía perseguirles. Si alguien pensaba que ese infortunio parecía pegársele al propio país, sobre todo en la política exterior, nadie lo dijo en alta voz. La cosa salió bien y el asunto quedó finiquitado. Nadie iba a empujar al responsable para que sufriera algo que se aproximara al más inocuo resultado posible, sin que, para cubrir las apariencias, lo dejaran salir completamente impune del apuro. Jeff felicitó a su equipo por haber cumplido bien su cometido.

Si el «referendo» había acaparado los titulares, tras bastidores la clave había sido sacar el cadáver del camino. Eso lo habían hecho rápida y eficientemente. Antes de que el fiscal, el médico forense y el detective se hubieran puesto de acuerdo sobre la autopsia, el equipo de Jeff Kilmory había conseguido la firma de los padres de Molly en una petición de que trasladaran el cuerpo de su hija de inmediato a Pennsylvania, donde residían. Abrumados por la conmoción y el dolor, habían firmado. El equipo también había traído consigo un cheque bastante grueso a modo de compensación, cuyo valor nunca se hizo público. La prensa formuló muy pocas preguntas o conjeturas al respecto. Una vez sacado el cadáver del estado, poco o nada podía hacer el sistema jurídico para que lo devolvieran, si es que querían hacerlo, a fin de seguir el procedimiento establecido.

Les aseguraron a los padres de la joven que no tendrían que incurrir absolutamente ningún gasto. Por el contrario: posteriormente se les entregó otra cantidad muy considerable, cuyo monto nadie se preocupó por siquiera estimar. Tal como se había previsto, la pareja colaboró plenamente y no hubo complicaciones embarazosas. La maquinaria kilmoriana se ocupó de controlar más averiguaciones por parte de la prensa, que mostró un interés prácticamente nulo en entrevistar a los padres, a los asistentes al festejo, al jefe de policía Aaron ni a nadie que hubiera tenido algo que ver. El periodismo investigador brillaba por su ausencia.

Sin embargo, unos años más adelante se publicó un libro con una investigación muy completa del presunto accidente. Sin que recibiera mucha publicidad, se limitó a exponer minuciosamente los hechos y no formular conjeturas de ninguna clase. Si el autor tenía alguna teoría personal, se cuidó mucho de compartirla. Sabemos que cuando una vez se encontró con alguien que le planteó una delicada pregunta sobre el acontecimiento, insinuándole que no fue nada accidental, se puso a temblar de miedo. ¿Le habrían amenazado para que nunca se le ocurriera manifestar sus conjeturas personales acerca de lo que efectivamente sucedió? ¿Qué otra razón podría haber?

Al transportarse el cadáver a otro estado, la cuestión de la autopsia desapareció del mapa. Y el pronto entierro cerró el caso. Jeff Kilmory y su equipo respiraron tranquilos con alivio casi audible.

Pues sí que parecía haber algo de verdad en la historia de maldición que pesaba sobre los Kilmory. Así pensó Mabel, la primera esposa de Jeff, cuando oyó su alocución televisada al país poco después del procedimiento judicial pro forma, bien convencida de que era apenas un arreglo convenenciero para permitirle salirse de un aprieto. Su segunda esposa, Anne, tuvo precisamente la misma impresión años después, cuando Jeff se casó con ella tras un largo período de divertida soltería luego de divorciarse de la madre de sus hijos. Tanto Mabel como Anne tenían la impresión de que los Kilmory habían experimentado una serie de misteriosos acontecimientos que no podían atribuirse *siempre* al infortunio o a simple coincidencia.

Solamente Jeff y dos de sus íntimos sabían que en el caso de Rantachidick la única «suerte» que hubo para Molly Jean fue la peor de ellas. Esperaba Jeff que la verdad se iría a la tumba con él y con quienes habían colaborado en la «limpieza».

Hubo otros que tenían un entendimiento a la callada, intuitivo —podía contarlos Jeff en los dedos de una mano—, pero no tenían conocimiento detallado, ni tampoco la menor intención de hacer preguntas u observaciones incómodas. Nada de eso les sería útil de manera alguna.

Sus esposas no eran las únicas que se preguntaban acerca del misterio de Rantachidick. Las «chicas de la trastienda» que habían asistido al festejo ponderaban que hubiera transcurrido tanto tiempo entre el accidente y la notificación a la policía a la mañana siguiente, período en que hubo en la balanza una vida que al fin se perdió, mientras que Jeff Kilmory, según su propia versión, se salvó a duras penas. Aunque creían que había algo de cierto en «la maldición de los Kilmory», fundamentalmente no tenían sino diferencias muy leves de opinión. Sentían dolor por la pérdida de su amiga y compañera de trabajo Molly Jeanne, en tanto que la alocución previamente ensayada de Jeff no les resultó tan convincente. Era inevitable que tuvieran sus dudas, pero no las compartieron con nadie. Sabían mucho, al haber tenido conocimiento de muchas piezas del rompecabezas. Pero recibieron fuertes recompensas para no contarle nada a nadie ni dar entrevistas.

Por otra parte, ¿por qué se iban a meter en lo que no les importaba? ¿Acaso iban a resucitar a Molly Jeanne? ¿Para qué iban a revolver más un asunto tan trágico y delicado? Sobre todo cuando habían recibido compensación, además de advertencias respecto a hacer comentarios. En fin de cuentas eran kilmorianas leales hasta el fin.

Las chicas de la trastienda estaban todas recelosas y conscientes de la eficacia histórica de los Kilmory en «ocuparse» de quienes —sobre todo, al parecer, si eran del sexo femenino— se les atravesaran en el camino. El caso de Molly Jeanne confirmó esa sospecha.

Jeff Kilmory y su equipo se sintieron satisfechos de su reputación. Les había servido bien.

Capítulo XXXVII
LA ÚLTIMA CAMPAÑA

La política es una gran
carrera. Permite acostarse
con todas las mujeres que
uno quiera.
— Barry Clangton, ex presidente

El Patriarca se dio clara cuenta de que sus dos hijos habían perecido a manos de la Mafia. Conociendo todos los vericuetos del poder desde la época en que era íntimo del presidente Roosevelt, no abrigaba la menor duda de que había sido cosa del bajo mundo, con la probable complicidad de conspiradores al más alto nivel. No estaba tan seguro de que hubiera participado una potencia extranjera, o un peón suyo, como Costra. No tenía ningún dato en firme, pero sí sus sospechas. Pero lo cierto era que únicamente pudieran haberlo hecho personajes al más alto nivel del gobierno de EE.UU.: es decir, conspiradores que encubrieran los preparativos a cada crimen y que desempeñaran sin tropiezos las respectivas gestiones posteriores. En el ocaso de su vida, incapaz e indispuesto a volver a hablar del tema con nadie, su corazón sabía la razón fundamental de la conspiración anti-kilmoriana. La culpa era suya y de nadie más, y eso le causaba interminable pena y tormento.

Había perdido algo de su perspicacia y se le escapaban algunos detalles. No captaba que el quid del asunto respecto al encubrimiento del asesinato de Justin radicaba en el peligro de que se revelaran datos de seguridad nacional y en exponer la mafiosa manipulación de los comicios de 1959, que atribuyeron a su hijo Justin. En cambio, el cabecilla de la conspiración se aprovechó de estos peligros para taparse. En cuanto al asesinato de Roland, su relación con el de Justin replanteaba esos mismos temas, que había que ocultar a toda costa.

Pero el dolor que le ocasionaba pensar en ello y su débil estado mental le impidieron ahondar más en la cuestión, siquiera en su fuero interno.

Había concluido Jonathan que su ardiente ambición de toda la vida de llegar a presidente —aspiración que había trasladado a sus hijos uno por uno tras su ruptura con Roosevelt por oponerse a la guerra— había resultado ser el peor de sus infortunios. Poco después de la muerte de Roland empezó a temer que el próximo atentado sería contra su hijo menor, Jeff, en caso de que llegara a aspirar a la presidencia.

Pero el propio Jeff echó de lado tal preocupación. Bien consciente de tal peligro mortal, se cuidó de rechazar la tentación de seguir los pasos de sus hermanos. Como tenía que al menos dar alguna prueba para guardar las apariencias, hizo un intento a desgano para quitarle la candidatura al titular de la primera magistratura, Jerry Canter. En ningún momento contó con ganársela y ni siquiera abrigó esperanzas. Estaba sumamente consciente de que, para él, simplemente ganarse la candidatura equivaldría a sufrir el mismo destino de sus hermanos mayores.

Estaba bastante seguro de que sería casi imposible desbancar al presidente de su intento de reelección en 1980. Como la probabilidad era mínima, también lo era el riesgo. Pero para apaciguar a los «santiguados» del destino kilmoriano, tenía que al menos hacer el papel de que perseguiría el ensueño. En el caso por demás improbable de que le quitara la candidatura a Canter, Jeff se hizo de todos modos el propósito de arreglárselas para perder los comicios y su oportunidad de alcanzar la presidencia, por mucho trabajo que le costara.

Nunca le entusiasmó la idea, ni como sueño siquiera. En caso de ganarse la candidatura pudiera caer en la tentación de proseguir con la campaña nacional. Pero si le parecía muy insegura, siempre podía buscar la manera de perder la contienda; pudiera «equivocarse» o sencillamente hacer una campaña poco convincente. Por consiguiente la lógica posición de repliegue sería no hacer su mejor esfuerzo y perder contra el probable candidato republicano, Reginald Runyon, a quien en todo caso sería difícil derrotar. Así que tendría diversas maneras de retirarse con elegancia. Habiéndose hecho el plan de no proseguir hasta el final, se reservó en su fuero íntimo la opción de interrumpir el proceso en cualquier coyuntura propicia.

Había pocas probabilidades de que surgiera el caso de Rantachidick, ya que había pasado un decenio y si bien no era asunto totalmente olvidado, quedaba en la niebla del pasado. Ya la prensa no parecía muy interesada en traerlo a colación. Así que no debiera estorbarle mucho. No siendo ya motivo de lamentaciones sino por sus consecuencias, vino a quedarse en un recuerdo tenebroso que amenazaba su gesta por acrecentarse la relevancia política y, ulteriormente, la esperanza de ponerse la corona.

—Es una pena —pensaba Jeff sin nunca manifestarlo— que para conseguir votos y ganar elecciones los políticos tuvieran que ser corruptos, cometer delitos y fechorías, recibir sobornos y coimas, ser tramposos, engañar y traicionar.

Pero así era la naturaleza del «negocio». Era lamentable que tales transgresiones, normales para la abrumadora mayoría de los políticos, resultaran a veces en la pérdida para el servicio público de tantos de los más dotados de capacidad y talento.

Su hermano Justin solía decir, y tenía el valor de contar la broma en sus discursos, que su padre solía advertirle: «No compres ni un voto más de lo necesario; que me parta un rayo si voy a pagar por una victoria abrumadora». Que aquello era cierto era lo más chistoso. No era de otra manera que habían ganado la mayoría de las elecciones hasta entonces, incluso la primaria de Virginia Occidental y la presidencia. Pero, ¿quién lo sabía, o tenía la valentía de poner el dedo en la llaga? Los Kilmory estaban tan acostumbrados a salirse con la suya que les divertía el atrevimiento de contar la anécdota; era un chiste privado así como público, aunque de sentidos divergentes, aludir a ello en tono frívolo. En cambio, al Patriarca no le parecía tan gracioso, ya que aparte de ser apócrifo, era demasiado verídico, aunque bien contento estaría de que se le hubiera ocurrido a él.

En otro nivel, Jonathan compraba a los políticos como cosa de todos los días. Una vez se citó con su «connacional» irlandés Pit O'Lean en Cleveland, sacó un fajo de billetes de mil dólares del bolsillo del saco y contó hasta treinta. Los entregó al congresista, en aquel momento presidente de la Cámara de Representantes, y le dijo: «Esto es para Manny Di Sole». Entonces gobernador de Ohio, Di Sole había sido maltratado por su hijo Roland, y le convenía aplacarlo.

En cuanto al chiste sobre la compra de votos, Justin podía contarlo tranquilamente. Dos buenas razones lo respaldaban: primero, los Kilmory tenían gran influencia en la prensa; y segundo, estando el público por consiguiente escasamente enterado de tales tejemanejes, tenía poca información específica para llegar a conclusiones negativas. La familia se había asegurado siempre de controlar a la prensa haciéndole la corte o bien amenazándola: era el manido método de la miel y la hiel, elevado a un arte e implementado a todo nivel, especialmente al de los jefazos editoriales. ¿Acaso no era cierto que el famoso columnista Wally Winger y otros cronistas sumamente respetados y respetables habían demostrado ser extraordinariamente útiles al ayudar a los Kilmory a llegar al poder y consolidarse en él?

Ningún político digno del nombre habría llegado muy lejos sin amistarse con los periodistas o llegar a controlarlos. Desde un principio, el Patriarca Jonathan les había ensenado como alcanzar ese objetivo.

* * * * * * *

Más adelante, cuando este episodio se había disipado de los titulares, la prensa vino otra vez al rescate de los Kilmory, poniendo de su parte para ayudarlos a salir de otro aprieto. Jeff y su joven primo, Walter Kilmory Smitts, habían salido de parranda una noche en West Palm Beach y tras darse unos tragos se levantaron un par de chicas, Alicia y Janine. Cuando el grupo se dirigió a una cercana residencia kilmoriana, Janine se despidió para irse a su casa mientras que Alicia, más de la edad de Walter, se quedó a coquetear con él.

Jeff le concedió a desgano la chica a su sobrino, pero les acompañó cuando se fueron a dar un paseo por un solitario tramo de playa. La pareja, alejándose de Jeff, pronto se detuvo a iniciar un episodio de intimidad sexual. Al casi darles alcance, Jeff se detuvo cerca y los observó, terminando despreocupadamente el trago que aún llevaba consigo.

Unos días más tarde, Alicia presentó acusación de violación contra Walter. En el muy publicitado juicio, dio testimonio de que «mientras la violaban, Jeff se mantuvo cerca, sonriéndose y terminando su trago, como disfrutando del espectáculo en vicario».

Mientras, la prensa destacaba el testimonio de Walter y Jeff en el sentido de que todo se desarrolló normalmente, por mutuo consentimiento, por lo que ulteriormente el jurado lo declaró no culpable.

La prensa omitió la noticia de que los Kilmory habían contratado de «investigador privado» a un criminal con antecedentes que persiguió a la joven Janine haciéndole amenazas que influyeron en su comportamiento y testimonio durante el juicio.

El tribunal se negó a aceptar el testimonio de tres mujeres que habían sido objeto de agresión sexual por Walter en incidentes ocurridos durante los últimos diez años. Posteriormente, una compañera de trabajo le puso una demanda civil por agresión sexual y, un poco más tarde, Smitts se transó extrajudicialmente con otra mujer por cargos de acoso sexual.

Que los tribunales no condenaran a un Kilmory en West Palm Beach recordaba mucho el caso de Rantachidick. Aunque habían sido las únicas veces que un Kilmory compareciera formalmente ante tribunales por cargos delictuosos, casi podría decirse que el caso contra Jeff, el de Molly Jean, apenas contaba puesto que, pese a la muerte de la chica, se procesó más bien como una levísima infracción del tránsito.

La tal infracción no le costó a Jeff sino un pasajero dolorcillo de cabeza, al suspendérsele temporalmente su licencia de manejar, siendo que de todas maneras acostumbraba a servirse de choferes. Si se hubiera tratado de otra persona le hubieran acusado, como mínimo, de homicidio culposo.

* * * * * * *

Al considerar las próximas elecciones, Jeff por fin examinó la situación con frío realismo.

«De ninguna manera voy a tentar a la Mafia, ni un poquito siquiera, para que se comploten a fin de darme la misma suerte que a mis hermanos desaparecidos», se dijo una vez, aunque nunca repitió las palabras en alta voz donde pudieran oírse. Era cauteloso, pues nunca se sabía cuando alguien iba a cometer un desliz y abrir la boca, citándole y poniendo a los Kilmory en evidencia.

Para sus adentros, Jeff se convenció de que sería un acto suicida incluso *parecer* capaz de llevarse la candidatura presidencial, por no hablar de efectivamente ganarla. La Mafia en seguida lo vería como una invitación formal para sacarlo a él también de circulación.

Algún día, se prometió Jeff, sabría por fin a ciencia cierta precisamente quiénes habían asesinado a sus hermanos y les haría sufrir las consecuencias de su alevosía; pero eso llevaría tiempo y mucha planificación. Sabía que de alguna manera habían estado involucrados la CIA, el FBI y tal vez el Servicio Secreto. No excluía la posibilidad de algún papel, tal vez pasivo, de parte del Vicepresidente Jameson, pero carecía de pruebas concretas. Sin duda que él había sido el principal beneficiario. Pero a estas alturas ya no estaba en este mundo. Jameson había llegado a la cima y disfrutado de todo a más no poder hasta llegar, tal como lo había previsto, a los límites longevos de su familia.

Fundamentalmente, Jeff sabía que el verdugo, aunque no le correspondiera precisamente la autoría intelectual, había sido la Mafia. También tenía la certeza de que la Cuba de Costra había desempeñado un importantísimo papel. Sabía que el enemigo mortal de los Kilmory tenía el motivo, la determinación y los medios, y que si no lo había llevado a cabo por sí solo, por lo menos había sido partícipe del asesinato.

Estrechamente involucrado en todo esto estaba el Plan Q, tan secreto que ni siquiera se lo habían participado a Jeff, aun cuando este había oído rumores de que se estaba preparando algo. Cuando llegó a enterarse se sintió mal de que no hubieran confiado en él lo suficiente para hacerle partícipe.

Lo cierto era que a Jeff no lo habían excluido sino porque la información sobre el plan se daba a conocer rigurosa y únicamente a quienes necesitaban saber de ello. Todos los que no cumplieran ese requisito quedaban automáticamente fuera de ese proyecto supersecreto, presuntamente mortal para Costra. El Plan Q tenía por objeto liquidarlo a él y a su hermano Repterio en tanto que, simultáneamente, se lanzaba una nueva invasión de la Isla con exiliados cubanos desde bases en Centroamérica y el Caribe, pero esta vez con tropas norteamericanas en espera para apoyarlos en el momento oportuno y necesario .

Jeff había tenido noticia de que los cubanos anticostristas, sintiéndose traicionados por el fracaso en Bahía de Cochinos, también tuvieron algo que ver con el asesinato de Justin. Pero, se preguntó, ¿qué hubieran ganado con eso que no fuera simple venganza? En comparación con el grupo anticostrista de Miami, Costra tenía mucho más que ganar con sacar a Kilmory de circulación.

Por otra parte, los exiliados cubanos que sabían del Plan Q no hubieran querido ponerlo en peligro. Pero en algún momento, sin darse cuenta, lo habían comprometido en virtud de sus vínculos con la Mafia y la misión de esta, por encargo de la CIA, de asesinar a Costra. Esa misión, en síntesis, era de carácter tripartito: Mafia, CIA y un grupo de exiliados cubanos.

Si bien el objetivo primordial de los exiliados era librarse de Costra y daban por supuesto que colaboraban con la CIA en pro del mismo objetivo, es lamentablemente cierto que algunos se interesaban más en las sumas que les entregaban los mafiosos para recibir información secreta sobre el Plan Q. Es indudable que la Mafia aprovechó al máximo su función de doble agente como aparente instrumento ejecutor del plan kilmoriano contra Costra, mientras apuntaba sus armas en la dirección contraria.

Siendo que los hechos del asesinato de Justin le quedaban claros, Jeff optó —tal como su lo hizo su hermano Roland— por no seguir investigando. Era mejor desembarazarse, negarse a tener nada más que ver con el asunto. El tema lo deprimiría aun más. En caso de que lograra confirmar todos los detalles, ¿cómo iba a compartirlos con el pueblo norteamericano sin implicar a sus hermanos en tejemanejes que hasta entonces habían permanecido ocultos? Revelar que ellos habían estado involucrados en acontecimientos que ulteriormente les ocasionaron la muerte a manos de la Mafia hubiera puesto al descubierto numerosísimos hilos sensibles que al final destruirían su aureola mística de ser óptimos y brillantes. Y no hubiera borrado las trágicas consecuencias.

Era cierto que ya para entonces las figuras importantes habían cambiado a todos los niveles. Pero, ¿para qué tentar al destino y sacrificarse en el altar de la leyenda kilmoriana si al así hacerlo la Mafia pudiera acabar con el último miembro del clan que seguía vivo y con viabilidad política? Los mafiosos eran implacables y no vacilarían en asestarle otro golpe mortal a quien fuera capaz de amenazar en serio su poderosa y lucrativa organización.

En alguna ocasión de lucidez su padre Jonathan le había exhortado, como último portaestandarte de su generación, a mantenerse a distancia de ese preciado pero caro premio político. Conseguirlo le hubiera colocado en posición de rectificar la maldad de que habían sido víctimas sus hermanos, pero también podría conllevar el riesgo de sufrir el mismo destino fatal. Mejor ser el buque insignia de los Kilmory y trabajar desde la relativa seguridad del Senado, guardando su distancia del peligroso precipicio de la presidencia. Era mejor no sobresalir. Llegar a ser más que un legislador importante lo convertiría en tentador objetivo. La rama legislativa, como lo había sido hasta entonces, sería un lugar seguro — no así ser el jefe del ejecutivo—.

Jeff se hizo el propósito de renunciar a toda tentación, en cualesquiera circunstancias, de hacer el papel de un héroe más, únicamente para satisfacer las esperanzas de la familia y del partido en pro de restablecer la mística del clan y de hacer realidad aquel ensueño: de erigir de nuevo, en triunfante realidad, otra administración kilmoriana. Nada le hubiera encantado más que conseguir ese objetivo, pero su precio lo hacía un sueño imposible.

La historia de los Kilmory, pese a la ardua labor por ellos desempeñada, no era perfecta. Pero, ¿cuáles políticos podrían jactarse de ser perfectos, o casi? ¿Cuán larga sería la historia de las buenas acciones —pensaba Jeff—, que nunca se hubieran logrado si los políticos no se ensuciaran las manos de vez en cuando?

A Jeff le gustaba dirigir a sus íntimos estas palabras: «Ensuciarse las manos es un mal necesario para tener la oportunidad de hacer las cosas de veras importantes para el pueblo, sobre todo para los pobres y oprimidos». Él mismo estaba plenamente convencido de que había hecho muchas obras buenas... Sin embargo, consideraba que no pudiera haberlas hecho sin entenderse con los poderes establecidos, transándose y haciendo arreglos de los que pocos podrían enorgullecerse.

* * * * * * *

—Piensen en lo que sucedió, este, un par de décadas más adelante— dijo Jeff haciendo memoria mientras compartía un poco de juisqui escocés con Samuel Scribner, uno de sus parientes políticos favoritos y punto firme de la familia desde decenios atrás. Los dos se llevaban muy bien aunque, en el transcurso de los años, habían tenido salteadas diferencias políticas y personales. —El presidente Barry Clangton fue capaz de hacer, eh, prácticamente lo que le dio la gana y salirse con la suya. Como ese episodio, ja, ja, con la chica que, eh, le complació mientras que, sentado en la Oficina Oval, se fumaba un puro que también usó como juguete sexual.

—Claro que al fin le hicieron juicio político, pero únicamente porque *mintió* al respecto, no por lo que hizo. —Scribner se sonrió con algo de malicia.

—Hubo otros detalles de los que el público nunca se enteró. ¿Sabías que en una ocasión fue a una cita romántica con la conocida estrella fílmica y teatral Barbie Streident, y por alguna extraña razón se quitó el anillo de casado y lo puso en un plato de frutas?

—¿Acaso no sabía ella, como todo el mundo, que era casado? — Scribner se rio del chascarrillo.

—¡Anjá!, y luego de haber disfrutado de su, um, rato de juegos, que seguramente no era el primero entre ellos, se le olvidó totalmente el anillo y tuvo que, eh, enviar al Servicio Secreto a buscarlo. —Con un poco de juisqui Jeff hablaba con más soltura—. En otra ocasión invitó a la Barbie a pasarse la noche en la Casa Blanca cuando su esposa

Harriet tuvo que ir a ver a su padre, que estaba moribundo. De alguna manera esa arpía se enteró, ¡y le hizo pasar una semana endiablada! Entonces la Harriet le prohibió la entrada a Barbie cuando no estuviera ella presente en la Casa Blanca para vigilarlos. ¡El gallo presidente pisado por la gallina! —Se rio con ganas, acordándose de cómo las esposas kilmorianas aguantan todas esas andanzas sin decir ni pío. —Luego hubo ese misterioso caso de Van Forester en que el pobre tipo presuntamente se suicidó en Fort Marcy Park, a la orilla virginiana del Potomac. Creo que de alguna manera se mató, o lo mataron, en su oficina de la Casa Blanca; luego se llevaron su cuerpo con sigilo a ese parque sobre el río y le pusieron un revólver irreconocible en la mano.

—Si uno se va a matar, ¿por qué molestarse en ir a otra parte cuando puede meterse un tiro ahí mismo donde esté y terminar de una vez con todo? —Scribner no estaba convencido de que de veras se hubiera suicidado.

—En absoluto —respondió Jeff pensando en otro «suicido» en que su hermano Roland había estado sin duda involucrado: el caso de Marie Moore—. Además, es bien sabido que Forester y Harriet Clangton tuvieron una relación amorosa muy seria que duró años, desde que trabajaron juntos en la firma de abogados Ross, en Little Rock, Arkansas.

—¿Crees que Forester sufría de un quebranto mental y estaba a punto de contar cosas que pudiera meter en líos a la co-presidencia de los esposos? Scribner manifestó una sospecha que hacía largo tiempo tenían, entre otros, los de la familia Kilmory.

—No me sorprendería —contestó Jeff—. También sabemos que Harriet no solo la denominaba «*nuestra* presidencia» sino que había sido la arquitecta de todo aquello y poseía al menos tanto poder como Barry. Es más, ella prácticamente se apoderó de la oficina de la vicepresidencia, relegando al titular Gore a otro edificio.

—Lo que hizo Clangton sin que nadie lo inculpara llenaría una gruesa enciclopedia —concluyó Jeff. Tenía por ídolo a mi hermano Justin, en diversos aspectos, y estoy seguro de que rompió su récor en el número de mujeres seducidas, contando solamente las que consiguió durante su presidencia; ni cuento siquiera las que él, um, «convenció» —por poco se le sale «violó», pero le dio la vuelta y prosiguió—: es decir, las que conquistó o supo aprovechar mientras era gobernador de su estado. Aunque parezca mentira, la tarea número uno de su equipo seguritario era salir a conseguirle mujeres.

—Pues sí —gorjeó Scribner con una risita apenas afectada por su propio y riguroso código moral—. Mientras, la tarea principal de Harriet era encubrir sus andanzas para que no los echaran a *los dos* de la presidencia. Al fin y al cabo, como bien dijiste, ella estaba siempre preocupada por lo que llamaba «*nuestra* presidencia».

—Ja, ja —respondió Jeff, meneando la cabeza en sentido afirmativo.

—Bueno, menos mal que para entonces las normas habían cambiado un poco. Los servidores públicos tienen muchas tentaciones que en realidad no afectan su talento gobernativo. Así que dar al traste con ellos por tales razones sería hacerle un flaco servicio a la república. —Scribner tenía la elocuencia de un orador, sobre todo refiriéndose a los Kilmory, no menos que a sus émulos—. En todo caso Clangton es un verdadero maestro al rejuego de la política y de las relaciones públicas, así como lo es su esposa Harriet, que luchaba por él a diente y colmillo. —De cierta manera, Scribner admiraba a regañadientes a Clangton por su destreza para esquivar y saltar por entre los más espinosos aprietos. Era casi como si se hiciera el propósito de buscárselos, pensó Scribner, como para retar su talento de escapatoria. Claro, la Harriet tenía mucho que ver en eso con su capacidad encubridora.

Scribner barajaba la idea de cambiar el tema, consciente de que gran parte del historial de Clangton era mejor no explorarlo y teniendo presente sobre todo que los Kilmory le habían dado el ejemplo, por el lado malo tanto como bueno.

—Como sabes, muchos han sido —manifestó, incapaz de resistir la tentación de concluir sin declarar su censura moral— los que estaban enterados de datos confidenciales sobre Clangton y desaparecieron o murieron misteriosamente antes de revelar nada o de dar testimonio al respecto. —Se fijó en que Jeff se había puesto ligeramente incómodo—. Pero dejemos eso a un lado, por nuestra propia seguridad —terminó con una risita suavizadora—; es cosa del pasado.

—Sí, del pasado —Jeff se hizo eco de la risita de su interlocutor y se valió del socorrido recurso de repetir las últimas palabras suyas para dar el tema por terminado.

—Hubo una época en que el público en general era mucho más ingenuo y sensitivo en lo moral —observó Scribner como puente para pasar al siguiente tema, guardándose para sí su íntimo principio de que toda divergencia del camino recto de conducta era inaceptable—.

Las transgresiones de entonces se veían con alarma e indignación en comparación con el día de hoy.

—Sí, acuérdate —Jeff pensaba satisfecho en la bien organizada campaña de la prensa tan controlada por los Kilmory—, de cuando nos ocupamos de Dixon. —Se sonrió de astucia al cambiar de rumbo, levantando las cejas para acentuar sus palabras.

—¿Cómo me iba a olvidar? Nuestros socios en el periódico *The Washington Trumpet,* que algunos llaman *El Washington Tramposo,* le metieron candela hasta cocinarlo desde adentro para afuera.

—¡Ja, ja! La interminable sucesión de críticas escritas por Woodburn y Epstein caldeó la opinión pública hasta el punto en que se vio obligado a renunciar. —Jeff recordó con satisfacción el episodio.

—O si no lo hubieran declarado culpable en el juicio político del Senado, por lo cual lo hubieran metido tras las rejas —Scribner rio su gracia pensando en esa consecuencia no tan intempestiva—. Según su lema de campaña, Dixon quería que le dieran «cuatro años o más», ¡y por poco le dan seis a ocho!, pero de prisión.

—Sí, ¡qué ocurrencia!: el presidente de los Estados Unidos cumpliendo sentencia en Sing Sing —asintió Jeff— como un mafioso común y corriente. Me atrevería a decir que, eh —bajó la voz en simulacro de conspiración—, ¡por mucho menos de lo que han hecho *tantos otros*! En un borbotón de alarde y franqueza, iba a decir «mis hermanos» en lugar de «tantos otros», pero en la última fracción de segundo cambió de idea, acentuando la frase con ojos reabiertos. —Lo único que tenía que hacer era borrar más cintas magnetofónicas, pero no tuvo cojones.

—Claro que debió destruirlas —replicó Scribner con intención, notando la insinuación de Jeff y recordando que las grabaciones de la Casa Blanca durante Justin fueron depuradas de todo lo que no le hiciera quedar bien a él o a su administración—. Por su parte, ¡la astucia y buena suerte de Barry Clangton eran increíbles! Hizo y deshizo cuanto le dio la gana prácticamente sin ocultarse, formuló declaraciones que equivalían a confesar y luego mintió, contradiciéndose. Menos mal que Harriet lo protegía, orquestando su defensa y «defendiendo a su hombre» como una esposa fiel y sumisa, como esa cantante ranchera Tammy Wynette. Pero, ¡qué diablos!, Dixon sí se merecía todo lo que le dieron —concluyó Scribner.

—¡Ja, ja! —Jeff lanzó una risotada como para desviar el tema, apartándolo de sus hermanos. —«¡No soy un maleante!», cacareó, imitando a Dixon y golpeando la mesa con el puño al repetir las palabras con que este quiso defenderse—. ¿Cómo se le ocurrió decir semejante tontería?

—Y no olvidemos las palabras de Jerry Cantor: «¡Yo no les diré mentiras»! ¡Ja! Como si todos no lo hicieran, de una manera u otra; ¡hasta él mismo! ¿Quién sabe de veras lo que constituye «la verdad, toda la verdad y nada más que la verdad», según reza el juramento judicial? —A Canter le gustaba hacer el papel de un santo de nuestros días, según opinaba Scribner. —Y no hay que olvidar sus interminables coqueteos con Costra. —Tenía para sí que el ingenuo y ya expresidente había cometido el pecado mortal de entregar el Canal de Panamá, construido por EE.UU., a un gobierno panameño inestable y tampoco exageradamente democrático —. Encima, ¡los gobernantes del istmeño país han sido, antes y después, socios del criminal régimen costrista! —exclamó.

—Yo podía haber hecho mucho más, Sam, si, eh, hubiera llegado a presidente o si acaso hubiera alcanzado, más bien pronto que tarde, una posición de, digamos, más jerarquía en el congreso —prosiguió Jeff un tanto nostálgico.

—Bueno, Jeff, a veces es necesario amoldarse a los vientos que soplan a fin de seguir adelante y hacer el bien cuando hace falta. Es difícil cambiar la realidad de cómo se desenvuelve la política. Te has desempeñado muy bien y eso merece mucho reconocimiento —concluyó, dándole un espaldarazo moral.

—Pues sí. «La política es el arte de lo posible», fueron las conocidas palabras de un político inescrupuloso —Jeff sonrió con amargura—. Fue ese bandolero a quien le llamábamos, en nuestro círculo familiar, «el Usurpador». —No tuvo que aclarar que se refería a Jameson.

Capítulo XXXVIII
MUTIS DE JENNIFER

Tan nerviosa como siempre al presenciar acontecimientos políticos —lo inolvidable de Dallas—, Jennifer miraba la televisión en su cómoda casa de Georgetown, el sector más codiciado de Washington, en sintonía con el programa en vivo de la victoria obtenida por Roland en los comicios primarios de California. Se sentía inquieta cuando, a punto de apagarla, oyó los tiros. Sabía, sin siquiera echarle una mirada a la pantalla, que había ocurrido un episodio trágico más en la saga de los Kilmory. Los tiros, los gritos, y su intuición, le comunicaron lo sucedido, haciendo innecesaria toda descripción.

—¡Han tiroteado al Senador Kilmory! ¡Está herido! —El corresponsal hablaba a gritos. Contra su deseo instintivo de saber más detalles, apagó el aparato para no ver ni oír nada más. Estaba absolutamente segura de que lo habían asesinado, tal como ella misma se lo había pronosticado.

Agradeció a su buena estrella que sus hijos Justin y Candice estuvieran de viaje en Francia, visitando a íntimos amigos de la familia. Así y todo, Jennifer se estremeció de pensar en comunicarles la mala noticia. Tal vez sería misericordioso que la oyeran antes de que ella pudiera llamarles. Pero antes, tenía que comunicarse con los Kilmory, allá en su extenso complejo familiar por el cuadrante nordeste del país. Así lo haría tan pronto pudiera dejar de llorar y temblar, serenándose. En lo emocional se sintió hecha trizas, débil, apenas capaz de pensar. Pese a haber roto con él, siempre le había tenido cariño a Roland. Era sólo natural, considerando que había sido su cuñado y amante.

Ahora sí se sintió decidida. Era hora de llamar a Aristides, su opulento amigo griego, a quien consideraba su «salvavidas». Había sospechado, o mejor, previsto desde hacía tiempo tal acontecimiento, así que no la tomó de sorpresa. Si bien siempre había abrigado la esperanza, contra toda esperanza —valga la redundancia—, de que nunca llegara a pesar. Pero ahora ya no había otra solución. Tenía que escaparse de este ambiente malévolo, sacar a su hijo e hija de lo que calificaba de «este vórtice de violencia»: a eso había llegado, pensaba, la sociedad norteamericana. Con el tiempo tal vez cambiara. Pero por ahora, su prioridad había de ser «fugarse, no luchar».

* * * * * *

—¡No te imaginas el placer que me das!, mi querida Jennifer. —Habló con cierta suavidad, tratando de no exagerar su entusiasmo cuando en realidad estaba loco de contento. —Lo haremos muy discretamente, en mi isla, claro.

—Claro, Ari —le contestó tranquila—. Siempre y cuando estemos a salvo de esos incontrolables y curiosos periodistas —subrayó—. Ya sabes lo que pienso de ellos. —En los últimos tiempos le había sido incesante la persecución de fotógrafos y medios informativos.

—Me ocuparé de eso; no te preocupes, querida. Será una ocasión alegre pero íntima. Lo más privada y tranquila posible —le aseguró en su acentuado hablar—. Ya sabes que nadie puede poner los pies en mi isla sin permiso mío. Es el refugio perfecto —terminó colmado de éxtasis. Por fin se casaría con la mujer que consideraba la más codiciada del mundo, al menos para él y, pensó, también para la mayor parte del mundo occidental. Refinada, culta, elegante, hermosa, de excelente porte y estilo, aún joven y deseable, y sobre todo de clase y prestigio supremos. Lo más aproximado a la realeza norteamericana. —Diré a mis abogados que preparen la documentación para asegurarnos de que disfrutes de seguridad en el futuro, pase lo que nos pase. —Indicó con el tono lo que no quiso decir en alta voz: «estando los dos juntos o, si así resultara, por separado». Confiaba en que era lo que ella quería oír o al menos quería que le diera a entender, sobre todo en lo financiero, aunque en las circunstancias se hubiera despreocupado totalmente de tal cosa. Pero, a su edad, tenía muy presente que nada en la vida es eterno.

—Avísame cuándo quieres que te mande mi *jet* privado para que puedas trasladarte con toda comodidad.

—Así lo haré mi querido Ari, tan pronto pueda hacer los arreglos. Dame unos días. —Jennifer procuró transmitir una actitud más positiva de la que sentía. Sintió una leve conmoción al pensar en algo que nunca hubiera previsto: que una perspectiva de matrimonio fuera ocasión de tanta tristeza.

Para Arístides era puro gozo. Gritó de alegría tan pronto colgó el teléfono, asustando a su mayordomo y sirvientes. No podría haber tenido mejor resultado —la perversa maleficencia de su oculto lado sombrío apoderándose de él— si hubiera sido el propio autor intelectual de los atentados anti-kilmorianos. Pero echó a un lado esos absurdos conceptos; ya otros se habían ocupado de tan despreciable tarea: sus manos estaban limpias y él no había tenido absolutamente nada que ver. La esperanza (ya de antes había recibido de visita a Jennifer —¿platónicamente?—) no era delito: se absolvió, su conciencia limpia. Además no le había costado nada: ni financiera, material, moral ni intelectualmente. Lo esencial era que pronto su vida estaría completa.

Y Marcia Cannas estaría haciéndole antesala como siempre. Siempre —bueno, casi—podía contar con ella cada vez que la precisaba. Le desagradaría su decisión, pero ya se le pasaría. En su próxima cita la colmaría de lujosos regalos, como de costumbre, para engrasarle el mecanismo de olvido. Ah, ¡qué buena era la vida!

Por su parte, Jennifer abrigaba un sentimiento extraño: alivio. La era política de los Kilmory, para todos los efectos prácticos, había terminado. También había terminado su propio papel en ella. Se sentía satisfecha de que ahora podría alejarse física y emocionalmente de todo aquello. Era tarea ajena seguir adelante con «Camelot» en lo político y escribir la crónica, la historia de sus faltas y glorias.

Capítulo XXXVIX
MUTIS DE JAMESON

Desanimado, Jameson sorbía su juisqui favorito, Cutty Sark, sentado en la sala de la mansión desde la que controlaba su hacienda principal, situada en la lomeña región tejana; el nombre, lógicamente, tenía que reflejar sus omnipresentes iniciales: «LBJ Ranch». Había comprado el latifundio y amueblado la casa con el producto de su propia corrupción y la de sus socios en el arte de delinquir, gracias a la impunidad que otorga el poder de los cargos de altura.

Se sentía muy satisfecho de haber alcanzado su sueño de la niñez de llegar a ser el jefe del ejecutivo, pero le seguía doliendo que nunca le fue dado buscar la reelección tras haber cumplido su primer mandato completo. Extrañaba la falta de poder.

—Calculé mal —le explicó a Jasper, uno de sus íntimos amigos—. Siendo presidente en época de guerra, nunca pensé que no conseguiría el segundo mandato completo que debió tocarme.

—Tal vez subestimaste al enemigo en esa guerra, Louie —le dijo Jasper con cierta condescendencia—. Y no me refiero precisamente a... Vietnam del Norte. —Sonrió pícaramente.

—Absolutamente, así mismo fue —le contestó Jameson sin devolverle la sonrisa—. El enemigo estaba en China... y aquí dentro del país. Pero en el sentido universal de las cosas —prosiguió, poniéndose filosófico— pensé que me podía salir con la mía, tal como lo hice con todo lo demás. —Por poco se le suelta «incluso el asunto de Kilmory», pero se aguantó. Como Jasper conocía ese episodio, podría haberle hecho alarde a él y a otros sin preocuparse por las consecuencias ahora que su expectativa de vida se había reducido a unos meses o aun semanas. ¿Qué de malo iban a hacerle a estas alturas? Su lugar en la historia lo habían establecido muy bien los cronistas y biógrafos lamebotas que estaban endeudados con él o sujetos a su control.

—Pero, Jasper, lo peor eran los chinos. Esos hijos de puta querían joderme, echar a Norteamérica de Asia, patearnos el culo y ponernos a la defensiva.

—Sin duda. Los norvietnamitas no pudieran haberlo hecho por sí solos.

—Me fallaron los asesores militares, Jasper. A eso se reduce la cosa—. A Jameson le gustaba echarle la culpa a las fuerzas armadas, lo que explica por qué evitó toda relación con sus oficiales de alta graduación tan pronto abandonó la presidencia.

—Bueno, pero si tú te limitaste a seguir los planes a largo plazo de Kilmory cuando te metiste en eso—. Era una afirmación y simultáneamente pregunta.

—Claro. Cuando se le fue Cuba de las manos tenía que compensarlo con algo y optó por Vietnam. Yo simplemente le seguí la corriente. —Jameson mentía con astucia para elaborar sus versiones de la verdad histórica. Había perfeccionado ese arte, habiéndolo practicado toda la vida con celo implacable y convenenciero, promotor de su persona. —Pero el idiota nunca daba pie con bola así que tuve que sacarlo del camino —al fin pudo más el alarde que la prudencia—; si por mí hubiera sido no se hubiera eternizado tanto ahí.

—Sí, ¡y fíjate toda la legislación que conseguiste aprobar tan pronto se fue! —Jasper habló como si tal cosa, como reconociendo un hecho establecido. —Kilmory no pudo haber promulgado ni una sola de esas leyes si se hubiera pasado el resto de la vida empujándolas. —Paseó la vista alrededor de la sala, llena de retratos donde Jameson firmaba leyes y proclamaciones rodeado por multitudes de legisladores y líderes de derechos civiles.

—Correcto, y esos comemierdas nunca tuvieron idea de lo que les había pasado. Siempre pensaban que eran la Mafia, los cubanos, la CIA y el FBI. Jamás se les ocurrió sospechar de mí.

—Cualquiera hubiera pensado que Roland se las hubiera cobrado en caso de sospechar algo. Siempre se creía todo un machito —terminó diciendo en son de burla.

—Justo eso, Jaz. Eso es lo que el mierdita culicaga'o ese se creía. Pero si algún día se le hubiera ocurrido hacer algo, yo lo hubiera hecho polvo con mi escopeta de perdigones calibre 10. —Jameson soltó una risotada que se hizo ecos por todo el salón. —¿Te conté de la vez que vino por acá y lo convencí pa' que saliera de caza conmigo?

—le dijo en su jerga coloquial—. Le pasé la escopetaza calibre 10 y le dije, «pruébala», y cuando apretó el gatillo el culatazo lo lanzó pa' tras, se cayó de culo y para colmo la culata le partió la frente. Le dije, con mucha compasión: «Mi'jito, ¡usté tiene que aprender a manejar las armas como un hombre!» ¡Se puso que echaba humo por las orejas!

—A que, ja, ja, nunca, ja, ja , ¡se le ocurrió volver a tocar esa escopeta! —Jasper se rio entre palabras.

—Yo no aguantaba a ese mierdita ni en pintura, y la Mafia tampoco. No tuve que mover ni un dedo para que acabaran con él. Le tenían tremenda rabia a los Kilmory. Es más, por poco se lo llevan a él primero en lugar de Justin.

—Pero tú les fijaste la prioridad, ¿no?

—¡Coño, claro! —Jameson mintió sin necesidad—. Mi plan era ser presidente; solo acabar con el ratoncito ese no hubiera servido para nada.

—Lo que él buscaba era heredar la presidencia y consolidar la dinastía de los Kilmory pa'l resto del siglo, ¿no? —contestó en su estilo informal.

—Claro, hombre. El plan de esos bandoleros era sacarme a mí a la fuerza y poner de vice al mierdita ese en las elecciones del '63. Seguro que luego hubieran puesto al hermanito de presidente en la siguiente elección. Tú lo dijiste: como una dinastía.

—Así que tuve que ponerles un parón a esos maricones. Lo que querían era apoderarse del país de punta a cabo hasta el siglo XXI.

—Los paraste en seco, Louie. Y así y todo el mariconcito quería hacerse del poder. Estaba soñando. ¿Tú crees que hubiera salido electo?

—¡Qué va! Pero no podíamos correr el riesgo electoral. Le dije a la Mafia: «túmbenlo ya». Que no se preocuparan de ninguna investigación ni na' porque yo le pondría un pare a todo eso.

—Inculparon a ese tipo medio turco, ¿no?

—Natural, otro «chivo» como Rosswell. Como te dije, paré todo ese proceso en seco. —Jameson y Jasper estaban en la misma onda—. Hooper del FBI nos cubrió igual que en el caso de Kilmory. Y la policía de Los Angeles también. Un loquito lo hizo él solito y ya. Caso concluido.

—¿Y qué le hizo pensar a Roland que podía hacer la campaña sin que la Mafia se quedara cruzada de brazos?

—¡Son tan arrogantes esos irlandeses! Se creen que pueden más que nadie. Son una partida de comemierdas.

—Y tú los dominaste con una sola mano, ¿no, Louie?

—Muchacho, desde 1959, si no antes. Le dije a Justin: «Si quieres ganar las elecciones ponme en la boleta, o sino ya sabes».

—¿Ya sabes?

—Si no, pudiera salirse por ahí el material que me contaba mi vecino Hooper cara a cara. Todo tipo de fango: mujeres, drogas, las enfermedades venéreas que tenía, gonorrea, de todo. —Jameson se engreía de animación. Le encantaba relatar sus aventuras y Jasper escuchaba atento y divertido, pero discreto.

—Así que se cagó de miedo.

—Muchacho, se rajó tan pronto, que pensé que, je, je, me iba a poner a mí de presidente y quedarse él con el segundo lugar.

—Así que ahí le ganaste.

—Sin duda. Tal como lo había planeado. A un paso de la presidencia. Lo único que tenía que hacer era esperar que le sucediera algo. —Jameson se rio satisfecho, haciendo la mano derecha de revólver y apuntándola juguetonamente a la cabeza de Jasper.

—El camino más seguro a la meta—, dijo Jasper, agachándose ligeramente para seguirle la corriente al chiste gestual.

—¡Ab… solutamente! Si no, hubiera tenido que esperar de ocho a doce años. Y eso ya lo tenía que descartar, en vista de la corta longevidad de mi familia.

—¿Y la familia de ellos nunca sospechó nada?

—Es posible, pero nunca hicieron nada. Creo que se quedaron lelos del golpe y no pasó nada. —Se sonrió con malevolencia, casi ferocidad.

—Lo organizaste de lo mejor, encargándote de todos los detalles. —Jasper conocía a su anfitrión lo suficiente para imaginarse un amplísimo y detallado plan no escrito que apenas Jameson pudiera haber sido capaz de inventar, darle seguimiento e implementarlo paso a paso.

—Mira, no tienes idea de la cantidad de trabajo que me llevó. Para taparme, contaba con al menos tres niveles de distanciamiento, lo que llaman «denegatoria plausible». Mandy, mi novia número uno, sabía algo de eso, todavía más que mi mujer. —Saboreó el alarde más que el Cutty Sark.

—¿Ah sí?

—En efecto, la noche de la gran fiesta, el 21 de noviembre de 1963 en Austin, en casa de Masterson, cuando yo y todos los que estaban conmigo en eso nos reunimos en un salón: Hooper, el general Le Maine, el financiero Hunter, Dixon el futuro presidente,

McClayson. Algunos estaban un tanto nerviosos, pero yo estaba feliz y a la expectativa del gran acontecimiento; tal vez te acuerdes —siguió dándose tono, olvidándose de que Jasper no asistió—; yo se lo dije claro a Mandy: «a partir de mañana esos hijos de puta los Kilmory nunca se van a burlar más de mí: y no estoy amenazando, sino prometiendo» —concluyó Jameson en su más auténtico acento sureño, que podía suavizar un poco si se lo proponía—. ¡Tenías que haberle visto la cara!

—Ya me lo imagino—, rio Jasper suavemente.

—No tienes idea. Era la única persona que no colaboraba en el plan que lo sabía con anticipación. —Jameson sonrió al acordarse de lo atractiva que era la chica en aquella época.

—¿Y cómo explicaste la foto que te sacaron en Haley Plaza?

—Ah, ¡ja, ja! ¿La foto en que no salí?

—Sí. Esa misma. —Jasper se sonrió como quien está enterado, pero sin revelar su fuente.

—Pues mira, yo dije que estaba echándome medio agachado para adelante tratando de oír las comunicaciones radiales del agente Youngblood, y nada más. Estaban comunicándose al detalle todo lo que sucedía durante el desfile. Ni mi mujer Laura Bertha sabía lo que yo hacía. Estaba distraída saludando al público.

—Bueno está tu pretexto, Louie, pero tú sí sabías...

—Entonces, cuando empezaron a silbar las balas, Youngblood se metió de un salto en el asiento de atrás, donde iba yo, y se sentó encima de mí hasta que todo pasó. Yo le di una medalla por eso, ¿te acuerdas? —Jameson se había inventado el cuento de que el agente Youngblood del Servicio Secreto le había salvado la vida y lo repetía con tanta frecuencia que llegó a creérselo a pies juntillas... igual que todo el mundo. En realidad, el cuento le restó atención al hecho de que Jameson se había agachado y prácticamente «desaparecido» de treinta a cuarenta segundos antes de que empezaran los disparos. Eso lo verificó una foto sacada por el fotógrafo presidencial que iba en un vehículo delantero. Pero pocos, si es que hubo alguno, se habían dado cuenta.

—Me alegré mucho de que aquello se acabara; uno nunca sabe lo que puede pasar en una balacera. Pero entonces, ja, ja, me puse a hacer el papel de muerto de miedo, dando órdenes y diciéndole a to'l mundo lo que tenían que hacer, mientras repetía: «Cuídense, ¡que nos quieren matar a todos!» Eso se lo tragaron completico. Ese tape me salió de lo mejor, modestia aparte. Así parecía que era una víctima inocente, ¡igualito que los demás!

—Bueno, Louie, eso es lo que normalmente se hubiera esperado de alguien en tu lugar.

—No me voy a meter en todo el complicado plan de cargar el cadáver de Kilmory en el avión de respaldo, mientras todos pensaban que iba en «Air Force One» conmigo y la viuda de Kilmory. Por cierto que me dio un poco de lástima con ella. Era la única de los Kilmory que siempre me trató bien.

—Sí, ella pasó las de Caín —Jasper se identificó con los sentimientos de Jameson—.

—Bueno, en todo caso el avión de respaldo, «Air Force Two», nos pasó en el camino y aterrizó antes en la Base Andrews de la Fuerza Aérea —siguió diciendo—. Al cuerpo de Kilmory hubo que hacerle un poco de trabajo cosmético para que se ajustara a la hipótesis del «loco solitario», ya que todas las balas tenían que haberle dado por atrás.

—O si no, imagínate, ¿no? —Jasper le animó a que prosiguiera.

—Precisamente. Después del aterrizaje, cambiaron el cadáver al féretro vacío que descargaron de Air Force One.

—¿Y qué pasó con la cuestión de Cuba? —Jasper mostró curiosidad.

—Ese era el Plan B, la conspiración comunista internacional que debió habernos justificado la invasión de Cuba, ya planeada de antes por los Kilmory. Pero teníamos que dar la impresión de que Rosswell era un agente de esa conspiración, y eso se puso muy difícil cuando no lo despacharon de inmediato. Yo quería liquidar al hijo 'e puta de Costra, pero eso se hubiera puesto muy complicado.

—Así que te tuviste que quedar con la teoría del «loco solitario».

—Así fue. El Plan A. Una vez que eliminaron a Rosswell 48 horas más tarde, estábamos ya listos para seguir por ese rumbo. El director del FBI, Hooper, le dijo a su gente que nos respaldaran en todo, tal como habíamos quedado. —Jameson siguió su recuento—. Teníamos colaboradores en los altos cargos de la CIA que también hicieron lo que les tocaba. Para acabar de despistar, mucho después de todo el episodio, insinué que creía en la conexión entre la DGI de Costra y Oswald.

Estuvo a punto de decir que habían encargado a esos agentes de la CIA el reclutamiento de la Mafia, pero se contuvo al no sentirse de ánimo para abordar tan sensible aspecto. Tal vez en otra ocasión le contaría a Jasper que Jay J. Ambleton, Jefe de la Contrainteligencia, había incorporado al cuadro a sicarios experimentados, exiliados cubanos, que estaban furiosos por la traición de Kilmory en la invasión anticostrista de Bahía de Cochinos.

—Me fascina tu relato, Louie. —Jasper tenía ganas de oír más.

—Okei, te la voy a resumir —dijo Jameson. Se animó con el interés de Jasper. Además, contar sus hazañas le daba energía y contribuía a poner las cosas en perspectiva. Total, ¿qué iba a perder? —Lo que pasó fue que Ambleton se había incorporado a nuestro plan cuando oyó por sus contactos que Kilmory estaba valiéndose de algunos periodistas, entre ellos el francés Pierre David y la norteamericana Linda Harrow como intermediarios para llegar a un arreglo de «coexistencia pacífica» con Costra. Para Ambleton esa fue la gota que rebosó el vaso.

—No quería él arriesgarse a que Kilmory dejara tranquilo a Costra, ¿eh?

—¡Ni cojones! Además, Linda Harrow estaba loca por Castro sexual e intelectualmente. La seducción era parte de, je, je, el poder de Costra y su estrategia de relaciones púbicas, digo públicas. —Jameson sonrió con malicia, acordándose de sus propias aventuras sexuales a todos los niveles del poder. —Linda se imaginó que era una protagonista en el escenario histórico y se enorgullecía de actuar de mediadora entre Costra y Kilmory. Acaso era ese, más que nada, su verdadero enamoramiento y lo que más le llegaba al corazón.

—Me imagino que con eso se llegó a meter en un lío —dijo Jasper, acordándose de que no mucho tiempo después la chica desapareció del mapa.

—A decirte verdad, Jasper, creo que así fue. —Jameson prefirió no entrar en detalles acerca de como, al desaparecer Kilmory, los esfuerzos de la chica «tocaron imprevistamente a un fin definitivo», según sus propias palabras. —Estaba planeando un libro con mucha información confidencial y, naturalmente, tratamos de disuadirla. Pero entonces ella resolvió el problema por sí sola, eh, suicidándose.

—¡Qué pena! —contestó Jasper en falso tono sentimental, haciéndose eco de lo que quiso decir Jameson—. Pero bueno, ella quiso arriesgarse, ¿no?

—Coooorrecto —Jameson alargó la vocal para acentuar su insinuación—. Y era una chica bastante atractiva, también. Pero sabes, este tipo Ambleton, que era un superior de la contrainteligencia en la CIA, resultó ser nuestro punto fuerte. Fue él quien dirigió la manipulación y preparación de Rosswell como «chivo» —Jameson sonrió con orgullo al demostrar su conocimiento de la terminología de espionaje—, alistándolo para cumplir su misión—. Iba a completar la frase llamándolo «chivo expiatorio» pero pensó que no hacía falta: Jasper lo adivinaría fácilmente.

—Un tipo muy listo, ¿eh?

—Seguro. Y además Ambleton le tenía ganas a ese hijo 'e puta de Costra, igual que a Kilmory. Estaba segurísimo de que Kilmory esperaba su oportunidad para desbandar a la CIA, cosa que ya había prometido abiertamente, y reemplazarla con una agencia de su propia creación, la que solo él controlaría, como una DIA [Agencia de Inteligencia de la Defensa] ampliada.

—Tuviste suerte, Louie.

—Sí, en ese momento. Pero de todas maneras tuve que agacharme, je, je —rio Jameson volviendo al episodio de Dallas— porque sabía que estaba a punto de empezar un sanseacabó de fuego cruzado, y una bala perdida podía haberme taladrado a mí también—. Echó una mirada retrospectiva a ese icónico momento tan personal. — No sé qué hubiera pasado con el país, sin guía ni timón, en caso de haber quedado yo incapacitado.

—¡Imagínate! No tenías más remedio que protegerte. Y al mismo tiempo estarías cargado de preocupaciones, concentrándote en salir de eso lo mejor posible y que ninguno de esos detalles sueltos echara a perder el plan. —Impresionado, Jasper miró y admiró a su anfitrión, que nunca había comentado con él tan abundante información sobre temas supersecretos. Más que asombrado, se sintió privilegiado de que su amigo, vecino y paisano le confiara tantas cosas. Cuando momentáneamente se sintió un poco incómodo, se reconfortó pensando que era más bien una confesión en lecho de muerte y era poco probable de que tuviera consecuencias para él. ¿Sería, acaso sería esta la última conversación entre los dos? Ojalá que no, pensó. Le picaba la curiosidad.

—Los tiros venían de todos los ángulos que te pudieras imaginar —comentó como si tal cosa, reforzando su papel de temerario y casi heroico—. El pobre Jesse Donnelly fue blanco de algunos plomos, ya que no pude convencer a Kilmory de que lo cambiara de lugar con Yarborough, el sinvergüenza ese de la Cámara de Representantes. Hubiera preferido mil veces que esos balazos le dieran al traicionero ese y que Jesse hubiera estado a salvo conmigo, pero, ¡qué mierda de suerte!, Kilmory insistió en llevárselo en la limusina presidencial.

—Esperabas matar dos pájaros de un tiro, ¿eh? —Con su retruécano, Jasper esbozó la malévola sonrisa del íntimo conocedor.

—Pues sí, je, je, eso sí que hubiera salido mucho mejor —Jameson le rio a Jasper el no tan sutil juego de palabras.

—Pero Jesse aguantó los tiros como todo un hombre.

—Así fue. Siempre se podía contar con él, pasara lo que pasara.

En otra ocasión, pensó Jameson, abordaría otros temas de los que quisiera «desembarazarse». Pero al momento estaba sintiendo los efectos de su dolencia y necesitaba descansar.

—Bueno, mi hermano, me alegro de verte y compartir un rato contigo, aunque sea corto—. Hizo una seña a un empleado para que lo acompañara hasta la puerta.

A la salida, Jasper observó el cuadro que tenía Jameson colgado en la sala, donde se leía: «Si estás hablando no estás aprendiendo nada». En tal caso, rio en su interior, Jameson nunca aprendía nada, ya que siempre monopolizaba la conversación, sin casi dejar que los demás intercalaran palabra.

* * * * * * *

Había dos historias más que Jameson tenía ganas de contar. Al fin y al cabo no siempre tenía la oportunidad de desahogarse con alguien como Jasper, aunque fuera una «audiencia» de uno solo, pues no tenía que preocuparse de que repitiera por ahí nada confidencial. Que supiera él, cerraba el pico apenas abandonaba sus predios. No podía ser de otra manera, ya que Jasper estaba perfectamente consciente de la feroz reputación de Jameson. Sus mejores y más leales amigos la conocían a ciencia cierta y sabían lo peligroso que era faltarle.

Una cosa sí evitaba Jameson: entrar en detalle respecto a su servicio naval durante la Segunda Guerra Mundial. Consiguió, haciendo uso de su influencia, que lo asignaran a puestos muy codiciados, en su mayoría dentro del país; ello le permitió viajar para «inspeccionar» bases de la Fuerza Aérea en los estados del Oeste. Luego se las arregló para ganarse una breve y prebendosa gira por el Pacífico. Aunque duró apenas unas semanas, le dio la oportunidad de ir a una vuelta de veinte minutos en un bombardero; era una misión rutinaria de reconocimiento, pero supo aprovecharla al máximo para adjudicarse un logro heroico y convencer al general MacArthur de que le otorgara una condecoración: la Estrella de Plata. Ni uno de sus compañeros en armas corroboraron nada al respecto —es más, lo negaron enfáticamente, disgustados de que se le otorgara—, pero Jameson insistió en que se merecía la distinción al ciento por ciento.

—Es más —dijo Jameson—, me querían dar una medalla más importante, pero yo me negué a aceptarla. Mentía con orgullo y ancha sonrisa.

El trato con MacArthur consistía en que, a cambio de la medalla, que ostentó en sus campañas políticas como prueba de su «excepcional» servicio militar, haría cabildo con Roosevelt a fin de que asignara más fondos y materiales a la guerra en el Pacífico.

Durante toda su vida adulta Jameson había perfeccionado poco a poco un extraordinario don natural que lo hacía capaz de urdir y orquestar complejas maquinaciones destinadas a promoverse a esferas cada vez más poderosas e influyentes. Se pasó años cultivando a los personajes más poderosos en la Cámara y el Senado. Su modo reverente y obsequioso de congraciarse con líderes congresuales como Sal Rayman hizo leyenda. Hubo testigos presenciales de que al encontrarse con Rayman en los pasillos del congreso solía besarle la calva. Mostraba gran astucia y atención al halarle la levita a Rayman. Los domingos por la mañana iba a buscarlo a su casa para invitarlo a desayunar en la suya, donde su esposa lo atendía a cuerpo de rey. Por cierto que a ella la había rebautizado «Laura Bertha» para que coincidieran sus iniciales con el logo familiar «LBJ» —nadie se acordó jamás de su nombre de veras—. Entonces se ponían a leer los periódicos, contar chismes y lamentarse de las penas cuando no salía todo conforme a expectativas. Así, poco a poco, Jameson se ganó a Rayman, quien le respaldó firmemente paso a paso hasta alzarlo a la presidencia de la Cámara. Ya para entonces Jameson le prestaba menos atención.

Jameson se enfrascó en todo tipo de dudosas actividades públicas y personales, enriqueciéndose mediante una corrupción desenfrenada; se salió siempre con la suya manipulando sus poderes oficiales y haciendo abundante uso de influencia, amenazas y sobornos. Su amante número uno, con quien tuvo una criatura, así como sus ex socios han hablado de unos siete asesinatos que mandó cometer, todos los cuales fueron encubiertos hasta su muerte por los involucrados y sus amigos en la prensa.

Sus sicarios, apellidados Yeats y Waller, seguían sus instrucciones y liquidaban sin miramientos a enemigos e individuos peligrosos. Waller era tan chapucero y dejaba tantas pistas que lo apresaron y enjuiciaron por uno de esos casos. Sucedió que mató de un tiro a quemarropa a un conocido golfista que antes se había ennoviado con la hermana mayor de Jameson. Se comprobó que el auto de Waller había estado cerca del lugar de los hechos, que tenía en su poder una camisa manchada de sangre y un proyectil del mismo calibre que mató al señor. El caso parecía clarísimo y efectivamente lo condenaron por asesinato en primer grado. Sin embargo, la palanca de Jameson hizo que lo dejaran en libertad tras haberlo sentenciado a cinco años tras las rejas... pero suspendiéndole los cinco años completos. Incluso en Texas era un resultado asombroso; un periódico local dijo que «el caso había sido insólito de principio a fin» y que había dejado a la población de Austin «confusa y en estado de conmoción». Parece que temieron decir que el juicio había sido totalmente fraudulento.

El escándalo de «TFX», consistente en un contrato sumamente lucrativo en que la Boeing y una empresa tejana compitieron a uña y colmillo, fue uno de los casos más notorios cuyo desenlace controló Jameson. Pese a la considerable ventaja de Boeing en economía y experiencia, Jameson consiguió que se otorgara el contrato a la empresa de Texas, en la cual él tenía acciones y que de paso le valió una fuerte «comisión». Pero los periódicos de su estado lo exoneraron alegando que, pese a las acusaciones de corrupción y de sospechosa manipulación, Jameson había «favorecido a sus representados». Seguramente que también favoreció a los diarios de Texas.

Como se sabe, recibió muchos elogios por su amplísimo plan de derechos civiles. Conociendo la naturaleza del personaje, la perspectiva histórica hace concebir la sospecha de que su objetivo no era precisamente asegurar los derechos civiles a víctimas de discriminación, sino ganarse el apoyo de los votantes de color. De que favoreció mucho la igualdad racial no hay dudas, pero fueron nulos los adelantos logrados al respecto durante su vicepresidencia, cuando se le encargó guiar la aprobación de las leyes en el congreso pero hizo lo contrario: todo lo que pudo por obstaculizar las iniciativas de Kilmory sobre derechos civiles.

¿Acaso quería llevarse la gloria aplazándolo todo a estar él en posición de adjudicársela, una vez que ocupara la Oficina Oval? Él mismo, en numerosas ocasiones, habló de su aspiración a que se lo reconocieran, pero sin insinuar que así se ganaría el voto solidario de la raza negra. Le gustaba afirmar que sus esfuerzos en este terreno «le habían asegurado el voto negro a su partido para los próximos doscientos años».

Sin embargo, no andaba con remilgos para endilgar a los de color una palabra tan insultante que nadie (de otra raza) puede hoy decirla ni imprimirla en ninguna parte y que hay que representar con la letra ene (*the «n» word*), aunque en el fondo es una variante vernácula de *negro*. La disparaba en ocasiones en que le daba por regañar a algún moreno que se le atravesara en el camino o que le hubiera dado algún pretexto, por flojo que fuera, para dar rienda suelta a una explosión de su conocido mal genio. Nunca hubo el menor indicio de tales incidentes, si bien algunas de sus víctimas se atrevieron a contarlos más adelante. Un chofer negro fue objeto de su lengua viperina cuando le hizo un comentario inocuo con intención de elogiarle sus esfuerzos en pro de la igualdad racial. Pero dio la casualidad de que le cayó mal a Jameson, quien no tuvo pelos en la lengua para darle un fuerte regaño para ponerlo en lo que él consideró debía ser su lugar.

En aquellos momentos nada de esto salió en los medios de información. Sin embargo, luego ha salido a la luz pública que muchos congresistas también fueron objeto de presiones y abusos —por no hablar de amenazas y abiertos sobornos— para conseguir la aprobación de leyes. La amenaza de violentas manifestaciones urbanas por parte de los negros fue un arma que Jameson esgrimió incansablemente para obligar a los políticos de ambos partidos, en tono amenazador, a que aprobaran sus propuestas; de lo contrario, advertía, «el verano va a ser largo y candente». Apenado por la muerte del presidente, el congreso se sometió amedrentado ante las astutas tácticas del nuevo jefe del ejecutivo. Parecía que el «tratamiento de Jameson», que así le llamaban, lograba milagros. Acorralaba a su presa, le pegaba la cara a media pulgada de la suya y le soltaba una descarga de advertencias, amenazas y sobornos hasta que la víctima se rendía.

Ya durante su vicepresidencia Jameson había comprado la mansión de una famosa gran dama de sociedad, Perle Mesta, sin preocuparse de que en el contrato de compraventa había una cláusula que impedía su traspaso o arriendo «a nadie de sangre o antepasados negros o judíos». Pero Jameson tenía lista su respuesta: «Quise comprarla a fin de echar por tierra tan injustificable discriminación». Nadie hizo la menor alusión al hecho, pero Jameson hizo la afirmación en privado por si acaso.

Ni siquiera sus mejores amigos se salvaban del legendario mal genio jamesoniano. Cuando bebía —y su aguante era ilimitado— se ponía truculento y agresivo de palabra. Donnelly, por ejemplo, que era gobernador de Texas y amigo de Jameson, recibió una muestra de sus imprevisibles accesos de ira cuando llegó ligeramente tarde a una de las recepciones que LBJ daba constantemente en su casa campestre.

Sin que al parecer hubiera otra razón que la de tardanza, Jameson se le enfrentó ante el estupor de sus invitados, le llamó «cochino hijo de puta» y continuó soltándole un chorro de insultos hasta que Donnelly y su señora se retiraron con el rabo entre las piernas.

Aunque no se comentaba en círculos refinados, uno de los «trucos» favoritos de Jameson era retar a sus invitados del sexo masculino a participar en la costumbre de nadar desnudos en la piscina interior que había en la Casa Blanca. Entonces los llevaba a una habitación particular para quitarse la ropa mientras alardeaba de su pene, al que llamaba «jumbo».

Aunque no tenía un *jacuzzi* en el avión presidencial, le gustaba divertirse con sus secretarias personales y otras mujeres atractivas que estuvieran a mano. Incluso estando su esposa Laura Bertha a bordo — o mejor dicho, especialmente en tales ocasiones— conducía a las mujeres a una habitación particular donde las sometía a su voluntad. Si su presa le oponía la menor resistencia, le decía con voz suave y seductora: «No le vas a decir que no a tu presidente, ¿no?». En caso de que le llegara algún indicio de ello a su mujer, ella no le prestaba ninguna atención, diciendo algo por el estilo de «es apenas natural porque todo el mundo lo quiere tanto».

Entre otras costumbres de mal gusto que nunca se hicieron del conocimiento público durante su presidencia figuraba darle dictado a sus secretarias o instrucciones a su personal mientras defecaba sentado en el inodoro. La idea era darle a la víctima una buena dosis de trato denigrante, con intenso perfume y todo, mientras hacía el papel de que no sucedía nada anormal, como si fuera lo más común y corriente del mundo. Una vez mientras conducía su vehículo por su latifundio, lo detuvo y le orinó sobre la pierna a un agente del Servicio Secreto, quien se quejó: «Señor presidente, me está orinando».

—En efecto, y lo hago porque puedo —le contestó como si tal cosa. El agente le aguantó la humillación porque no quería perder su puesto y tenía que mantener a su esposa y familia.

A LBJ también le encantaba conducir, habiendo bebido, a velocidades peligrosísimas —sin duda porque «podía»—. Huelga decir que ningún policía se atrevió jamás a darle una multa.

Pero Jameson sí tuvo un encuentro comprometedor con el capitán J. Spock, nada menos que Jefe de la Comisión Estatal de Caza y Pesca. Dio la casualidad de que, un atardecer, el capitán y dos guardianes estaban de caza en una zona adyacente y, al recoger su presa, oyeron disparos cercanos. Al ir a averiguar se encontraron con el grupo de Jameson, al frente del cual iba un juez de apellido Murchison, más un banquero y otro cazador. Jameson se metió en su auto y se quedó allí tranquilito y cabizbajo con el sombrero puesto mientras su amigo le hacía frente a la situación.

—¿Quién es ese imbécil orejón con cara de yo-no-fui metido ahí en su automóvil? —preguntó el oficial sin preocuparse por la jerarquía del grupo.

—Pues nada menos que el señor Jameson, Líder de la Mayoría en el Senado en Washington —le contestó sin vacilar.

El capitán, cuyos principios eran cumplir con su deber sin atenerse a quién ni cómo, no se impresionó. La caza estaba prohibida luego de ponerse el sol y era evidente que el grupo había cometido una infracción; además, los dos cazadores le habían negado permiso a los oficiales para registrar sus bolsas de presa. En consecuencia, les dieron una citación para comparecer ante el juzgado del pueblo más cercano, Jameson City (cuyo nombre, según decía Jameson, era en honor a su familia). Sin embargo, no tardaron en retirarles los cargos. Siete años después —Jameson tenía memoria paquidérmica para la menor falta contra su persona— resultó electo gobernador de Texas Jesse Donnelly, íntimo amigo de Jameson. Era hora de ajustar cuentas. Jameson le recordó a Donnelly que había una cuestión pendiente y repente, so pretexto de una reorganización departamental, quedaron cesantes los «culpables»: el capitán, sus asistentes y otro empleado estatal que tuvo que ver en el caso.

Un poco más tarde Donnelly favoreció al mismo individuo que había acompañado a Jameson de cacería, nombrándolo a la Comisión Estatal de la Caza. Se trataba del juez Murchison, a quien un colega había acusado de ser «el campeón de la cacería ilegal en toda la comarca».

En una ocasión Jameson dio órdenes a sus pilotos de hacer un vuelo nocturno para traerle su avión particular a su hacienda, pues le hacía falta al día siguiente. Siendo que había malísimo tiempo y el alumbrado de la pista campestre era deficiente, los pilotos hicieron objeciones para aplazar el vuelo. Pero Jameson les regañó amargamente hasta que aceptaron cumplir con sus deseos. En el camino, el avión se estrelló contra una loma y los pilotos murieron, pero el accidente se atribuyó a error de pilotaje y todo se tapó: caso cerrado. Además, dijeron, el avión no era siquiera propiedad de Jameson, sino que lo había pedido «prestado» al último momento.

Otra vez, Jameson amonestó duramente a una empleada solo por sugerir avisarles a los pilotos de un avión de que Jameson ya estaba en camino, a fin de que tuvieran más tiempo de alistarlo. Entre otras instancias de crueldad y patanería con su personal, le gritó insultos a una dactilógrafa por un error de ortografía. Y en otra ocasión agredió de palabra a un intérprete que se presentó a la Casa Blanca para una sesión de trabajo y le pidió a Jameson un dato pertinente mientras esperaban al invitado de honor, un alemán.

La corrupción, mal genio y tendencia a castigar a quienes no le cumplían al pie de la letra hizo que muchos temieran atravesársele. Era capaz de despedirlos o de alguna manera destruirlos, por ejemplo económicamente. Le daba por demostrar, con el menor de los pretextos, su ilimitado poder y capacidad de aplicarlo brutal e indiscriminadamente.

En diciembre de 1963, apenas a un mes de su repentino acceso a la presidencia, conducía LBJ por una carretera texana con un conocido periodista del New York Times cuando al pasar por una hacienda se le ocurrió de improviso comprarla. Impresionado por su capacidad de evaluar un enorme inmueble pasando por él a altísima e ilegal velocidad sin siquiera soltar su botella de cerveza, el reportero elogió en su crónica el asombroso talento presidencial. «Vaya», escribió, «si ni siquiera se preocupó de cuánto costaría», apuntó, como si la percepción de LBJ fuera la virtud personificada.

Sin perder un segundo, Jameson llamó a su gerente y le dijo que se ocupara de los detalles. En un par de horas, antes de que Jameson despegara en dirección a Washington, se personó con todos los papeles y trato hecho. No era que le hiciera falta otra hacienda, ya que la de su «sede» era de 400 acres (275 hectáreas) y tenía una pista de aterrizaje de 6,000 pies (construida a expensas de los contribuyentes).

Pero bueno, no debe sorprender demasiado la opulencia de quien se había hecho multimillonario en pocos años a sueldo de congresista. Jameson lo atribuía todo a la «capacidad administrativa e inteligencia» de su mujer para las operaciones comerciales, que según él eran cosa «con la que yo nada tengo que ver».

No hay la menor duda de que, en virtud de su cargo, muchas obras en la Hacienda LBJ fueron costeadas legalmente por el bolsillo de los contribuyentes. Pero algunas eran claramente cuestionables. Por ejemplo, una torre para caza que tenía 40 pies de altura con ascensor, cómodas habitaciones, baños, comedores, amplísimos servicios de bar y comida y otras instalaciones. Desde el mirador superior, Jameson y sus invitados —a salvo, cómodos y sin el menor peligro— se instalaban a esperar que anocheciera. Haciendo caso omiso de la veda de caza nocturna en Texas, alumbraban reflectores para ver bien los venados y demás animales que sus empleados arrearan o que se aparecieran para comer en pastos bien fertilizados. Entonces, tranquilamente, los «cazadores» disparaban a su antojo. Era más o menos un tiro al blanco desde el punto de mira de los «deportistas».

Ahora, cuando la cosa se ponía de otro cariz, ¿también eran blancos de caza los seres humanos? Los métodos eran más sutiles. Cuando rompió el escándalo de Willie Saul Testes en 1961 —su gigantesca escala lo hizo supremo en la historia de Texas y tal vez del país— nadie creía que Testes les había robado millones a los contribuyentes sin contar con cómplices al más alto nivel. En un momento Testes quiso confesar y purgarse con la verdad; pero a última hora cambió de opinión, se amparó en la quinta enmienda a la Constitución (que protege contra la autoincriminación) y optó por cumplir su condena sin chistar. Luego comentó que en realidad, estaba muerto de miedo: en caso de hablar, dijo, «hubiera sido hombre muerto en 24 horas».

A los de lengua suelta parecían sucederle cosas raras. Uno de esos casos fue el de Harry Mitchell, un funcionario de menor importancia adscrito al Departamento de Agricultura, a quien se le había encomendado investigar el misterioso enredo de asignaciones algodoneras y otras operaciones sospechosas realizadas por Testes.

Un día, en un lugar remoto de su finca tejana, apareció el cadáver de Mitchell. A los pocos días un juez de paz, sin antes molestarse en pedir su autopsia, dictaminó que se había suicidado pese a las protestas de su esposa de que «no tenía ninguna tendencia suicida» y tampoco motivos para matarse. Luego surgieron pruebas de que Mitchell había sido asesinado de cinco balazos disparados de frente a mediana distancia. Pero el jurado «no pudo ponerse de acuerdo» en condenar al acusado, sicario de Jameson. Ulteriormente cerraron el caso y nadie se aventuró a vincular el crimen a los autores intelectuales.

Uno de los latrocinios más escandalosos fue el de un contrato gubernamental para construir una instalación en una isla del Pacífico. Aunque debió haber costado unos $5 millones, se lo «ganó» una empresa respaldada por Jameson que cobró la asombrosa suma de $18.5 millones, casi el cuádruple.

En sus momentos más relajados Jameson gustaba de hablar de su amistad con Felix Gresham, dueño del diario *The Washington Trumpet* y perenne promotor de su «socio» LBJ. Bondadoso, Gresham sufría de episodios depresivos y no se llevaba para nada con su mujer. A diferencia de los «suicidas» cuyos enemigos eran políticos, el de Gresham era doméstico. Luego de una enconada discusión, según ciertas fuentes, ella le pegó un tiro y luego, llena de lágrimas, dijo que se había matado al darle un ataque de depresión. El periódico, ahora suyo, hizo lo que le tocaba y dio la noticia conforme a la versión de la viuda.

Sin perder el compás ni un instante, LBJ se olvidó de su amigo Felix y se puso al lado de la heredera y nueva dueña, asegurándose así de que prosiguiera la favorable publicidad. Con tan buen padrino, el caso se archivó de inmediato.

Luego, cuando el asesinato de Justin Kilmory—que era uno de los grandes favoritos del *Washington Trumpet* y de sus sucesivos directores— Jameson siguió disfrutando de la amistad y apoyo de la señora Gresham y otros ejecutivos y cronistas del periódico. Estos se encargaron de silenciar o, en todo caso, de rezagara las últimas páginas toda noticia o especulación conspiratoria que contradijera la teoría del «asesino solitario», o de quien pudiera haber estado en la trastienda como autor intelectual.

Nadie sospechó que Jameson, maestro de la simulación, había tenido algo que ver, siendo que era quien más tenía que ganar —y por otra parte, más que perder, de no haberse cometido el crimen—. Tampoco se observó que era él quien tenía el poder y la oportunidad de organizarlo y encubrirlo todo. Si a alguien se le ocurrió, se cuidó de no decir ni pío.

Hacia el final de sus días Jameson se sintió deprimido, acaso por la abrumadora caída en la escala de su poder. Le encantaba ser mandón y abusar a su antojo, tal como hizo con centenares de miles de inocentes compatriotas y de aun más vietnamitas. Pero ya fuera del poder no le era posible y se sentía menoscabado de haber perdido todas sus prerrogativas en tan descomunal medida.

Ya no se acordaba mucho de esa época privilegiada, ni tampoco quería repasarla. Olvidadizo, se detenía en medio de un relato, perdiendo el hilo totalmente. «¡Qué pena!», se decía, de no contar con el teleapuntador al conversar en privado, como cuando pronunciaba discursos. Eso le hubiera permitido hablar indefinidamente sobre su persona sin preocuparse de su memoria.

Ahora que se le aproximaba el fin, le agradaba el sabroso recuerdo de cómo había engañado a toda la nación, colándose en la presidencia por la puerta trasera sin que nadie se diera cuenta siquiera.

Pero eso tendría que esperar a más adelante. Se acostó a dormir y nunca más despertó. Hasta *in artículo mortis*, se había salido con la suya.

* * * * * * *

Como lo hemos visto, en la vida pública de EE.UU. la corrupción, el latrocinio, la violación sexual y otras fechorías son rara vez objeto de juicio y castigo, sobre todo si el culpable cuenta con suficiente poder y jerarquía…, o si es dueño y señor de un país.

Conclusión: los Asesinatos Impunes son llana y simplemente la norma.

* * * * * * *

Ahora, que dé su veredicto el Tribunal de la Opinión Pública. Usted, lector, es parte de él.

www.ingramcontent.com/pod-product-compliance
Lightning Source LLC
Chambersburg PA
CBHW071549030726
47593CB00001BA/82